U0613153

馆员文库

临风極目

新闻行思四十年

杨兴锋 著

广东省人民政府文史研究馆 编

SPM 南方传媒 | 广东人民出版社
·广州·

图书在版编目（CIP）数据

临风极目：新闻行思四十年 / 杨兴锋著；广东省人民政府文史研究馆编. —广州：广东人民出版社，2023. 12

（馆员文库）

ISBN 978－7－218－17053－4

Ⅰ. ①临… Ⅱ. ①杨… ②广… Ⅲ. ①新闻工作—中国—文集 Ⅳ. ①G219. 2－53

中国国家版本馆 CIP 数据核字（2023）第 207788 号

LINFENGJIMU——XINWEN XINGSI SISHI NIAN

临风极目——新闻行思四十年

杨兴锋 著　广东省人民政府文史研究馆 编

出 版 人： 肖风华

封面题字： 杨之光
责任编辑： 陈其伟　唐金英
封面设计： 书窗设计
责任技编： 周星奎

出版发行： 广东人民出版社
地　　址： 广州市越秀区大沙头四马路 10 号（邮政编码：510199）
电　　话：（020）85716809（总编室）
传　　真：（020）83289585
网　　址： http://www. gdpph. com
印　　刷： 广州市豪威彩色印务有限公司
开　　本： 787 毫米×1092 毫米　1/16
印　　张： 29. 75　**字　数：** 530 千
版　　次： 2023 年 12 月第 1 版
印　　次： 2023 年 12 月第 1 次印刷
定　　价： 78. 00 元

如发现印装质量问题，影响阅读，请与出版社（020－85716849）联系调换。
售书热线：（202）87716172

《馆员文库》总序

文化艺术的传承是人类智慧和民族精神的传承；是“成孝敬，厚人伦，美教化，移风俗”的必要途径；是陶冶道德情操，抒发美好理想，丰富人们生活，推动社会进步的重要领域；是一项益于今人、惠及后世的经久不衰的事业。

优秀的文化艺术作品记载历史，展现未来，静憩在书本之中，发力于现实之间，弘扬主流价值观和核心价值体系。观今宜鉴古，无古不成今。对文化艺术研究成果的整理、总结与利用，是国运昌隆、社会稳定的表现，是为党和政府决策提供参考、借鉴的要务，是保存民族记忆、推动社会发展的大事。

广东省人民政府文史研究馆，以文化传承为核心，以弘扬民族精神和时代精神为己任，汇聚群贤编史修志，著书立说，文研艺创，齐心描绘祖国辉煌灿烂的历史画卷，共同谱写文化发展的生动篇章，不断挖掘中华文化开拓创新、博采众长的精神内涵。

广东省人民政府文史研究馆馆员享有盛誉、造诣深厚，在投身改革开放和现代化建设的伟大实践中，留下了大量的著述和研究成果，是独特艺术魅力与社会进步思想的完美结合，是文化艺术研究者对时代、生活的深刻思考和感悟。正是通过这些作品的表达和学术成果的积累，馆员将自己渊博的理论知识、丰富的实践经验传给后人，使优秀传统文化不断延伸和发展。

为了使这笔珍贵的学术成果得以保存并充分发挥作用，让经典涵养道德，让智慧启迪人生，我们将馆员的文史、艺术等各类研究成果精华编纂成《馆员文库》，不定期地持续出版，以飨读者。《馆员文库》是人生哲理的文库：从不同角度反映馆员专家对历史和现实的认识与研究，蕴含着宝贵的人生经验，有利于我们冷静地观察和反思各种历史文化现象，从中获取解决现实问题的智慧和力量。《馆员文库》是文化基因的文库：深入挖掘历史文化资源，力求探索优秀传统文化基因，展现中华民族解放思想、实事求是、与时俱进、开拓创新的精神风貌，增添人民群众全面建设小康社会的精神力量。《馆员文库》是道德标尺的文库：与中华民族传统美德相承接，与社会主义市场经济相适应，与社会主义法律规范相协调的社会主义思想道德体系，让文化艺术成为价值标尺上最明晰深刻的衡量尺度和践行坐标。

在《馆员文库》付梓之际，我们期冀敬老崇文之风历久弥新，优秀传统文化精华薪火相传，文史阵地翰墨飘香。

广东省人民政府文史研究馆

序　一

杨兴锋：既“激进”又“保守”的杰出报人

林如鹏

杨兴锋同志作品集《临风极目——新闻行思四十年》即将付梓。“新闻行思四十年”，言简意赅、高度浓缩地概括了本书的主要内容，那就是杨兴锋同志深耕岭南大地、从事新闻工作40年来的所作所为、所思所想。

杨兴锋同志执掌南方报业传媒集团多年，见证了传统报业的黄金时期、晚报都市报的异军突起、机关报的突出重围、互联网对传统报业的巨大冲击、媒体深度融合等历史性变革。40年来，在传媒业每一个重大变革时期，他都不仅仅是见证者，更是参与者、实践者，很多时候，他还是重任在肩的掌舵者。他每每在报业转型的关键节点，带领《南方日报》完成一次次沦肌浃髓的变革，以新思维、新理念铸就了省委机关报在市场上的非凡荣光，一时名动九州、声播海外。当年前往《南方日报》取经问道的业内同行络绎不绝，为中国报业、岭南报业留下了一段段佳话。这些峥嵘往事，闪烁在书中的字里行间。岁月不居，时节如流，但其中的神采依然令人神往。

《临风极目》全书根据类别、题材分为“媒体转型：昨日的船　今天的路”“新闻探索：笔从何来　力向何去”“通讯作品：秉笔直言　天地立心”“调研报告：思睿观通　运思成策”“访谈杂忆：岭南的风　时代的题”“书评序跋：别人的书　自身的悟”及附录七大板块。文章发表时间跨度长达40年，七大板块的字字句句无不体现着杨兴锋同志独特独到之“行与思”，是对书名副题“新闻行思四十年”的丰富诠释。在这些行与思中，既有宏大视野，也有微观视角；有理论探索，更有实战经验；既探讨方法论，也表达了笃定的价值观。作者在传媒业快速转型的历史进程中所表现出的前瞻性视野，尤为令人敬佩。

比如在第二篇章“新闻探索：笔从何来 力向何去”板块中，我留意到《在构建和谐东亚中发挥建设性作用》《中国主流媒体应在公共外交格局中发挥更大作用》《对外传播的南方探索》等几篇文章。这是较早探索、布局国际传播的理论及实践，作为一家地方性媒体集团，实属难能可贵。早在2010年，杨兴锋同志就做出了这样的省情分析：“广东有2000多万海外侨胞和外籍华人，占全国的2/3，遍及世界100多个国家和地区。省内有10.3万归侨、2000多万侨眷，主要集中在珠江三角洲、潮汕平原和梅州等地。中国特别是广东改革开放取得的成就离不开广大华侨华人的支持；改革开放以来，海外侨胞、港澳同胞累计在广东捐资1200亿美元，他们不仅给广东带来了急需的资金、技术，而且带来了先进的观念、体制和商业网络。庞大的侨商队伍是很重要的一股加速崛起的强大商业力量，卓越的侨商掌控了数以万亿计的巨额财富，在全球重大商业领域具有重要的发言权。如何借用华侨华人的影响力，既谋求国内经济发展，又谋求海外公关，已经成为一个重大的课题。”基于扎实的调查研究，杨兴锋同志带领《南方日报》在海外传播方面做出了一系列探索和实践，比如在海外出版《今日广东》《南粤侨情》；与世界多家华文传媒建立合作关系，借助他们的发行网络传递南方的声音；搭建全介质大外宣网络传播平台，有效利用互联网实现对外传播的全媒体化，等等，一系列创新性举措有效地构建起全方位、多层次、多渠道的对外传播新格局。杨兴锋同志依据《南方日报》当时的对外传播实践，提出在对外传播工作中要做到前瞻性与专业性并举、客观性与主观性共存、主流性与主导性同在、市场性与公关性齐谋。这些理念在今天看来仍具有现实指导意义。

时至今日，国际传播在全媒体传播格局中的重要位置日益凸显。党的十八大以来，国际传播上升为国家战略。习近平总书记多次强调要加强国际传播能力建设，全面提升国际传播效能，形成同我国综合国力和国际地位相匹配的国际话语权。要整合各类资源，推动内外宣一体发展，着力打造具有强大引领力、传播力、影响力的国际一流新型主流媒体，不断提高塑造国家形象、影响国际舆论场、掌握国际话语权的能力和水平。今天，站在新时代新征程的起点上，回望过去，杨兴锋同志当年率领《南方日报》同仁在国际传播事业方面所做的一系列努力和实践依然让人印象深刻。今天的主流媒体，在面对如何面向海外受众更有效、更深入地讲好中国故事、大湾区故事、广东故事这一重大课题时，仍然可以从厚重的南方往事里汲取力量、获得灵感。

40年来，媒体变革的浪潮一浪接一浪，从未停息。众声喧哗、百舸争流。面对一次次风云变幻，杨兴锋同志是“激进”的，在路径、方法层面，他大胆创新、锐意改革，绝不拘泥于传统的条条框框；同时他又是“保守”的，在价值观层面，在唱响主旋律、弘扬正能量、正面引导社会舆论方面，他绝不妥协、不模棱两可。

在“媒体转型：昨日的船　今天的路”板块里，杨兴锋同志在各个历史时期都比较透彻地阐述了办好党报、机关报的方法论和价值观。比如发表于1999年的《建立现代报业新机制》一文。当时省委机关报面临的主要冲击是晚报和城市报纸，它们以其信息量大、可读性强、生动活泼等特点，给省委机关报带来了严峻的挑战。杨兴锋同志在文章中提出，机关报要在如林的报纸中站稳脚跟，要在激烈的竞争中立于不败之地，必须强化自己的权威性，突出作为党和政府喉舌、正确引导社会舆论的主功能。为此，他们着力经营三个拳头产品——典型报道、深度报道、批评报道，同时抓好新闻评论，进行了突出主功能兼顾多样化的改革探索，同时对内部机构进行了必要的整合，以鼓励出精品为旨归对激励机制进行了相应改革。与之一脉相承的是，2005年，杨兴锋同志专门撰写了论文《由〈南方日报〉看党报的新定位》，系统阐述了“高度决定影响力”这一办报理念。在当时大众化报纸发展已经开始出现饱和的现实下，杨兴锋同志认为，真正有发展空间的，应该是以意见、解读和视角取胜的主流报纸。这样的主流报纸，不仅仅是新闻纸、信息纸，也是思想纸、观念纸，其中蕴涵了极大的社会效益和经济效益。按照这样的认知，杨兴锋同志率领团队开始了对《南方日报》新形象的打造，矢志把主流新闻做大、做强、做透、做出彩，并从内容、版式、采编组织架构上进行了新一轮的整合、改革。2009年，杨兴锋同志在全国党报高峰论坛上做了题为《新形势下〈南方日报〉走市场的实践与体会》的报告，向全国同行介绍了《南方日报》如何在纷繁复杂的情况和考验面前，不断巩固与发展党报舆论阵地的成功经验，得到业界的极大认可。

《南方日报》通过与时俱进的锐意改革获得了业界公认的成功，但是，居安思危、未雨绸缪，互联网对传统报业的冲击初见端倪，杨兴锋同志就开始思考、研究、布局如何向全媒体转型。在南方报业传媒集团2010年战略发展研讨会上，杨兴锋同志旗帜鲜明地提出在今天看来依然具有现实指导意义的发展路径：必须认识“用户需求”对媒体生存的重大意义，为受众和客户提供他们真正需要的高品质内容和服务；必须重视“技术驱动”对新媒体的基础保障意义，重视技术革新和技术人才的培养使用；必须加大资本运营力度，为转型提供雄厚的财务基础，同时，也要认真做好风险防范；必须走联合发展之路，与互联网企业、移动、电信运营商等携手合作，实现优势互补合作共赢；必须打造适应全媒体发展所需的全新体制机制。下好先手棋，打好主动仗，这些探索思考以及相应的落地行动，使得《南方日报》在媒体融合的大潮中不光不掉队，往往还先行一步，成绩斐然。

从业40年来，杨兴锋同志采写了许多生动鲜活的通讯作品以及诸多厚重扎实的调研报告，这部分内容在书中也有所体现。当记者时，他的笔下，有海外华侨、有大学讲师、有农业专家、有战斗英雄、有“灭鼠大王”、有校园扫描、有战地直击、有赛场风云，等等。走上领导岗位之后，杨兴锋同志在繁忙的工作之余，仍然挤出时间，勤于调查研究，在充分调研的基础上撰写了大量有价值的调研报告，为党和政府献策建言，体现了一个资深报人的责任担当。增强脚力、脑力、眼力和笔力，深入基层，深入生产生活一线，这从来就不是一句空话。杨兴锋同志正是通过这样的率先垂范，带领南方报业打造了一支政治过硬、本领高强、求实创新、能打胜仗的新闻宣传工作队伍。

杨兴锋同志是我的师兄。他的履历、阅历以及从业数十年所获得的荣誉等身，令人敬仰。于我，他堪称亦师亦友。捧读《临风极目》一书，读者当可听到岭南报业40年的战鼓声声，感受媒体融合风云变幻的时代浪潮。今天，媒介生态、形态变化日新月异，但蕴藏于本书中的经验和教训，于业界、学界依然是一笔宝贵的财富。我很乐意向读者、向业界人士、向新闻学子推荐这样一本充满实战案例又不乏理论深度的新闻学大书。

（作者为暨南大学党委书记、教授、博士生导师，教育部高等学校新闻传播学类专业教学指导委员会副主任委员）

序　二

范以锦

杨兴锋比我小6岁，年轻时我直呼其名，年老后我称他为老杨。读到老杨的新著《临风极目——新闻行思四十年》，就像称呼他那样感到亲切。

之所以有亲切感，是因为老杨上大学时我就关注过他；他进入南方日报社之后，我们在工作中更有不同寻常的交往。新闻路上，相伴而行。

老杨是粉碎“四人帮”之后，首批参加高考被暨南大学新闻系录取的。他在校期间，我看过他写的一些文章，其中有一篇涉及报纸的商品属性问题，本是“拨乱反正”后对报纸属性的一个理性探讨，但深受过去极左思潮的影响，有的人对他的观点和刊登他文章的学生自办刊物提出质疑。我细读之后，感到报纸商品属性的问题在反右时是受过批判，但今天回过头来看是批判错了。后来随着改革开放的推进和思想解放运动高潮的到来，自然证明老杨这篇文章所持的观点是正确的。老杨在羊城晚报社见习时，我不时看到他的作品见诸报端，有的还具有一定的影响力。时任南方日报社社长丁希凌说，要想办法把他招收到南方日报社来。那时还没有“双向选择”的说法，经过与暨大协商，通过计划分配的渠道把他引入南方日报社。1983年，我从中央党校学习回来不久，进入南方日报社领导班子任编委。报社安排我住在环市东路466号大院的单身宿舍里，恰巧老杨就住在隔壁，密切接触的机会自然也就多了。1985年，我分管政科文部后不久兼任该部主任，老杨也在这个部当记者。同一时期进入报社的大学毕业生中老杨属出类拔萃之才，很快就成为我的副手，担任了政科文部副主任。我任副总编辑时他任编委，我任总编辑之后他任副总编辑，我当社长后他任总编辑。我从社长、广东省新闻工作者协会主席、中华全国新闻工作者协会副主席岗位陆续退出之后，他先后接任了这些职务。这种在新闻行业“相伴而行”的关系，以及相当长一段时间在同一班子里谋划改革发展的共事和共识，使我对他有了较深的了解。因此，《临风极目——

新闻行思四十年》这部著作我很容易读懂，也深知改革发展的艰辛，可以说这部著作是老杨在报业岗位上用汗水、心血和智慧凝聚而成的。

《南方日报》自 1949 年 10 月 23 日创刊之日起，就植下了优良的基因。首任社长饶彰风、副社长杨奇、总编辑曾彦修及一批办报骨干，来自延安和中共香港地下党办的《华商报》。延安时期确立了党报的“党性原则”，《华商报》则非常重视反映人民的呼声和要求。两股力量进入南方日报社后将两方面的优良传统融合在一起，实现了党性与人民性的高度统一，既强化党的方针政策的宣传，又千方百计反映人民的呼声和要求。继任者黄文俞等继续贯彻这一方针。黄文俞对“报纸要讲真话”有自己独到的见解。改革开放之后，以丁希凌为社长、陈培为总编辑的南方报人顶住压力，冲破思想禁锢，为贯彻党的十一届三中全会重新确立的“解放思想，实事求是”的思想路线提供强有力的舆论支持。当时《南方日报》的“政策宣传”和“批评报道”两个拳头产品，深得新闻同行的赞誉。张琮担任南方日报社总编辑之后，依然继承了这一优良传统作风。闻名全国的《南方周末》，也是他担任副总编辑时问世的。当时根据报社领导班子的分工，张琮牵头组织《南方周末》的筹办工作，直到出报一段时间后他还继续分管。继任者刘陶、李孟昱面临的共同问题是如何在市场经济条件下将党委机关报的优良传统继承下来，并拓展新的领域，发展报业集群，做大做强报业。市场化程度极高的《南方都市报》正是这个时期创办的。我与老杨接任之后，南方报业除了要巩固原有的成果之外，又面临媒体转型阶段出现的新情况、新问题。不管传媒生态和媒介形态怎样变化，饶彰风、杨奇、曾彦修等老一辈植下的基因，以及各个时期的南方报人留下的宝贵精神财富始终激励我们前行。从老杨的这部著作中，我们也看到了新时期南方报人奋斗的足迹、凝聚的力量、积累的新的宝贵经验。

该书包括 6 个部分和附录。第一部分“媒体的转型：昨日的船　今天的路”，主要是结合南方日报社乃至南方报业传媒集团的实际，对报业如何以新的思维适应社会主义市场经济的发展，处理好人才与办报、报业发展的关系，以及如何建立现代报业新机制，坚持科学发展观拓展党报集团空间等进行了深层次的思考。面对互联网快速发展、全媒体时代的到来，老杨又与时俱进，就平面媒体集团如何向全媒体集团转型、转型中要处理好的七大关系等进行了调研和分析，提出了南方报业转型的战略、路径等。既有宏观层面的宽阔的视野，又有微观方面的崭新视角和操作技巧。第二部分“新闻探索：笔从何来　力向何去”，比较集中地谈到新闻主业的内容生产方面。这既是老杨当记者、部门主任期间具体进行新闻操作的体会，更是他担任总编辑及社长后在组织、策划、指挥新闻采编方面的深刻感悟。《策划——提高新闻宣传艺术的有效途径》《入眼入脑，赢得读者》《成就报道的创新策划》《政策解读的意义与原则》《大视觉概念与报纸视觉运作》《探索新时期舆论监督之路》等篇章，都体现了他在这方面的功力。第三部分“通讯作品：秉笔直言　天地立心”，是他重点经营的代表作，这对我来说并不陌生。其中，作品《老山前线见闻》给我留下了深刻印象。那是 1985 年 11 月，中华全国新闻工作者协会决定组织记者到老山前线采访，南方日报社主要领导决定派我分管的政科文部的记者老杨前往。老杨担任了 4 个新闻单位记者组成的采访小组组长，领着组员登上了战火纷飞的老山主峰。我第一时间读到了他那有血有肉的感人篇章，见报之后报社领导还专门安排了报告会，请老杨介绍老山战地的情况和他的采访心得体会。由于他还是一名新记者，却以成熟的笔法写出了感人的故事，而谈起采访感受来又非常老到，因此在报社编辑部引起了较大的反响。市场经济大潮到来之后，老杨与陈广腾合作采写了《历史的定位：从“小三角”到“大三角”》这样既具有高度又接地气的夹叙夹议的深度重头报道，体现了他的采写功力提升到了新的水平。第四部分“调研报告：思睿观通　运思成策”，是他任广东省政协科教卫体委主任和省政府文史馆馆员之后为政府建言献策写的调研报告，很有参考价值。他在长期的新闻采访中和媒体领导岗位上积累的调研经验，以及形成的新闻敏锐和思辨性思维在别的岗位继续发挥作用，这可以看作是他的新闻能力在跨界中得以延展。第五部分的访谈杂忆、第六部分的书评序跋及附录，也是新闻激情满满和充盈改革创新的思路，无论对南方报业的发展路径的分析，还是对并肩战斗的同事们的探索的点评，都能引发人们深沉的思考。

从事新闻工作不容易，当“新闻官”更是如履薄冰，但我与老杨一辈子都忠诚于新闻事业，即便到了晚年从事研究和教育工作也依然与新闻不离不弃。而在“新闻官”的任上，我们也在风风雨雨中砥砺前行。老杨这部著作《临风极目——新闻行思四十年》，自然勾起了我对新闻路上不平凡历程的回忆，也再次引发了我对曾一起奋斗的同事们的深深眷恋。我想这部著作对有过新闻经历的同行们来说，可以产生共鸣；而对新一代新闻人或有志加入新闻领域的“后备军”来说，具有借鉴意义。有的人可能像我们那样，与新闻结缘一辈子；也有的人可能把“新闻岗位”当跳板，本领学会了就跳槽了。然而，坚守也罢，离弃也罢，新闻的基本功是终身受用的。何况，传媒生态已发生前所未有的变化，当今人人都是自媒体、个个都在做自传播，新闻理念不再成为媒体行业的专有品，有的自媒体人也生产出了优质内容产品和形成了强大的传播力。不过，我依然期待媒体行业能凝聚一大批新型主流媒体人，我想，老杨这部著作对培育主流媒体“坚守者”群体应该有启迪作用。

（作者为暨南大学新闻与传播学院名誉院长、教授、博士生导师，中华全国新闻工作者协会原副主席、南方日报前社长）

目　　录

媒体转型：昨日的船　今天的路

新闻探索：笔从何来　力向何去

通讯作品：秉笔直言　天地立心

调研报告：思睿观通　运思成策

访谈杂忆：岭南的风　时代的题

书评序跋：别人的书　自身的悟

附　录

临风极目——新闻行思四十年

L

LINFENGJIMU——XINWEN XINGSI SISHI NIAN

媒体转型：昨日的船 今天的路

地方特色与开放性

作为地方报纸，能否做到既富于鲜明的地方特色，又具有开放性，以适应开放型的社会主义市场经济的需要？有人认为这是不可能的。他们的结论是：强调了地方特色，就势必影响报纸的开放性；既然要办成开放型的报纸，也就不能再强调什么地方特色。其实，地方特色与开放性并不是水火不相容的，两者完全可以有机地结合在一起。《南方日报》近年来的实践，就证明了这一点。

一

办一份省报，要想把地方特色与开放性结合起来，首先要从思想上明确这种结合的重要性。

党的十一届三中全会后，《南方日报》就鲜明地提出：不再搞“小报抄大报”“千报一面”的那一套，把报纸办出地方特色来。为此，《南方日报》采取了一系列措施，包括多发地方稿件、扩大报道面、敢于提出问题和回答问题、坚持在报纸上开展积极的批评和自我批评等。与此同时，《南方日报》顺应中央对广东实行“特殊政策、灵活措施”、广东的改革开放走在全国前面的形势，紧紧抓住改革开放大做文章，使报纸对许多新问题的宣传，走在全国的前头，也在实现地方特色与开放性的结合方面积累了有益的经验。

党的十四大提出在我国建立社会主义市场经济体制的宏伟目标之后，《南方日报》的同仁就开始思考一个问题：作为广东省委的机关报、广东地区的一家大型综合性日报，《南方日报》应该办成什么样子，才能适应经济体制改革的需要？1992 年下半年，《南方日报》结合报纸扩版的筹备工作，向广东省各阶层读者发出近万封信，并在报纸上开辟《我为南方日报扩版献计》专栏，广泛征询读者的意见。许多读者在复信中希望《南方日报》扩版后，要立足广东，面向全国，沟通海内外，办成一份具有广东特色的党报，既具权威性、指导性，又有科学性、服务性，可读、可信、可亲、可用。读者的这些意见，使《南方日报》在筹备报纸扩版和改革时认识到，市场经济的发展，要求人们眼观六路、耳听八方，知百国之信息，察世界之新潮；也要求报纸办出特色，以质取胜。一份省报要想在激烈的竞争中站稳脚跟，必须既富于鲜明的地方特色，又要具备开放性。这是因为，报纸市场的竞争其实是特色竞争，一份省报如果没有地方特色，就会失去竞争力；反过来，一份省报如果不具备开放性，还是按过去那种封闭的思路办报，抱着狭隘的“地域观”去“写本地的事，给本地人看”，那就适应不了市场经济的需要，也满足不了广大读者的要求。因此，必须在地方特色与开放性的结合上做好文章。《南方日报》总结了党的十一届三中全会以来报纸改革的经验，对搞好这个结合充满了信心。大家希望，扩版后的《南方日报》，既要有“粤”味、“党”味，又要在“放”字上做文章，既要走进机关大院，又要走进百姓之家。

二

实现地方特色与开放性的结合，需要大容量的载体，并且要在版面安排上尽量做到科学、合理。

《南方日报》从 1993 年 1 月 1 日起，由 4 大版扩大为 8 大版，4 月 1 日又由 8 大版扩大为 12 大版，其中第三张天天都是彩色印刷。这种大容量的载体，为实现地方特色与开放性的结合提供了条件。为了实现这个结合，《南方日报》对版面的布局进行了精心设计：第一版为要闻版，及时报道省内外、国内外的重要新闻；第三版为时事版，负责国内外时事新闻的宣传；第四版为体育版，向读者提供国内外体坛动态；把第二版、第五版辟为地方新闻版，并开办了《金融》《房地产》《现代农业》《国防》《法制与生活》《消费者之友》《科技城》《桃李园》《健康》《都市生活》《文化大观》《女性世界》《海风》《新论丛》《学海》等专版，努力挖掘本地的信息资源，把广东经济、社会、国防、科技、教育、理论、卫生、文化等方面的信息多层次、多角度、有重点、有特色地介绍给读者，其中大多数专版都坚持地方特色与开放性相结合。与此同时，为了扩大开放度，《南方日报》开辟了每日一期的《每日文摘》、每周三期的《九州经纬》专版和每周两期的《华夏大地》《四海拾粹》专栏，把全国各地改革开放和两个文明建设的新信息、新经验、新成就及各方面的精华推荐给读者。其中，《九州经纬》专版的稿件靠全国各地的兄弟报纸提供，许多稿件是与这些兄弟报纸同时见报，大大增强了时效性。《南方日报》还开辟了每周一期的《环球市场》《世界广场》《畅游天下》专版，以及每周一期的《台港澳纵横》和每周两期的《好望角》专栏，把世界各地的精彩内容展现在读者面前。其中，《环球市场》专版及时提供世界各类市场的信息，每期还有一篇经济热点分析文章，令读者眼界大开。

由于《南方日报》的版面布局科学、合理，做到了内外并重，顾及了各个层次，丰富了报纸内容，因此能让读者“一张报在手，可知天下事”。

三

努力提高宣传报道艺术，是使地方特色与开放性有机结合的重要一环。近几年来，《南方日报》在这方面做了不懈的努力，主要是以广东为基点，在宣传上形成对内、对外两个辐射圈，内向与外向兼顾，努力做到立足本地又不局限于本地，把眼光看向省外国外。具体来说，有这么几点：

一是站在广东看广东。广东是在第一轮改革开放大潮中先走一步的省份，现在仍然担负着综合改革试验区和率先用20年时间基本实现现代化的重任，她的地位和动向备受外界瞩目，挖掘她的信息资源，让全国、全世界更好地了解广东，是《南方日报》的职责所在、特色所在，也是《南方日报》开放性的体现。为此，首先要做好站在广东看广东的工作。1992年春，邓小平同志在视察南方发表重要谈话时高度评价广东改革开放的成就，广东读者不禁关切地问：广东的这些成就是怎么来的？针对这个问题，《南方日报》及时组织采访组，由报社领导带队，及时采写了“来自珠江三角洲的报告”和“经济特区纪行”两组重点系列报道，系统地推广介绍广东改革开放的成功经验，满足了广大读者的需要。党的十四大之后，全国各地出现了万马奔腾、改革开放的喜人形势，在这种情况下，广东还能不能保持优势，怎样才能保持优势？这是广大读者共同关心的问题。《南方日报》不失时机地推出“再造广东新优势”和“抓住新机遇，跃上新台阶”两组系列报道，并对广东新的重点开放地区大亚湾、南澳岛、东海岛、海陵岛、南沙开发区、珠海西区等进行了系统的报道，令人信服地回答了这些问题，取得了良好的宣传效果。

二是跳出广东看广东。市场经济是开放型经济，只有把广东置于全国、全世界的大背景之下，跳出广东看广东，才能帮助读者更全面、更深刻认识广东。于是，党的十四大、一年一度的全国“两会”以及重大国际体育比赛等，《南方日报》都派出记者前往采访，反映全国如何看广东，世界如何看广东。同时，基于同一目的，《南方日报》分别在香港、海南等地设立了办事处，并在北京筹建记者站，还特意在第一版开辟《外地记者看广东》专栏，约请外地驻粤记者和来粤采访过的记者发表观感。

三是站在广东看外界。《南方日报》通过各种渠道，及时引进省外国外的“他山之石”，既让广东了解全国、了解世界，又可用以攻广东当地之石。同时，《南方日报》同其他省、市、区委机关报建立了合作关系，请他们及时提供当地改革开放和两个文明建设的新信息、新成就、新经验，一方面满足广大读者的阅读需要和1000多万外来工了解家乡的需求，另一方面也可以促进广东各方面的工作。考虑到广东的工业品出口占工业产值的1/3，不少企业还在境外、国外办起实业的实际，《南方日报》争取新华社等单位的支持，及时得到世界各地热点事件和经济走势的分析性、综述性、预测性专稿。此外，《南方日报》还发挥广东记者易地采访和出国、出境采访机会多的优势，组织了大量的见闻和观感性文章，满足了各个层次读者的需要。

四是站在时代高度处理本地新闻。即从宏观上审时度势，精心处理一些发生在本地但在全国范围内有较强针对性的新闻，让其从地方“走”向全国。例如1992年8月，《南方日报》读者来信部负责人在周会汇报会上，介绍了广东遂溪县沙古和洋青两镇食品站营销猪肉时，因后者竞争不过前者，就要对方撤点，沙古不撤，洋青就派人抢走猪肉等情况。当时，该部是将此作为打砸抢事件汇报的。可是，报社领导听后认为，这件事作为打砸抢，是做不了大文章的，但从发展市场经济的需要去看，却很有典型教育意义。当时各地市场互相封锁、画地为牢的现象屡见不鲜，已经影响了市场经济的发展。为此，《南方日报》从1992年8月至11月，在报纸上开展“洋青抢肉事件说明了什么?”的大讨论，在社会上引起了强烈反响，连省外的读者也参加了讨论。

坚持在地方特色与开放性结合方面的尝试，使《南方日报》尝到了甜头，报纸的质量不断提高，发行量稳步上升，已连续8年居全国省、市、区委机关报之首，并发行到40多个国家和地区。今后，《南方日报》还要继续在地方特色与开放性的结合上做文章，越办越好。

（原文载于《新闻战线》1994年第7期）

新闻思维如何适应社会主义市场经济

随着社会主义市场经济体制的逐步确立，中国新闻界出现了一个值得思考的现象：一方面是新办报纸相继问世，报纸不断改版扩版，报业市场多姿多彩；一方面是新闻媒介发出的大部分报道并没有多大的变化，一般化、表面化的毛病，落后于市场经济新形势的现象，依然存在。为什么会出现这种情况？原因是多方面的，其中重要的一条，是许多新闻工作者的新闻思维方式没有随着经济体制的转变而转变。

传统新闻思维不能适应市场经济

市场经济对新闻报道的要求，与计划经济时代相比已经有了很大的差异。比如说，市场经济的自主性，要求经济报道必须从过去单纯的生产性报道转向经济生活的全过程、全方位报道；市场经济的开放性，要求我们的经济报道更加强调客观公正性和开放度。然而，有些新闻工作者在开展新闻报道工作时，仍然自觉不自觉地运用在长期的计划经济体制影响下形成的传统新闻思维方式。这些新闻思维方式的共同特点是思维空间狭小，思维运行路线单一，容易陷入片面性、概念化和绝对化，显然已经不能适应复杂多变、丰富多彩的市场经济的要求。

传统的新闻思维方式，具体说来大致有如下几种：

一是“一因一果式”思维。这种新闻思维把事物间的因果关系看成单一线性的因果关系，至于因果链条前后左右的许多联系、许多层次，则不在视野之内。这样，一个个复杂的事物，被人为地、片面地简单化了。依照这种思维，一个单位经济效益提高，可以依不同时期的宣传需要总结出不同的经验：今天强调“科技是第一生产力”，可以写成该单位由于重视科技投入，经济效益提高了；明天强调加强科学管理，又可以写成该单位

“靠管理出效益”；后天强调转换经营机制，还可以写成该单位“靠转制出效益”。

二是“两极式”思维。这种思维表现为对事物习惯于做两极判断，用肯定或否定来回答复杂的现实生活，也就是非好即坏，非白即黑，非此即彼。于是在报道时陷入绝对化，顾此失彼，不能对事物进行一分为二的分析，说好就一好百好，说坏则一无是处，使读者像雾里看花，莫名其妙。比如说，在宣传经济开发区成就时，给读者的印象是开发区的作用大得很，不仅成了一个地方吸引外商投资的宝地，而且成了该地经济发展的“火车头”；而在反映“开发区热”、宣传保护耕地时，又好像一个个开发区不是“日晒太阳夜晒月亮”，就是办不下去似的。

三是“终结式”思维。这种思维关注的是已有结论或定论的事物，对事物的过程却不大注意。表现在报道上，就是等事情发生、发展有了最后结果以后才去反映它们，报道的模式基本上是“过去式”“完成式”“总结式”“结论式”，而对正在进行中的新闻事件，好多是不予报道的。应该说，有些事情我们从大局着想确实需要等有了结果或结论之后才能进行报道，但在许多情况下并不需要这样做。如果许多有价值的值得开展进行式、追踪式报道的新闻，在我们等结局、等结论的思维方式影响下被拖成了旧闻，那么不仅对实际工作无法起到推动作用，对新闻媒介的形象和声誉也是不利的。

四是“图解式”思维。这种思维是一种概念化的思维，它往往是围绕宣传某种政策、某种思想的需要，先确定一个主题，或者先有了一个概念，然后才去找事实、集材料，靠一些牵强附会的事实对政策、思想加以简单的图解和诠释。如果材料不大符合原定的主题或原有的概念，还要穿靴戴帽，甚至强扭角度。这样一来，不是用客观事实去衡量思想、政策的正确与否，而是用既定的思想、政策去取舍乃至增减事实，让事实来适应思想或政策。难怪新闻界有人说，这不是反映论，而是先验论；这不是去发现新闻，而是在“制造新闻”。

五是“解剖式”思维。这种思维强调对微观现象的考究，重个体解剖而轻总体把握。这种思维方式有其合理的一面，不少记者曾运用它写出了成功之作，对推动工作起过良好的作用。但同时我们应该看到，它又存在着弊端和局限，那就是往往忽视对事物的整体把握和全面反映，容易导致以点代面、以偏概全，或者只停留在就事论事的水平上。报纸上不时出现的那种简单、片面的一厂一店一乡一村的所谓经验性报道，就是这种思维方式的产物。

市场经济需要什么样的新闻思维

一定的思维方式总是同一定的时代息息相关、密切联系的，它是历史的产物，并且随着时代的前进而发生变革。社会主义市场经济体制的逐步确立，要求新闻工作者采用新的新闻思维方式。那么，新闻工作者应该确立什么样的新闻思维方式，才能适应社会主义市场经济的要求呢？综观近年来一些新闻媒介及新闻工作者的成功实践，大致有这么几种：

1. 立体思维。所谓立体思维，是相对于平面思维而说的，它指新闻工作者从思维的各个层次出发，对一个事物进行多角度、多侧面、多层次、多变量、全方位的系统的“扫描”，以全面准确地揭示事物的本质和意义。社会主义市场经济是一种开放型经济，它把社会生活的各个方面紧紧地连在一起，任何一个新事物、新变化的出现，都可能“牵一发而动全身”，读者对于这些新事物的了解，已远远不满足于只知道“是什么”，而更关心“为什么”“会怎样”，更需要了解事物发展的背景、过程及多种可能的走向。因此，新闻工作者应多采用立体思维，去认识和把握新事物，写出能够适应社会主义市场经济和广大读者需要的新闻报道。近年来部分新闻媒介推出的“立体报道”备受欢迎，对我们是有启迪的。

2. 动态思维。所谓动态思维，是一种运动的、调整性的不断优化的思维。它主要指新闻工作者着眼于事物发展的趋势，根据报道对象和报道环境的变化而不断调整自己的思维程序和思维方向，以实现报道目标的优化的思维过程。市场经济需要这种动态思维，因为它既是一种竞争的经济，又是一种活力经济。激烈的社会变革，活跃的社会竞争，使整个社会经济充满生机和活力，生活节奏大大加快，新信息、新事物、新情况、新问题、新矛盾层出不穷，作为新闻工作者，应响应市场经济的呼唤，多采用动态思维方式，敢于触及市场经济的热点，善于在市场上捕捉“活鱼”，开展动态化、进行式、追踪式的报道，向读者提供新鲜活泼、有声有色的新闻。

3. 多向思维。所谓多向思维，是指新闻工作者从尽可能多的方面来观察同一事物，努力寻找事物的多因多果的关系，以完整、准确地反映事物。这种思维方式在市场经济条件下应该多用，因为市场经济是把“双刃剑”，对社会具有双向的影响，新闻工作者自觉运用这种思维方式，有助于在开展报道时引导读者趋利避害。比如，市场经济条件下的企业及其生产经营者以追求利润为目标，这是无可厚非的，问题是它容易诱发拜金主义的倾向；又如，在市场经济条件下，人们在企业或其他经济行为中积极性较高，但不易摆正个人、集体和国家利益的关系，甚至小团体主义、本位主义有所膨胀。对于这类问题，如果我们不采用多向思维方式，就往往会陷入片面性，不能在报道中正确把握舆论导向。

4. 宏观思维。所谓宏观思维，是指新闻工作者面对新事物时，把它放到更广阔的范围里观察、分析，从总体联系上把握事物，认清事物发展的趋势。现代市场经济既是自主性、营利性的经济，又是有政府宏观调控的经济，新闻工作者要想从总体上把握它，就必须自觉地运用宏观思维，既要发挥跑市场、研究价值规律这只"看不见的手"的作用，又不能忽视跑政府、研究政府宏观调控这只"看得见的手"的作用。这样去做，我们才能高屋建瓴，全局在胸，把握时代脉搏，捕捉到那些影响全局、带动全局的重大题材，写出时空跨度大、有历史纵深感的报道。当然，强调宏观思维并不意味着微观思维一概不用，我们要避免片面性，还需把宏观思维与微观思维结合起来。即使是对于微观题材，也要在宏观把握和微观分析的结合上做文章，从微观体现宏观，避免就事论事或以点代面、以偏概全。

5. 横向思维与纵向思维结合式。横向思维指截取历史的某一横断面展开比较认识；纵向思维则偏重从时间和历史的角度进行认识。过去有些新闻工作者采用纵向思维，凡事只和过去比，以映衬报道对象所取得的成就，却忽略了横向比较，看不到存在的不足，陷入了片面性。在市场经济条件下，我们运用纵向思维与横向思维结合的方式，既能弄清事物的过去、把握事物的现状、预测事物的未来，加深对事物认识的深度；又能看到事物同周围其他事物的联系，增强对事物认识的广度，在报道上做到既报喜、又报忧，帮助读者完整地认识事物，增强读者对新闻媒介的信任度。

应该说明的是，上述五种思维方式可能有交叉之处，只是考虑到表述的方便，本文才做这样的划分。

新的新闻思维怎样才能确立

由是观之，只要我们在新闻思维方式上实行变革，确立上述五种新闻思维方式，我们的新闻报道就能逐步适应社会主义市场经济的要求。那么，这些新闻思维方式怎样才能确立呢？我认为应该做到"三个必须"：

1. 必须提高理论素养。法国 18 世纪启蒙运动思想家莱辛曾经说过，谁想创造，谁就必须学会理论。我们要确立新的新闻思维方式，至少应学习四个方面的理论。

第一，要学习邓小平建设有中国特色的社会主义理论。我们要通过学习，掌握其精髓，重新审视我们传统的新闻思维，看看哪些是应该坚持的，哪些是应该扬弃的，哪些是应该变革的。

第二，要学习社会主义市场经济理论。社会主义市场经济对我们来说是一种全新的实践，对它的报道没有现成经验可以借鉴。因此，我们要确立适应它的新闻思维方式，就必须老老实实地学习这方面的理论，切实把握它的基本特征和运行规律。

第三，要吸收新闻学研究方面的新成果，进一步摸索社会主义市场经济体制下的新闻活动的客观规律。

第四，要学习思维科学，从中借鉴有助于确立新的新闻思维方式的东西。

2. 必须改变新闻活动方式。实践出真知。如果我们从改变新闻活动方式入手，积极投身于市场经济的大潮中，大胆实践，我们就可能突破原来的思维惯性和定式，确立新的新闻思维方式。比如说，过去我们满足于从上面找精神、到下面找例子，现在能否换个方式，先闯进市场，以市场为着眼点和出发点，捕捉各种新情况、新问题、新矛盾，以及由此产生的各种思想情绪和行为趋向，再深入调查研究，到政府部门去"讨说法"。

3. 必须改变新闻分工方式。新闻媒介采编部门的设置和记者编辑的分工，是在计划经济体制影响下形成的，条线到人，画地为牢，新闻工作者被禁锢在所分工的一块小天地里，思想被框死了，视野被限死了，自然形成单向思维多、多向思维少的习惯，所写的报道容易出现就事论事、以点代面的现象。如果我们按照市场经济的要求，改变这种分工方式，让新闻工作者既有自己熟悉的领域，成为某一方面的专家，又不局限于这个领域，时时能够跳出行业的界限，对经济社会生活的诸方面进行综合分析，从其相互联系中，在宏观和总体上把握事物发展的进程，那么，新闻工作者就能逐步确立新的新闻思维方式，写出无愧于这个伟大时代的篇章。

（原文载于《新闻战线》1996 年第 6 期。获中国新闻奖新闻论文一等奖）

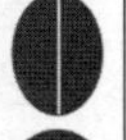

建立现代报业新机制

改革开放20年来，南方报人走出了一条解放思想、更新观念、努力探索新形势下办好机关报的新路子，报纸改革和内部改革步步深入，着力创建与社会主义市场经济体制、信息化社会相适应的采编机制和经营管理机制，使报业集团的运作逐步进入良性循环，办报与经济工作均呈现强劲的发展势头。在报业市场竞争越来越激烈的情况下，《南方日报》的发行量近几年仍持续上升，1999年的发行量达到85.2万多份，已连续13年居全国各省、自治区、直辖市党委机关报首位，集团产业方面已经形成或正在形成广告、发行、印刷、信息、出版5个支柱。近几年广告营业额维持在2.5亿元上下，继续居各省、自治区、直辖市党委机关报前茅。

一

党的十一届三中全会以来，随着中国改革开放政策的全面推进，中国报业有了巨大的发展，全国公开发行的报纸从1978年的186家发展到1995年的2202家，出现了百花齐放、百舸争流的局面，同时也形成了报业的激烈竞争，晚报和城市报纸以其信息量大、可读性强、生动活泼等特点，对省委机关报提出了严峻的挑战。在这种情况下，省委机关报要想生存和发展，唯一的出路就是改革。20年来，南方日报社年年都念改革经，报纸改革逐步深化，近几年着力在重塑机制上做文章，目前已基本建立起与社会主义市场经济体制和信息化社会相适应的采编机制。

1. 坚持扬长补短，建立突出主功能兼顾多样化的传播机制

在社会主义市场经济条件下，机关报应该传播什么内容？居高临下一味说教的老路显然不能再走，放弃指导性以媚俗的路子也不能走。南方日报社走的路子是建立突出主功能、兼顾多样化的新闻传播机制。

南方报人认识到，机关报要在如林的报纸中站稳脚跟，要在激烈的竞争中立于不败之地，必须强化自己的权威性，突出作为党和政府喉舌、正确引导社会舆论的主功能。为此，南方报人做出了不懈的努力。这一努力的集中体现，就是着力经营3个“拳头产品”——典型报道、深度报道、批评报道，同时抓好新闻评论。

没有先进典型的宣传，机关报就会失去鼓舞人、引导人的重要功能，因此，南方报人把典型报道作为发挥机关报主功能的第一个“拳头产品”，下功夫着力经营。《南方日报》的典型报道有两个特点，首先是紧紧围绕各个时期党的路线、方针、政策，围绕省委的中心工作选择典型，对重大典型不惜浓墨重彩。为了宣传党的十五大在理论上的新突破，我们在1997年着力宣传了对这些突破已有成功实践的顺德市这个典型。几年前，顺德市就在广东率先进行了企业产权制度的改革，并认真抓好配套改革，不仅使国有企业、集体企业焕发了生机，而且社会稳定，人们安居乐业。十五大闭幕不久，《南方日报》即以1篇消息、4篇通讯、1篇评论员文章，全面而详细地报道了该市综合改革的经验。像这样的重大典型报道，每年都抓两三个。《南方日报》典型报道的另一个特点是，注重宣传发生在普通群众身边、具有较强新闻性的典型。这一类典型，每年都宣传一批，由于其贴近群众，材料鲜活，往往都有很强的感染力，深受读者欢迎。

当社会上一些热点问题沸沸扬扬的时候，作为党和政府喉舌的机关报，有责任针对这些问题组织有思想深度和理论力度的深度报道，为群众释疑解惑，引导读者正确看待热点问题。因此，南方报人把抓好热点问题的深度报道，作为发挥机关报主功能的第二个“拳头产品”。《南方日报》除了在第一版开辟了《热点话题》专栏外，综合新闻版和广州新闻版也经常安排对热点问题的深度报道，平均每星期刊登一篇。去年初，部分群众对改革进程中出现的一些问题和矛盾议论纷纷，有的说现在经济增长速度没“八五”时期快，市场消费无热点，粮食、农副产品降价，很多商品卖不出去，下岗人员增多，形势好在哪里？为了帮助广大干部群众正确认识这些问题，经济部在去年1月19日至27日期间，推出“当前形势怎么看”系列述评。这个系列由5篇文章组成，分别题为《速度是快还是慢》《消费市场是冷还是热》《银根松了还是紧了》《等饭吃还是找饭吃》《粮食多了还是少了》。这组深度报道推出后，社会各界人士反响热烈，称赞这组报道观点正确，内容充实，针对性强，帮助很多人澄清了模糊认识。丁关根同志在全国省级党报总编辑工作会议上，称赞这组报道“抓住老百姓关注的问题进行阐述，很有针对性”。中宣部新闻局阅评小组对它的评价是："一组在难点热点问题上下了功夫的好报道。"《新闻出版报》在头版头条载文予以赞扬；《新闻战线》杂志也载文总结了这组报道。

落实有效的舆论监督，是坚持正确的舆论导向的一个重要方面，是机关报的神圣职责。为此，南方报人把批评报道作为发挥机关报主功能的第三个"拳头产品"，每年都抓了一批较有影响的批评报道，帮助省委惩治腐败，监督有关方面落实党的方针政策，支持党和政府开展工作。《南方日报》批评报道的特点是掌握好"度"，坚持"帮忙不添乱"的原则。具体表现在如下方面：（1）抓重大题材，把批评报道的重点放在事关方针政策、廉政建设等重大问题上，不搞遍地开花。（2）"攻其一点，不及其余"，见好就收。这就是搞准一个问题就集中批评一个问题，不扩大涉及面，尤其不涉及未完全核实的事实。（3）注重事件性的批评报道，因为事件比较单一，容易弄清事实，利于速战速决。（4）抓好正反两方面的对比，即批评某一现象时，同时树立对应的正面典型，既使被批评者从中受到教育，又使人获得正气压倒邪气的感觉。（5）抓好批评效果，报道处理结果，以伸张正气，给人信心，提高党和政府的威信。由于"帮忙不添乱"的原则掌握得较好，《南方日报》这几年的重点批评报道几乎搞一篇成功一篇，促进了问题的解决，推动了实际工作，既受到群众的欢迎，也受到领导机关的好评。

评论是报纸的旗帜，机关报要引导舆论，尤其离不开评论。《南方日报》突出主功能的又一方面就是认真加强评论工作。1998 年，为了配合省委的中心工作，《南方日报》共发表了 7 组共 33 篇系列评论。如江泽民同志在全国人大会议期间要求广东"增创新优势、更上一层楼"，省委为此进行了一系列重大部署。为了配合省委的这一系列重大部署，《南方日报》先后发表了 1 篇社论和 6 篇系列评论。在抓好系列评论的同时，还针对实际或配合典型宣传发表了一批评论。这些评论，受到省委主要领导的高度评价。中共中央政治局委员、广东省委书记李长春 1999 年初在一个座谈会上说，去年在统一思想、团结一致、坚定信心、战胜困难上，《南方日报》写了一批有深度、有高度、有质量的评论，很好地配合了省委的中心工作，他认为，省委要求《南方日报》引导舆论、引导潮流，这个作用已初步发挥出来了。

改革开放以后，广大读者对报纸的要求，不再仅仅是从中了解国家大事、时事政治，了解党和政府的方针政策，还要从中获得全方位的信息、丰富的知识和高雅轻松的文化娱乐服务。党的机关报如果忽视读者的这种新需求，就有失去读者的危险。因此，南方报人在突出机关报的主功能的同时，十分重视兼顾多样化，满足读者多方面的需求，即在指导工作的同时，指导生活、倡导文明、陶冶情趣，为提高人的综合素质和生活质量提供多方面的服务，使机关报成为读者的良师益友，既为机关所必备，也为家庭所必需。多年来，南方报人为此进行了坚持不懈的改革探索。

《南方日报》突出主功能兼顾多样化的改革探索，概括起来就是“四结合”“两贴近”。“四结合”是指权威性、指导性与可读性、服务性结合。“两贴近”是指贴近群众、贴近生活。在“四结合”方面，把功夫下在寻找权威性、指导性与可读性的结合点上，具体地说就是：把握好党和政府正在着手解决的问题与老百姓要求解决的问题的共同关注点；有关党和政府的工作类报道，从群众关注的角度作切入点；寻找政府工作的难点与群众感到困惑的交叉点。在“两贴近”方面，除了要求新闻报道尽量以此作为切入角度外，努力办好体现“两贴近”、具有服务性的专刊和副刊，这些专刊、副刊既有临时策划的，也有常设的。临时策划的如1998年春节前三天，连续动用4个版的篇幅，编辑出版了3期《迎春特刊》，每期一个专题，第一期为“春游指南”，第二期为“消费指南”，第三期为“娱乐指南”。这3期特刊，为广大读者提供了春节期间在旅游、消费、娱乐方面详尽的信息。常设的专刊、副刊，包括经济、文化、艺术、生活等类别，去年底对专刊、副刊做了调整、组合，大部分改为以周刊的形式推出。目前推出的周刊有《经济周刊》《社会周刊》《健康周刊》《生活周刊》《文化周刊》等。这些周刊均为每期2个或4个版，以较大的版面规模，向读者提供更多、更精彩的内容，帮助他们扩大视野，增长知识，满足老百姓精神生活上多方面的需求。

2. 整合内部机构，建立面向社会快速反应的新闻采集机制

在社会主义市场经济的条件下，报纸的竞争主要表现为新闻的竞争。为了在新闻竞争中取得主动，南方报人逐步建立起一种面向社会快速反应的新闻采集机制。

长期以来，在计划经济体制下，南方日报编辑部的机构，基本上与政府的职能部门相对口。政府职能部门越分越细，南方日报编辑部的部门也越分越细，光是经济领域，就有工交、农业、财贸3个部。部门内，记者按政府职能部门再进行细分工，如工交部的记者，有专跑交通线的，有专跑城建线的，有专跑轻工线的，有专跑化工线的……这种按线划分的机构设置和人员分工，已越来越暴露出其缺陷：往往把部门工作当作新闻，将部门活动当作报道重点，记者习惯于跑部门、泡会议，视野狭窄，时间长了还会充当部门代言人。其恶果是会议消息、工作动态充斥版面，使报纸办得呆板，“面目可憎”，与政府职能部门对口按线分工采集新闻的路子到了非改不可的时候了。

1996 年 9 月，南方日报社委会决定改变与政府职能部门对口联系的做法，调整编辑部内部机构：工交部、农业部、财贸部合并为经济部，负责经济基础的报道；政文部与科教部合并为政科文部，负责上层建筑较大范围领域的报道；新设一些面向全社会的综合性部门，如社会生活部、广州新闻部等，新闻版面也做出相应调整，与具体职能部门对口的版面从《南方日报》上销声匿迹了，所有新闻均按重要性和区域性安排到要闻、综合新闻、国际新闻、广州新闻等不同的版面上，大部分记者联系的对象不再是单一的某部门、某行业，而是面对社会某一领域，从而促使记者少泡会议、多跑现场，开阔视野，抓到更多鲜活新闻，写出更有思想深度的报道。

新的新闻采集机制运行近 3 年，广大读者慢慢发现，在《南方日报》的版面上，一般性政务活动消息和会议消息减少了，部门和行业的工作部署少露面了，地方领导人长篇大论的讲话罕见了，一厂一店的不痛不痒的经验少了，尤其是在第一版基本消失了。取而代之的是典型报道、深度报道、批评报道这“三个拳头产品”，以及贴近群众、贴近生活，具有较强可读性的事件性新闻、服务性报道等。这些报道，常常在社会上引起强烈反响。

一般性会议报道、部门和行业的工作部署、一厂一店的经验介绍让位于鲜活新闻、事件新闻以后，如何迅速掌握新闻线索、及时把新闻报道出去，成了迫切需要解决的问题。特别是在报纸竞争日趋激烈的今天，各报都在“抢”新闻，机关报决不能落在别人后面。为此，编辑部新设了新闻采编中心，开通了新闻热线电话，全天 24 小时接受读者提供新闻线索，配备了机动记者；同时公布了广州新闻部记者的 BP 机号码，读者可直接与记者联系，记者收到线索后可随时出动。这样，就形成了快速反应的新闻采集机制，保证机关报的新闻报道不会落在其他报纸后面，从而维护了机关报的权威性及其地位。

3. 鼓励多出精品，建立以提高新闻质量为中心的激励机制

新闻报道质量的高低，决定着一张报纸的兴衰。为了鼓励记者、编辑拿出更多新闻精品奉献给读者，《南方日报》陆续建立起以质量为中心的激励机制。

这一激励机制包括两个方面。第一方面是实施记者、编辑定额管理条例。1997 年 9 月率先出台了记者定额管理条例，依据记者的职称定出每人每月的定额分，然后按稿评分，每月奖金与定额分完成情况挂钩，总分超过定额者有奖，未能完成定额者扣罚奖金。为鼓励记者多写高质量稿件，同时提出新闻稿的品种要求——每月必须至少完成下列 7 个品种中的 2 个：事件新闻、鲜活短新闻、独家新闻、典型报道、深度报道、批评报道、针对性强的提出问题的报道。如果只完成 1 个品种的，扣 20 分；如果连 1 个品种都未能完成的，扣 50 分。稿件评分也向这 7 个品种倾斜，最高的 1 篇可达 100 分以上，平均可打 60 分；而一般性的会议报道，1 篇只能打 10 至 20 分，一般化的通讯，最高也只能打 30 分。记者的定额分别是：高级记者 160 分，主任记者 150 分，记者 120 分，助理记者 100 分。以中级职称的记者为例，完成了上述 7 个品种中的 2 个品种，1 个月的定额已基本完成甚至超额了，再写就可多拿超额奖了；如果连 1 个品种都不能完成，被扣去 50 分，要完成定额就要在完成 6 篇分值 20 分的一般稿后再多写 2 篇 20 至 30 分的稿。这样，记者都把劲往写 7 个品种稿件上使，自觉深入实际采写鲜活新闻、昨日新闻、独家新闻，精心经营典型报道、深度报道、批评报道，并在写作上锐意创新，争取多出精品佳作。

1998 年 8 月，又实施了编辑定额管理条例。依据编辑的职称定出每人每月的定额分，然后按版评分。每个版由两种分构成，一是基本分，只要完成一个版的编辑工作，就可以得一个基本分；二是质量分，质量分又分成 A、B、C、D、E5 个等级，A 等得分是基本分的 3 倍，B 等得分是基本分的 2 倍，C 等得分是基本分的 1 倍半，D 等只能得基本分，E 等则要倒扣基本分 50% 至 100%。每月各版的基本分和质量分的总和超过定额者有奖，反之要扣罚奖金，这两种分中，质量分占的分量比基本分大，从而鼓励编辑在内容和版式上下功夫提高质量。

为了实施这一新方案，报社专门设立了定额管理考核小组，负责对每天报纸上的所有记者稿和各版打分，经社委会主要领导审定后输入电脑，月底结算兑现奖罚，多超多奖不封顶，多欠多扣不保底。

激励机制的第二方面是建立评好稿制度。近几年来，我们每天的编前会都有一项议程是评报，由出席会议的部领导或责任编辑在评报的基础上，评出当天的好稿、好版面、好标题，分别给予策划奖、好稿奖、好版面奖、好标题奖等。这种奖每天评，经社委会主要领导审定后，1 周集中公布 1 次，月底兑现奖金。

这两方面激励机制的建立，犹如注入了强力催化剂，向读者提供新闻精品，已成为南方报人的自觉行动。为了写出新闻精品，记者们不怕困难、深入采访已蔚然成风，屡屡出色地完成重要的新闻报道任务。无论是

1997 年的香港回归、长江三峡大江截流，还是 1998 年的长江抗洪抢险，记者都争着上第一线，通过艰苦深入的采访，克服难以想象的困难，发回了大量高质量的新闻稿，使本报的有关报道搞得有声有色，深受读者欢迎。

辛勤耕耘结出了丰硕果实。1996 年，《南方日报》在“广东新闻奖”评奖中，获得了 5 个一等奖；在“中国新闻奖”评奖中，获得一等奖和二等奖各 1 个。1997 年，在“广东新闻奖”评奖中，《南方日报》又获得 9 个一等奖，居全省报纸前茅；在“中国新闻奖”评奖中，获得 2 个三等奖。1998 年，在“广东新闻奖”评奖中，获 7 个一等奖，再居全省报纸前茅。

4．掌握竞争主动，建立以数字化为核心的技术创新机制

在越来越激烈的报业竞争中，谁在知识创新、技术创新方面先走一步，谁就能在竞争中掌握主动。《南方日报》一直十分注意跟踪新闻技术的发展，紧跟国内新闻技术发展的步伐，并努力走在全国新闻同行的前列。

全面实现数字化、网络化、多媒体化，是新闻媒体技术发展的方向，而数字化是上述“三化”的基础。我国新闻界从 20 世纪 80 年代开始踏上数字化的征途，《南方日报》也在这个时候开始了以数字化为核心的技术创新过程。80 年代末，汉字计算机激光照排系统研制获得成功并已成熟之际，《南方日报》即引进华光集团开发的计算机激光照排系统，于 1990 年 3 月 26 日全面以计算机激光照排代替铅字排版印刷，成为全国第一批全面应用计算机激光照排系统的省报之一，在以“电与光”取代“铅与火”的报纸印刷数字革命中走在全国前列。1992 年，《南方日报》与华光集团合作，着手建设覆盖从编辑到排版到资料检索的计算机新闻出版系统，于同年底建成了第一期工程，夜班编辑率先告别了“纸与笔”。1995 年，国家新闻出版署、国家经贸委确定《南方日报》为新时期我国省级报社技术改造试点单位，《南方日报》再加大技术改造的资金投入，将新闻出版系统全面升级为新闻业务综合处理系统。1998 年 6 月 18 日，新闻业务综合处理系统通过了国家新闻出版署和国家经贸委组织的竣工验收。验收委员会认为，该系统使南方日报社的新闻采编、稿件传接、卫星传版、信息处理以及报纸印刷、广告管理等技术实现了升级换代，满足了新闻采编现代化的要求，在全国报社中处于领先地位，为全国报业实现新闻采编、出版现代化起到了示范作用。从此，南方日报编辑部全面告别了“纸和笔”。

计算机新闻业务综合处理系统投入使用后，新闻作业流程的各个环节，包括采集、传送、编辑、组版、合成、签发、出版、上网，以及资料存储检索、广告制作管理等，一切工作的对象都是数字化了的信息。它给本报的采编工作带来了更高的速度、更高的质量、更高的效率，以适应信息社会快节奏、高效能的需要。手提电脑和数码相机的广泛应用，使在京采访全国“两会”、在香港采访回归大典、在长江采访三峡截流和抗洪抢险的特派记者，均能第一时间把文字稿和新闻照片传回编辑部，保证这些重大新闻及时见报，使本报在这些“新闻大战”的重大战役中立于不败之地。计算机彩色激光照排系统的应用，使《南方日报》从1993年4月1日起副刊天天出彩报；1994年1月1日起逢周末和节日第一版出彩报，成为全国第一家天天出彩报、第一版定期出彩版的省级综合性大报，目前每天都有6至8个版（包括第一版）为彩印版。过去在编辑部里流转的文字稿变成在计算机网络里流动的数字流后，为实现卫星传版、建立新闻资料数据库和出版电子报创造了条件。系列报《南方周末》于1997年初首先向全国各地的代印点实施卫星传版；1997年6月起，《南方日报》实现天天通过卫星向省内各分印点传版；1998年底，自建卫星传版网络，进一步提高了卫星传版的效率。《南方日报》新闻资料数据库建立以后，除了供本集团内编辑、记者查询外，还在因特网上开通了检索功能，向社会提供信息服务。1997年2月1日创办《南方日报》及系列报电子版，每天通过广东“视聆通”向国内公用网提供《南方日报》及5家系列报和6个专题新闻的电子信息。1998年1月1日，《南方日报》及系列报的电子版进入因特网。该中心编辑的专题电子信息，成为“视聆通”上访问人数最多的信息，被推荐参加全国评奖。《南方日报》及系列报的电子版也获得好评。据1999年5月16日的统计，《南方周末》站点平均每天有3万余人次访问，居网络中文站点排行榜首位。

二

改革开放20年来，我国其他行业的改革如火如荼，但报业由于其作为舆论团体的特殊性，经营管理改革的步伐严重滞后。现行的报业管理模式仍然保留着计划经济的痕迹，已远远落后于报业市场化发展的实践。报业企业同其他国有企业一样，也出现了对市场经济的“不适应症”，主要表现在：报社的自主经营、自我约束机制尚未建立，国有资产的保值增值缺乏制度保障；用人制度上的“铁交椅”“铁饭碗”，分配制度上的“大

锅饭”，挫伤了职工的积极性和主动性，降低了职工对国有资产的关切度；经济基础薄弱，产业结构单一，使得报业企业抗风险能力差；等等。这些问题，只有通过组建报业集团，塑造报业市场主体，建立新的经营管理机制，才能得到根本解决。

为此，《南方日报》在组建报业集团的过程中，指导思想非常明确，就是决不搞翻牌公司，而是要苦练“内功”，努力按照现代企业的要求，建立起适应市场经济的运行机制。在集团成立后1年多时间里，做了大量艰苦细致的工作。

1．改革领导体制，形成科学、民主、高效的决策指挥机制

传统的报业企业实行的是党委领导下的分工负责的领导体制，由于以前报业经济非常不发达，因而在班子成员中，管采编业务的占绝对多数，这种领导体制完全是按照事业单位来设计的，其缺陷是遇事大家都不敢做主、负责，事无巨细都推诿至党委，结果党委疲于应付大小事务，受集体议决方式的牵制而工作效率低下，对瞬息万变的市场反应迟钝，不适应现代化生产的需要。为了改变这种状况，从1995年起，《南方日报》试行社长领导下的总编辑与总经理负责制，一方面使领导层分工更合理，决策更为快捷和高效；另一方面强化了对经济工作的领导，把报业经营管理工作提到了一个新的高度。组建报业集团之后，对社长领导下的总编辑与总经理负责制进行了完善和提高，进一步明确，社委会（董事会）是整个报业集团的决策指挥中心，下设编辑委员会和经济工作委员会，编辑委员会负责办好《南方日报》及其系列报，经济工作委员会负责集团的经营管理活动。为了加强报业集团的规划和策划，提高决策的科学性，集团还正在筹建策划中心，由新闻研究所、新闻信息中心、顾问中心、财务结算中心、法律事务部、市场调查部等部门组成。

2．改革国有资产管理体制，形成国有资产保值增值机制

长期以来，报社被当作事业单位，报社正常运转所需资金由财政划拨。在这种情况下，不存在国有资产增值问题。组建报业集团以后，情况发生了很大的变化，报社成了独立的生产经营单位，报社的资产成了经营性资产，确保国有资产在市场活动中保值增值就成为一个重大课题。为此，南方日报社按现代企业的要求，组建法人治理机构，争取由省国资办将报社的国有资产授权给报业集团经营，社委会（董事会）是国有资产所有者的代表，是报业集团的最高决策机构；社长（董事长）是集团的法人代表，对集团全部资产的安全及保值增值负责；社委会（董事会）、社长（董事长）要自觉接受集团职工代表大会的监督，集团的大政方针要经过职工代表大会讨论通过后才能施行。为了提高国有资产营运的效率，根据所有权与经营权分离的原则，社委会（董事会）将部分资产授权给二级部门经营，二级部门自主经营、独立核算，二级核算部门领导对所经营的资产负保值增值之责。

3. 改革用人制度，营造优秀人才脱颖而出机制

传统的以“铁交椅”“铁饭碗”为特征的用人制度，造成干部任用上的论资排辈，年轻优秀人才受到压抑，整个报社暮气沉沉，致使一部分人不思进取、得过且过，最终导致报社创造力和竞争力的衰退。这种状况不改变，再好的计划也会落空，再好的蓝图也难以变成现实。因此，报业集团成立之后，社委会就把用人制度改革作为一件大事来抓，决定在职位分类的基础上，实行定编、定员、定岗，中层干部以下一律实行聘任制，两年一任，竞争上岗，双向选择，优化组合。制定周密改革方案的基础上，今年 3 月 9 日社委会举行聘任制实施动员大会，之后经过个人申报、资格审查、演讲答辩、民主测评、部门组阁、人事处和领导小组考察、社委会研究决定等一系列程序，到 4 月初基本完成对中层干部以下人员的聘任。聘任制使一批老同志提前退出领导岗位，一大批年轻人挑起了大梁，一些平时工作马虎、表现平平的人失去了工作岗位。聘任制是对旧体制、旧观念的一次有力冲击，在干部职工的思想上引起强烈的震撼，大家都感受到了很大的压力。能者上，庸者下；优者胜，劣者汰。聘任制给集团带来了无限生机和活力。

4. 改革分配制度，建立收入与贡献挂钩的激励机制

传统的分配制度具有很强的平均主义倾向，职工吃企业的“大锅饭”，干多干少一个样，干好干坏一个样。由于收入与个人的贡献关系不大，因而不能有效地调动广大干部职工的工作积极性和主动性。为了改变这种状况，报业集团成立之后，社委会决定根据党的十五大精神，实行按劳分配与按要素分配相结合，适当拉开收入差距。一方面，坚持分配与业绩挂钩的原则，真正做到多劳者多得，创造高效益者获得相对高的收入；另一方面，逐步实行按要素分配，充分体现管理、知识、技术、资金等在生产过程中的作用，鼓励干部职工多为集团做贡献。为此，除在编辑记者中实行定额管理制度外，还在行政部门实行岗位目标管理责任制，根据岗位的职责和任务制定定额指标（即定额分），经严格考核，德能勤达到要求的，可确认完成了定额分，原有的基本奖照发，另加发岗位工资；达不到考核要求的，视为未完成定额分，不发岗位工资，还要按分计扣原有基本奖金；基本达到考核要求，但某些方面有不足的，按分计扣岗位工资。编辑记者的定额管理制度和行政人员的岗位目标管理责任制，适当拉开了职工的收入差距，有效地调动了职工的工作积极性和主动性。它不仅是分配制度的一个重大改革，也是管理方式的一大创新，开创了量化管理的新篇章。

5. 改革财务管理制度，建立自我约束机制

财务管理是企业管理的核心。改革开放以后，报社实行“事业单位、企业管理”，经济活动日益复杂，规模日益扩大，筹资渠道和筹资方式越来越多样化，投资规模和去向日益增多，利润分配涉及的方面更加广泛，因而财务管理的重要性日益突出。由于《南方日报》家大业大，二级部门众多，为了充分调动各方面的积极性，从20世纪90年代初期开始在财务管理上采取二级核算方式。因为经验不足，曾一度出现财务失控的现象，造成了巨额经济损失。集团成立后，吸取过去的经验教训，狠抓内部财务管理，并进行管理制度的创新。一方面，建立了严格的资金审批制度，坚持财务审批“一支笔”原则，10万元以上的投资必须由社长审批，50万元以上的投资由社长、总编辑、总经理联批；另一方面，成立了财务结算中心，负责整个集团资金的规划、筹集和调度，并加强对二级核算单位的监督。二级核算单位的财会人员由财务结算中心选派，工资奖金在结算中心领取，既服从二级核算单位负责人的领导，又向结算中心领导负责。这种统一的财务管理体制的建立，既有效地防止了国有资产的流失，又确保了资金的高效运转，提高了集团的经济效益。

6. 改革发行体制，建立以自办发行为主的市场发行机制

在计划经济时期，我国形成了大一统的报刊邮发体制，全国所有的报刊都交给邮局发行。在不讲经济效益、不讲成本核算的计划经济时期，这种发行体制有其合理性，对报刊的发展也起过重要的作用。但是，随着社会主义市场经济的发展，这种垄断性发行体制的弊端越来越显露：一是发行时效差，如《南方日报》在广州市往往也要到下午才能送到读者手中。二是发行覆盖面不科学，邮局不可能满足报刊在商品经济发达、广告源多的地方多发行的要求。三是邮发只管报刊的收、发，不可能有意识地收集和转达读者对报刊的意见，阻隔了报社编辑记者与读者之间的交流和沟通。四是发行费率太高，如《南方日报》的发行费率高达50%以上，邮局还截留报款，将每年的巨额报费不是全额交给报社，而是按月返还，加重了报社的经济负担。这些弊端严重制约了报业的发展，削弱了邮发报纸的市场竞争力。南方日报报业集团成立后，决定改革这种不合理的发行体制，总的思路是，在报纸发行上引入竞争机制，建立以自办发行为主的市场发行机制。

在发行上提出以自办发行为主，主要是为了掌握主动权，摆脱受制于人的局面，将邮发的4个制约因素变为4个有利因素，即提高发行时效，扩大有效发行，增强报纸与读者的联系，降低发行费率，最终提高报纸的竞争力和影响力，提高报纸的社会效益和经济效益。必须明确的是，以自办发行为主，并不是以自我垄断代替邮局垄断。在市场经济条件下，利用市场配置资源才是明智的选择，自我垄断是没有出路的。我们主张，在报纸发行中要最大限度地利用一切可以利用的资源，开通一切可以利用的渠道，调动各方面的积极因素，以竞争的杠杆，推动发行市场的规范和完善。我们是这样想的，也是这样干的。从1999年1月1日起，《南方日报》实行自办发行，到如今已经建立了完善的发行网络，它包括6种主要的发行方式：一是自己重新组建发行网站发行；二是委托已自办发行的地市级报纸现成的网络发行；三是委托市、县委宣传部发行；四是委托邮电部门的服务公司发行；五是委托民间的个体发行渠道发行；六是委托外省的各种发行公司，负责《南方日报》在外省的发行。这种在利益关系基础上形成的以自办发行为主、多种发行方式并存的发行模式的建立，标志着《南方日报》市场发行机制的形成。实践证明，这种发行模式和发行机制，适应和加快了报业市场化的进程，因而代表了报刊发行体制改革的方向。

7. 改革后勤管理体制，建立社会化、市场化的后勤保障机制

生产企业有一个庞大的后勤部门，这是真正的“中国特色”，是计划经济留给我们的遗产，作为准企业的南方日报社，后勤保障更是无所不包，职工的生老病死、衣食住行都得管。这种福利性很强的后勤保障体制，使得企业成了一个小社会，很大一部分资产被用来建设福利设施，不能投入生产创造利润；很大一部分人力被用来从事后勤服务，不能进入生产第一线，这就加重了企业的负担，影响了企业的经济效益，削弱了企业的市场竞争力。为了减负增效，轻装上阵，南方日报报业集团成立后，决定对这种后勤管理体制进行改革。改革的基本思路是社会化、市场化，即凡是社会能提供的后勤服务，通过市场竞争，由社会来提供。改革的方法是：新的后勤保障需求，一律由市场提供服务。比如，我们要搞自办发行，必须有一支庞大的车队。我们不是自己投资建车队，而是在市场竞争中选择合作伙伴，由广东省储运公司给我们提供运输服务，这就大大减少了投资，降低了自办发行的成本。对已有后勤保障机构，根据不同情况，进行剥离和分流。如将负责后勤工作的原行政处剥离出来，组成实业总公司，对报社的物业、房地产、招待所、车队以及其他经济实体进行公司化管理，逐步过渡到独立核算、自主经营、自负盈亏；停办报社幼儿园，对幼儿园职工进行分流安置；将报社内部饭堂实行公开招标、租赁经营等。通过这一系列的改革，精简了内部机构，使集团的人力资源和财力资源得到更合理的利用，提高了经济效益，并为参与激烈的市场竞争做好了组织准备。

建立和完善与市场经济相适应的经营管理机制，是一项长期的任务，不可能一蹴而就。南方日报报业集团在成立不到 2 年的时间里，进行了多方面的改革探索，并取得了明显的成效，为新机制的建立奠定了坚实的基础，随着社会主义市场经济的不断发展，随着报业改革的不断深化，南方日报报业集团必将在实现两个根本转变上取得关键性突破，以优异的成绩向党和人民交出一份报业集团试验的合格答卷。

（该文 1999 年获中国新闻事业 50 年百篇优秀论文奖。合作者为文建明、李庆余）

让出人才和出好报形成良性循环

为了让年轻人迅速成才，让更多的名记者、名编辑脱颖而出，近年来，我们《南方日报》从各方面为编辑、记者提供机会，提供合适的土壤，提供足够的空间，并细心栽培。

以新兵排奇阵——“两会”报道出彩

——在全国“两会”等新闻竞争中，《南方日报》经常派出新兵。他们以“初生牛犊不怕虎”的勇气，敢打敢冲，出色地完成报社交给的重大任务，常常被同行惊呼为“南方奇兵”。以新兵排奇阵，次次换新人，成了《南方日报》多年来既练兵又制胜的重要一招。

1993 年，全国“两会”第一次允许地方新闻单位派记者随团采访。本报一位年轻记者坦然承认他当时压力很大，甚至忧心忡忡。第二年他再次领着几个更年轻的记者上京“赶考”的时候，已经有了充分的思想准备，充满信心地出征了。8 年后的今天，他不但成了一名比较成熟的记者，而且在部门主任的位子上已经干了 3 年。他的体会是，“当记者要在实践中摔打成长”。1999 年春季，我们派出 4 名助理记者到北京采访“两会”，其中进报社时间最短的只有 3 年。他们到北京时才知道，广东代表团的驻地已经由往年的北京饭店调整到了北郊的五洲大酒店，以往在“两会”代表、委员驻地通用的采访证被取消了，同桌进餐抓“猛料”的优待也没有了。在报社老总的鼓励下，他们克服各种困难，还供稿开辟了《两会面对面》等广受好评的新栏目。今年 3 月，这 4 名记者全都在竞争上岗中脱颖而出，当上采编部门的副主任。

“两会”报道我们参与了 9 个年头，每年都有新人上阵，每次都有新的突破。这些年轻人身上蕴藏着巨大的活力，在报社领导的信任和支持下，他们表现出了强烈的责任心和使命感，发挥出了自己也不曾料到的潜能。每一年的“两会”报道总结中，他们都念念不忘报社老总如何开会研究方案，指点迷津，忘不了身后的“大本营”。他们说，远赴北京练兵，我们并非孤军作战。

“自下而上”策划——“春节特刊”打响

——在春节特刊、“五一”特刊等综合性的新闻会战中，《南方日报》大胆放手，让年轻人自编、自导、自演。他们出其不意地烹出一道道色鲜味美的精神大餐，让《南方日报》绽放出青春的光彩。练出了人才，闯出了办报新路，报社的收获是双重的。

今年1月2日晚上，报社领导为新世纪元旦报道的成功策划庆功。兴致勃勃间，几个年轻人又提出要在春节放假这7天里来一次新闻会战。熟悉情况的人感到这一提议难以落实，因为每到长假，全国各地的省委机关报大都是减版缩版，有的索性停刊几天。往年的《南方日报》，也选择了减少版面的做法，现在若假期不缩版，要付出不少投入，值不值？再说，这时候投入人力物力办报，有没有人看？面对各种议论，南方日报社委会专门召开会议，果断决定：不设框框套套，放手让年轻人干一场。

在报社领导的鼓励和支持下，这次春节特刊的操作，“自下而上”进行策划，人员的组成上也采取了志愿报名的方式。由一位年轻人牵头，先列出版面的总构成和大的题目板块，分解成几个项目，再由这些年轻人分成几个小组来具体承担，进一步研究后分解到每个版，定下版面和专题的责任人。

这二十几位年轻人，平时在不同的部门，一些平日当记者的不懂编辑流程，做编辑的采访经验不足，缺乏独立操作的信心；一些新同志甚至连照排车间在哪里都不知道。春节7天下来，他们个个既当编辑，又做记者，熟悉了报纸采访、编辑、出版的流程。而且，他们也从中明白了一个道理：报纸制作的过程没有哪个环节是孤立的。他们的业务眼光也不同了——原来作记者的，懂得了在采写环节就要为版面处理考虑；而做编辑的，拿到选题就要思考在版面上分成几个层次，分别需要以什么样的采访去支撑。

春节特刊，不仅是新闻业务的一次练兵，也是拼搏精神的一次磨炼。

从1月5日志愿报名者第一次集合，到10天后20个版的“春节总动员”陆续面世，这些年轻人还同时承担着本部门的分内活。他们相信，凭着大家的聪明才智和青春热情，一定能办出一份让人叫好的报纸！心存感激的年轻人，找到了让青春尽情挥洒的难得机会，回报给报社领导和广大读者的，是一个大大的惊喜，一张张面目一新的《南方日报》！

事后，报社领导及时开会进行总结，并在《南方新闻研究》上出了一期“特刊总结专辑”，装订成册的300本特刊被各地同行争相收藏参考。南方日报出版社还用这些版面和文章出了一本书，广受欢迎。

这些可爱的年轻人进行了一次可贵的探索，也促使《南方日报》下决心拓展假日报纸市场。“五一”期间，又是一场部门参与和自愿报名相结合的“阳光5月”大行动，照样干得很漂亮。

牵头办春节特刊、“五一”特刊的年轻人，今年在竞争上岗中走上了部门领导岗位。通过实践，再一次验证了这种模式有利于年轻人锻炼成长，有利于激发创造力，有利于报社发现和培养人才。

建立良好机制——重视日常管理

——《南方日报》培养名编辑、名记者的工作，更多地体现在日常的采编管理中，从机制、制度上保证名编辑、名记者的培养系统化、经常化。名编辑、名记者一路冒尖，报纸的质量也随之提高，出人才与出好报形成良性循环。

第一，让年轻编辑、记者到记者站和要闻部锻炼。早在70年代初，《南方日报》就明确规定：凡是从学校毕业分配或从其他单位调到报社编辑部工作的年轻同志，都要轮流到记者站接受锻炼。为使年轻编辑、记者轮流到记者站锻炼形成制度，南方日报社委会于1996年做出决定：新到报社编辑部工作的大学本科以上的毕业生，在短期内熟悉编辑出版流程后，首先分配到记者站工作；编辑部有培养前途的业务骨干，要安排到记者站工作，让他们挑重担，帮助他们更快成长。

与此同时，报社也非常强调让年轻的编辑、记者到要闻部锻炼的重要性。现在，报社社委会近半数成员，有过在要闻部锻炼的经历；报社各采编部门的业务骨干和部门主任，相当一部分有过在记者站全面锻炼的经历，他们都感到在记者站的几年间，综合素质提高了，独立工作能力增强了。

第二，推行采编人员工作定额管理和每日编前会评好稿制度。对记者的考核，不光看发稿量，更重质的约束，规定记者每月必须至少完成下列8个品种中的两个：新闻事件、典型报道、深度报道、鲜活短新闻、独家新闻、针对性强的提出问题的报道、批评报道、重大题材报道。这些品种的分值远比一般性的报道高，而且完不成其中两个品种的要扣分。这样做，促使记者深入实际，开动脑筋，苦心经营精品。版面也同样分级论等，优劣之间分值也相差好几倍。同时，坚持每日编前会的评报制度，设立了好稿、好版面、好策划和创新奖，奖金从100元到500元不等，最高时达到1000元。

有了激励和约束机制的保证，在编辑、记者中形成了锐意创新、精心经营好稿的良性竞争。现任机动记者部主任也是一位“写”出来的知名记者，他早年采写的《中英街上活雷锋——陈观玉》，在全国产生广泛影响。他写深度报道也很见功力。报社领导用其所长，他也果然不负所望，先后写出了《珠三角经济区走笔》《广州迈向国际大都市》等一系列有气势、有见解的深度报道，广受好评。

在我们《南方日报》，批评报道与典型报道、深度报道同列为三大“拳头产品”。较多承担批评报道采访任务的读者来信部两位年轻记者，连年都有重大的批评报道获奖，没有给报社惹过一件官司。他们说，我们不怕阻力和压力，是因为我们有“后台”：一是党和政府反腐败的决心和群众的支持，二是报社领导的支持。作为他们的“后台”，报社领导不仅在具体报道上给予支持指导，让他们在业务素质和独立作战能力上不断得到磨炼，而且也有意识地让他们在全国“两会”、抗洪抢险等新闻大战中经受全面的锻炼。凭着批评报道上的突出成绩，他们分别破格评上中级和高级职称，最近也分别走上了部门领导岗位。

第三，竞争上岗直接促成优秀人才脱颖而出。南方日报社全面竞争上岗已进行了两次，层层聘任，双向选择，能上能下，能进能出，为有知识、有抱负的编辑、记者提供了广阔的发展空间。1999年第一次实行竞争上岗后，《南方日报》中层干部平均年龄从48岁降低到44岁；2001年3月第二轮竞争上岗后，新聘任的4位正处级干部平均年龄34岁，28位副处级干部平均年龄34岁，其中最年轻的27岁。这些在竞争中走向部门领导岗位的中层干部，本身都是不离第一线的采访骨干和编辑能手，因而成为报纸改革创新的一股强大推动力。

可以说，报社领导的关心与扶持，对人才的厚望与厚爱，让每一个不甘平庸的人有了舒展的翅膀、有了飞翔的冲动。渴望成才的编辑、记者感受到了成长的快乐，进而有了割舍不断的“南方情结”。一种作为南方报人的自豪感，化作勤奋工作、忘我奉献的强大动力。

随着报社事业的不断壮大和发展，我们还要进一步改革用人制度和分配制度，健全适应现代化报业发展需要的采编机制，为优秀人才的涌现创造良好的环境，不断推动人才结构的优化，迎接报业在新世纪的新挑战。

（原文载于《新闻战线》2001年第9期）

以全新思路抓好主流新闻

以全新思路抓好主流新闻是《南方日报》8 月 6 日改版以来的最大特色。可以说，经过这段时间的实践和探索，我们找到了一条发挥党报优势、搞好主流新闻、办权威政经大报的新路子。

一、转变观念，找准优势，把经营好主流新闻作为报纸改革的目标

抓好主流新闻，是党报义不容辞的责任，关键是以主动积极的精神状态，认真组织和策划，唱响主旋律，打好主动仗。再说，大政方针等主流新闻不是没有人看，关键是如何去做。

经过一段时间的改革实践和反复探索，我们找到了发挥自身优势办好党报的全新思路，把包括成就报道在内的主流新闻，作为重头戏来抓，抓出了成效，找到了感觉，不但在重大节庆的成就报道上屡屡出彩，就是在日常的宣传报道中，也做得有滋有味。

这种观念和思路的转变，还得先从党报面临的困境说起。进入 20 世纪 90 年代后期，全国各地的晚报、都市报风生水起，而省委机关报普遍出现了广告、发行连年下滑的局面。随着市场经济体制的建立，省委机关报面临的竞争形势越来越严峻。省委机关报承担着繁重的宣传任务，这使它虽然在政治影响上成为强势媒体，但在走向市场方面却步履维艰。

那么，党报应该往什么方向改？党报改革摸索了十几年，有的同行一度提出“软些再软些”，试图以社会新闻、明星绯闻来增加党报的可读性，从而走进千家万户。由于党报的性质和所承担的任务，要完全做到这一点，不可能也不可取，特别是在先有晚报、后有都市类报纸的市场冲击下，就是想以此取胜也难以做到，反而愈加显得苍白和尴尬，左右为难。

在此情况下，《南方日报》经过一段时间的调整和探索发现：党报的自身优势恰恰在于权威性、公信力，在于时政新闻、经济新闻和权威的政策解读，独到的视角、独特的思考、独特的观念才是我们高人一筹、赢得读者、赢得市场的立身之本。省委机关报的政治优势来自主流新闻、权威报道和深度分析；权威优势来自政策宣传、主导舆论和舆论监督；我们的区位优势来自地处改革开放最前沿的广东。

在国内来说，大众化报纸发展到了今天，已进入了微利时代。真正有发展空间的，应当是以意见、解读和视角取胜的主流报纸。这样的主流报纸，不仅仅是一张新闻纸、信息纸，也是一张观念纸，它的影响力、社会效益和经济效益都是极大的。

正所谓有所为有所不为，才能大有作为。在这种情况下，我们确定要把《南方日报》办成一张权威性政经大报，做主流新闻，争主流读者，办中国最好的党报。按照新的报纸定位，《南方日报》提出的口号是：高度决定影响力。高度，指的是做主流新闻，更权威、更有高度和深度。而影响力，则来自主流新闻所吸引的主流读者，即影响到有影响力的人群，进而增强报纸的核心竞争力。

怎样体现高度呢？我们认为，在抓主流新闻的时候，要提高信息加工的档次，用对重大社会现象的理性阐释，对新出台法规政策的权威解读，对权威人士、政要人士的访谈与对话，对社会和经济现象的专业化描述，对海量信息的筛选梳理，深度介入，深切关注，为读者提供更具见地、更有价值的信息精品。同时，要摒弃那些低俗、鸡零狗碎的社会新闻、明星绯闻，舍弃那些言之无物的空话、套话、官话、假话，真切地关注生活变化、关注社会脉动、关注经济走向，站在社会公正的立场，站在客观公平的角度，反映真实的社情民意。不但要抓新闻，而且不放过每一条主流新闻；不但要抓新闻，而且要抓更多的独家新闻。

观念一变，思路一通，可谓一变百变，一通百通。现在，我们清醒地看到，做好主流新闻，是党报的优势所在，是切合党报身份的独特之处，也是我们在市场竞争中的立身之本，而不是什么任务、负担。从深一层来看，这是党报生存与发展的重要突破口。能否做好主流新闻，事关机关报的改革方向和成败。

二、精心组织、策划，把主流新闻做足做活

2002 年初以来，我们由报社主要领导挂帅，集中精兵强将，精心组

织，精心策划，在抓好主流新闻和成就报道方面主要有 4 次大的动作：

一是贯彻“三个代表”的报道。春节前后以“深情送温暖　倾力济贫困”为题，展开大规模扶贫济困的报道，充分体现“三个代表”要求，取得了良好的宣传效果，被广东省委宣传部阅评给予肯定，这个专题一直延续到后来迎接广东省第九次党代会和迎接十六大的系列报道中。《南方日报》还积极介入社会活动，牵头救助博罗山区女孩叶红妹、牵头发起组织健康直通车行动、积极介入千里接救中毒女工行动、促成阳江荒岛救人行动、促进阳山斜塘村搬迁等，并展开连续报道，扩大党委机关报在社会上的影响力，取得了良好的社会效果。

二是广东省第九次党代会的报道。从 3 月 5 日开始率先推出大型系列报道《世纪跨越：“三个代表”在广东》，共经营了“十大新闻大家评”“南方记者南方行”“驻地记者看亮点”“五十强风采”“提高广东国际竞争力”等 8 个系列，为广东省第九次党代会的召开营造了良好的舆论氛围，可谓形式多样，亮点不断。

在省九次党代会召开期间，我们又组成了全部由部主任参加的豪华采访阵容，对这次盛会进行全面、深入的报道，重点在深度上做文章，先后组织了 5 个专题，并推出了“党代会报告是如何形成的”和 8 个版的报告解读特刊，帮助读者深入了解报告的精神和重点内容，可谓全面深刻，重点突出。时任广东省委书记李长春同志表扬了《南方日报》关于省九次党代会的报道，认为《南方日报》在全省新闻界起到了引领舆论潮流的作用。

三是贯彻广东省第九次党代会精神的报道。从 5 月 28 日开始，《南方日报》就率先在第一版开辟“学习贯彻省九次党代会精神”专栏，陆续报道各地、各行业积极学习贯彻执行省九次党代会精神的活动和做法。紧接着，推出了一组 5 篇系列评论，专门论述如何建设经济强省。同时，派出采访组分赴山区采访，重点报道山区如何贯彻区域协调发展战略、加快山区建设步伐。从 5 月底至 8 月底，共发稿 40 余篇，其中的重点是电白县水石村由省级贫困村变成镇级首富村的典型报道，以及韶关石灰岩地区兴建蓄水池使五万山民吃水不再愁的报道等。

四是迎接十六大的报道。8 月 26 日，十六大将于 11 月 8 日召开的消息一公布，《南方日报》关于迎接十六大的宣传报道立即进入实质性操作阶段，8 月 27 日，《南方日报》就在第一版开设了《喜迎十六大　三个代表在广东》专栏。特别是从 10 月 29 日开始推出的《创新广东十道题》，每天在第一版发导读性消息，然后链接到第三版，以专版的形式，通过

"记者观察""点击关键词""大事记"等，进行全方位的扫描和高度的归纳。

观念变了，思路上也就豁然开朗；路子对头了，发挥的空间就越来越大。现在，把精力放在抓主流新闻上已经成为报社上下的共识，抓好主流新闻、成就报道的各种新闻手段也越来越活，报道形式越来越多，报道的社会效果越来越好。

三、积极探索、总结，形成主流新闻的基本做法

1. 在概念包装上下功夫。要让主流新闻、成就报道吸引人，我们首先要在概念的包装上下功夫。《南方日报》在迎接广东省第九次党代会时就运用了这种概念包装的策略：4 月 23 日 A1 版的消息《珠三角：全国最大高新技术产业带》及 B1 版链接的专题报道，思路新、提法新，突破了以往对珠三角各市的成就性报道的老框框、老调子，让人耳目一新、眼前一亮。可见，就事论事不高明，只有对事物的本质进行概括和提炼，包装好概念，别人才会刮目相看。当然，我们的包装离不开新闻，它建立在深入采访的基础上，是对新闻理解的升华。

2. 在突出新闻性上下功夫。要让主流新闻、成就报道吸引人，关键还在于按新闻规律办事，在突出新闻性上下功夫，用新闻手段做宣传。比如 9 月 12 日第一版的《珠江钢琴年产量世界第二》，是新华社播发的一组成就性报道之一，我们从中撷取了有新闻性的内容，从标题到内容都突出新闻性，吸引了读者的眼球。再如 9 月 16 日头版头条的《我国经济实力跃居世界第六》与 A2 版的专题新闻《权威点评中国十大跨越》，都是新华社的通稿。经过我们用新闻手法处理后，其中的新闻点、关节点都清晰地展示出来。特别是 A2 版的十大跨越，标题下加上醒目的提要，每一条都分解成新闻背景和权威点评，还配上《百姓感受生活十大变迁》，每一个变迁也分解成生活变化和数字印证，新闻的可读性、贴近性和信息量大为增强，读起来饶有趣味。

3. 在强化信息意识上下功夫。要让主流新闻吸引人，还要强化信息意识，在主流新闻里为读者提供更多的信息。大家已经注意到，《南方日报》会议报道增加了许多读者关心的信息，编辑在打标题时注意用眉题、主题、副题、摘要题标出来，使整张报纸给人以信息量很大的感觉，这是观念转变、采访模式转变的结果。在学习贯彻省九次党代会精神的宣传报道中，《南方日报》派出采访组分赴山区采访，重点报道山区如何贯彻区

域协调发展战略、加快山区建设步伐，每一个山区市的报道，都有很大的信息量。如电白县水石村由省级贫困村变成镇级首富村的典型报道，以及韶关石灰岩地区兴建蓄水池使五万山民吃水不再愁的报道，就有很大的信息量。以记者所见所闻所思为主线，让事实说话，达到“让全省贫困山区农民都能明白、都觉得有用”的目标。

4. 在发挥组合报道的威力上下功夫。要让主流新闻、成就报道吸引人，还必须摒弃简单的新闻思维，改变一篇消息或一篇通讯就交账的做法，充分发挥组合报道的威力，全方位立体化地展现新闻事件的价值和意义。在现代社会，依靠新闻组合来满足受众需求，已成为一种趋势。4 月 4 日，《南方日报》在第一版头条报道的《地市一把手实行票决制》的新闻，就是依据新闻组合的原则做大：有消息、有评论、有图片，有市、县两级也要推行票决制的独家新闻，有湛江试点的经验，还用图表回顾了深化干部制度改革的实践。这样的成就报道，有猛料又有厚度、广度、深度，效果很好。

5. 在介入社会生活上下功夫。要让主流新闻吸引人，还必须充分利用省委机关报的政治优势，抓住一些新闻事件，积极介入社会生活，扩大党报在社会上的影响力。

6. 在吸引读者参与互动上下功夫。要让主流新闻吸引人，还必须突破习惯上单向灌输式的宣传，找到读者的关注点，用鲜活的形式表现出来，吸引读者参与互动，这样才能达到最佳效果。在迎接广东省第九次党代会召开的大型系列报道中，最突出的是 4 月 3 日启动的持续 50 天的“十大新闻大家评”活动。动员全省读者对八次党代会以来发生在广东大地上的新闻进行推荐和评选，从读者推荐候选新闻，到报社与专家共同确定 15 件候选新闻，再到读者投票评选十大新闻，最后又动用 40 版的篇幅对这十大新闻进行解读。这一活动在全省以至省外都产生了广泛的影响，堪称一次形式新颖、生动活泼的成就报道。

（原文载于《中国记者》2003 年第 1 期）

由《南方日报》看党报的新定位

在社会主义市场经济发展日趋成熟的今天，人们对于党报定位的关注与讨论日趋热烈。其根本原因在于，大家越来越清醒地意识到，定位对于一张报纸，尤其是新形势下党报的生存和发展，有着生死攸关的重要性。

什么叫“定位”？作为名词，《现代汉语词典》的解释是：经测量后确定的位置。

什么叫“党报的新定位”？新，强调的是党报生存环境的变化，即市场经济的日趋成熟。也就是说，在新的历史条件下，党报须在对社会环境、报业环境和自身进行精心的审视与“测量”后，确定、找准自己在大环境中的位置，清楚自己的位置之所在。要弄清楚三个问题：我是谁？能干啥？怎么干？

对于长期习惯于计划经济思维、传统办报模式的党报来说，变化了的办报环境，变化了的新闻需求，需要与时俱进、及时顺变，对自己目标受众的新闻需求了然于胸，对自己在整个报业中的位置了然于胸。否则，对自己的定位不甚了了，对自己的受众口味不甚了了，只是闭门造车、凭自己对目标受众“一厢情愿”的把握来办报，再聪明的人也是会碰壁的。

我们为什么要重新定位？

我想结合《南方日报》的实践来具体阐述我对党报新定位的理解与把握。我们始于2002年并一直持续至今的改版行动，用一句话来讲，就是要在走向市场的大背景下研究和探索党报的定位，重新明晰《南方日报》的定位。

《南方日报》是一份有着55年历史的省委机关报，多年来一直坚持不断改进宣传报道，发行量连续19年居全国省、市、区党委机关报之首。

尽管如此，放在整个报业环境的大背景下来看，像全国各地的党报一样，《南方日报》又有着明显的弱势，那就是，缺乏一定的市场竞争意识和市场竞争力。置身于引领整个中国改革开放风气之先的广东，报业竞争尤为激烈，对此的感受尤为深刻。

我们认识到：在社会主义市场经济条件下办党报，就必须好好研究党报在市场中的定位。当然，我们此前不是没有定位，而是一直在党报定位问题上摇摆不定。

前些年，有的同行提出党报也要“软些软些再软些”，试图以社会新闻、明星绯闻来增加党报的可读性，从而使之走进千家万户，但由于党报的性质和它所承担的任务，要完全做到这一点，不可能也不可取。特别是在先有晚报、后有都市报的市场冲击下，党报就是想以此取胜也难以做到，反而愈加显得苍白和尴尬，进退失据，左右为难。在这样的探寻和摇摆中，我们一直不清楚党报自身的优势，因而不清楚党报自身的恰当定位，一直不能把党报本身要做的新闻做深做透，并以此增强党报的市场竞争力。

要让党报自身在报业市场中有一个清晰的定位，必须对整个报业市场的竞争态势有一个清晰的认识。我认为，《南方日报》正面临着来自多方面的挑战。

首先是经济全球化，这是个无法阻挡的发展趋势，尤其是在中国加入WTO之后，市场的竞争更趋激烈。入世之后，外国资本和传媒无不认为传媒是中国大陆最后一个盈利行业，谁能圈地谁就发财，因此，它们以各种各样的形式进入我国，抢滩传媒市场，尤其是在广告市场方面，对我国传媒尤其是党委机关报威胁最大。目前，在传媒竞争异常激烈的珠三角地区，如果《南方日报》不抓住机遇厉行改革，提高报纸的市场占有率与影响力，就会遭遇生存困难。

从国内党报目前的发展状况来看，自20世纪90年代中后期以来，全国的省委机关报普遍出现了广告、发行连年下滑的局面。特别是近几年，以城市读者为对象的城市报纸大行其道，抢夺了省委机关报的部分市场，而广告营销又出现了地域经营的倾向，使发行量总体占优、但在各区域又显相对劣势的省委机关报竞争力下降，《南方日报》也不能幸免。在2002年改版之前，报纸的广告形势十分严峻，就连有的广告业务员出去都不愿承认自己的身份，以致有人断言，《南方日报》早就退出了市场。

其次是所处的区域性报业环境。广东报业历来比较发达。随着经济发展速度的进一步加快，广东的报纸竞争也越来越激烈。在广州地区，就有

5 家日报、6 家综合性报纸在竞争，读者的选择余地很大，靠行政力量为主要发行手段的《南方日报》，在营销方面面临的形势越来越严峻。

就南方日报报业集团本身来说，集团内的子报都呈现出强有力的上升和发展势头，抢占到了一定量的报业市场份额，成为市场上的佼佼者。《南方日报》无论从影响力还是从创收能力来说，都已经明显不如自己的一些子报了，这与其天然的报业集团内部的主角地位很不相称。这也凸显了作为母报的《南方日报》改革的迫切性与必要性。

凡此种种，都在告诉我们一个基本道理，那就是，党报必须改革，要与时俱进，否则必然丧失先进性，甚至被时代所淘汰。

与此同时，我们也意识到，党报改革的大方向必然是走向市场，这是由我国的经济基础所决定的，是不以人的意志为转移的。社会主义市场经济条件下办党报，就必须把党报进市场作为我们的目标追求和改革路向。现行机关报存在的问题恰恰是，承继着计划经济时代获得的主流地位，要么妄自尊大，轻视市场；要么妄自菲薄，惧怕市场，不敢主动接受市场的洗礼。因而导致市场反应能力差，资源整合能力差，权威性往往因为缺乏丰富信息的支持而落空。机关报要走向市场，就必须在遵循意识形态规则的同时，也遵循市场规则，首先是要分析自己的优势和特长，找准自己的市场定位，使自己成为一个特色鲜明、优势明显的产品。只有这样，机关报才会有市场竞争力，才能真正成为市场认可的主流媒体。

那么，在这样一个大的背景下，包括《南方日报》在内的党报，优势在哪里？特色在哪里？读者在哪里？定位应该在哪里？

首先，在报业市场日趋细分化的今天，必须通过准确定位实施差异化战略。要想既走进机关，又飞入寻常百姓家，现在看来是不现实的。我们只能有所为有所不为，才会大有作为。在报业发展日新月异的今天，没有一家报纸可以包打天下，没有一家报纸能够包打天下。

其次，我们的优势在哪里，特色在哪里。要知道，没有特色就没有生命力。经过一段时间的调查和探索，我们发现，党报的自身特色恰恰在于权威性、公信力，在于时政新闻、经济新闻和权威的政策解读。而作为广东省委机关报，《南方日报》更具有得天独厚的政治、权威和区位优势。我们的政治优势来自主流新闻、权威报道和深度分析，我们的权威优势来自政策宣传、主导舆论和舆论监督，我们的区位优势来自地处改革开放最前沿的广东。

再次，我们的读者在哪里。经过分析，我们认为，我们的读者就是各级领导者、决策者，各层面的管理者、投资者、经营者和研究者，是公务员、商人和专业人士。简言之，就是那些主流读者。他们是整个报业市场中的高端读者，他们对整个社会的经济、文化走势具有高度的影响力。

经过这样的内外环境分析，自身的优势、特色和读者分析，我们确定要办一张权威性的政经大报，做主流新闻，争主流读者，努力办高水平的党报。我们确定要将《南方日报》定位于广东报业市场第一份以高端读者为对象的权威政经大报、主流严肃大报。

我们要办什么样的报纸？

根据我们对定位的把握与思考，按照新的报纸定位，2002 年 8 月 6 日《南方日报》全面改版时，我们提出了一个响亮的口号：高度决定影响力。

我们意识到，对报纸来说，“注意力”不等于“影响力”，“注意力”未必都能转化为“影响力”。在市场经济发达国家也是一样，发行量最大的报纸不一定是影响力最大的报纸。比如英国的《太阳报》，发行量够大的了，但对主流社会的影响力却不如发行量比它小的《泰晤士报》。要把“注意力”有效地转化为“影响力”，就需要我们对“注意力”重新进行界定，重新进行筛选和整合。

就国内来说，大众化报纸发展到今天，已开始出现饱和。真正有发展空间的，应当是以意见、解读和视角取胜的主流报纸。这样的主流报纸，不仅仅是新闻纸、信息纸，也是思想纸、观念纸，它的影响力、社会效益和经济效益都是极大的。

那么，什么叫作“高度决定影响力”？

——我们说“高度决定影响力”，就是要提高信息加工的档次，把各级领导、企业的精英、一流的专家学者聚集在《南方日报》旗下，用独立的见解、独到的思考、独特的视角观察社会，关注人群。

——我们说“高度决定影响力”，并不是说要高高在上，板起面孔教训人。我们用对重大社会现象的理性阐释，对新出台法规政策的权威解读，对社会和经济现象的专业化描述，对海量信息的筛选梳理，来深度介入，深切关注，为读者提供更有见地、更有价值的信息精品。

——我们说“高度决定影响力”，并不是不食人间烟火，不理社情民意，只知道居高临下进行说教式宣传，恰恰相反，我们就是要舍弃那些言之无物的空话、套话、官话、假话，我们要真切地关注生活变化、关注社会脉动、关注经济走向，站在社会公正的立场，站在客观公平的角度，反映出真实的社情民意。

——我们说“高度决定影响力”，更不是不去关注新闻，恰恰相反，我们对社会形态的变化、经济动向的变化、生活潮流的变化更为关切了，每时每刻用心地去体察，深入地去思考。我们不但要抓新闻，而且不放过每一个主流新闻；我们不但要抓新闻，而且要抓更多的独家新闻。

只要把这些理当我们做而且只有我们才能做得到的做到位、做到家，我们就有了不可替代的权威性、必读性、公信力和影响力，也就打出了自己的品牌，达到应有的高度，形成强大的影响力。这样，我们的报纸就有了独特而鲜明的品牌形象和核心竞争力。

按照新的定位，我们开始了对《南方日报》新形象的打造，根据主流读者的需要，改造老的新闻模式，量身定做他们所需要的主流新闻，并矢志把主流新闻做大、做强、做透、做出彩。不能只是让主流读者认可某一篇文章、某一个策划，而是要让他们认可我们的资源整合能力，认可只有我们才能最快捷地提供最权威、最全面的信息，也就是要从过去简单的资讯提供者的角色转变为“资讯管家、时事顾问、意见领袖”这种智慧型资讯提供者的角色。

定位的清晰，带来采编思维上的清晰，带来目标指向上的清晰，它避免了行动上的轻率盲目，避免了短期行为，避免了瞎指挥。更重要的是，带来《南方日报》从采编到经营整个运行机制和发展策略的大转变。

内容上，我们对《南方日报》进行了模块化改造，按照报道领域、地域和阅读顺序，从新闻到专题，渐次深入，采用国际通行大报的时政、经济、文体三大板块，科学严谨；我们新增“调查”“对话”“观点”3 大板块，并在重要版面开辟《时评》专栏，进行权威发布，经营深度报道，阐释独家观点。2003 年 8 月 6 日乘势而上再度改版，增辟投资、IT、旅游、汽车、健康、成才 6 大周刊，瞄准日趋细分的专业读者群，培育有效目标市场；2003 年 12 月 12 日第 3 次改版，增辟珠三角新闻板块，着意做“必读的民生新闻”，进一步贴近都市、贴近生活。

版式上，我们采用新的报型和版式，走在世界报纸潮流的前头。国际上著名的权威性报纸，如英国的《泰晤士报》、美国的《纽约时报》等，都是这种黄金报型。新的报型，初看是窄了一点，但给读者提供的内容并没有减少。此外，我们全面启用了宋体字作为本报标题的首选字体，这种伴随着印刷术的发明、在中华民族的历史长河中已风行千余年的优秀字体，俊朗而内敛，真正符合中国人的文化气质，也与改版的理念和内容相辅相成，相得益彰。

采编组织架构上，我们按照现代信息生产的流程重新设置部门，编辑

部从15个处级部门合并成要闻、区域、经济、文体4大新闻采编中心。后来又根据版面调整和市场变化，调整为要闻、时政、经济、文体、地方、珠三角、视觉7大新闻采编中心。这样，版面和采编部门的对位更准确。

发行上，我们牢记定位，瞄准目标读者，在确保一定市场占有率的基础上，逐步调整和完善发行结构，努力抢占高端读者市场，凡是高端读者出入或聚集的地方，如机场、高档宾馆酒楼、高级会所、高级写字楼、高尚住宅区等，都有我们《南方日报》一席之地，以利于目标读者阅读我们的报纸，并逐步培养他们的阅读习惯。同时，我们还努力将报纸打进各种大型的、有影响的交易会、展览会、讲座、论坛和高级人才招聘会等市场，从而扩大报纸影响力，提高报纸覆盖率。

广告上，我们改变了传统的那种只要客户给钱就给他配发文章的短期行为的思路，着意吸引高端广告，并转变观念，有意识地加强了广告与采编、发行的有效联动与及时配合，使得广告在维护《南方日报》品牌和形象的同时，适合目标广告客户的需求。

在确立了办权威政经大报的新定位后，我们相继推出了11项管理制度：社委值班制度、编辑工作制度、采前会制度、编前会制度、评报监测制度、南方热线读者报料处理制度、批评报道采编管理制度、图片系统管理制度、采编考评细则、绩效工资发放方案、出版流程管理制度。这些成套的新制度，使得《南方日报》的制度建设达到一个新的层面，更重要的是，这些制度与新定位浑然一体，加上一批复合型办报人才的成长壮大，成为实施新定位的坚强后盾与保证。

《南方日报》这次由清晰定位而致的改版是全方位的。从新闻产品的角度来看，是一次从内容到形式的全新改进和包装；从精神内核的角度来看，是对党报办报理念的全新思考；从组织运营的角度来看，是对现代报业制度建设和营销组织的全新探索与实践。可以说，它几乎涵盖了党报改革所涉及的所有问题。所有这些动作，其实都是一个明晰定位、充分发挥党报固有的独特优势，从而培育市场、走向市场的过程，尽管这个过程才刚开始，还远未结束。

我们怎么做主流新闻？

明晰了党报的新定位，也就明晰了我们的主攻方向，即为我们的主流读者量身定做他们所需要的主流新闻。

我们认为，坚持不懈地做好主流新闻，是党报与生俱来的天职。党报只有下决心把政经主流新闻做大、做好、做强、做亮，才能高扬主旋律，真正巩固和扩大党的舆论阵地。

首先，我们强化了第一版主流新闻加导读功能的特色，使第一版真正成为封面版。

为了使得读者对我们每天所经营的主流新闻能在最短时间内有一个最基本的认知，我们的第一版在稿件选择的思路上，有了一个质的改变，那就是，挑选与编排主流新闻上的不拘一格。同时，为了适应新定位的需要，第一版从要闻的单纯照登向要闻加导读功能转变，这就避免了改版前第一版拥挤不堪的状况，使得我们的第一版既有效地统摄整张报纸，又变得轻松、疏朗大气起来。

其次，我们加强了新闻策划，强化了对主流新闻的广度和深度开发。

会议报道、领导讲话、重大政策的出台、重要文件的发布，都用足版面，用足手段，处理得有滋有味，而不再像以前那样当成负担，用了不少版面却扭扭捏捏、干巴巴，编得不痛快，读起来也痛苦。这里的关键是要有策划意识。像十六届四中全会，在我党历史上第一次集中研究党的执政能力建设问题，并通过了《中共中央关于加强党的执政能力建设的决定》。对这样一个加强我们党执政能力建设的纲领性文件，《南方日报》反应敏捷，连续用5个版来解读。随后，广东省九届五次全会通过的广东省委关于贯彻中央决定的《意见》，是一部中央精神与广东实际相结合的力作，《南方日报》又拿出4个版的篇幅，进行精心解读。

为了强化我们在广东所拥有的主流权威媒体的地位，配合改版后的新定位，我们提出响亮的口号："担负起包装广东的责任。"加强包装广东、推介广东的力度，是我们的责任。这种包装，是依托于现实，建立在真正新闻意义上的包装，它是一种升华，是一种发现，而不是浮夸、造势和吹牛。去年，我们先后组织策划了广东历史文化行、广东工业产业竞争力、十项民心工程、广州大学城等12组重大系列报道，深受广大读者的好评，取得了良好的社会效益和经济效益。实践证明，通过对采编"包装广东"意识的强调，既很好地配合了省委、省政府的中心工作，对外推介了广东，也极大地提升了我们做主流新闻的水平。

再次，我们强化了主流新闻的信息意识、服务意识。

我们认为，新定位不是简单的版面的改革，而是观念的转变，即转变原来的思维定式、采编模式，做与党委机关报身份相称的主流新闻。但是，如果以为主流新闻就是政治术语，那就大错特错了。恰恰相反，我们反对空洞的术语与说教，提倡在主流新闻里为读者提供更多的信息，提倡与新定位相吻合的、生动活泼的文风，提倡改变记者编辑的习惯性传统思维，提倡花大力气捕捉新闻、捕捉信息。如果说，过去我们还只是停留在做宣传的层面上，那么，现在可以说，我们已学会用做新闻的手段来做宣传，用丰富的信息来支撑、阐释主流新闻，用有高度的贴近为我们的目标读者提供深层次的信息服务。

最后，我们创新思路，充分发挥组合报道的威力。

要让主流新闻吸引人，就必须摒弃简单的新闻思维，改变一篇消息或一篇通讯就交账的做法，充分发挥组合报道的威力，采用“1+1”的新模式。

所谓的“1+1”，就是说在头版提炼一篇新闻性强的消息，然后在综合版做一个有深度、有广度的专题报道或者专题报道版。如去年底，为了配合省委全会召开，我们推出11篇年终专稿《收获2004》，在对年度成就进行盘点的同时，提炼出了好几条独家新闻。如：“广东提前一年完成十五计划主要经济指标”“国家新批准12大项目启动”“山区工业增幅首次超过珠三角”“泛珠战略有望列入国家‘十一五’规划”……而后面的专版则在新闻的基础上实现了深度报道的目标。这种“1+1”模式，受到中宣部阅评文章的充分肯定和读者的普遍欢迎。

总的来讲，从我们《南方日报》两年多的改革实践来看，新定位的确立不仅仅带来了报纸采编的新气象，也获得了广泛的社会认同和市场认同，并为业界所关注。我们对社会主义市场经济条件下党报的新定位认识越来越清晰，办报的路子越走越宽，对党报走向市场的信心也越来越坚定。与此同时，在现代报纸的运作管理方面也摸索出了一些有益的经验。

（原文载于《新闻战线》2005年第4期）

坚持科学发展观拓展党报集团空间和市场

报业集团发展了 10 年，大家必须面对这样一个现实：收入最高、规模最大、速度最快、福利最好的报业集团，不一定是发展得最科学的集团，区域经济的发展和特殊机遇，是某些报业集团先行一步的关键。过去的成功值得总结，但在遭遇市场变化时我们更应该坚信，在强调全面、协调、可持续发展的科学发展观的指导下，报业集团、传媒集团将获得更科学、更长远的发展。

报业集团发展的科学逻辑

首先，报业集团的科学发展要有全面系统的思维逻辑。

把握报业集团发展方向、主导集团发展大计的领导层，多是新闻采编业务的专家。新闻采编特别是消息的采写，把认为是最新的东西，按不同的侧重程度表述出来，把准确事实迅速告诉读者，用的是直觉思维、经验思维。直觉思维、经验思维和系统思维、逻辑思维不一样，就像能写很吸引人、很有可读性的经济新闻、企业新闻的记者，不一定能搞好经济、管好企业。因为企业的发展需要全面的系统思维和逻辑思维，需要既熟悉新闻采编业务，又掌握现代管理知识的复合型人才。报业集团拥有多个报刊、拥有不同的业务单元，按照全面系统的思维逻辑，其科学发展应当是：多个报刊、多个业务单元全面、系统、协调的发展，而且每一个报纸、每一个业务单元的发展不影响其他报刊、其他业务单元的发展，当前的发展不影响长远的发展，不影响整体的发展。

其次，报业集团的科学发展需要对市场竞争做出正确理解并进行准确把握。

科学发展的目标立足于市场，依据来自市场。市场的功能，在于资源

配置的优化。报业市场包括媒体、集团和传媒产业三个层次。

第一个层次是报刊媒体的市场竞争，主要是读者市场竞争。用更好的报刊产品更准确地吸引读者，就是为了赢得市场竞争。媒体读者市场的竞争决定其影响力的竞争，而影响力的竞争决定着媒体传播功能的竞争和广告投放的竞争。市场竞争是多个产品、多个对手的竞争，一个报纸在一个区域获得广告投放，或者多个报纸简单分割一定的广告份额，严格来说不算是市场竞争。第二个层次是报业集团的市场竞争，是指一个区域市场中两个以上的集团不同产品、不同业务单元的竞争。第三个层次是传媒产业的市场竞争，是整个平面形态的传媒与广电媒体、网络媒体的竞争。不管我们讨论的是哪一个层次的市场竞争，报业集团的科学发展都必须是经过市场检验、赢得市场竞争的发展。而要赢得竞争，就要准确把握市场信息，根据媒体的细分市场、报业集团的区域市场和整个传媒产业媒介市场的变化，不断调整集团和集团内部各业务单元的发展策略。

最后，报业集团的科学发展，在于集团发展目标和实施手段、实施步骤的协调和优化。

每一个报业集团、传媒集团，都要让发展计划和发展能力实现动态平衡。如果没有足够的能力，却制订空泛的计划，可能会疲于奔命而一事无成；如果能力过剩却目光短浅，就可能是无所事事最后错失良机。什么时候发展都市类报纸，什么时候发展财经、法制、时尚类专业报纸，什么时候发展新兴媒体，都必须讲究时机和节奏。发展得早了成为行业的“先烈”，发展得晚了则行业进入壁垒高、难度大。同时，不是说报刊办得越多越好、多多益善，而是要看是否实现了集约发展。此外，发展到什么程度要实施突破，与追随者拉开距离；发展到什么时候要转型再造，开辟新的领域；等等，这些都是步伐和谐的协调艺术。报业集团科学发展的过程，就是对内部协调控制的过程。有了全面系统的思维逻辑，才能够准确把握市场竞争的方法；准确把握市场竞争，才能施展动态平衡的协调艺术，这就是报业集团发展的科学逻辑。其中，全面系统的思维逻辑对于以新闻采编为主的报业集团领导班子而言，特别重要。

从报办集团到集团办报的思路突破

与大多数报业集团脱胎于主报一样，1998 年 5 月成立的南方日报报业集团，是依托广东省委机关报《南方日报》办起来的。报业集团最初的功能，是相对独立于《南方日报》采编系统的后勤机构，是各系列报刊的管理中心。

因为是依托《南方日报》办起来，主要是为主报的运行服务，所以我们将这一时期的报业集团叫作“报办集团”。摆在集团面前的问题是如何处理好经济效益和社会效益、舆论导向和市场导向的关系。当时报业市场竞争水平还比较低，认识也有一些误区。报办集团难以避免地把主报和子报对立起来：子报强调经济效益多一些，主报强调社会效益多一些；主报把握舆论导向严一点，子报讲求市场和广告效益多一点。

经过报办集团一段短时间运作，我们发现二元对立思维逻辑带来诸多尴尬。很显然，主报不走市场、不知道市场方向和态势，怎么主导舆论？事实上，没有读者市场的报纸是没有生命力的报纸，没有读者市场的舆论导向不过是一句空话。

全面系统的思维逻辑表明，社会效益与经济效益、舆论导向与市场走向并不是对立的，而是可以统一的。从来没有人说过追求了经济效益，就一定会丧失社会效益；更不存在走向市场、获得广大读者认可，就会失去主导舆论能力的逻辑。问题的关键，是我们如何抛弃简单用版面换广告的做法，如何把高品质的省委机关报推向市场、走上持续发展的良性轨道；问题的关键，是我们如何管理子报、子刊，建立集团办报的管理体制。突破了二元对立假设的思维逻辑，南方报业将《南方日报》剥离出来，实行独立核算，自负盈亏，开始了报办集团到集团办报的转型。从管理体制上说，集团办报就是集团统一管理主报和子报，各报刊分别面对不同的细分市场，分别赢得市场的竞争，主报和子报都是平等的市场主体。

《南方日报》在长期改革探索的基础上向市场要数据，向读者要意见，向实践要答案，提出“高度决定影响力”的理念，实施党报传播功能、党报与读者关系及党报影响力的再造。从 2002 年 8 月 6 日起，《南方日报》3 年多来 5 次改版扩版，以打造华南地区权威主流政经媒体为目标，以国际化报型和版式创新思路和形象，以做主流新闻、争主流读者来提升报纸质量。持之不懈的改革使《南方日报》从内容到版式、从报纸采编到运营管理都焕然一新、活力倍增。同时获得了读者和市场的认可，经营有了突破性的进展。在近年全国省级党报发行广告普遍下滑的形势下，《南方日报》逆势上扬：发行方面，2004 年日均发行量比 2003 年增长 5 万份，2005 年又增长 4.5 万份，2006 年再次增长 2.9%，发行量已连续 21 年居全国省（自治区、直辖市）委机关报首位；广告方面，近 3 年广告总额年均增长 1500 万元，年均增长 11.2%，3 年纳税累计 1.04 亿元，2005 年广告收入达到1.27亿元，创出了历史最高水平。机关报在运作上的创新和在市场上的突破，从根本上增强了影响力，赢得了引导舆论的市场基础，巩固了政治地位。

事实告诉我们，走向市场更能有效地主导舆论，赢得市场才能更有力地赢得舆论主导权，追求经济效益不等于放弃社会效益，主报和子报都是报业集团和谐统一的业务单元。

从报业集团到传媒集团的思维拓展

2005年7月，经广东省委批准，南方日报报业集团实行领导体制改革，并更名为南方报业传媒集团。从报业集团到传媒集团的科学发展，涉及方向选择、业务组合和企业精神的提升或再造。全面系统的思维逻辑，将伴随着我们实施集团的立体化升级，在立体化升级中，我们同样要把握以下5组看似二元对立的关系，在科学发展观的指导下不断拓展报业传媒的空间和市场。

第一，做传媒产业和做传媒投资的关系。作为一个集团，是把整个传媒产业作为集团的长远战略来做，还是把传媒作为集团的一个投资项目来做？传媒产业集团包括报刊、广电、网络等等，还有整个产业的上下游，做一个传媒产业集团要几代人努力，要制订长远战略。传媒产业集团的成长，需要一个个传媒投资项目成功的支撑。但是，传媒投资项目更关注投资的收益、短期回报。可以预见，随着传媒产业竞争的升级，有一些集团将扩张到整个传媒产业，有一些集团可能只剩下部分传媒投资项目。

第二，核心业务和非核心业务的关系。每一个集团都有自己的核心业务。报业集团中重要报纸的采编、发行、广告是目前的核心业务，而在这些业务以外的则是非核心业务，比如印刷、网络，还有一些集团的酒店、房地产项目，等等。一个集团的人力、物力、财力有限，不可能把什么业务都做得很好，牢牢把握核心业务是明智的选择。当然，随着集团业务的发展，有些非核心业务的开发，可以降低核心业务的运营成本，提高媒体效益。而随着报业集团向传媒集团的升级，原来处于报业集团非核心地位的业务领域，可能会成为传媒集团的核心业务，比如南方报业传媒集团就在考虑把网络媒体、移动媒体与平面媒体一起列入集团核心业务的领域。

第三，传统媒体和新兴媒体的关系。传统媒体是习惯性选择的媒体，新兴媒体是应用新技术、新载体开发出来的新的媒体形态。我们的态度是，牢牢抓住传统媒体，做好做精内容，不断提升品质以获得更强的差异化竞争优势，在各个细分市场中随时准备占据竞争对手、追随者、挣扎者退出的市场份额，在行业生命周期的变化中获取新的更大成功，保证整个集团有充足的收入来源应对全方位的竞争。同时，积极而不失时机地开发新兴媒体，在不同媒体形态的竞争中掌握主动权。处理这两者关系的关键，在于大力推动整个传媒集团的传播技术革命。

第四，技术创新和制度创新的关系。《南方日报》连续5次改版，表明对技术创新的不懈追求。技术创新到了一定程度，将会推动制度创新来提供支持，而制度创新也能有效地激发技术创新的热情，提升技术创新的效果。南方报业传媒集团将《南方日报》剥离经营就是一种制度的创新，这一创新使《南方日报》的技术创新、业务创新都落到了实处。把报业集团改为传媒集团，其实质也是一种制度创新，这一创新使网络传播的电子杂志、移动传播的手机报等技术创新产品在集团迅速涌现。

第五，大众传播和分众营销的关系。读者市场的要求，广告客户的要求，对今天大众传媒的营销提出了分众、精众营销的要求。媒体的分众营销是让发行人员、广告人员和热线服务人员在合适的时间、地点，与合适的读者或客户做合适的沟通，让媒体营销想要传递的信息在合适的时间、空间，通过合适的方式、传递给合适的人群。但是“分众”只是一种思维方式、一种划分办法，而不是一种传播实现的手段，大众传媒的职责和社会功能还是要通过大众传播方式实现。与大众传播不能没有细分市场的精准定位一样，分众、精众营销的媒体要赢得市场，虽然在内容、品质上可以针对特别的读者群，但是其产品还必须具有更强的大众传播能力，必须具有大众传播的社会功能和社会责任，否则它就不是传媒集团应该长期经营的产品。

类似的关系组合还很多，要强调的还不是如何处理好每一组关系，而是要用全面系统的思维逻辑认识它们，把握它们对传媒集团科学发展的贡献。为了让传媒集团更加科学地发展，我们还要有比报业集团时期更高超的协调艺术和协调技巧。要更加注重集团的整体发展，不能只做好报纸甚至只做好一张报纸；要更加注重盈利模式的多样化，创新价值链，推进报业经济增长方式的转变，报纸拼发行量争广告增量的做法始终会走到尽头，我们要更加注重产权结构的多元化，在非核心领域引进社会资本迅速把集团做强做大；更加注重建立现代企业制度，推动党委领导和法人治理架构的结合，做到权责明确、管理科学，为集团的创新和科学发展提供制度支持；要更加注重理性化的激励机制设计，聚集更多优秀人才，并使他们的努力方向、行为方式和集团的价值取向和发展战略保持一致，为集团持续、科学地发展储备人才。

（原文载于《中国记者》2006 年第 9 期）

新形势下《南方日报》走市场的实践与体会

《南方日报》创刊于1949年10月23日，即广州解放后的第9天。60年来，无论是在火热的社会主义建设时期，还是在波澜壮阔的改革开放进程中，《南方日报》始终牢记省委机关报的宗旨，积极履行省委机关报的职责，坚持"政治家办报"的原则，坚持正确的舆论导向，大力宣传党的路线、方针、政策和省委省政府的重大部署，发挥了党委声音的"宣传员"、解放思想的"先行官"、改革开放的"助推器"、良好社会氛围的"建设者"和人民利益的"守望者"的作用。

一、改革创新，推动现代党报成型

20世纪末，尤其是最近10年来，党报的发展面临着诸多困难，随着都市类、市场类媒体的崛起，网络等新媒体和境外媒体的冲击，省级党报面临宣传阵地日益萎缩的严峻挑战。围绕"党报如何应对市场竞争，巩固壮大党的舆论阵地"这个重大课题，《南方日报》大胆改革，以"敢为天下先"的精神锐意创新，开启了影响深远的"党报再造工程"，通过2002年以来的7年7次改版，摸索出了一条党报走市场的新路：

2002年8月6日第一次改版：核心是明确市场定位，提出"高度决定影响力"的办报理念，实行差异化竞争战略，以全新的思路抓主流新闻，打造华南地区权威主流政经媒体。

2003年8月6日第二次改版：核心是以行业专刊培育有效的目标市场，增加投资证券、IT通信、汽车、健康、成才及旅游6大专业周刊，进一步强化政经媒体的特色。

2003年12月12日第三次改版：核心是实施梯次发展战略，增加珠三角新闻板块，强调做必读的民生新闻，在广州、深圳、佛山、东莞等地开

办了“地方观察”。

2005 年 5 月 30 日第四次改版：核心是整合资源，让《南方日报》从过去简单的资讯提供者转变为智慧型资讯提供者，即要成为读者的“资讯管家、时事顾问、意见领袖”。

2006 年 3 月 28 日第五次改版：核心是深耕报道，体现成熟的力量，加强评论的力度，把时评扩大到每天半版，提高主导舆论的力量；加大对广州、深圳、佛山、东莞本地新闻的报道力度，同时加大了时政、文化新闻的报道力度。

2007 年 10 月 26 日第六次改版：核心是采编和运营机制再次突破，形成了采编、发行、广告、品牌“四轮驱动”的现代报业运行模式，新成立的新媒体发展部、机动记者部、市场部等部门补上传统党报过去在新媒体、深度报道及市场策划和推广方面的短板，开办了南方报网和数字报。

2009 年 10 月 23 日第七次改版：本次改版的革命性在于两个层面：一是推出封面版，在全省范围扩到 24 版；同时坚守党报在权威性和公信力上的优势，强化深度报道，推出“深读”板块；二是植入全媒体的运行理念，把它作为主动顺应全球媒体发展趋势的一个突破点，大力发展全媒体，加强滚动新闻，实现以网促报、以报带网。

通过 7 次改版，《南方日报》已呈现出一份现代党报应有的规模与气象，不仅为省委机关报忠实有效地履行职责奠定了重要基础，同时也为省委机关报参与市场竞争提供了必要条件。改版 7 年间，主政广东的三位省委书记对《南方日报》的工作均给予了高度评价。长春同志勉励我们要“再接再厉，与时俱进”；德江同志连续 4 年做出 4 次长篇批示，称赞《南方日报》是“省委的旗帜”；在《南方日报》创刊 60 周年前夕，汪洋同志 10 月 22 日到《南方日报》视察时，对做好主旋律宣传报道的积极创新举措与成效给予了充分肯定。改版 7 年间，《南方日报》的发行量增长了约 15 万份，而且大部分在珠三角发达地区；广告经营额连年保持两位数以上的增长，去年增长 26%，今年面对国际金融危机的冲击，仍然逆市飘红，突破 2 亿元大关已成定局。

二、《南方日报》应对市场竞争的举措与策略

如果将《南方日报》走市场的探索称为“南方模式”，那么，这个模式的内涵究竟是什么？我认为可以从 4 个方面来概括：

一是转变观念，变“负担”为优势。

近年来，面对都市报、晚报等城市日报的挤逼，面对网络媒体等新兴媒体的冲击，党报倍感压力。一些同志由此将党报的性质视之为走市场的负担与障碍，对走市场信心不足。

而我们认为，平面媒体、网络媒体、移动媒体等不同介质的媒体，特性不同，传播力不同，影响力不同，对这些现代传媒的特点，可以用“四个度”来概括：速度、宽度（海量）、深度、信度（公信力）。前两个度，可以说是网络媒体的优势所在；后两个度，则是纸质媒体不可替代的优势。党报具有与生俱来的权威地位，党报的优势不在别处，恰恰在于它的权威性和公信力；党报先天地与党政权威部门发生关系，具有获取权威信息的便利途径，这是非党报媒体渴望而不可得的优势，所以，党报的性质是财富，不是走市场的负担，只要用好这些优势，改进题材选择与新闻表达，全力经营深度报道，党报就拥有不可替代的核心竞争力。

二是围绕市场，科学定位。

近年来，媒体已由卖方市场转向买方市场，随着传媒市场的细分化和读者市场的碎片化，任何一家媒体、任何一家报纸都不可能包打天下。所以，与转变观念相呼应，我们紧紧围绕市场科学定位，提出了“高度决定影响力”的办报理念，强调理性阐释、权威解读、专业描述，以及对海量信息的深度整合，以独到的思考、独特的视角、独树一帜的见解解读政策，观察社会，关注民生，着力经营有高度、有深度、有影响力的主流新闻，努力把《南方日报》办成服务于行政人员、管理人员、商务人士、专业人士、知识分子等高端读者为主的权威政经大报。

三是与时俱进，创新策略。

按照新的定位，我们对《南方日报》这一传统党报进行全新的系统改造，根据主流读者的需要，改造旧的新闻模式，量身订做他们所需要的主流新闻，并矢志把主流新闻做大、做强、做透、做出彩。几年来，根据全新的传播环境和竞争环境，创新竞争策略和办报思路、方法、手段，采取差异化竞争策略，确立了“大时政、大经济、大文化”的办报思路，对党报传统新闻产品进行转型升级，不断提升办报品质和影响力。

我们还实施“榕树策略”，延伸传播与服务平台。珠三角作为中国经济最为发达的区域之一，历来为各大媒体所重视。《南方日报》审时度势，及早在珠三角布局。2003 年开始就开辟珠三角新闻板块，并陆续推出了《广州新闻》《深圳观察》《佛山观察》《东莞观察》《江门观察》《中山观察》，随后，又在若干强区、强镇推出《视窗》周刊，使《南方日报》在珠三角各级城市牢牢地扎根。与此同时，成立新媒体发展部，创办手机报，创办南方报网，将传统党报的舆论阵地向网络延伸。

为了体现现代办报理念，我们和国际接轨，采用“瘦报”报型和版式，开国内报纸先河。随着报型经历了720、680的几次改变，我们经历了一个由同行观望到被市场接纳的过程，如今采用“瘦报”报型的媒体越来越多。与采编创新同步，我们的经营策略也在创新。在发行上，强调“存量靠行政，增量靠市场”，拓展目标读者，覆盖目标市场。在广告上，我们摒弃低端的广告，吸引高端的广告客户，使新闻信息传播的高层次与广告信息的高档化相辅相成，相得益彰。

四是再造机制，现代运作。

市场经济的核心，是发挥市场在资源配置上的基础性作用；党报走市场的核心，则在于运用市场机制更有效地配置资源。我们适应现代办报和新闻竞争的要求，再造报纸的运行机制，推动现代运作，不断提高竞争力。

我们的机制包括：（1）反馈机制。在读者调研方面必须深入细致地反馈读者的需求，才能打造更适合读者需求的产品。（2）评估机制。包括重大采编策划、改版等在事前要进行充分的财务评估；在事中要进行动态评估；事后不但要评估投入产出效率，还要对政治效益、社会效益、品牌效益等进行综合的评估。（3）考核机制。我们已经基本摸索出了一套“以质取胜、兼顾数量”的绩效考核办法，有效调动采编人员的积极性。

在具体的出报流程上，我们借鉴欧美大报的成功经验，以三个会把采编链条串联起来。第一个会是每周一至周五上午11：00的采前会，汇集各部门采访信息，对新闻线索及新闻监测进行分析和价值判断，进而做出新闻策划，并对当天报纸进行成果评定。第二个会是每周一至周五下午4：30的采编协调会，它是一个连接采访与编辑的业务平台，对上午采前会所布置的采访任务进行检查、深化和落实，对第二天报纸的内容和版面做初步安排。第三个会是每天晚上8：00召开的编前会，对当天的线索、稿件情况进行最后的归拢、判断，按照“版面跟着新闻走”的原则，对第二天的见报版面做出安排。

三、《南方日报》走市场的四点体会

几年来，我们不断推动机关报走市场。随着一次次改版所取得的进展与收获，我们越来越深刻体会到，党报不仅应该而且能够参与市场竞争！在探索中，我们的体会是，只有认真处理好四组关系，才可能把握好党报走市场的规律，才可能在纷繁复杂的情况和考验面前，创造性地办好党报，从而不断巩固与发展党的舆论阵地。

一是处理好导向与发展的关系。

把握正确导向是对党报新闻舆论工作的方向性、根本性要求。各级党报是党和政府最重要的舆论阵地，必须把坚持正确的舆论导向放在首位。同时，推动党报科学发展，做大做强党的新闻事业，是党报必须履行的基础性要求。因此，我们认为，导向与发展两者的辩证关系可以概括为，离开正确导向的发展不是科学发展，而脱离科学发展的正确导向难以持久。

这要求我们在坚持正确导向的基础上，坚定不移地走市场，“一手抓主旋律，一手抓多样性”。这个“两手抓”，要求我们一定要按新闻传播规律与市场经济规律办事，在唱响主旋律的同时，满足受众日益增长的各类需求。

要强调的一点是，无论在任何时候，社会主义新闻事业绝不能等同于纯粹的商业机构；无论怎样发展，党委机关报是党和人民的喉舌的性质不能改变，把握正确的舆论导向不能动摇。社会主义新闻工作者要坚持党性原则，坚持“政治家办报”原则，当新闻工作的“导向”与“发展”、社会属性与商业属性相冲突时，必须把党和国家的利益放在第一位，把社会效益放在经济效益的前面，不打折扣地遵守宣传纪律，把体现党的主张和反映人民心声统一起来，把坚持正确导向和通达社情民意统一起来，在舆论引导新格局中始终起到正确的主导作用。

二是处理好新闻与宣传的关系。

新闻与宣传的关系，是党报走市场每天都要面对、必须处理好的问题。在走市场的探索中，我们越来越清晰地意识到，不解决好这一问题，改革迟早要走回头路。宣传肯定要搞，这是党报使命决定的；但是，怎么搞宣传，是可以认真研究的。我们的体会是，必须通过走市场、用做新闻的手段来做宣传，宣传才有效果，党报任务才能落实。也就是说，主旋律的报道也是可以营销的。

如何处理新闻与宣传的关系，我们在实践中总结了许多办法：一是突出新闻性，按新闻规律办事；二是强化信息意识，在主流新闻里为读者提供更多的信息；三是注意概念包装，提炼好主题；四是发挥组合报道的威力，全方位、立体化地展现新闻事件的价值和意义；五是介入社会生活，充分利用省委机关报的政治优势，通过一些新闻事件，扩大党报在社会上的影响力；六是吸引读者参与互动，突破以往习惯单向灌输的宣传方式，找到读者的关注点，并用鲜活的形式表现出来，引起读者关注新闻的欲望

或兴趣；七是加强新闻策划，寻找新闻的聚焦点；八是突出服务性，做到“三贴近”；等等。在实际操作中，我们坚持以有高度的贴近来吸引读者，既注意用党的方针、政策宣传群众、教育群众、鼓舞群众，又强调树立服务群众的观念，注重从读者的角度去思考问题，从而使党报的导向要求落到实处，收到实效。

三是处理好继承与创新的关系。

就《南方日报》而言，继承的落脚点，是要不断强化自身作为机关报的权威性与公信力的竞争优势。这就要求我们要继续深耕传统平面媒体。而创新的落脚点，是要以大力发展新媒体为抓手，改革传统媒体运作的体制与机制，在确保正确舆论导向的前提下，迅速建立起适应国际化背景下市场竞争的现代报业机制与制度。因此，我们既要继承并发扬在传统平面媒体领域被证明卓有成效的各类市场竞争运作手段，不断开拓和扩大市场份额和社会影响力，又要根据全媒体发展的要求，努力发展网络媒体、移动媒体，并重组生产流程，实现信息的采集、制作、发布、销售的全媒体运营。

四是处理好新闻理想和产业抱负的关系。

我们认为，追求新闻理想，对应了社会主义的制度要求和新闻战线的基本要求；实现产业抱负，对应了市场经济的本质要求和报纸作为产业的属性要求。新闻创造价值，产业反哺新闻，新闻和产业相辅相成，做得好就能相得益彰。没有新闻理想的媒体，绝对不能成为卓越的媒体，只有新闻理想和产业抱负齐飞，才能成为从优秀走向卓越的媒体。《南方日报》在新闻理想和产业抱负比翼齐飞的结合上，要努力成为标杆！

我们相信，只要认真研究并把握规律，不断锐意进取、开拓创新，党报走市场一定可以成功，以党报为主体构建舆论引导新格局的目标一定可以实现。

（原文为2009年10月29日作者在全国党报高峰论坛上的发言）

用梦想连接传统的血脉

——对创意产业的几点本质认识

和任何一次大的产业更替一样，创意产业的兴起具有划时代意义。今天，创意正呈现出一种比资本更强大的渗透力，成为影响深刻而广泛的一种新的思维方式、生活态度、工作方式、地域观念。本文从指认创意的载体入手，指出看似无形的创意却有一个形态万千的载体——人，要让更多更好的创意喷薄而出，就必须让人得到最大限度的自由和解放，而人的梦想正是创造力的源泉；从解析创意的本质出发，论证了创意产业的核心也许恰恰是那个表面上的对立面——传统。传统是滋养梦想和创新的母体，传统与创造之间是二位一体的关系；西方的文化传统同样可以成为我们创意的源泉，而且这种带着“越界”特色的横向交融，进一步打开了“传统”的疆界，打通了融会东西方文明的血脉，是创造与传统二位一体的更深层的体现。

一、从调味品到精神血液——发展创意产业所具有的划时代意义

作为一个报人，创意、创造性这些词在我们的工作中可谓无时不在，我们讲尊重知识、尊重人才、发挥创造力，但是很长一段时间以来并没有把它提升到产业发展的高度来认识，我们对创意产业的认识，经历了一个从不自觉到自觉、从无意识到着力确立的过程。

今天南方报业的企业文化概括起来是 8 个字：创新、包容、担当、卓越。创新精神首当其冲，我们对创新的认识，从来没有像今天这样深刻和迫切。打个比方，过去创意在我们工作中如同调味品，有它菜更鲜美，没

它也能吃；但是现在它已经成为企业流动的精神血液，是防止企业肌体僵化、空洞、停滞的重要保障，正是因为创新精神得到了淋漓尽致的发挥，南方报业才能有今天在平面媒体领域的领跑地位。

今天的南方报业，既有华南地区最具公信力的主流政经大报《南方日报》，又有全国都市报类翘楚《南方都市报》；既有知识型读者的精神家园、蜚声海内外的《南方周末》，又有财经类报纸领军者《21 世纪经济报道》及高端商业杂志《21 世纪商业评论》；既有开先河的精英时尚类杂志《名牌》，又有以记录大时代中人的命运为己任的《南方人物周刊》；我们的《南方农村报》在农村类报纸式微的大环境下却能一枝独秀——经济效益社会效益双丰收，在新媒体领域南方网、奥一网也都胸怀鸿鹄之志。此外还有《新京报》《南都周刊》《城市画报》等品牌媒体，可谓个个都是个性张扬、独树一帜、呈勃兴之相。

在这一系列品牌发展的过程中，从读者定位到价值取向、从选题策划到营销策略、从内容版式到切入角度和叙述风格，如果没有创意和独特之处，就不可能得到读者的认可，不可能有影响力，更谈不上产业化，所以我们在报社内部常常说“南方”文化因创新而卓越。这是从南方报业集团的实际工作着眼对创意产业的一点基本认识。

把视野再打开一些，我们可以看到，从超级女声到快乐男声、从百家讲坛到《大长今》，从《暗算》到《武林外传》，从李安的《卧虎藏龙》到周杰伦登上《时代》封面，精彩的创意让这些文化产品产生了意想不到的影响力，成为记录我们这个时代大众文化生活的标志性事件。应该说，中国人民的文化生活从来没有像今天这样丰富、多元，文化也从来没有像今天这样服务于那么多普通百姓。文化生活为什么会有这样一个繁荣的局面？因为经济发展了，生产力提高了，人们的闲暇多了，基本的物质需求得到满足后当然就要追求更高质量的精神文化生活，一些优秀的富有创意的产品这个时候涌现出来，自然会产生较大的社会影响，因为它把人们的潜在需求变成了现实产品。比如中国正在形成和壮大的中产阶级需要更多精神食粮，南方报业就创新打造中高端杂志《南方人物周刊》《TOP 风尚周刊》《南都周刊》，满足这个群体的阅读需求；青少年需要偶像崇拜，超女快男就给他们造出一批星来，然后就有大量的粉丝来消费他们。在这样一个链条上，以文化为本的创意实现了产业化的转化，创造了大量财富。尽管对于这些形形色色的创意产品社会上还有不同的声音，但是我更趋向于把这些议论理解为受众层面的不同、年龄层不同、受教育程度不同对文化产品的需求也不同。我更愿意用包容的精神，把这些千姿百态创意斐然的文化产品理解为打破桎梏后人的创造力想象力的一次大的释放。

与人的物质欲望比较起来，人在精神层面的需求更加广阔无垠。2005年英国创意产业增加值超过1000亿英镑，创意产业成为英国第二大产业。美国文化创意产业超过了航空航天业成为第一大出口产业，一部电影《泰坦尼克号》赚的钱，抵韩国出口150万辆小车，而韩国靠着创意产业的出口，已经成为唯一一个对中国实现贸易顺差的国家，并靠发展创意产业迅速走出了金融危机的阴影，迈上了从次发达国家到发达国家的关键性台阶。2006年世界文化商品贸易较20年前增长了4倍，文化创意产业的增长率是世界经济平均增长率的2倍。

透过这些数据，我们悄然发现世界经济的竞争已经进入了更深层的文化竞争。美联储前主席格林斯潘说：近几十年，我们目睹了一场思想——新的洞见，替代物质材料和纯人力的投入激发的国际贸易浪潮。形形色色的价值观和大量的美国电影、韩剧、日本动漫、中国台湾地区电视综艺节目一起进入并影响着我们的生活。因此，无论从产业发展还是强调社会责任的角度，我们都不能放弃这块阵地。不少人说，在当前娱乐化、低俗化泛滥的情况下，媒体面临着社会责任和产业发展这对矛盾，南方报业在实践中认识到，社会责任和产业发展之间的矛盾是表面化的，二者之间更深层的关系是协调的、有许多交集的，甚至可以说是互相促进的。比如推动全社会在慈善、环保、重塑社会主义核心价值观等方面不断发展是我们肩负的社会责任，但这些理念中所蕴含的创新精神、实践这些理念所需要的无穷创意，同样会对一个企业的发展起到至关重要的积极作用。

值得我们特别注意的是，创意对产业发展的影响绝不仅仅局限在严格定义下的几个行业中，创意正呈现出一种比资本更强大的渗透力，渗透到创意产业定义以外的其他行业和产业中，成为影响深刻而广泛的一种新的思维方式、生活态度、工作方式、地域观念。对此，美国人这样表述："资本的时代已经过去，创意的时代已经来临。"在这个意义上我们也可以说：和任何一次大的产业更替一样，创意产业的兴起具有划时代意义。

二、看似无形还有形——人和人的梦想是发展创意产业的关键因素

与这样的划时代意义形成有趣对照的，是创意那种似乎看不见、摸不着、不容易量化的特质。要大力发展它、推动它，就必须对它从哪里来、生长它的土地有什么特质有所了解，然后才谈得上"提高产量"的问题。

让我们来看一下关于创意产业的一些定义：

英国把创意产业定义为：源自个人创意、技巧及才华，通过知识产权的开发和运用，具有创造财富和就业潜力的行业，特别强调人的创意在产业中的地位。

韩国认为，虽然没有充足的自然资源和资本，但是新世纪的竞争优势是信息和创造力，韩国的人民具有成为一流国家的挑战精神和信心。

我国的创意产业是指在知识产权保护基础上，以个人创造性的活动为起源，以文化为核心。

从这些阐释中我们可以看出，人是创意的载体，人的创造力是创意产业的根和灵魂。那一个又一个让我们“惊艳”的创意都出自有创造力的头脑和丰富感受力的心灵。看似无形的创意却有一个形态万千的载体——人，人就是“栽种”创意的“土地”、“冶炼”创意的“锅炉”，要让更多更好的创意喷薄而出，就必须让创意的载体得到最大限度的自由和解放。

从大环境来看，中国经历了 20 世纪初几十年的反帝反封建洗礼，又经过了最近 30 年市场经济的发展，越来越多的人摆脱了各种人身依附关系，人不再是某个个人的人、某个单位组织的人，而真正成了社会的人，成了现代意义上的公民，越来越多的人能够自立、自主、自助，个人的人格、价值、尊严、权利开始生长，这些都为人的创造力的激发创造了必要条件。当然，我们还同时迎来了商业的繁荣和信息技术的进步，它们都为创意产品的广泛传播提供了更为快捷的管道。长期的实践让我们认识到，一个好的意识形态产品一定要符合人基本面上的欲望，只有人格健全、价值和尊严得到承认、权利得到保障的人，具备了正常人类基本欲求的人，才有可能梦想更好的生活，才能追求更多的趣味，而梦想和趣味，正是创造力的源泉。

印度 2007 年国家财政预算有一项叫“DREAM BUDGET”（梦想预算），专门用来扶持印度的媒体、游戏、互联网、影视等文化创意产业。国家为国民的梦想“埋单”，这大概就是支撑印度这样一个背负着沉重人口、历史、宗教负担的国家在创意产业领域取得快速发展的重要原因。英国把人民的梦想看成是国家的最大资源，用该国国会 1998 年报告的说法是：一切发明、经济效益、科学发现甚至社会的繁荣兴旺都孕育在人民的想象中。美国人也有热爱梦想的特质，有“梦工厂”之称的好莱坞就一直在源源不断地为他们包括整个世界生产“梦想”。早的有《星球大战》《外星人》等科幻片，激起了几代人探索宇宙未知世界的强烈兴趣，近的有《加勒比海盗》之一、之二、之三，据说他们还准备不断拍下去，把它做成一个像《007》那样的系列。美国人推崇梦想，认为梦想是创造的源泉，能引领人们享受创造的快乐，并使美国成为当今世界创造力最强的国家。

中国人当然也有梦想，而且很精彩，其中同样蕴含着能为世界各国人民接受的共同价值，比如侠义精神、热烈的爱情这些人类亘古不变的追求和梦想。李安的《卧虎藏龙》是中国人武侠梦走向世界的一个代表。不久前我看到一篇文章介绍张纪中版的《笑傲江湖》墙内开花墙外香，虽然在国内受到很多批评，大家觉得拍得不够好，伊朗人民却喜欢得很，网上相关论坛楼一搭就是1000多层，热烈议论。曾经风靡一时影响了一代人的琼瑶也是个很会做梦的人，她的《一帘幽梦》《还珠格格》等作品本质上就是女孩子的“白日梦”，虽然不那么切实际，却至今仍有生命力、有市场。

三、滋养创新的源头活水——传统与创造的二位一体

人和人的梦想是创意的源泉，那么创意的本质又是什么呢？有人说，创意产业的本质其实不在创意，因为创意这个词容易让人误以为标新立异是这个产业的核心。实际上标新立异只是对创意表面化的理解，在历史和个人精神生活的深处，创意产业的核心也许恰恰是其对立面——传统。追本溯源，我们不难发现，我们的每一个梦想，都不可避免地和传统这个母体有着千丝万缕的联系。

俄国思想家弗兰克在《社会的精神基础》一书中对传统与创造的二位一体有所论述：“过去不会消失，它继续存在并作用于现在中……如果创新精神不是在传统的摇篮中逐渐形成，没有渗透传统力量，那它的内部是软弱无力的，没有真正的创作基础，因为它始终来自最古老的存在；彻底脱离传统就是使萌芽脱离其滋养的土壤；真正的健康的创新不是否定或消灭旧事物，而是通过改变其实质战胜它。”

传统貌似是创新的对立面，本质上却是滋养创新的“乳液”。几乎所有创新都是旧有观念和事物的进一步发展或者组合。比如一支铅笔和一块橡皮擦加在一起，就成了一个非常受欢迎的创意产品橡皮铅笔。央视的“百家讲坛”，把大学讲坛和电视这个传播渠道组合起来，成就了一个备受市场追捧的文化产品，这个产品的核心内容，从《三国》到《论语》到

《庄子》到《明史》到清朝帝臣，都是传统的东西；北京台的“红楼梦中人”节目，古典名著+选秀，吸引了一大批观众；广州的网易开发了中国味浓郁的网络游戏《大话西游》，去年创造了170多万人同时在线的纪录，改变了欧美韩日游戏独霸中国市场的局面，成为中国最赚钱的网络公司，也是受惠于古典名著；我们南方报业的核心理念——“传播中华文化，承载民族记忆”，同样是深深植根于传统的土壤。

实际上，在全球创意产业的竞争中，已经出现了在各自独擅的方向予以重点扶持的趋势，中国有5000年的悠久文明，有这么一个传统的宝库，不应该变成背着金娃娃的穷人。这样一座宝藏我们不开发别人也会来淘金，韩国在传统和现代的创意组合方面就做得很成功，甚至美国人也开始拍《花木兰》《西游记》。在这个问题上大家的竞争是平等的，我们也可以重新演绎他们的《指环王》《哈姆雷特》，西方的文化传统同样可以成为我们创意的源泉。这种带着“越界”特色的横向交融，进一步打破了“传统”的疆界，打通了融会东西方文明的血脉，是创造与传统二位一体的更深层的体现。

在联合国教科文组织发布的《文化多样性与人类全面发展》的报告中，太平洋地区被视为世界上最有活力的地区，因为它从亚洲文明和西方文明的精华中吸取了力量。报告认为，如果这种文明融合持续发展，将会产生前所未有的巨大创造力。不可否认，最近100多年西方文化传统对中国人精神生活的影响巨大而深远。大到民主法制精神，小到开心词典、情景喜剧、选秀等文化娱乐节目，都是学习借鉴并积极创新的产物。在对传统和文化横向的交融学习中，不同的文明之间产生的不是冲突，而是巨大的创造活力。

四、让人舒服的精神家园——如何营造适合创意人才的语境和氛围

很多人问我：你们南方报业很神奇，那么多有影响力的品牌在一起，如何做到相得益彰？我们的回答是：文化。这个“南方”文化是地理意义上的文化，更是人文意义上的文化，它由全国各地一流人才汇聚“南方”磨合而成，也成为在这里生活过的人离不开的精神家园。

文化经济学家弗罗里达在轰动一时的《创意阶层》一书中说：“创意团队创意能力的培养和发展需要一种适合他成长的语境和氛围，需要一种环境和组织。”也就是说在创造的过程中创意和环境间是相互作用的。在

"创新、包容、担当、卓越"这样的文化语境和氛围中，创意的主体"人"能够最大限度地释放梦想，他们身上的创造性得到了较为充分的发展，不少在南方报业工作过的人说，他们的成绩超过了自己的想象。他们走出去往往就是业界的中坚。

人才是南方报业发展到今天最大的财富，为创意人才提供更大发展空间和平台是南方报人的一种自觉。

20 世纪 90 年代中我们就开始提拔一批 20 来岁的年轻人做部门负责人，这在当时是开先河的，在业界的震动很大。我们的指导思想是，用人就要用在风华正茂的时候，人的最佳创造年龄是 25—30 岁，在他们精力最充沛、最能发挥作用的时候把他们放在报业运作的关键岗位，给他们提供施展才华的广阔舞台。现在这批年轻人的成长很快，我们很多运营很好的子报、子刊就是他们在挑大梁。我们有个说法是"谁出主意，就让谁办"，也就是"创意为王"。品牌影响力排名经济类报纸首位的《21 世纪经济报道》，就是 2000 年《南方周末》几个不到 30 岁的年轻人看到国内财经报纸市场的空白，向报社提交了创办建议，事实证明他们的创意非常有价值，市场触觉也很敏锐。《南方人物周刊》《新京报》都采取了这个模式。

南方报业还有一个特点是不拘一格降人才。《南方都市报》当年创办的时候有人说它简直就是流浪记者的大集合，《南方周末》当年也有从作者队伍中挖人才的例子，昨天还是乡村教师，今天就成了我们求贤若渴的对象。这些孩子未必都"系出名门"——清华、北大、硕士、博士，他们身上可能有很多长期在体制内熏陶的人看不惯的东西，比如说话大大咧咧、没什么上下级观念、作息时间上也随意一些，可能有不少"夜猫子"，但是只要他们有创造力，敢想敢干，我们就尽量创造一个让他们待得舒服的环境，既尊重他们的创造性和价值，也尊重他们的个性和差异。

曾经有一个离开了《南方都市报》到新浪去工作的编辑在一篇回忆文章里说："在南都那样一个高手云集的环境，实在是无论怎样锋芒毕露都不会觉得过分……每天沉浸在按自己的想法做出来的漂亮版面中，那种创造的快乐，真觉得给自己发工资都多余。"最后这句话当然是戏言，实际上我们在薪酬制度上是绝对向一线的采编人员倾斜的。但这句话又的确代表了创意人才身上所具有的特质，他们非常看重创造带来的快乐，非常看重周围环境有没有为这种创造性劳动提供足够的尊重。一个普通的采编人员就选题和版面可以和领导争得面红耳赤，标准在讨论中产生，并不决定于级别高低。

1999 年我们在全国报业率先搞起了中层干部的“竞争上岗”，让德才兼备的创意人才尽早“冒”出来，走上领导岗位。同时我们允许集团员工内部自由流动，尊重员工的自我选择，让他们找最适合自己的岗位。在南方报业员工申请调岗，只要他申请去的部门同意接收，原来的部门原则上放行，手续非常简便，集团各级人力资源管理部门不会设置任何障碍。想离开的人我们同样提供便利，想回来的人我们还是敞开怀抱。

在创意环境的营造方面还有很多来自其他媒体的成功经验，比如湖南卫视、凤凰卫视等，他们很多创意节目就是一群 20 岁出头、活蹦乱跳的小孩子在担纲挑大梁。这些年轻人深具敢想敢干、敢把不可能变为可能的创新精神。

结　语

弗罗里达关于创意团队和环境相互作用的论述对创意企业适用，对于要致力于发展创意产业的城市同样适用，那些“在技术、才能和宽容”的程度上排在前列的城市吸引了大批创意阶层的成员，形成自我促进的良性循环。反过来，“创意阶层”也培植了艺术、音乐、夜生活，创建了新的名胜，比如纽约的“硅港”、伦敦的切尔西，那里的房屋租金最近 10 年增长了 262%。

广州这几年在提升城市“软活力”上做了许多卓有成效的工作。几十亿的投资用来建设图书馆、博物馆、歌剧院等基础文化设施，中国音乐最高奖“金钟奖”、中国动漫最高奖“金龙奖”永久落户广州，2010 年还要举办亚运会，这些都很好地提升了广州的文化形象，并开始形成自身文化创意产业发展的个性和优势。但是广州创意产业能否取得更大的发展，关键还要看能否吸引更多的年轻人到这里来创业。现在越秀区动漫产业“冒”出了一批有才华的年轻人，出品了如“水果部落”等有国际声誉的佳作，广东报业仍然保持了全国领先的优势地位，积蓄了大量人才，这些都让我们看到了发展的良好势头。南方报业传媒集团也希望进一步延伸产业链、多元化发展，为广州创意产业的发展做出更大的贡献。

（该文为作者在 2010 年广州文化创意产业论坛上的演讲）

平面媒体集团如何向全媒体集团转型

经过两天紧张热烈的研讨，集团 2010 年战略发展研讨会取得了丰硕成果。这次研讨会与以往战略发展研讨会不同的是，在第一个半天，我们邀请了曾经在本集团工作、目前在全国各大新媒体及相关产业任重要职位的原南方报人，开了一个全媒体论坛。与会嘉宾对我们从传统的平面媒体集团向全媒体集团转型的战略提了很多很好的意见，很中肯，很有针对性，有的一针见血，有的振聋发聩，为我们的战略研讨会开了一个好头。这个论坛也是本次战略研讨会的一大亮点。在接下来一天多时间里，同事们围绕平面媒体如何向全媒体转型，又做了很多很有价值的发言。由于议题比较集中，所以探讨也比较深入。这次研讨会上大家的探讨可总结归纳为三个问题：

一、如何认识平面媒体集团向全媒体集团的转型？

传统平面媒体向全媒体转型不仅是必要的，而且是必须的、紧迫的，这是本次战略研讨会上最大的共识。会上很多人说转型的重要性、必要性都不用讲了，要讲的是怎么做的问题。转型这个方向不能动摇，决心必须坚定。那么，如何深刻认识这一转型？概括而言，我认为有几个问题需要厘清：

1. 从平面媒体集团向全媒体集团转型，并非不再花力气经营平面媒体，而是要继续全力发挥平面媒体的核心竞争力。这两天都在讲转型，有的同志就感觉报纸不行了，都想着怎么投身互联网了。实际上，不论是以前作为平面媒体集团，还是在向全媒体集团转型的过程中，在一个较长的时期里，平面媒体都仍然是集团的支柱和基础产业，平面媒体长期积累起来的优质内容生产优势、品牌优势、公信力优势，不论现在还是将来都是集团的核心竞争优势所在。向全媒体集团转型，是在延续已有优势基础上的转型，将我们平面媒体的“信度”（公信力）优势、“深度”优势和“高度决定影响力”的“高度”优势，和新媒体海量信息的“宽度”“速度”和“互动度”相结合，实现资源整合、优势互补。我们讲“全媒体”集团，平面媒体仍然是题中之要义，而不是一味讲新媒体不讲平面媒体了。一定要继续花力气经营好平面媒体，不能在强调转型时丢失了、甚至抛弃了我们固有的优势和传承。郭全中讲到在全媒体背景下如何考虑跨区域发展问题，尤其是二级城市，对《南方日报》和《南方都市报》来讲是必须要大力开拓的，在开拓这些二级城市时，可以参照《南方日报》的“西江模式”和《南方都市报》的“云信模式”。平面媒体的经营，最主要的是要转变盈利模式，变二次售卖为多次售卖。另外还要考虑跟平面媒体相关的印刷业务。刘锦荣说到不能一搞全媒体、转型了，就不敢去投资搞印刷业务了。我们也要研究在各地市建印刷分厂、上马商业印刷的可行性。跟平面媒体发展相关的我们都要研究，不是说我们转型后原来的东西就不要了，原来的优势就变成劣势了，不要听人家讲得天花乱坠就感觉我们平面媒体不行了。这一点我们一定要厘清。

2. 从平面媒体集团向全媒体集团转型，并非简单地把平面媒体的内容、影响力延伸到网络等新媒体，而是要有全新的视野，对传统平面媒体运作模式进行一场革命、一次超越、一次新的创业。从某种程度上讲，我们转型不是向新媒体挑战，而是向新媒体学习，是我们在互联网时代寻找新的发展机遇。正如喻华锋所说，互联网时代有很多机会，空间巨大，方兴未艾，前景不可限量，关键看你怎么把握；我们要换种思路，从“如何应对互联网的竞争”转变为“如何抢占互联网的市场”，我觉得这话讲得很有道理。我们要在转型的过程中，不断地拓宽、刷新视野，根据形势的发展、技术的进步和市场需求的变化，创新思路和实践，不断解除传统媒体固有的枷锁，去占领新的世界，在互联网时代寻找我们新的发展空间，寻找传媒业发展的蓝海，为将来真正实现报网融合、真正实现全媒体打下基础。

3. 从平面媒体集团向全媒体集团转型，并非一两年可以一蹴而就的事情，而是一个需要长期努力的过程。互联网时代的到来，使传统媒体的发行、广告、盈利模式都受到了挑战，向全媒体集团转型这个方向已定，无可逆转。大家可以看到，前些年都市报攻城略地，一年增加一两亿元，发行量 10 万份、10 万份地增加，但是这几年都市报的发行增加了多少？

《南方日报》也是多少年来多个城市发行量不变了，改版后我们是靠一个点、一个点地突破，比如说惠州、清远、揭阳等。我们向全媒体转型的方向是坚定不移的，是不可逆转的，我们一定要有强烈的紧迫感、危机感，要有只争朝夕、义无反顾的心态。但是我们又必须认识到这是一个长期的过程，是一个充满了机遇和无限可能的过程，也是一个充满艰辛与风险的过程。我们对其长期性、艰苦性要有足够的思想准备，甚至要做好承受一次甚至多次挫败的心理预期，在此基础上去充分评估、修正完善我们的战术。我们要从转型中寻找新的发展机遇！

4. 从平面媒体集团向全媒体集团转型，并非不顾自身条件，一哄而上、什么都做，而是要立足于我们自身优势与核心竞争力，有所为有所不为。梁冬的一句话给我印象很深，正如他所言，我们现在面对的一边是想做的事、一边是能做的事，而我们要做的事情，在这两者的交叉点之上，也就是做我们想做并且能做的事情。向熹昨天讲了一个观点，他说对《南方周末》来讲，应该不做“全媒介”，而做“全媒介的内容提供商”；不做媒介形态上的“全”，而做空间上的“全”、内容形态上的“全”、影响力上的“全”；不以经营能力，而是以内容生产能力与品牌影响力为途径走向“全”。而《南方都市报》的情况又不一样，它的经营能力很强，管理能力也较强，因此它有它需要做的事。所以我非常赞同春芙刚才讲的，我们要先易后难，量力而行，尽力而为。

二、集团当前向全媒体转型的路径与方式

这次研讨会的一个重要任务，就是探讨集团向全媒体集团转型的路径和方式，解决怎么做的问题。近年来，集团各部门、各报系在全媒体发展方面做出了许多有益的尝试。前年我向南都报系提出来要搞全媒体，要成立“全媒体委员会”，那时候大家还对全媒体茫然无知，结果去年南都报系做了1年的尝试，围绕“南都，无处不在”的核心理念，推动自身由传统的信息供应商向以“内容为王”和“渠道为王”并重的现代综合信息运营商转型，将南都打造成涵盖报刊、网络、广播、视频、手机报纸、户外传播等多种形式的“全媒体”，实现“媒体形态、传播内容、传播渠道、城市群和社会影响力”的“无处不在”，短短1年时间，已经取得了较为明显的效果，为集团向全媒体转型提供了宝贵经验，也让我们看到了向全媒体转型的曙光。在这次会议中，同志们在发言中对发展路径和方式问题提出了很多富有建设性的设想和建议。《21世纪经济报道》提出从平

面媒体发展到多媒体，最后是全媒体，从最好的新闻品牌升级为最好的资讯传播平台，再到最好的服务品牌，这个路径思考得比较清晰；王军提出要打造全媒体产业链，值得我们各报系、“新媒体委员会”好好研究，其价值在于：如何将我们的读者、客户变成我们的全媒体受众，这个命题很有意义，即将来我们南方报业的媒体不再以纸质形式出现的时候，这些读者还是我们的读者；易海燕提出我们要形成5个策略，即媒体策略、技术策略、区域策略、终端策略、平台策略，我觉得很有道理；姚伟新提出要利用亚运契机开展全媒体流程再造的试点；等等。

归纳总结同志们的发言，我想集团要想实现从传统媒体到全媒体的转型，当前应该从以下几个方面着手：

第一，在集团层面，最重要的就是加快南方全媒体复合数字出版平台的建设。实现内容一次生成、多次发布，多媒介、跨媒体同步出版，对内容产品统一管理运营。这个复合数字出版系统是我们发展全媒体的基础平台，就好比是一个舞台，只有先建好它，大家才能在上面尽情挥洒、长袖善舞。新媒体的“新”字代表了一个动态摸索试验的过程，夯实、打通基础平台，一方面有利于充分调动集团各种资源，提高生产和管理效率，为各单位的新媒体发展提供更有力的支持；另一方面，可以避免重复投资，节省成本。除了这个平台，信息技术部还在建立现代办公平台、全媒体的运营支撑平台和全媒体的数据库。

第二，继续大力推进聚合战略，整合集团内外资源——尤其是优势内容资源，为向全媒体转型打好资源、品牌等方面的基础。荣波提出我们实施全媒体战略就是要打造“南方云”，我觉得这个提法很到位。南方报业最大的核心竞争力有两个：一是强大的内容生产能力；二是建立在前者之上的强大品牌。无论怎样转型，内容为王的理念不但不能丢，还要继续加强。但在此基础上，我们又要突破过去由高向低、由点及面的单向、单一的传播模式，要学会不断整合、利用以内容为核心的各类资源，提升、开发其内在价值，并加强与受众、客户等利益攸关者的互动沟通，延伸价值链。此外，对集团品牌的全方位整合运营与开发，也要加大力度、乘势而上。

第三，在各报系层面，要加快进行流程再造，把报纸由原来以职能管理为核心的传统架构，改造成以市场导向为指引、业务流程管理为核心的新型架构。流程再造的一个重要标志，就是将用户体验、用户需求摆在核心位置。我们要通过流程再造，建立一套先进完善的、适应全媒体发展要求的运作体系和考评体系。

第四，积极寻找有市场前景的新媒体模式，开拓新项目。要充分关注传媒产业的发展、政策变化、技术革新、市场风向带来的新的机遇，敏锐发现新兴载体，并在经过周密论证评估后，嫁接我们的核心竞争力，开展新项目，培育新的盈利增长点。南都的LED项目，可以算是一个良好的开端，经营得好的话，一个LED项目就等于一个报纸的利润，因此我觉得可以由《南方日报》和《南方都市报》联手拿资源，双方合股经营。不少同志都在发言中提到今年是移动媒体大发展的一年，三网融合的试点已启动，到2015年完成。3G出现后，互联网也说自己是传统媒体，不再是新媒体了，因此在3G这个问题上，我们跟搜狐、新浪等是站在同一起点上。对此，我们要给予高度关注。像移动互联网、智能手机阅读终端、视频、音频、电子纸阅读器等，其中蕴含的巨大机遇，也已经逐步显露出来，应得到我们的关注。

三、向全媒体集团转型过程中，要注意解决什么问题？

结合大家两天来的发言，我总结了以下“五个必须”：

1．必须认识“用户需求”对媒体生存的重大意义，为受众和客户提供真正需要的高品质内容和服务。不了解用户需求，不打造有独特价值优势的内容，就不能吸引用户选择。我们在平面媒体竞争时代已经注意到以差异化的市场定位占领细分的读者市场，在全媒体竞争时代，市场选择和定位必须更加精准，必须锁定用户需求实行精密对焦。陈菊红讲道，一个产品不经过一个真正的精准化调研，是非常危险的；网络之复杂远超我们的想象，而把复杂的事情做简单，就是把用户最核心的需求找到。我觉得这个观点我们办报的人要注意，我们搞经营的同志更要注意。要让广告客户认为找我们登广告是找对了，要用数据说话，用户需求非常关键。我们必须用科学的市场调研和分析方法找到用户最核心的需求，提供适合需要的高品质内容，这是顺应全媒体发展的客观要求。

2．必须重视“技术驱动”对新媒体的基础保障意义，重视技术革新和技术人才的培养使用。做新媒体，技术是平台，是保障，也是核心竞争力。技术力决定传播力，传播力决定影响力。这次研讨会很多同志都谈到了技术驱动，提到了首席架构师、首席技术官的价值。酷6网副总裁、总编辑陈峰讲道，传统媒体在向全媒体转型过程中，领军人物必须认识到技术在其中的价值。我们要认真研究，尽快找到适合自身实际的技术解决方案。客观讲，用电脑代替拣字的时候我们是走在最前面，但是我们在新一轮的技术革命中对技术的重视是不够的。

3. 必须加大资本运营力度，为转型提供雄厚的财务基础，同时，也要认真做好风险防范。我们发展全媒体不能靠烧钱，但毫无疑问，全媒体发展必须以强大的财力做支撑，因此，加大集团资本运营力度是必由之路。

资本运营不仅仅是上市，但在当前，上市应作为南方报业资本运营的重中之重。昨天庞任平已提到，按当前市场水平及我们的资产规模，集团若能上市，可以筹集的资金约在 15 亿元的规模。而在进入良性发展轨道后，还可以源源不断地从市场融资，这将为我们以全媒体为核心的未来事业发展，带来宝贵的现金流。因此，我再强调一次，今年作为集团的“上市年”，绝对不能动摇，各相关部门都要围绕这个中心，全力以赴做好工作。投融资管理部和上市领导小组办公室已经把上市要扫除的几个障碍梳理出来了，经营班子已经通过，待管委会开会拍板，之后由上市领导小组全力推进。

在做好上市工作的同时，我们还要研究如何利用风险投资、如何引进战略投资者等现代资本运营手段，但同时也要认真做好风险评估，做好风险预警与风险防范的各种措施。

4. 必须走联合发展之路，与互联网企业、移动互联网企业、电信运营商等携手合作，实现优势互补、合作共赢。在发展过程中，不一定每件事都自己来做，我们要学会合作。

5. 必须打造适应全媒体发展所需的全新体制机制。南方报业能有今日之成绩，其中一个重要原因，在于我们建立了一套行之有效、高度适应传统平面媒体发展的体制机制，培养、吸引了一大批传媒人才，激发出巨大的生产力。也正因如此，才会有昨天的论坛，南方报业才会被称为“中国传媒业的黄埔军校”。为了向全媒体转型，目前集团已成立了新媒体工作委员会，下一步要进一步做实做强与之相关的组织机构，但这些还远远不够。

事实上，全媒体时代对我们意味着一场革命，我们不能再站在过去的成绩上沾沾自喜，而要学会扬弃，要在保留现有体制机制的优点的前提下，对其进行全新变革，包括激励机制、决策机制、人才培养机制、利益分配机制等方方面面，从根本上激发我们团队的创造力、凝聚力和创业激情。希望这次研讨会的成果会后大家认真消化和吸收，对会上的一些好的意见和建议要逐条分析和解决，集团最高决策、管理层要进一步提升对全媒体发展的重视和支持力度，加强管理协调，自上而下为集团的全媒体转型创造全方位的有利条件。

（该文为作者在南方报业传媒集团 2010 年战略发展研讨会上的总结讲话）

从南方报业看传媒集团战略转型的方向与路径

改革开放30多年来，南方报业一直在探索报业的转型之路。不同时期，转型的含义是不同的。

20世纪末期的转型，主要是适应国家从计划经济向市场经济的转轨，使报社由事业单位转变为企业单位，使报业成为一种产业，使报业经济全面融入市场经济。在这方面，南方报业发挥了探路先锋的作用，创造了一些成功的经验。南方报业采取“增量突破、存量跟进”的策略，通过对细分市场的准确辨识与把握，先后创办了《南方周末》《南方都市报》《21世纪经济报道》等完全市场化的报纸，吸收这些报纸的成功经验后，启动“党报再造工程”，对《南方日报》进行了连续7次改版，使之不断走向市场；南方报业采取“品牌建设突破，其他经营手段跟进”的策略，形成了完善的现代报业经营机制；南方报业采取“人力资源开发突破，其他管理手段跟进”的策略，形成了比较完善的现代报业管理体系。

进入21世纪后，传媒业发展的外部环境急剧变化，表现在如下两个方面：首先，新媒体给传统媒体尤其是报业带来巨大挑战；其次，中国国力快速发展，但是“西强我弱”的话语体系尚未改变，这就需要有责任心、有抱负的媒体走向国际市场，传播中国的声音。在这种情况下，转型已成为报业集团不得不做的战略决策。这种转型，说到底是发展方式的转型。为了确保南方报业传媒集团实现发展方式的转型，南方报业制定了“以战略转型为突破口，带领集团全方位转型”的策略。所谓战略转型突破，就是由“裂变战略”转变为“聚合战略”，聚合集团内外资源、国内外资源，实现集团的科学发展。

为此，我们要实现四个转变。

第一，从报业集团向全媒体集团的转变。

在当前媒介融合的大趋势下，南方报业要想真正做强做大做优，就必须建立全媒体的生产能力、形成全介质的传播能力和提高全方位的经营能力，向全媒体集团转型。

南方报业的做法是分四步走：第一步是每一家报纸都有自己的相关网站，实现报网互动，推出滚动新闻等，这一步已经走完了。第二步是整合网络平台。第三步是用公司制办法来运作新媒体。这两步是南方报业目前正在走的。第四步是媒体融合，就是将新闻信息发到统一的编辑平台，加工以后选择适合的、不同的平台发布和传播。这一步是南方报业正在准备走的。

配合全媒体的发展目标，传统媒体必须进行流程重组，实现信息的采集、制作、发布、销售的全媒体化运营，即在记者采访环节要有重点地推动部分记者走向全媒体记者，采编结合的制作环节和发布环节要通过培训实现全媒体的制作能力和发布能力，广告经营等二次销售要实现全介质形态的价值开发和销售能力。在品牌运营和市场推广上，除了沿用传统平面媒体的推广手段外，还要把重点放在全媒体、全方位的品牌传播上。在媒体融合方面，现在南都报系推进的“南都，无处不在”，就是一个有益试验。

第二，从粗放型向集约型的增长方式转变。

当前报业集团普遍存在着盈利模式单一、增长方式粗放简单等问题，导致报业集团的抗风险能力较弱，尤其是在金融危机的背景下，亟须从粗放型的增长方式转型为集约型的增长方式。

根据南方报业的实际情况，准备采取如下措施促进增长方式转型：一是对新闻资源进行深度开发和多次销售，实现从“规模经济”到“影响力经济”的转变；二是有效整合资源，积极推进在新闻信息资源、渠道业务开拓、广告业务开拓、品牌市场推广、竞争情报系统、新媒体拓展和职能部门管理等方面的内部资源整合，同时，从土地、技术、资本和人力4大要素入手进行外部资源整合，坚持循序渐进、统分结合、市场导向、利益共享的原则，提高组织效率，创新运营模式；三是通过集团统一信息平台和统一管理平台的建设，实现办公自动化、业务管理数字化，提高管理效益和实现服务升级优化；四是全面推行预算管理制度，实施动态审计，保障资金链条健康运作；五是抓住金融危机背景下报业内部重新洗牌的机遇，积极推进报业战略性重组，实现低成本扩张；六是完善投融资管理体制，增强资本运营能力，加快向资本市场进军的脚步；七是完善创新管理体制，健全激励和约束机制。通过对财务、人事和薪酬制度的改革，探索和规范长期激励和约束机制，提高各级部门、各类人员的业务能力、管理能力和创新积极性，为集团的科学发展提供不竭动力。

第三，从事企不分的管理体制向现代企业制度转变。

科学发展需要体制保障，传统的事企不分的报业管理体制已成为报业发展方式转型的严重制约，必须加大体制创新力度，使集团真正转变为“自主经营、自负盈亏、自我约束、自我发展”的法人实体和市场主体，同时建立适应传媒业管理特点的公司治理结构，有效解决所有权与经营权分离后产生的委托代理问题，建立起规范的现代企业制度。目前，根据采编与经营“两分开”的原则，南方报业传媒集团已分别成立了事业单位的南方日报社和企业单位的南方报业传媒集团公司，后者将完全按现代企业的规范来运作。

第四，从国内向国际的覆盖区域转变。

从国家战略层面来看，在中国国力不断增强的今天，中国需要自己的强势媒体在世界上传递自己的声音；从南方报业自身的发展要求来看，已经具备一定的实力，尤其是在国外市场上具有一定的品牌影响力，迫切需要到国际市场上开疆拓土。因此，基于强烈的国家责任感和产业抱负，南方报业提出了“国际一流、国内领先”的全媒体信息服务商的发展目标。南方报业的操作策略是在打好国内基础的前提下，在合适的时机、选择合适的方式进入国际市场，逐步实现覆盖区域的转变。

（原文载于《中国记者》2010 年第 1 期）

向全媒体转型要处理好七大关系

南方报业传媒集团自去年开始的向全媒体全面转型的事业，开局良好、步伐扎实。我们要及时总结经验，趁热打铁，坚定不移地把这个关乎南方报业长久命运的大事业推向深入。在这项庞大的系统工程中，必须着重处理好以下7个方面的关系：

一是要处理好传统媒体与新兴媒体的关系，既要继续深耕传统平面媒体，也要大力发展新媒体。从平面媒体集团向全媒体集团转型，并非不再花力气经营平面媒体，而是要继续全力发挥平面媒体的核心竞争力。要正确处理好传统媒体与新兴媒体的关系，我们既不能被新兴媒体的快速崛起冲昏了头脑，忘记了立身之本；也不能因传统媒体的继续发展而故步自封、动摇转型的决心。媒体格局的改变是一个充满未知变化的长期过程，传统媒体的衰落是一个趋势判断，而不是一个“秋后问斩”的既定审判。我们应对这个趋势判断做出应对、做好准备，但没有理由自我提前了断。新媒体的领军人物曹国伟先生认为：“传统媒体目前的困境很大程度上源于行业自身结构不合理而非整个行业即将沉没。”我们作为传统报人，更不应该妄自菲薄，无视传统媒体仍有可为的市场空间，放弃自己在这一领域长期积累下来的优势。另一方面，新媒体的“新”字不仅是一个形容词，更是一个动词，意味着随时的变动和更替，也意味着随时出现的机会和随时掉队的危险。这就是像新浪、腾讯这样有实力的大型网络公司，时时刻刻紧盯着新的应用、新的平台、新的渠道，“吃着碗里、盯着锅里”的根本原因。我们向全媒体转型，必须正确处理好传统媒体和新兴媒体的关系，做到攻防兼备、进退有据，这是转型能否成功的关键。

二是要处理好内容与平台、渠道的关系，既要继续巩固、提升优势内容生产能力，也要顺应互联网时代的发展规律，高度重视平台、渠道建设。曹国伟先生认为，用户规模和影响力是媒体平台最重要的两个优势，是加强市场占有率和行业领先地位的最重要基础。传统媒体的优质内容、品牌价值、影响力价值、专业性、公信力等仍然有很重大的价值。但在新的竞争格局中，好的内容必须有好的平台和渠道，否则传播力和覆盖面就会受影响。传统媒体走全媒体之路，必须把自身内容与新媒体的渠道相结合，才能产生强大的传播力和价值。实际上，传统媒体面对新媒体的冲击，最直接的心理落差就来自平台、渠道的影响。同样一篇稿子，放在我们自己的网站，只有几个跟帖，放在新浪这样的大门户网站，可能会有几百个跟帖。新媒体时代海量信息特征，使平台、渠道的力量空前放大，有人认为其重要性甚至在某种程度超过了内容本身。我们要做全媒体的信息服务商，不能只做内容提供商。发展全媒体，既要继续做好优质内容生产，也要重视平台、渠道的建设，深入挖掘平台、渠道的力量。内容与平台、渠道关系是相辅相成、辩证统一的关系，整体、长远来看，不存在谁比谁更重要。当内容同质化，传播力、影响力的大小依赖平台和渠道；反之，当平台和渠道处于同一水平，比的就是内容的生产能力。我们加强平台、渠道建设，要与巩固和提升内容生产能力同步进行，力争达到两种能力的最大化。

三是要处理好提升传统运营能力和创新商业模式的关系，既要继续提升原有的产品运营、品牌运营，以及跨媒体、跨区域、跨行业拓展与合作，也要致力于寻找、探索新的商业模式。创新商业模式是新媒体领域的热门词语。如前面所说，新媒体的“新”字是个动态的概念，新的应用不断涌现、相互影响、彼此融合更替，商业模式因此充满各种可能性和不确定性。新浪微博暂时不考虑营利模式，而是着力将用户人群最大化，这种等待应用成熟后衍生出相关商业模式的态度看似被动，实际上是一种务实、稳妥的策略。我们做新媒体，很难实现新浪的规模效应，这就要求我们在寻找新的商业模式时更具有创新精神，同时也要更加小心谨慎。寻找新的商业模式不仅是针对新媒体、新应用而言，对传统媒体也同样重要。《南方都市报》近年来的跨地区办报实践是对自身内容生产能力和品牌影响力的有力延伸，其他一些围绕南都品牌的运营举措丰富多样，其中有的举措目前虽然经济效益有限，但是提供了一种商业模式创新的思路。深耕平面媒体，既包括优势内容生产能力以及传统运营模式的巩固提升，也包括商业模式的开拓和创新。无论新媒体还是传统媒体，商业模式创新的本质不仅仅在于对媒体介质的充分利用，更在于对自身价值观的深刻理解和充分展现。

四是要处理好集团战略和发挥各单位积极性的关系，既要从集团层面加大推动战略转型的积极性，也要充分发挥各报、刊、网、社的积极性。向全媒体集团转型，必须在聚合战略的思想指导下，集团层面统一认识，整合资源，协调行动，最大限度地降低成本和发挥综合效益。多位同事建议在集团层面“搭建公共基础平台”。集团的全媒体建设在过去一年的实践中存在的比较明显的问题，是缺乏集团层面系统、完善的机制保障，存在分散运营、低水平重复建设等现象。这是我们今后必须改正和努力避免的。另一方面，转型也要充分尊重各系列报刊网社的能动性和创造力，兼顾各子媒的风格特点和路径选择。由于集团各媒体各自的目标定位不同，因此各自特色非常鲜明，这也是各自的品牌号召力所在，如果硬要求所有媒体遵从统一的路径，那么各媒体的特色优势将不复存在或得不到发挥。我们看到，作为试点的南都报系本身已具备了庞大的市场占有量，有着巨大的品牌影响力、资源吸附力和受众认同度，这些都构成了南都转型的基础条件，并在此基础上形成了完整的全媒体集群构想和实施路径，但这种路径不可能完整复制到其他媒体。集团推动全媒体转型必须在充分尊重各子媒的战略选择、个性特征和差异化的基础上，让其在集团制定的战略框架内，选择符合各自实际的转型模式。

五是要处理好动力机制与责任机制的关系，既要形成有效的激励，又要建立完善的考核约束和风险控制。向全媒体转型成功与否，一个关键因素就是体制机制创新，建立权利与奖惩、责任与义务相平衡的机制是根本。动力机制就像汽车的发动机，责任机制则像刹车装置。我们要通过合理的制度安排对管理层和员工提供强有力的激励，包括建立管理层持股、利益共享机制等，激发创业团队的积极性、主动性和创造性；同时也要有约束机制，有风险警示和规避机制，有纠错和惩处机制。例如庞任平建议，新媒体公司成立以后与二级单位建立利益分成机制，新闻内容采集与初次开发仍由各二级单位进行，新媒体公司作为各类产品的二次开发与销售平台，具体负责该项目运营，向各二级单位支付内容信息采集费用，并实行销售的分成模式；在新媒体公司层面可实施虚拟期权等多种灵活方式；在各项目公司层面，管理层可以现金出资持股。在全媒体采集的考核机制方面，南都庄慎之提出建立以运营指标和市场指标为导向的多层次、多媒介、多终端性的全媒体考核指标体系。希望从集团到各二级单位，都尽快做出相关的方案设计，保障转型的顺利进行。

六是要处理好媒体社会属性与商业属性的关系，既要不断巩固强化我们自身的责任和担当意识，也要充分参与市场竞争，为集团的事业打下更雄厚的经济基础。有人说，能够研究原子弹的是科学家，能够在反核宣言上签字的是知识分子，两者的文化价值追求不一样，但有时会统一在一个组织或一个人身上。文化产品既有意识形态属性，又有商业属性，因此，这种组织与个人的双重性，在文化产业尤其是传媒行业中体现得很突出。我们向全媒体转型，主要是立足于产业范畴，以巩固与发展自身经济基础为目标。但作为媒体，尤其是作为省委党报集团，我们时刻不能忘记自己姓甚名谁，其中有两重含义：第一，无论我们怎么转型，党的舆论阵地在我们手上只能扩大，不能缩小，更不能丢掉；第二，无论我们怎么转型，我们的主业是传媒业，而不是其他。而立足于这两点之上，我们要充分运用现代市场手段，千方百计激发员工的积极性和创造力，努力提升自身商业价值。

七是要处理好战略构思与执行力建设的关系，既要有长远的、前瞻性的战略，不能急于求成，也要以只争朝夕的精神抓落实、抓执行。高瞻远瞩的战略思考能力和判断力非常重要。我们每年都以最高规格召开集团战略发展研讨会，就是以最高规格的重视来解决战略层次的问题。但与此同时，战略的执行落实需要我们雷厉风行。光有战略而没有好的执行力，再宏伟的战略蓝图也只是空中楼阁、纸上谈兵。打个比方来讲，狮子领着羊群跑，狮子是动物王者，有领袖之风，但羊群执行力不足，只能是后劲绵软；羊领着狮子群跑呢，羊的领导力不足，狮子团队跃跃欲试却得不到战略指导，同样是“杯具”。最好的方案就是狮王领着一群狮子跑。这个比喻说明，有好的战略和方向，还必须有好的执行力，两者缺一不可。我们的全媒体转型，战略、目标与方略、路径必不可少，执行力建设也是当务之急。

（该文为作者在南方报业传媒集团2011年战略发展研讨会上的总结讲话的第二部分内容）

向全媒体集团转型中的聚合战略

随着信息技术的进步和新媒介形态的涌现，网络媒体和移动媒体发展迅猛，传统媒体面临越来越大的挑战，转型已经成为传统媒体的必由之路。南方报业传媒集团审时度势，通过实施聚合战略，全力向全媒体集团转型。

向全媒体转型

在新兴媒体异军突起、全球传媒业发生急剧变革的背景下，如何构建定位明确、特色鲜明、功能互补、覆盖广泛的舆论引导新格局，牢牢把握舆论引导工作的主导权，是党报集团面临的重大课题。实现从传统平面媒体集团向全媒体集团的转型，是南方报业基于对传媒行业发展趋势的深刻把握、对党报集团责任和使命进行深入思考后的必然之举。

媒介日趋融合，“大传媒时代”呼之欲出。一方面，随着新的传播媒介和传播技术的日新月异，以及国家“三网融合”等政策的大力支持和引导，不同媒介之间以及传媒业和信息产业的界限将日趋模糊，融合趋势日渐明显，最终形成“你中有我、我中有你”，相互促进、共同发展的新的产业发展态势；另一方面，国家大力支持优势媒体跨地区、跨行业、跨媒体、跨所有制、跨国界发展，在相关政策的支持和推动下，我国的“大传媒时代”呼之欲出。作为国内领先的平面传媒集团，南方报业必须充分利用时代机遇，实现自身的跨越式发展。

以网络媒体和移动媒体为代表的新媒体给传统媒体尤其是报业带来了巨大挑战。用户是媒体生存和发展的根基，新媒体已经拥有庞大的用户群，发展潜力巨大，这几年一直保持高速增长态势。我国传媒业市场也逐步从传统的报刊、广电、户外“三分天下”的传媒业发展格局转变为报刊、广电、户外和渠道、网络媒体以及移动互联网“五强竞争”的新格局。在这种情况下，南方报业必须居安思危，大力发展新媒体，向全媒体集团转型。

南方报业自身的发展实际也要求必须实施转型。自20世纪90年代以来，南方报业积极因应形势的发展，实施“龙生龙，凤生凤”的多品牌发展战略，打造了一系列成功的子品牌媒体。这种裂变式发展模式，是南方报业在相对单一、熟悉的平面媒体领域进行耕耘与拓展，对旗下媒体所拥有的核心资源与核心能力的复制与共享，是一种内生发展与差异性发展模式，是集团在激烈市场竞争中多品牌发展的实践结晶和宝贵财富，今后还要坚持和进一步发扬光大。但是我们不能不面对，这种模式主要依靠自身的积累滚动发展，存在盈利模式单一和盈利能力不强等问题，对利用外部资源加快自身发展相对不足，同时面临如何在数字媒体蓬勃发展的新形势下提高舆论引导能力、巩固和扩大舆论阵地、继续掌控舆论主导权等问题。要在数字化时代相对陌生的业务领域进行跨媒体、跨行业、跨地域拓展，南方报业旗下原有单个媒体往往显得捉襟见肘，原有的裂变式发展模式不能够保证南方报业在“大传媒时代”以比对手更快的速度实现跨越式发展，必须顺应形势转变战略理念，大力实施聚合战略，实现向全媒体的转型，构建舆论引导新格局。

聚合战略

南方报业的聚合战略是为了适应数字化时代和形势发展的需要，通过长时间认真系统的总结、调研与思考提出来的，其目的是要通过聚变式发展，走出一条与裂变式发展模式相关但不同的新的发展道路，以获得更好更优的发展动能和效益。

媒体聚合战略，简言之，就是通过集团旗下不同媒体形态的聚合、不同媒体品牌的聚合以及不同业务单元的聚合，充分利用国际、国内两个市场，将南方报业打造成为数字化时代国内实力最强、成长性最好、最具影响力和竞争力的跨地区、跨行业、跨媒体、跨所有制、跨国界的传媒集团之一，更好地服务于国家的经济社会文化建设。数字化时代的媒体拓展，既包括在原有平面媒体领域的继续拓展，目标是成为在本区域和国内拥有强大竞争力的平面媒体集团；也包括在网络媒体、移动媒体等新兴媒体领域的拓展，目标是成为拥有国内最具活力的新媒体的传媒集团；还包括在相关多元化领域的拓展，目标是成为中国最具成长性的传媒集团。

聚合战略作为一个复杂、艰巨、系统的工程，在实施过程中我们要注意处理好如下关系：一是处理好“裂变”与“聚变”的关系。“裂变”是“聚变”的基础，“聚变”不是为了“聚变”而“聚变”，而是为了实现自身的科学发展和可持续发展而聚合。聚合战略应基于效率、效益原则进行聚合，发挥好集团与旗下各系列报刊网社的两重积极性。二是处理好集团战略和各子报刊网社战略之间、集团各业务单元子战略间的关系，以实现集团战略和各子报刊网社战略的有机协调。三是集中资源于优势媒体，继续支持优势媒体做强做大做优。四是注意差异化定位和发展，避免内部同质竞争。

扩张和发展是聚合的基础，聚合是扩张的升华和更高质量的发展。近年来，南方报业一方面不断巩固和扩大传统媒体阵地，另一方面在聚合的基础上不断加快跨区域、跨媒体、跨行业扩张。集团继 2003 年与光明日报报业集团合作创办《新京报》后，2006 年又与肇庆市委合作合办《西江日报》，开创了省市党报合作发展的新模式；2006 年与中国期刊协会合办《商务旅行》，成为国内首家跨地域合办杂志的试点；2007 年与云南出版集团合办并控股《云南信息报》，成为全国跨省合作办报的成功典范。当前，类似的跨区域合作与扩张还在继续深化中。在跨行业、跨媒介扩张方面，南方报业与中央人民广播电台经济频道进行深度合作，与上海文广新闻传媒集团以及南方广播影视两大传媒集团达成战略合作伙伴关系；入主凯迪网络，成为该网最大股东，使我们的网络媒体从 2009 年的“三网”变成 2010 年的“四网”；南都报系（南都全媒体集群）还与阿里巴巴签署战略合作协议，约定全面合作。此外，南方报业还与广东省机场集团、广铁集团以及广东移动、广东电信、广东联通三大电信运营商签订了战略合作框架协议。目前，集团已形成 12 报 8 刊 4 网站 1 出版社的传媒军团。

通过扩张和聚合，我们的目的是要在继续深耕平面媒体的同时，实现从规模经济向影响力经济的战略转型，通过发挥品牌传播优势，尝试多渠道跨行业的延伸业务，拓展信息、印务、物流、地产等相关多元化产业。在此基础上，我们提出了争当“世界一流、国内领先的全媒体信息服务集团”的长期战略目标，并提出了“用五到八年的时间，把南方报业打造成资产超百亿、销售超百亿的国内一流、国际知名的大型传媒集团”的中期战略目标。

思考与攻略

在深刻分析传媒业发展趋势以及南方报业自身特点的基础上，我们选择全媒体作为南方报业转型的具体形式和载体，并做了如下思考和探索。

第一，科学界定传统平面媒体集团向全媒体集团转型的内涵，深刻把握实施中需注意的问题。转型是要在充分发挥传统媒体内容生产优势、长期积累下来的品牌优势和公信力优势基础上，把传统媒体的内容制造与新技术、新渠道的信息发布的速度和宽度优势相结合，通过流程重组，实现新闻信息统一采集、加工、编辑，跨媒介、跨媒体多次发布，实现多媒体融合发展。具体说来，就是要实现全媒体生产、全介质传播、全方位运营。

从平面媒体集团向全媒体集团转型的过程中必须处理好如下几个关系：首先，传统媒体和新媒体不是非此即彼的关系，而是要在继续全力发挥平面媒体核心竞争力的基础上积极发展新媒体。在一个较长的时期里，平面媒体仍是南方报业的支柱和基础产业，其长期积累起来的优质内容生产优势、品牌优势、公信力优势，不论现在还是将来都是南方报业的核心竞争优势所在。向全媒体集团转型，是在延续已有优势基础上的转型，将平面媒体的“信度”（公信力）、“深度”和“高度”优势，与新媒体海量信息的“宽度”“速度”和“互动度”相结合，实现资源整合、优势互补。其次，从平面媒体集团向全媒体集团转型，并非简单地把平面媒体的内容、影响力延伸到网络等新媒体，而是要有全新的视野，对传统平面媒体运作模式进行一场革命、一次超越、一次新的创业。再次，从平面媒体集团向全媒体集团转型，并非短短一两年可以一蹴而就，而是一个需要长期努力的过程。最后，从平面媒体集团向全媒体集团转型，并非不顾自身条件，一哄而上、什么都做，而是要立足于我们自身优势与核心竞争力，有所为有所不为。

作为集团全媒体转型的试点，《南方都市报》较好地处理好了这几大关系：全力做强做大报系旗舰《南方都市报》，通过实施南都跨区域办报这个基础战略来确保南都在传统报刊行业的龙头地位。然后，通过优先做好跨媒体集成这个核心战略、跨行业拓展这个升级战略，力图实现全媒体生产能力、全介质传播能力的跃升，最终构建起南都“全媒体集群”，真正做到“南都，无处不在”，最终实现全方位的运营能力。

第二，从“内容提供商”转变为“全媒体信息服务商”。传媒业从事的实际是信息服务业，其价值链主要有前端的信息提供、传播技术和传播媒介，后端的渠道以及经营3个环节。为了向读者和受众提供高质量、多层次与多渠道的信息服务，南方报业积极转型为“信息服务商”，不仅高度重视内容的采集和信息的加工，而且高度重视渠道的选择、建设以及高效的信息服务。

我们在组建和完善复合媒体数字化平台的基础上，打造具有南方报业特色、具备独特竞争优势的6条产品线，分别是：平面媒体、互联网媒体、手机移动媒体、广播电视、户外LED、电子阅报栏。其中，户外LED联播网、电子阅报栏项目等正在加快推进，集团在广州、惠州、肇庆、中山、揭阳的LED户外视频都已投入运营，进展良好。预计到2012年，全省将建设完成100块LED屏并实现全省联网。为较好地发挥集团新媒体资源的聚合效应和协同效应，我们成立了广东南方报业新媒体有限公司，把它定位为集团新媒体资源的整合和综合开发利用平台、新媒体业务的投资控股平台、新媒体资产管理和技术研发平台、新媒体业务的拓展和培育平台，将重点研究网站内容业务的整合以及电子商务的可行模式、户外电子媒体版块和移动互联网版块。

第三，关键在于实现全媒体生产、全介质传播、全方位运营。全媒体之“全”，是产品之全、介质之全、终端之全。在新的媒体形态背景下，复合传播带来的将是复合运营，未来媒体的生存与竞争最终也必然落实到媒体综合运营能力之上，落实到社会价值与商业价值的综合实现之上。

在具体实践方面，《南方都市报》推出了《南方都市报》电子报及精华版形态的数字报、邮件版的南都新闻、南都手机报、iPhone + iPad客户端、“南都视点·LED联播网”、“南都视点·直播广东”电台节目等；在尚待重点开发的资讯产品方面，《南方都市报》与中国移动《12580生活播报》合作，于2010年8月在广东区域推出南都生活资讯产品“南都视点·12580生活播报”。

《南方周末》自2009年9月至今在Apple iPhone和iPad、Google Android、Nokia Symbian三大智能移动平台上推出了9款应用，覆盖新闻资讯、数字出版、手机游戏等领域，总用户数超过160万，在国内传统媒体的智能移动平台上遥遥领先。2009年9月推出Google Android平台上的新闻阅读应用“南周阅读器Android版”，是国内传统媒体的第一个智能手机新闻阅读应用，保持在Android Market中文新闻资讯类应用第一位，目前累计用户已达70万。2009年10月推出Apple iPhone平台上的新闻阅读应用“南周阅读器iPhone版”，是国内传统媒体的第一个iPhone中文新闻应用，上线当天开始保持 App Store 中国商店新闻资讯类应用榜首位置长达 18 周，目前总用户数超过 60 万，是同类第二名的 3 倍多。2010 年 4 月推出苹果 iPad 平台上的新闻阅读应用“南周阅读器 iPad 版”，是第一个跻身 iPad 全球新闻资讯应用前 10 名的中文媒体，解决了在 iPad 上播放视频的问题，上线当日即位列 App Store 中国商店下载量榜首，至今用户数超过 30 万。

第四，继续大力实施跨区域扩张，为全媒体的发展提供更好的基础和信息源。媒体竞争的根本在于信息源的竞争，对于南方报业这样强势的平面媒体来说，当前的重要工作是大力实施跨区域扩张，掌控更多的信息源，为全媒体转型打下扎实的基础。在具体实践方面，以《南方都市报》为例，正在探索 3 种相互关联的模式：一是实行“省版 + 大珠三角城市读本模式”，不断提升在品牌、内容生产、运营管理模式方面的领先优势，进而不断将这种领先优势转化为适应南都跨区域办报战略的输出能力；二是在全国重点城市，复制“股权式合作”的《云南信息报》模式，实现城市日报群的战略布局；三是在全国报业、传媒市场的次战略城市，希望创出报纸行业内的制播分离模式。

第五，在转型系统工程中，最重要的是人才和机制。因此，必须高度重视人才队伍建设，队伍中既要有精通媒体内容生产、信息加工的人才，又要有了解日新月异的传播技术和传播领域最新发展趋势的复合型人才，还要有善于从传媒产业的新发展中寻找市场商机、探求新的商业模式和盈利模式的经营人才。必须高度重视向全媒体转型的体制机制建设，包括面向全媒体的业务流程管理机制重建，利于聚合战略推进的利益分配和业绩考核机制创新，以及从传统事业体制转向以市场为导向的企业体制的薪酬激励机制的改革，等等。

（原文载于《新闻战线》2011 年第 2 期。获中国新闻奖新闻论文二等奖）

报魂·报格·报人

一、改版的指导思想

8 月 9 日，《南方日报》即将推出第八次改版，对此，我想重点讲三句话：

第一句："高度决定影响力。"

孔子说："登东山而小鲁，登泰山而小天下。"原因很简单：高度决定了视野，视野决定了境界。21 世纪以来第一次改版提出的全新办报理念：高度决定影响力，指导我们走过了成功改变党报形态的 7 次改版。因此，60 周年社论《新的世界，新的南方》，是对 1949 年创刊发刊词《新的中国，新的广东》的传承与创新。如今，全媒体转型战略下的第八次改版，正是我们在深刻理解现代传播规律基础上提出新的高度、新的境界、新的追求。

第二句："科学发展立报，改革开放立报，解放思想立报。"

科学发展立报，立的是报魂。1 周前的温州动车追尾事件给我的触动很大，传统媒体几乎还来不及反应，"微博"早已主导了前半段的信息传播和舆论焦点。移动媒体、社交媒体这两年如火如荼，已经把"传播活动网络化、传播渠道复合化、传播主体多元化"的总体态势表现得淋漓尽致。无论是胡锦涛总书记"构建舆论引导新格局"的战略要求，还是新闻传播日新月异、形势逼人的现实压力，传统媒体的同仁们应该从中领悟到科学发展的重要性、必要性和紧迫性。对南方报业来说，科学发展的路径，就是全媒体转型。全媒体转型，昭示着新闻业的生存与发展，承载着新闻业的光荣与梦想。不管媒体的介质、形态、形式如何变化，科学发展的灵魂不变。用科学发展来指导我们的报道，就是凡是落实科学发展观的，我们就大力鼓与呼；凡是违反科学发展的，我们就大力鞭挞。

改革开放立报，立的是报格。30 多年来的改革开放，《南方日报》一直是忠实的记录者、推动者。1978 年 1 月 16 日至 20 日，党的十一届三中全会召开前，《南方日报》便发表了 6 篇有关农村经济政策的讲话，扫除阻力，宣传落实党的农村经济政策。1979 年 10 月 28 日，《南方日报》头版以《这样对待责任制行吗?》为总标题，批评乳源瑶族自治县委把实行责任制当作一种“偏见”，为推进家庭联产承包责任制鼓与呼。以开放促改革，以改革促开放。在全程记录广东改革开放进程中淬炼出来的风格，早已使《南方日报》与改革开放融为一体。《南方日报》既是改革开放的记录者、推动者，又是改革开放最大的受益者。我们 8 年 7 次改版，第一次提出“黄金瘦报”、双封面等形态上的重大变革，都是结合自身发展需求、借鉴世界报业新潮流的新举措。因为开放，《南方日报》才能成为不断领跑全国党报改革的排头兵；因为改革，《南方日报》的胸襟越来越开放，越来越具有全球视野。用改革开放来指导我们的报道，就是凡是符合改革开放的举措，我们要大力鼓与呼；凡是阻碍改革开放的，我们要大力鞭挞。

解放思想立报，立的是报人。《南方日报》在广州解放之初创办时，是党在香港办的《华商报》一批老报人、游击区新闻工作者和南下新闻干部汇合而组成的班底。这 3 支力量都是我党忠贞的新闻战士，因此，南方报人在创办之初就奠定了一份职业报人办报的坚守与责任，传播真相、传递真情、坚持真理，这已内化为南方报人强大的精神传统。62 年来，南方报人一直把客观公正、不偏不倚地反映世界作为传媒服务社会最基本的要求。而只有解放思想，摒弃思维桎梏和偏见，真实、客观、公正才有最起码的保证。正因为南方报人的职业素养有着解放思想的底蕴，南方报业才会呈现出“创新、包容、担当、卓越”的企业文化，才会薪继火传、英才辈出，才得以成为中国传媒界的“黄埔军校”。用解放思想来指导我们的报道，就是凡是符合解放思想要求的，我们要全力鼓与呼；凡是违反解放思想的，我们要大力鞭挞。

第三句：“政经大报，新闻管家。”

这是去年我们推出的宣传口号，也应该成为第八次改版所遵循的市场取向。我们在走市场的改革中深深体会到，报纸与读者的关系应该是平等的，既不俯视，也不仰视。政经大报是我们的整体定位和传统优势，而新闻管家应该是体现这种定位和优势的具体功能。“新闻管家”是拟人化的比喻，主要是讲我们为读者提供的服务，应该准确、周到、贴近、节省时间。怎样当好新闻管家？在不缺信息的时代，谁的整合手法好，谁就能吸引读者。《南方日报》要想被读者长久关注，就必须多用一点智慧。网络时代，如果我们还只满足做一个信息提供者，那报纸的必读性、实用性还会有所欠缺。作为权威的政经大报，《南方日报》的价值应体现在解读新闻的能力和角度，整合信息的策略和风格，通过对新闻资源的有效整合实现二次创新，并且满足主流读者通过全媒体平台，以更快、更便捷的渠道获悉新闻的需求，当好读者的新闻管家。这就是《南方日报》智慧的体现。

二、改版的三大重点

以上说的三句话是第八次改版的指导思想。围绕这三句话，第八次改版有三大重点。

（一）牢记科学发展的要求，增强忧患意识，促成报纸向全媒体转型

《南方日报》经过7次改版，取得了良好的效果，广告上去了，发行也增加了二十几万份。于是，有人认为纸媒的发展态势还很乐观，没必要急着向全媒体转型；有人甚至说，整天嚷嚷着向全媒体转型，嚷得我们做纸媒的劲头都没了。其实，据了解，本地一些市场化报纸的零售量出现了不同程度的下降，有的下降幅度超过20%，这给我们敲响了警钟，大家要时刻保持忧患意识，增强向全媒体转型的紧迫感。

转型要兼收并蓄。保持传统媒体在高度、深度和信度方面的优势，吸收新兴媒体在速度、宽度、互动度方面的长处，才能扬长补短。

转型要锐意创新。不断推进形式创新、内容创新、理念创新。不是简单地把传统媒体的内容、影响力延伸到网络等新兴媒体上，而是对传统媒体运作模式进行改革、超越及创新。

转型不会一蹴而就。我们要坦率地承认在全媒体转型上，我们比集团内系列媒体、集团外一些市场化媒体都有差距，所以第八次改版，第一要务是全媒体改版，除此之外，没有别的路可走。我们要深刻研究当今信息社会的大环境下读者的阅读习惯与阅读偏好，不断延伸《南方日报》的传播介质，完成南方报网、电子阅报栏、户外LED联播网、移动便携终端等新媒体产品线的布局，力争在明年改版10周年之前，实现《南方日报》全媒体产品基本成型。我赞成8月份官网改版（主推即时新闻、读者俱乐部）、10月份推手机客户端、12月份推iPad版本等等分步实施的方案，

目的是给出时间锻炼我们全媒体转型的团队。

转型不是什么都做。要立足于自身优势与核心竞争力，有所为，且有所不为。唯有如此，在定位明确、特色鲜明、功能互补、覆盖广泛的新格局中，南方全媒体系列产品才能找准自身的位置。

转型的最终目标，是构建全媒体的生产能力，增强全介质的传播能力，提高全方位的运营能力。

（二）牢记“内容为王”的法则，在任何一种传播方式中都要树立提高品质的意识

品质是《南方日报》制胜的关键。不管受众选用哪一种介质，“内容为王”永远是第一位的。这是全媒体时代《南方日报》继续打造和提升核心竞争力的基础。所以第八次改版，要继续强调提升新闻品质。“科学发展立报，改革开放立报，解放思想立报”是我们的报魂，就是要以这个指导思想来扩大我们采访、选稿的视野，继续发挥信度、深度、高度的优势，从内容到形式都贯穿着提升新闻品质的意识。

连续 7 次改版，我们已经形成了大时政、大经济、大文化的产品架构，这次改版用“时局”的理念来统领对重大选题的思路，也是为了进一步提升品质。目前，国际、中国、广东新闻的选稿自觉不自觉地往社会新闻靠。社会新闻不是不能做，但要做出立体感和纵深感，给主流读者以启迪，时局是一个重要切入点。我们要用新闻管家的办法来整合资源，更好地经营好深度报道，这次改版不仅要继续做好平时的深读，而且在每周一推出深读周刊，就是要给深度报道以更广阔的空间，这也是提升品质的应有之义。这样，政经大报的理念才会更加凸显。

（三）牢记新闻理想与产业抱负比翼齐飞的使命，以体制机制的变革来保障目标的实现

体制机制的变革决定改版的成败。改版领导小组和办公室进行了大量卓有成效的工作，一共出台和完善了 10 个机制：一是考评机制，二是采编岗位专业技术层级评聘制度，三是早报机制，四是动态减扩版机制，五是图文联动机制，六是虚拟团队运作机制，七是采前会、采编协调会、编前会三会制度，八是全媒体联动机制，九是人才基金管理办法，十是新的编辑大纲。历次改版经过实践检验，证明行之有效的制度，一定要继承和发扬，经过集体研究反复推敲修订的制度，一旦确定，就要严格执行，只有体制机制不断完善，才能为提升新闻品质提供保障。经营公司也要配合

改版，构建全媒体业务，形成全媒体运营格局。

三、改版的三个要求

对这次全媒体改版，我想再提出三个要求：第一，让科学发展的报魂随着全媒体转型的伟大实践更具有生命力。这要求我们更加深刻地领悟现代传媒的发展规律，做到与时俱进。第二，让改革开放的报格随着中华民族的伟大复兴更具有传播力。这要求我们更加执着地记录并且推动广东乃至中国的转型升级。第三，让解放思想的报人随着传播格局的伟大重建更具有影响力。这要求我们更加自觉地传承南方报业的企业文化，把奉献传媒业作为终身的追求。

有什么样的报魂，就有什么样的报格、什么样的报人；有什么样的抱负，就有什么样的贡献、什么样的人生。同志们，这三句话、三大重点、三个要求，浓缩了改版9年来的智慧和精华，也深深鼓舞着我们不断锐意进取、开疆拓土。

《南方日报》全媒体转型即将启航。全媒体转型是我们必然的选择，只有只争朝夕，才不会被时代抛弃。全媒体转型是一次长征，但不管前面有多少艰难险阻，我们都要坚定信念，全力以赴，乘风破浪！光荣属于敢于担当的南方报人，胜利属于在全媒体转型中奋发有为的南方报人！

（该文为2011年8月3日作者在《南方日报》第八次改版动员大会上的讲话）

宣传报道与主旋律营销完美结合

《南方日报》从2002年8月6日起连续7次力度空前的改版，是以创新为灵魂，以改革发展为动力，不断探索党报走市场之路的历程。特别是2009年10月23日《南方日报》创刊60周年之际推出的第七次改版，更是宣传报道与主旋律营销完美结合的生动实践。

拓展“黄金空间”，创立“双头版”

所谓“双头版”，是封面版和要闻头版同为报纸的头版，既具有弘扬主旋律的同一性，又具有功能不同、分工有别的相对独立性，从而形成合力，相得益彰，有效地营销主旋律。

党报有个难以破解的矛盾——空间十分有限，必登重要稿件拥挤不堪，条条稿都要转稿，条条稿都无法展开，宣传引导和传播效果大打折扣；大量新鲜热辣、读者高度关注的重大民生新闻却往往难上头版。于是，《南方日报》“双头版”应运而生，于第七次改版成功推出。其甫一出世，就打上“南方特色”的鲜明印记，呈现两大特点：一是并非一般都市类报纸通用的导读版，除了具有导读功能外，更重要的是具有整合功能，能有效促进提高报纸整体质量、提升党报品牌价值。封面版内容丰富多彩，版式风格疏朗大气、易读悦读。二是封面版与要闻头版既相对独立又紧密联系，同为营销主旋律服务的党报头版。封面版讲求市场化选稿、打题，起“视窗”和“桌面”的功能，“一版在手，天下尽知”；要闻头版注重服务中心，注重完整而充分地展现中央和广东省主要领导重大政务新闻、重大国计民生新闻。两个头版紧密结合，共同统领整张报纸的编排布局。

从传统党报的一个头版变成新型党报的两个头版，大大拓展了头版的

"黄金空间"，有效破解了传统党报头版空间有限而要闻扎堆，编排处理捉襟见肘、顾此失彼的矛盾；也大大拓展了整张报纸迂回腾挪的空间，编排得以从容布局，有效改善报纸的整体品相。而通过封面版有效整合、管理新闻，促进了"政经大报、新闻管家"这一营销理念的实施，使整张报纸能按照读者的阅读需求拉开空间、从容布局，建立起"浅阅读"与"深阅读"的内在联系，读者第一时间"浅阅读"封面版，再根据兴趣按图索骥，深入各相关板块进行"深阅读"，实现厚报时代的便捷阅读。

《南方日报》的"双头版"以贴近可亲、易读悦读的崭新面貌广受好评，省委领导满意，高端读者叫好，传媒业界称道。省委领导高度重视"双头版"营销主旋律的实效，2009 年 11 月 2 日，中共中央政治局委员、广东省委书记汪洋亲自为《南方日报》拟定两个标题，一条供封面版用，一条供一版用。

理论评论给主旋律营销注入灵魂

第七次改版，《南方日报》把理论评论摆在了更加突出位置，将评论版扩为一个整版并高置封二版位置，大力加强言论建设。

围绕中心，胸怀大局，为主旋律谱上理性的光彩。

首先，密切配合中央和省委的中心工作，深入浅出阐述党的执政纲领、执政理念和大政方针。胡锦涛总书记在深圳经济特区成立 30 周年纪念大会上发表重要讲话后，《南方日报》连续发表 5 篇系列评论，详尽阐释讲话的精神实质。其次，密切关注全局性的重大活动，营造良好舆论氛围。2009 年 11 月，省委书记汪洋在分析总结全省经济工作时，针对保增长来劲、调结构不力的现象，提出了重要的指导意见，表明省委破釜沉舟全力推进转型升级的决心。《南方日报》翌日推出评论员文章《保增长功将告成　调结构仍需努力》，汪洋即日批示："这篇评论，问题看得准，时机选得好！"

引导热点，激浊扬清，及时发出引领主流舆论的声音，树立权威的舆论导向。

针对热点问题，刊发了《强拆屡屡不止的官场逻辑》《二沙岛拆了一点点，广州进了一大步》《房市调控会成为经济转型的鲶鱼吗？》等评论。

理论宣传走下神坛，既高端严肃，又贴近可亲，深受读者喜爱。

曾获中国新闻奖名专栏奖的《热门话题》栏目，紧扣新闻热点，善于服务中心、服务大局，如对广东的“头号工程”——加快转变经济发展方式、建设幸福广东等，均进行了浓墨重彩的理论阐释。同时，针对读者普遍关注的事件和现象，如房价、就业、通胀、收入分配等问题，深入浅出进行理论剖析，探讨对策。

以营销理念策划、经营重大报道

第七次改版确立了“大时政、大经济、大文化”的改版理念和“要闻＋评论＋广东新闻＋财富＋文体＋周刊＋地方观察”的政经大报版面构成大格局，要求精心组织、经营重大报道，强调“全国大事，广东元素；广东新闻，全国视野”，用“世界眼光”“全国视野”读懂广东。

紧紧抓住全国性、世界性盛会的重大契机展开策划，增创“盛会有南方”的品牌新优势。

广州亚运会、亚残运会是2010年重大的国际性盛会，《南方日报》摒弃传统思维中就赛事报赛事的新闻操作，从2010年4月份开始有序推出系列报道、评论及特刊，用现代传媒操作手段让看似枯燥的主旋律报道变得生动好看，精彩地营销了“激情盛会、和谐亚洲”的主旋律，受到中宣部、广州亚组委高度肯定。

2010年12月，南方日报社世博报道团队受到中共中央和国务院表彰，这是南方日报社获得的最高荣誉。在上海世博会还未举办时，一些人有疑问：作为地方省报，《南方日报》有必要大张旗鼓地跑到上海采访报道“世博”吗？答案无疑是肯定的——如此重大活动正是《南方日报》营销主旋律的最佳舞台。“我们不仅要去上海，更要走遍世界。”世博倒计时100天，《南方日报》启动了大型跨国采访活动“世博城市行”，不仅向世界宣传了上海世博会，更带回了国际大都市转型升级的城市密码，为广东和中国的转型升级提供借鉴。

围绕中心，创新手段，做好宣传，让主旋律为群众喜闻乐见。

创造冲击力强的新概念、新名词，旧酒配以新瓶，重新包装激活。

2010年，汪洋同志在全国首倡设立“扶贫济困日”，发动“扶贫双到”行动。《南方日报》精心策划了《“穷广东”调查》系列深度报道，选派一大批年轻记者奔赴不同类型的贫困村驻村。记者们亲身体验、笔端饱含深情，“穷广东”之痛震撼人心，报道甫一出街，便引起社会强烈关注——富裕的广东原来还有很多地方这么穷！

包装“高端”主题，在贴近中树立“权威”。在《广东省建设文化强省规划纲要》出台之际，《南方日报》策划了《问策文化强省建设——广东文化名人访谈》，报道广东省委常委、宣传部部长林雄走访多位广东文化界名人，收集文艺界各领域领军人物的真知灼见。该组报道每天一大版，连推8天，声势浩大，引起各界强烈共鸣，称赞这是近年来文化报道的一次思想解放之行。

充当时代“瞭望者”，以“大调研”形式策划营销，扎扎实实为科学发展“吹氧助燃”。要办好一份高质量的政经大报，不仅要善于“跟”，紧跟党委、政府的中心工作、最新精神，还要适当地“超”，及时提出前瞻性的意见、对策。2010年10月，国务院正式下发《关于加快培育和发展战略性新兴产业的决定》，作为“十二五”的国家重大战略。集团党委决定以此为主题，由南方日报编辑部组织，选派几十名骨干记者对“十二五”期间我国将重点培育和发展的节能环保、新一代信息技术、生物、高端装备制造、新能源、新材料、新能源汽车等七大产业和文化创意产业展开深入调研，连续推出8大专题24个整版的《星星之火　可以燎原——战略性新兴产业南方大调研》系列报道，对战略性新兴产业进行全景式扫描，剖析典型，提出对策，起到了“吹氧助燃”的巨大作用。

掌握“创新二十字”营销要诀，实现宣传报道与主旋律营销的完美结合

主旋律营销是有规律可循的，只有按照新闻传播规律和现代市场营销规律办事，才能真正做到宣传报道与主旋律营销完美结合。在实践中总结出“创新二十字”要诀。

创新平台。“双头版”“有盛会，找南方”、网络问政、深读版、海外版《今日广东》和《南粤侨情》等，都成为营销主旋律的重要平台。2010年4月1日创办的“南方号”《今日广东》、2010年10月16日创办的《南粤侨情》覆盖全球五大洲主要城市华人社区，海外影响力很大，成为广东对外传播的最新舆论阵地。

创新概念。《“穷广东”调查》的“穷广东”，《星星之火　可以燎原》的“星火”“燎原”等，以其“新”和“特”，第一时间引起读者的关注和兴趣，传播效果显著。2010 年下半年，《南方日报》联合中山大学和深圳证券交易所，在深圳证券交易市场推出了“南方低碳指数”，作为国内首只低碳指数，成为营销绿色环保战略的重大创新概念，一上市便引起轰动、受到追捧。

创新包装。《战略性新兴产业南方大调研》以“南方大调研”形式，《问策文化强省建设——广东文化名人访谈》用省领导问策名人的形式，取代一般报道形式，通过创新包装诠释权威、公信、高度和深度，赢得广大读者。

创新品牌。锐意打造一批读者有口皆碑的名牌栏目，为营销主旋律服务。《南方调查》《热门话题》《南方论坛》《财富大讲堂》《世纪广东学人》《南方公益》等，以及连年推出的《珠三角竞争力年度报告》《粤东西北科学发展年度报告》，都成为响当当的营销科学发展主旋律的新品牌。特别是“两个报告”，其公布的权威数据被广泛引用。2009 年 5 月 12 日率先创办的《南方公益》版、于 2010 年 5 月 21 日联合 15 家品牌企业集团共同发起成立的“南方公益联盟”，是发展公益事业模式的重大创新。这一品牌吸引了越来越多人参与社会公益，仅亚运公益创意大赛一项，就定向资助 11 个项目，累计举办活动 60 余场。

创新媒介。借力全媒体，突破纸质媒体界限，利用最新的传播技术在内容与渠道上发力，使党报的声音无处不在，影响无处不在，实现主旋律营销效果最大化，在舆论引导新格局中牢固确立党报集团的主流地位。近几年，《南方日报》与南方网、南方报网、奥一网联手推出报网互动报道模式，设置网络直播室，充分发挥传统媒体和新媒体的融合优势。南方报业组织的“民间拍案”群众论坛、“网络问政”持续火爆。

（原文载于《新闻战线》2011 年第 8 期。合作者为孙爱群）

“十年九改”：办一份具有现代风格的党报

10年前，《南方日报》启动了全新改版。此后“十年九改”，实现了采编、广告、发行以及品牌的质的飞跃，开启了在社会主义市场经济条件下办好党报的创新实践。

《南方日报》改版的实践意义与理论价值

在社会主义市场经济条件下办好一份现代新型党报，没有经验可循。《南方日报》10年的创新实践，是凭着高度的政治使命感、社会责任感以及职业精神去摸索的，是按党关于新闻宣传事业重大理论创新、论述的要求，并结合报社实际推进的。可以说在社会主义市场经济条件下办好党报的南方实践，既是党关于舆论引导、新闻宣传重要精神指引下的产物，也为党在这方面的理论创新提供了实践沃土。

早在2002年，胡锦涛同志就在全国宣传部部长会议上指出，要尊重舆论宣传的规律。2008年6月，胡锦涛同志考察人民日报社，发表重要讲话，提出“五个必须”：必须坚持党性原则，牢牢把握正确舆论方向；必须坚持以人为本，增强新闻报道的亲和力、吸引力、感染力；必须不断改革创新，增强舆论引导的针对性和实效性；必须加强主流媒体建设和新兴媒体建设，形成舆论引导新格局；必须切实抓好队伍建设，增强凝聚力和战斗力。这篇讲话，是中国共产党关于新时期新闻舆论宣传工作的光辉文献。

习近平同志2009年在中央党校春季学期开学典礼上也强调，要提高同媒体打交道的能力，尊重新闻舆论的传播规律，正确引导社会舆论。

李长春同志在广东工作期间，《南方日报》启动了改版，得到了他的大力支持。到中央工作不久，李长春同志就提出宣传思想工作要从贴近实际、贴近生活、贴近群众入手。“三贴近”也因此成为《南方日报》多次改版的重要指导方针。

2012年5月，李长春同志考察广东媒体时发表讲话，提出“四个统一”：把体现党的主张与反映人民心声统一起来；把思想性、指导性与可读性统一起来；把占领阵地与占领市场统一起来；把社会效益与经济效益统一起来，为办好党报创造新鲜经验。

中央领导同志的这些论述，具有很强的政治性、思想性和指导性，是科学发展观指导下的重大新闻宣传理论创新。它们既是认识论和实践论，也是方法论；不仅从认识论角度解决了“知”的问题，而且直接为办好党报提供了行动指南，是认识论和实践论的有机统一，是“知”与“行”的有机结合，具有很强的指导性和可操作性，为在社会主义市场经济条件下进一步办好党报提供了方法指导。

经历10年的改版实践，南方报人对这些精神体会很深。一次次改版，不断创新，就是按照这些要求进行的探索。比如，《南方日报》提出“营销主旋律”，就是为了增强新闻报道的亲和力、吸引力、感染力，让舆论引导更有效，实现占领阵地与占领市场的统一；整合采编、广告、发行、品牌资源，实现四轮驱动，形成“大经营”格局，就是为了把社会效益与经济效益统一起来，实现新闻理想与产业抱负比翼齐飞。

这10年，南方报人和新闻一直在路上。从抗击“非典”到汶川地震，我们总是最先到达现场，笔端饱含深情；从北京奥运会、上海世博会到广州亚运会、深圳大运会，逢盛会，必有南方；从党的十六大、十七大、十八大到加快转型升级、建设幸福广东，我们浓墨重彩，创新实践，营销主旋律，取得了良好的宣传效益。

从实践的角度看，这10年，《南方日报》唯一不变的就是改变。黄金报型、双头版、时局版块、深读版块……版面格局日益科学；头版曝光、《时事纵横》《南方调查》《经济圆桌》《文化视点》……品牌栏目推陈出新。一次次的改变，为的是对卓越的追求。

这10年，南方报人秉持“高度决定影响力”的办报理念，坚持“科学发展立报、改革开放立报、解放思想立报”的报魂，交出了一份浸透智慧汗水的答卷。

《南方日报》的改版从一开始就得到中央和广东省委领导的肯定与支持。李长春同志、张德江同志、汪洋同志都对《南方日报》的改版给予鼓励和支持，对“高度决定影响力”的办报理念给予肯定和赞扬。李长春同志曾在《南方日报》的改版总结上批示，鼓励《南方日报》“再接再厉，与时俱进”。

表 1　《南方日报》2002 年以来九次改版

次序	时间	口号	特色
第一次	2002 年 8 月 6 日	高度决定影响力	推出 720mm“瘦报”
第二次	2003 年 8 月 6 日	更专业、更实用、更市场	创办 6 大专业周刊
第三次	2003 年 12 月 12 日	聚焦区域影响力	增加珠三角新闻版和地方观察
第四次	2005 年 5 月 30 日	智慧型资讯提供者	周末增加文化周刊、生活周刊，成立呼叫中心
第五次	2006 年 3 月 28 日	成熟的力量	加大版面内容整合力度，每天推出半个版的评论版
第六次	2007 年 10 月 26 日	风起南方，领跑中国	启用 680mm 报型，珠三角版扩 4 个版为 28 版，推出深度版、网视版和政务版，创办南方报网
第七次	2009 年 10 月 23 日	新的世界，新的南方	设封面版，全省扩至 24 版，设立深读板块，评论版扩至整版，植入全媒体运作
第八次	2011 年 8 月 9 日	科学发展立报，改革开放立报，解放思想立报 政经大报，新闻管家 全媒体生产　全介质传播　全方位经营	设立时局板块、深读周刊和在线版，广州观察扩至 8 个版，推动全媒体转型，推出南方播报，规范《南方日报》官方微博
第九次	2012 年 10 月 23 日	新境界，新使命	着眼于全媒体运作，南方报网改为“南网”全新推出，致力于打造中国首家网络问政云平台；着力锻造 6 条新闻产品生产线：平面纸媒、网站媒体、移动媒体、广电媒体、户外 LED 媒体和电子阅报栏；设立全媒体编辑部；同时推动各地观察和专刊进一步改版

2012年全国两会期间，张德江同志看望广东团代表时看到《南方日报》记者，脱口而出："南方日报，高度决定影响力！"汪洋同志曾以《南方日报》的实践经验证明"主旋律也是需要营销的""党报是可以办得让群众喜闻乐见的"，希望《南方日报》永远让广东"以拥有这样一份党报而自豪"。

坚持"三个立报"，回答党报发展三大命题

《南方日报》改版的核心经验与启示，就是在社会主义市场经济条件下，如何破解党报主流主导、可读悦读、做大做强的三大命题——遵循舆论引导规律，履行党报主流主导使命；遵循新闻传播规律，实现党报可读悦读目标；遵循市场经济规律，破解党报做大做强命题。

在世界形势深刻调整、社会结构深刻变化、传播格局深刻转型的大背景下，党报如何创新发展，掌握主动，始终是南方报人思考的重点。

遵循舆论引导规律，履行党报主流主导使命

长期以来，尤其是进入21世纪以来，党报普遍面临严峻挑战。随着市场类都市类媒体的挤逼、网络等新兴媒体的挑战以及境外媒体的抢滩，加上自身改革没有跟上，党报的舆论主导功能在弱化，公信力在流失，甚至日渐边缘化。

这显然不符合中央关于构建舆论引导新格局、提高舆论引导能力的要求。正是在这样的情势下，《南方日报》改版的首要目标，就是应对这个重大挑战，回答这个重大命题——如何强化党报的舆论主流地位、主体作用，成为名副其实、一锤定音的主流媒体？

这就必须遵循舆论引导的规律，大胆创新实践。舆论引导的规律是什么？胡锦涛同志曾指出，要坚持以人为本，增强新闻报道的亲和力、吸引力、感染力；不断改革创新，增强舆论引导的针对性和实效性；加强主流媒体建设和新兴媒体建设，形成舆论引导新格局。

《南方日报》10年改版实践表明，遵循新时期的舆论引导规律，必须把握时代脉搏、回应人民关切，至少要经历三个阶段，或者说是三个层次：

——让受众需要你。提供及时、可信、有用的新闻信息，强化"资讯管家"功能。

——让受众信服你。提供平实、深刻、独到的观点见解，强化"意见

领袖”地位。

——让受众认同你。输出主流、温暖、坚强的文化力量，在社会转型期和重大灾难发生的关键时刻，以“正能量”稳定抚慰人心，强化“价值引领”作用。

在实践上，有三个主要做法。

第一，确立“大传播”格局，走差异化竞争之路。《南方日报》提出，不与一般大众化报纸争娱乐新闻、市井新闻方面的短长，而是以“大时政、大经济、大文化”的报道思路经营品牌栏目和新闻作品，把政经主流新闻做大做强，影响主流、高端读者，从而巩固和扩大党的舆论阵地。

《南方日报》强调“家国情怀，全球视野；广东叙事，全国高度”，开设了《时政南方眼》《政经大视野》《南方调查》等深度报道栏目，推出了“广东历史文化行”“岭南记忆”“世纪广东学人”等大文化精品报道，赢得了读者的认同。

概括起来，就是四个字“准、大、高、深”——准确、大气、高度、深度，就是要在新闻信息的选择、处理上，有自己的独特见解、独到思考、独特视角，体现高度和深度，发出自己的权威声音，增强媒体公信力和影响力。抓住读者关心的热点难点问题，通过对重大社会现象的理性阐释，对新出台法规政策的权威解读，对社会和经济现象的专业化描述，提高信息加工的档次，用客观、理性的见解引导社会潮流，增强传播的感染力和有效性。

“大传播”还体现在统筹国内、国外两个大局，改善和增强对外传播力。《南方日报》整合资源打造“大外事”报道平台，与外事、侨务等部门合作，打造《外眼探粤》品牌栏目和侨务特刊，还“借船出海”，借助《今日广东》这一广东省外宣平台，实现《南方日报》的“走出去”战略，增强华文媒体的海外话语权和舆论影响力。“大外事”报道得到了相关部门的肯定。外交部部长杨洁篪表扬《外眼探粤》是广东外事报道的一大创新。

第二，构建正向“舆论场”，不断扩大舆论阵地。现代社会存在两个多元现象：思想多元，特别是一些人信仰缺失，对真善美抱怀疑嘲讽态度；信息多元，特别是以微博为代表的“自媒体”兴起，人人都有一支“麦克风”。相比以往的“大一统”，多元是时代的进步。但这不意味着放任自流，时代还是需要主旋律、主心骨的。这是主流媒体的优势和责任所在。

在思想观念上，《南方日报》构建正向“舆论场”，旗帜鲜明地宣传主流价值观，理直气壮地弘扬真善美。在2011年“小悦悦事件”等道德灰色事件发生后，策划报道“接力救人在广东”，先后开辟《善行南粤》《践行广东精神》专栏，挖掘了山村教师廖乐年等好人好事，弘扬社会正气，传递“正能量”。

在信息传播上，《南方日报》大力推进全媒体转型，经营官方微博，主动占领网络传播的主阵地，更快速、更全面地发出权威信息和观点。同时，通过《南方日报》、南方报网、奥一网等报网互动，搭建“网络问政”平台，积极推动党委、政府与网民的良性互动。

第三，发挥“主旋律”作用，主导舆论一锤定音。公信力是党报的核心竞争力，也是其他媒体难以复制和模仿的能力，必须使其成为党报的金字招牌。在社会转型期，社会矛盾多发，面对重大疫情、自然灾害、群体事件等突发事件，要求党报等主流媒体唱响主旋律，消除杂音，正本清源。

10年改版，《南方日报》始终以增强公信力、唱响主旋律为己任。比如，“非典”时期关于病原体之争，我们顶住压力，报道广东专家的不同意见，为广东专家坚持治疗方案，最终取得抗击“非典”胜利提供强大的舆论支持。

这些年，《南方日报》报道抗击“非典”、汶川地震等重大公共事件的实践一再证明，一旦主流媒体能准确及时地提供真实权威的新闻信息，公众就会减少通过其他方式搜集信息的行为，各种网络谣言和小道消息就会自然消失，权威的报道就能起到稳定人心的作用。《南方日报》的经验是以快速赢主动，以权威赢信任。

遵循新闻传播规律，实现党报可读悦读目标

党报的可读悦读之所以成为一个命题，与党报的功能属性有关，也与当前党报面临的市场环境有关。要解决这个命题，说到底是要以品质传播为核心，遵循新闻传播规律，在内容的生产、管理和营销上做文章。

长期以来，党报的品质受到了不少质疑和误解。主观上，“工作功能”让很多人觉得“党报新闻交给党，民生新闻找市场”，割裂了党报要对党、对人民负责的一致性，新闻品质的下降和报纸形象的守旧也就在情理之中。客观上，面对市场类都市类媒体、网络等新兴媒体的挑战，党报传统文风难以适应读者的新要求，使得党报的固有功能无法转化为走市场的“差异化”优势，影响了读者对党报的观感。

但是，不可读、难悦读绝不是党报的本质属性，办一份现代新型党报，必须破解可读悦读命题。10 年改版证明，品质传播是破题的关键，“内容为王”永远是须臾不能忘记的重大要素。这是《南方日报》提升核心竞争力的基础。而品质提升的关键和评判标准就在于读者的阅读感受。某种程度上，内容是否可读悦读，读者是否喜闻乐见，是《南方日报》改版的核心追求，更是决定改版成功与否的重要标志。

在内容生产方面，强调贴近性。通过改版，《南方日报》不断强化群众观念，始终坚持“三贴近”原则，着力打造“有贴近的高度”和“有高度的贴近”，实现高度和贴近有机统一。

包括广大干部群众在内的党报目标读者，需要党报为之提供高度权威的阅读内容，更需要党报为之梳理纷繁复杂的政治信息。改版以来，《南方日报》用新闻的手段做宣传，着力将主流政经新闻做得可读悦读，将党报的“党”字作为做新闻、走市场的财富，在政治信息海洋中当好读者的高参。比如，党的十六大、十七大、十八大和全国两会等重大会议报道，《南方日报》走近读者开拓场内与场外新闻，“官方视角”“专家视角”“平民视角”紧密结合、相映成趣，宣传与新闻双赢，国计与民生共振，实现有贴近的高度。

同时，遵循新闻传播规律，实现“三贴近”，要“换位思考”，从读者的角度分析问题，以心理、地域、生活等方面的全贴近实现报纸的可读悦读。这提出了两方面的要求：一是内容生产本身要在选题贴近的同时做出高度和普遍意义，二是报纸战略发展要力争实现本地化、全国性和国际视野的统一。《南方日报》以扎实的采访不断反思悲剧背后的道德和制度问题，促成新的救济制度诞生，做到了“有高度的贴近”。战略发展方面，比如《南方日报》的珠三角战略，扎根地市办观察，既发挥了党和政府耳目喉舌的党报功能，又将办报的触角延伸到基层，实现省级党报本地化，做足贴近文章。

在内容管理方面，强调科学性。内容管理的科学化水平直接影响新闻产品的品质，影响读者的阅读感受，进而影响整张报纸的竞争力。

党报改革进行到今日，业务流程进一步与国际通行规则、现代化传媒集团运行规程、全媒体转型等要求对接，这种对接从根本上打破了传统党报的发展模式；与此同时，读者对资讯内容的阅读层次发生了分化和改变，浅阅读、快阅读倾向明显。这些变化促使党报必须以科学化的内容管理来适应市场的要求和读者的期待。

改版，最直观的改变就是版面，这是报纸内容管理最重要的方面，是关键环节。10 年来，《南方日报》坚持以版面为导向，向科学的内容管理要品质。

在改版中，《南方日报》开创性地设立了封面版和时局版，做大做强高端政经新闻，为主流读者提供最权威、最详尽、最悦读的资讯。封面版的开设，让南方日报形成了“双头版”，以适应不同目标读者的需求。时局版面的导向作用，与主旋律营销的理念高度契合，极大提升了《南方日报》主流政经新闻的报道品质，即使再“硬”的新闻也能做出可读悦读的“软”味道，政经大报、新闻管家的形象跃然纸上，赢得了目标读者的高度肯定。

在内容营销方面，强调市场化。改版以来，《南方日报》对新闻产品的改进和包装不遗余力，使《南方日报》的文风和报相发生了巨大变化。这种变化，是市场化进程日趋深入后的不断提升，是读者品位日趋提高后的不断进步，更是媒体发展形势剧变突变后的不断跃迁。

10 年前，《南方日报》提出了“高度决定影响力”的办报理念。“高度决定影响力”并不是要高高在上，板起面孔教训人，更不是坐在办公室里等稿抄稿的“机关办报”，而是追求理性阐释、权威解读、专业描述以及对海量信息的筛选梳理、导读，以抢手的产品占领市场、赢得市场。

10 年来，《南方日报》以改版为抓手，不断转作风、改文风，舍弃那些言之无物的空话、套话、官话、假话，提供高质量的南方语言；最大限度地美化版式、优化内容，按照受众需求心理，把一样的内容，包装出不一样的精彩。

正是缘于卓越的内容营销，《南方日报》的新闻产品实现了二次乃至多次销售；也正是因为始终遵循传播规律和市场规律，《南方日报》正逐渐展现出跨媒体、跨平台的影响力。

表 2　改版第一阶段的特色和主要解决的问题

次序	特色	解决问题	改版效果
第一次	推出 720mm“瘦报”	党报改版的核心理念问题；现代党报的报型问题	改版理念风行一时现代党报报型
第二次	创办六大专业周刊	党报如何办商业周刊	推出商业周刊激活党报走市场
第三次	增加珠三角新闻版和地方观察	党报如何办地方观察	推出地方版激活党报走市场

续表 2

次序	特色	解决问题	改版效果
第四次	周末增加文化周刊、生活周刊，成立呼叫中心	填补周末板块的空白，补上突发新闻缺少的短板	周末的报纸变厚了好看了，本地的报料新闻多了
第五次	加大版面内容整合力度，每天推出半个版的评论版	评论作为党报改革的利器和舆论引领	评论版扩版，激活党报走市场

表 3　改版第二阶段的特色和主要解决的问题

次序	特色	解决问题	改版效果
第六次	启用 680mm 报型，珠三角扩至 28 版，推出深度版、网视版和政务版，创办南方报网	如何应对网络媒体的冲击	用深度版来刊发深度新闻，与网络媒体的海量竞争；用网视版与网络互动
第七次	设封面版，全省扩至 24 版，设立深读板块，评论版扩至整版，植入全媒体运作	如何应对新兴媒体的挑战	封面版极大改变了传统党报的报相；深读、评论版发挥重大作用

表 4　改版第三阶段的特色和主要解决的问题

次序	特色	解决问题	改版效果
第八次	设立时局板块、深读周刊和在线版，广州观察扩至 8 个版，全媒体运作，南方报网改版，推出南方播报，做强官方微博	如何向全媒体转型发展	全媒体运作初现雏形
第九次	网络问政，6 条新闻生产线的培育，全媒体编辑部	报网的有效运作和网络问政	全媒体转型迅速发力

遵循市场经济规律，破解党报做大做强命题

10 年前，《南方日报》改版时，正值市场类都市类媒体和网络媒体兴起，一些党报呈现向“机关大院报”收缩的趋势，“党报不强”“子报养母报”的现象开始出现。

面对党报存在的系统性危机，有人以为，不用紧张，像鸵鸟那样把脑袋埋到沙子里就行了；还有人以为，不用着急，找上面要点政策性扶持，关起门来自己过日子就是了。

如果生存都成问题，还谈何发展，谈何舆论引导？面对严峻形势，《南方日报》认为，要把占领阵地与占领市场统一起来、把社会效益与经济效益统一起来，按社会主义市场经济规律，破解党报做大做强命题。

新闻创造价值，产业反哺新闻，新闻和产业相辅相成，才能相得益彰。没有新闻理想的媒体，绝对不能成为优秀的媒体；没有产业抱负的媒体，绝对不能成为卓越的媒体。只有新闻理想和产业抱负比翼齐飞，才能成为从优秀走向卓越的媒体。

10 年改版的成就，可用以下数字说明：年广告额突破 3 亿元，品牌价值超 100 亿元，发行量连续 27 年居全国省级党报之首……

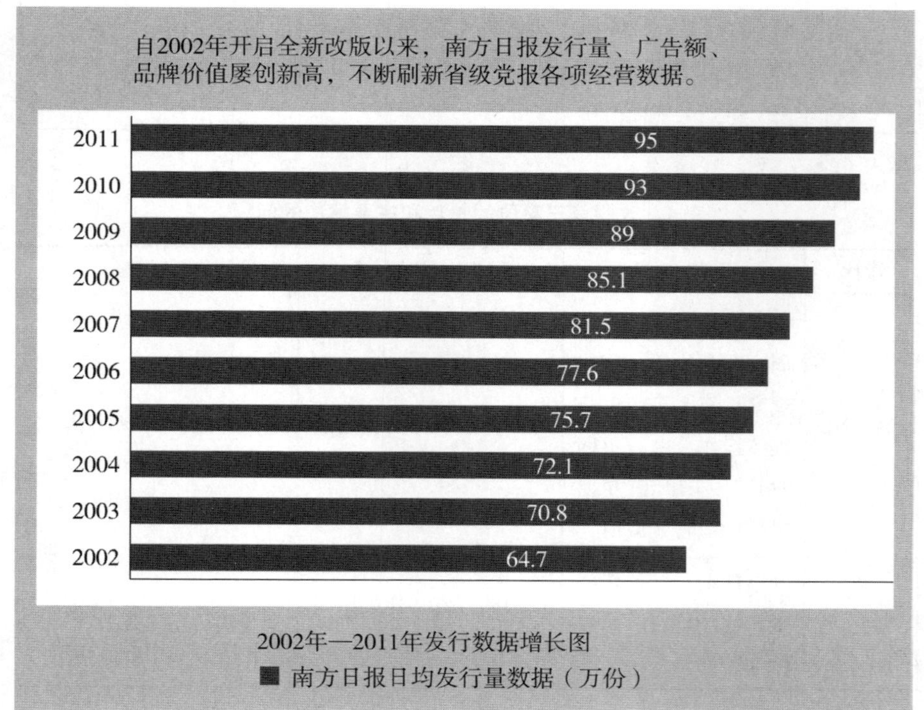

2002年—2011年发行数据增长图
■ 南方日报日均发行量数据（万份）

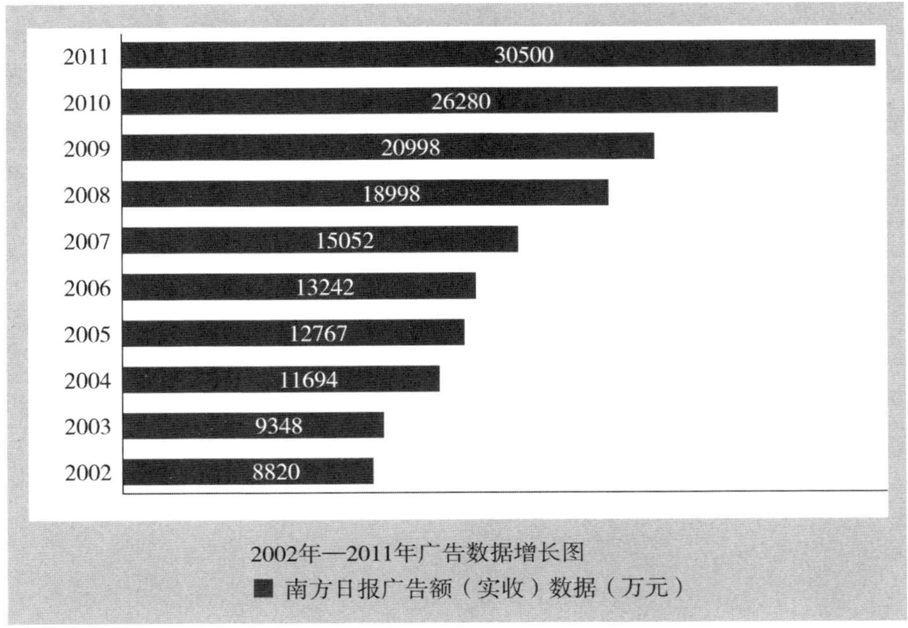

2002年—2011年广告数据增长图

■ 南方日报广告额（实收）数据（万元）

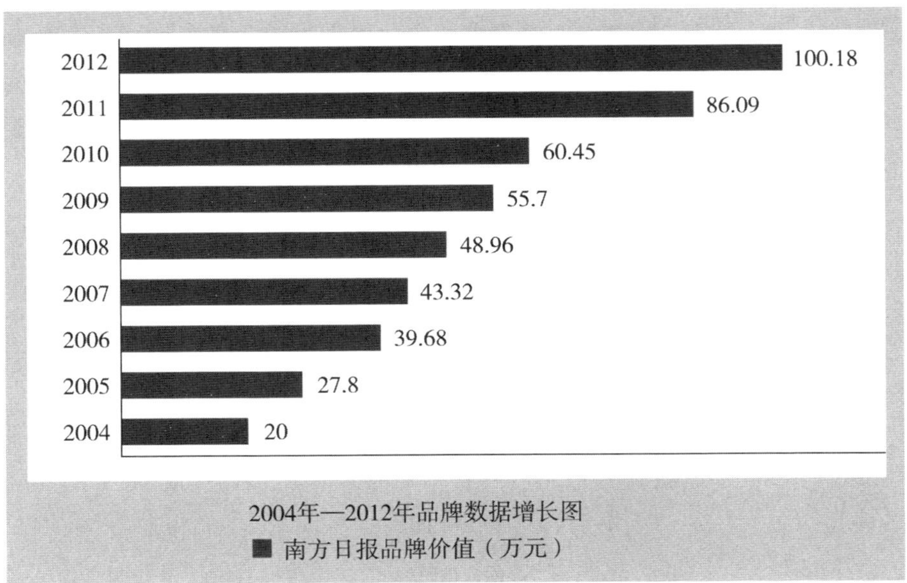

2004年—2012年品牌数据增长图

■ 南方日报品牌价值（万元）

这些数字的背后，是《南方日报》建立了适应社会主义市场经济要求的“大经营”机制，通过采编、广告、发行、品牌“四轮驱动”，形成6大产品生产线，通过建立经营公司和经营委员会等机制创新，整合各种有效资源，改变了各自为战的局面，不断推动经营发展转型升级，不仅为增强党报的舆论引导能力奠定了强大的物质基础，也为探索党报的科学发展

提供了丰富的经验。

第一，实现从“机关依赖”到“走向市场”的转变。10 年改版，让南方报人摒弃“等、靠、要”思想，向市场要效益、要发展，成功实现了从“走机关”到“走市场”的大转型。

在发行上，《南方日报》到“机关干部”“机关大院”之外去拓展市场空间、“固本强基”。10 年来，发行时效、发行质量、发行结构都实现了一次革命性的调整。

《南方日报》已不是机关干部端茶细品的“机关大院报”，在自办发行成功和建成南海印务基地之后，已经适应现代社会的快节奏，每天第一时间送达读者手中。实现从“走机关”到“走市场”这个重大转型的另一个标志是，在结构上实现靶向制导、精准发行。在广州、深圳等中心城市，“南方展示网”、报刊销售和品牌推广终端已经遍布星级宾馆、酒楼、机场专线大巴、广深列车等目标读者经常出入的场所。

在广告经营上，《南方日报》也实现了从“走机关”到“走市场”的转变。长期以来，不少党报的经营收入大头来自党政机关的形象宣传。改版以来，《南方日报》的商业广告占总广告量的份额从原先四成左右提升为现今的六成，改变了党报商业广告一直偏弱、与形象公告类广告对比失重的局面。这充分说明，《南方日报》已由原来市场化程度相对较弱的党报，发展成为一份市场化程度较高、充满活力的主流政经大报。

第二，实现从“卖方市场”到“买方市场”的转变。改版的成功，让《南方日报》的经营由“卖方市场”开始变成“买方市场”，由“要发行”开始变“选发行”，由“拉广告”开始变“选广告”，形象地说，就是过去“拣到篮子里都是菜”，现在则“精挑细拣要好菜”，从而在转型升级中提升经营的品位与气质，契合《南方日报》高端主流权威的定位。

以发行为例，经济发达的珠三角地区虽是广告“富矿区”，但《南方日报》过去的发行量相对偏少。“得珠三角者得天下”，现代传媒经营的规律要求必须扩大“有效发行量”，瞅准珠三角这样的目标区域。改版后，《南方日报》发行量增加近 30 万份，80% 的增量在珠三角，使发行总量过半在珠三角，从而有力带动了广告增长。改版后，珠三角地区 9 个市分公司的广告额，已从 2003 年的 400 多万元，增长到 2011 年的 1.05 多亿元。

再如广告，一些媒体迫于经济压力或其他原因，只要客户给钱就配发报道，甚至“卖头条”，就连低俗广告都能收，这样的短视行为无异于饮鸩止渴。改版 10 年来，《南方日报》在产品营销上实行定位于社会核心消费人群的差异化战略和阶梯配置的产品结构策略，以高品质的新闻内容吸引高档次的广告。每年拒绝虚假、低俗广告达几千万元，却得到高端客户的关注和青睐，高档次广告投放量大幅增长，报相得到全面改观。

第三，实现从“单一推动”到“多元经营”的转变。改版 10 年来，《南方日报》脱胎换骨的一大转变就是，实现了经营模式从“单一推动”到“多元经营”的大转变，把产业链条向上下游行业延伸，从市场上抢得更多的蛋糕。

比如发行，过去单纯依靠卖报收入，现在开始做物流配送、读者增值服务等。最近几年来，发行公司开发了“订户资料管理系统”，推动报纸订户资料的规范化管理，为报纸开展数据化营销提供了依据，并在常规市场覆盖面扩大、重点市场发行量和发行总量增加的基础上逐步实现了发行结构的调整。

再如广告，《南方日报》除了传统经营外，还通过树立“逢盛会　有南方”的市场品牌开拓会展、论坛经济。南方日报社庆 60 周年，出版的特刊实现单日广告额突破 1400 万元；2012 年为迎接广东省第十一次党代会出版的《广东科学发展通鉴》特刊，实现单日广告额突破 1500 万元，再度刷新单个项目的广告收入纪录。

处理好三组关系，推动党报科学发展和创新发展

在经济转型、社会转型、媒体转型的伟大时代，必然会诞生伟大的媒体。《南方日报》提出，要有这样的雄心壮志，要有经营百年大报的成熟心态，不为艰险所惧，不为干扰所惑，始终坚持正确的前进方向，继续坚持“高度决定影响力”的办报理念，坚持“科学发展立报，改革开放立报，解放思想立报”的报魂，把《南方日报》办成现代新型党报。

《南方日报》提出，在新时期必须处理好三组关系，推动创新发展。

第一，处理好导向与特色的关系。正确的舆论导向，是党报的生命线，是党报工作的方向性、根本性要求。《南方日报》始终坚持政治家办报，坚持马克思主义新闻观，围绕中心、服务大局，不断提高舆论引导的针对性与实效性。

南方特色是《南方日报》在 60 多年来壮大党的新闻事业奋斗历程中形成的独特的、行之有效的实践经验，是改版 10 年上下求索之中形成并一再得到实践检验的创新经验。这个特色有不同的呈现形式，其中一点就是政治原则、专业精神和产业抱负的有机结合。

做好把关工作的根本目的，是为了扩大党的舆论阵地，增强正确舆论

的影响力、引导力；而发扬特色，也是为了实现更有效的引导。必须把导向与特色统一起来，割裂强调一方而忽视另一方的行为都是片面的、不符合科学发展要求的。

《南方日报》提出，正确导向是生命线，必须常抓不懈；南方特色是传家宝，必须继承发扬。必须正确处理导向把关工作与坚持南方特色的关系，狠抓导向把关不放松，南方特色更鲜明。

第二，处理好内容与渠道的关系。向全媒体转型，是全球平面媒体发展面临的历史性转折，是传播技术革命催生的媒体变局。对此，南方报人已达成共识，全媒体转型不是要不要转，而是要怎么转的问题。《南方日报》作为南方报业的旗舰，必须在10年改版成功的基础上，走出一条全媒体转型的新路，成为集团、行业的标杆。

南方日报所说的全媒体转型，是在充分发挥《南方日报》内容生产优势、长期积累形成的品牌优势与公信力优势的基础上，结合新技术、新渠道的速度与宽度优势而实现的。目标是实现真正的全媒体生产、全介质传播、全方位经营，以统一的全媒体平台统领传统媒体与新兴媒体的融合发展。

内容生产始终是南方日报的核心竞争力。采编强，“南方”就有强盛的基础；采编弱，则“南方”必然会衰落。要进一步提高新闻品质，继续发挥党报信度、深度、高度的传统优势，将优质新闻产品打造成可读悦读、市场认可的高端商品，在全媒体生产、全介质传播、全方位经营中实现《南方日报》的市场价值。

第三，处理好继承与创新的关系。处理好继承与创新的关系，是任何一项事业成功的永恒要素。《南方日报》在60余年发展历程中形成了独特的、行之有效的实践经验，在改版10年中的上下求索积累了宝贵的创新经验。继承这些核心经验，有助于不断扩大优势，不断提高竞争力。同时，实践永无止境，探索永无止境，不能躺在过去的业绩簿上睡觉，必须在继承的基础上，依靠创新驱动，让事业长青。

《南方日报》的创新驱动，至少包括三个方面：产品创新、技术创新、机制创新。

产品创新，就是与时俱进，不断推出深受欢迎的新闻产品、报道品种、版面设置等，提高产品竞争力。要不断创新，从传统报纸的内容生产、版面设置、版式风格到视频、音频、微博等，构成丰富的产品链。这是立业之本，任何时候都不能放弃、懈怠。《南方日报》产品创新一个很重要的方面，就是以策略战术创新推动内容生产创新，在巩固扩大固有优势的基础上，开辟新的市场。比如，在广东省内，总结省级党报与地市党报合作的“西江日报模式”等经验，进一步加强对各地市场的渗透占领。再如实施“走出去”战略，把握国际形势变化和我国外宣政策调整，积极稳妥地拓展海外舆论阵地，逐步实现人员、产品、影响力全方位、常态化的“走出去”。

技术创新，就是要借力最新科技进步，不断推动生产手段、传播渠道的变革，提高传播效率。必须进一步重视加强技术人才团队建设，特别要研究网络传播新技术、新应用，不断改善提升用户体验，抢占全媒体发展的先机。

机制创新，涉及采编、经营各个领域、各个层次。强调“协同创新”，创新资源和要素有效汇聚，通过突破创新主体间的壁垒，充分释放人才、资本、信息、技术等创新要素活力，实现深度合作。

《南方日报》10 年改版的创新实践和艰辛探索，让南方报人始终警醒：冲上去很难很慢，掉下来很易很快；必须倍加珍惜来之不易的成果，深刻认识改革永远在路上。其命惟新，永不言倦！

（原文载于《新闻战线》2013 年第 1 期）

媒体融合发展路径探析

“媒体融合”，原意是指各种媒介呈现多功能一体化的发展趋势。这个概念包括狭义和广义两种：狭义的概念是指将不同的媒介形态“融合”在一起，产生“质变”，形成一种新的媒介形态；广义的“媒介融合”则包括一切媒介及其有关要素的结合、汇聚甚至融合，不仅包括媒介形态的融合，还包括媒介功能、传播手段、所有权、组织机构等要素的融合。

国外关于“媒体融合”的研究，大致可以分为 3 类：一是在组织制度上的编辑部管理创新；二是在个体实践上的采编人员技能适应；三是从批判性视角反思“融合”利弊。除此之外，近年在社会科学领域中广受关注的“行动者网络理论”，被认为是解释和分析“融合”实践中新旧生产方式之间相互作用关系较为恰当的理论工具。

国内关于“媒体融合”的研究，近年持续升温。2014 年 8 月 18 日，习近平总书记主持召开中央全面深化改革领导小组第四次会议审议通过《关于推动传统媒体和新兴媒体融合发展的指导意见》后，“媒体融合”上升为国家战略，2014 年也被称为“中国媒体融合元年”。国内的研究主要从融合目标、融合途径、“融合”语境下的传播关系变化等方面进行。

一、媒体融合发展的主线

任何事物的发展都有它的规律，认清并掌握这个规律，是推动发展的前提。

从媒体形式发展演变的历史可以看到，技术在其中扮演了非常重要的角色——印刷技术催生了报业，电信技术催生了广播电视业，互联网技术催生了网络媒体，移动互联技术催生了社交媒体。技术与媒体从来都是一对如胶似漆的亲密爱人。

消费者需求变化则是持续推动传媒产业变革的另一动力。比如广播经历了大块头电子管收音机、便携晶体管半导体、车载收音机；电视衍化出了户外显示屏、移动电视等，都是消费者需求变化使然。又比如，20 世纪 50 年代美国院线市场的突然衰落和 70 年代美国有线电视产业的迅速崛起；亚马逊从网络书贩变成内容产业的整合运作者；Facebook 从无名小卒一跃成为新一代传播巨头，无不与社会环境、消费者需求变化紧密相关。再从整个社会变迁的视角全面、动态地分析传媒产业，就会发现消费者需求变化所起的决定性作用，尤其是互联网技术的出现，最大限度地满足了人们对于获取信息（包括新闻）的需求，新闻真正实现了随时随地、无所不在，不仅获取新闻的方式更多样、更简易，而且人人都可以成为新闻的发现者、生产者、传递者。媒体的生存环境也自然而然地从卖方市场转变为买方市场。

顺着这根主线的脉络可以发现，技术变革与消费者需求变化是持续推动传媒变革的两大动力。这两大动力概括起来，就是“技术驱动，用户导向”。这是媒介形式发展演变的规律，也应该是媒体融合发展的主线。

二、媒体融合发展的目标

明确目标，是选择路径的前提。关于媒体融合发展的目标，普遍的提法是：推动传统媒体占领网络空间的舆论阵地，在网络空间中继续发挥主流媒体引导社会舆论的功能，“形成立体多样、融合发展的现代传播体系”。它是以新的传播科技和现代社会结构为基础，在与社会各类传播主体的互动中构建的信息传播及商业运作系统，它是新的传播手段、传播渠道与传播关系的集合。它的意义大于建设新型媒体集团。

媒体融合发展的目标，应该是以互联网思维重塑适应网络时代用户需求的媒体形态，遵循媒体传播规律和媒体发展规律，实现全媒体生产、全介质传播、全方位运营。

网络时代新兴媒体和传统媒体在传播特质方面各具优势。新兴媒体有三个“度”的优势，第一是速度，就是即时性，非常快；第二是宽度，容量大且内容丰富；第三是互动度，媒体与用户、用户与用户之间都能够互动交流。传统媒体也有三个“度”的优势，第一是“信度”，就是传统媒体多年累积下来的权威性和公信力；第二是“深度”，它可以将信息、新闻的来龙去脉、意义、作用和影响描述得非常深刻，即传统媒体的信息处理和提炼能力；第三是“高度”，即传统媒体处理新闻信息的立足点、着

眼点。要实现媒体融合发展的目标，必须将六个“度”一网打尽，实现全媒体生产、全介质传播、全方位运营。

媒体融合发展必须把握以下几个着重点：

1. 以互联网思维为统领

我们所处的时代是互联网时代，互联网已逐步成为工业化之后的社会基础设施。在网络化社会，信息服务于生产和生活的方式已经不同以往，扁平化、碎片化、去中心化成为信息传播以及现代社会结构的变化、发展趋势。技术因素与社会因素结合在一起，催生了传播的社交化、网络化变革，这种演变给传统媒体带来了严峻的生存考验，它们过去所拥有的内容生产、专属渠道、受众服务等方面的独占性优势正遭受巨大挑战：

一是内容生产的独占性优势逐步式微。传统媒体是新闻生产专业化的产物，它基于工业化的技术能力，是一种对从生产资料到运营能力都有极高要求的信息生产模式。而信息技术的革新促使传播活动的参与者日益多元化，传播媒介的终端形态逐步小型化，这种状况打破了机构媒体对于媒介接近权和新闻传播权的独占地位。互联网环境下，传播主导权向个体回归，内容消费者与内容生产者开始实现融合和统一。新闻生产组织化、专业化的方式，逐渐被社会化、非专业的方式取代，传统的共享型传播转型为分享型传播。

二是专属管道的独占性优势逐步失落。在前信息时代，机构媒体为了使自身的新闻和信息产品更迅速而可控地抵达受众，往往需要搭建专属的传播管道（如卫星传输网络、自办发行网络等），这在当时无疑是一种具有极大价值的稀缺资源，从而使报纸、广播、电视等大众媒体成为具有商业传播价值的平台，新闻信息、公共信息、广告信息都需要他们的专属管道进行传播。而在互联网环境下，互联网的信息传输网络已经成为整个社会的基础设施，它的核心特质是开放和连接，这种开放和连接所带来的不仅是媒介传播功能，更大程度上是为社会资源的重新配置提供巨大可能。在这种情况下，传统媒体专属管道的独占性优势逐步被消解。今天传统媒体危机的核心就在于在网络空间失去了社会信息整合平台的地位，失去了原有的对渠道的垄断地位。应该说，与失去内容生产的中心地位相比，失去对传播管道的独占性是机构媒体面临的更大生存危机。

三是受众群体服务优势的逐步丧失。过去，大众媒介所服务的受众，靠的是被动的阅听方式、单一的传播内容。互联网环境下，传统媒体对于受众群体既往的服务优势受到两大趋势的挑战，一是精确传播（个性化），二是实时匹配（数据化）。而新媒体所带来的分众化、精细化的传播方式正好为现代社会新的信息需求提供了相应的条件。

由此可见，在媒体融合发展中，必须树立互联网思维，要用互联网思维改造传统媒体，要用互联网思维发展新媒体。

2. 以用户需求为导向

在互联网时代，用户即阵地。媒体要以用户为导向，认真研究用户的不同需求，有针对性地生产特色信息产品，点对点推送到用户手中，做到量身定做、精准传播。要抛弃以往“高高在上，我播你看，爱看不看”的旧观念，树立基于互联网的“面向用户，你爱我播，互动参与”的新观念，真正和用户打成一片，做出用户喜闻乐见的新闻产品。

在互联网时代，用户即价值。未来有前景的商业模式，是以互联网平台为核心，以用户和用户之间的关系为传播机制，以互动为内容生产的动力，以多媒体为特色，新闻、咨询和服务有机融合的商业模式。因此，要以用户平台为起点，发展用户、留存用户，在互动关系的基础上实现增值服务，这才是互联网化的价值交换之道。

在互联网条件下，媒体的用户平台构建需要实现“四化”：社区化、社交化、产品化、平台化。地方媒体的定位应该是服务本地。本地化的概念应包括垂直化、社区化、服务化。

在互联网条件下，媒体对用户的服务需要完成两个核心动作：一是通过精准定位找到目标消费者，建立用户规模；二是运用数据分析满足个性化需求，建立用户黏性。

3. 以先进技术为支撑

如上所述，技术是推动媒体变革的重要动力之一。显示技术、大数据、传感器（物联网、可穿戴设备）和营销技术的革新，致使新闻信息生产、新闻内容呈现、媒体盈利模式变革等媒体产业的各个环节发生变化。这些变化的结果，就是媒体融合的未来趋势。

现在，苹果公司已经完全成为一家生态系统公司，实现了对用户的垄断。小米手机的模式是用手机连接一切。腾讯微信提出用社交连接一切。媒体对先进技术的应用应做到如下三点：

一是利用大数据和云计算推进新闻生产。要在数十年积累的丰富数据资源的基础上，建设和完善专业化、规模化、现代化的内容数据库，应用大数据云计算技术，为用户提供高质量的新闻信息产品。

二是利用移动互联技术实现弯道超车。开发移动客户端，办出特色和影响，着力打造移动互联网上的新闻门户。

三是利用微博、微信技术拓宽社会化传播渠道。要密切关注并有选择地发展社交类应用和技术，促进社交平台与新闻传播平台有效对接，增强平台黏性，集聚更多的忠实用户。

4. 以内容建设为根本

无论运用什么介质来进行传播，都必须有内容作为支撑。根据马斯洛需求层次理论，对新闻资讯等信息的需求是人类的需求之一，但只有真正的、精心制作的新闻才会“影响到我们的生活质量、思想和文化，从而让我们安全和自信”。无论未来媒介形式如何变换、传播手段如何革新，在媒介载体之上的信息内容永远是受众最关注的焦点。“内容为王”的提出者，是全球知名的传媒集团、美国第三大传媒集团公司维亚康姆的总裁雷石东。他指出：“受众接受一个媒体，不是因为这个媒体的技术，而是它所传送的内容。任何节目如果不能做到以内容取胜就不会长久。”

应该看到，互联网等新媒体只是提供了一个新的平台，在这个平台之上还是需要高品质的内容作为支撑，而内容生产正是传统媒体的优势所在。互联网思维中有一个极致思维，要求我们去同质化，专注打造核心竞争力。著名调研公司尼尔森提供过一个《在线读者行为报告》，它是以美国数百万博客及社会媒体站点作为研究对象进行了大规模的统计，研究显示：美国互联网中仅14%的网络内容为原创，67%的热门新闻站点的新闻来源于传统媒体。

互联网、移动互联网的出现，使新闻的发现、生产、传播全过程都在极大地丰富起来，但新闻的本质意义并没有改变。弄清这一点很重要，不然很容易在媒体融合发展中迷失方向，丢掉自己的核心竞争力。“倘若一个国家是一条航行在大海上的船，新闻记者就是船头的瞭望者。他要在一望无际的海面上观察一切，审视海上的不测风云和浅滩暗礁，及时发出警告。”普利策的名言在今天仍然具有现实意义。有学者认为未来新闻消费者对新闻的要求将集中于8个主要功能：鉴定者、释义者、调查者、见证者、赋权者、聪明的聚合者、论坛组织者、新闻榜样。这些都无一例外是对高品质新闻的要求。

5. 以机制体制建设为依托

机制体制不改革创新，媒体融合发展根本不能实现。媒体融合发展过程中，在机制体制建设方面起码要解决3个问题：

一是改变传统金字塔式的媒体组织形式，实现媒体组织平台化。重构新闻采编生产流程，建立统一指挥的多媒体采编平台，改变传统媒体和新兴媒体分立单干的状况，实现融合采访、平台集成、多元传播。

二是改变“政企不分”的管理体制，建立现代企业制度，实行公司化治理。这其中最重要的是构建科学、合理的决策机制。

三是改变大包大揽的项目经营机制，对新媒体、投资、产业等新项目采取完全市场化的机制。

三、媒体融合发展的路径探析

媒体融合包含内容融合、渠道融合、平台融合、经营融合、管理融合、体制机制创新等，近些年来，国内外媒体一直在苦苦探索媒体融合发展的路径，概括起来可称融合五大路径：

路径一：流程再造

在内容融合上，不少平面媒体纷纷围绕新闻信息生产的采、编、发环节进行流程再造，实现“一次采集、多种生成、多元传播”。

最为典型的是“中央厨房”式新闻生产。就是建立统一的采编中心，利用媒体的系统条件和技术手段进行信息的融合管理、统一把关，然后通过多媒体终端，多层级发布。“中央厨房”身兼四职：程序员、服务员、推销员、联络员。

实现采编流程再造，是媒体能否实现内容融合的关键所在。其重要的前提，是必须以互联网思维为统领，遵循新闻传播规律，实现内容产品与用户的融合。

路径二：机器制造

对传统新闻生产模式构成挑战的，还有“机器制造”。

一是机器人写稿。2015 年 1 月 31 日，苹果公司发布了创纪录的一季度财报，美联社数分钟之后即发表了题为《苹果打破华尔街第一季度预期》的新闻报道。这是一篇无人署名的文章，是由非常熟悉苹果风格指南的机器人撰写并发布的。文章的结尾这样写道：“这篇报道是由 Automated Insights 自动生成的。”这是美联社于 2014 年夏天开始使用的这家公司的平台，这个平台每秒可以生产 2000 篇文章。写稿的机器人不仅可以根据数据和已有信息进行财政新闻的撰写，而且可以将读者喜好的语气、角度甚至幽默感融入其中。计算机完成新闻业最基础的工作，已经成为不可逆转的趋势。

二是新闻聚合与机器推荐。以“今日头条”、Flipboard、Zaker 应用为代表，它采取机器推荐和用户订阅相结合的方式，聚合不同网站的新闻信息，打造个性化的新闻客户端。“今日头条”于2012年上线，以兴趣和社交关系为核心，以垂直搜索为翼，做信息的应用“分发”，不仅聚合了所有网站和新闻媒体的新闻内容，还通过推荐引擎为每一个人推荐感兴趣的新闻，短短两年时间已积累超过2亿用户，月活跃用户超过2000万。

事实表明，机器制造可能会带来媒体融合的机遇和挑战，它是技术驱动媒体生态演变的又一有力佐证，值得我们在推动媒体融合发展中深入思考。

路径三：移动迁移

我国的移动互联网用户已超过5.27亿，手机也超越台式电脑成为第一大上网终端。这导致了两方面的变化：一是网民视线向移动化迁移浪潮已经势不可挡；二是移动新闻阅读正在成为一种基础性服务。

移动互联、移动通信技术催生了“两微一端”（微博、微信、APP移动客户端）等新媒介形态，从根本上改变了受众的信息接收方式与习惯，同时也加速改变着媒体的传播生态环境。但移动客户端怎样才能做出特色、做出创新力和影响力、做出成功的商业模式，值得好好探索。

路径四：资本运作

资本不是万能的，但没有资本却万万不能。媒体融合发展，必须有强大的资本运作来支撑。

以纸媒起家的南非媒体公司Naspers，彻底改变纸媒思维，把互联网业务摆在首位，投资或购买了许多在web上诞生的公司，成长为除美国和中国外全球最大的互联网公司，拥有网上拍卖、即时通信服务、移动广告网络、比价网站以及电子商务公司，其股价升至历史最高，市值达440亿美元。

国内资本运作走得较快的浙江日报报业集团，它以经营性资产整体上市为契机，从媒体运营向资本运营转变，通过打造资本、技术、用户3大基础平台，构建媒体融合生态圈，为全面融合、一体化运营打下坚实基础。在打造资本运作平台方面，他们本着“传媒控制资本，资本壮大传媒”的理念，通过并购、投资孵化等手段推进新媒体生态圈布局，先后投资孵化了30多个新媒体项目。在打造技术研发平台方面，它们创办了国内首个新媒体创业孵化基地——浙报集团“传媒梦工场”。在打造用户集聚平台方面，他们以31.9亿元并购盛大网络旗下的边锋浩方网络平台，获得一个拥有3亿注册用户、2000多万活跃用户的成熟用户平台，并正在推动浙江在线新闻网站、大浙网和边锋网络平台“三网融合”，探索融合需求的一站式实现。

路径五：跨界合作

跨界合作，主要是指与实力雄厚的互联网企业合作。跨界合作的另一个提法是“借力推进”。刘奇葆在《加快推动传统媒体和新兴媒体融合发展》的文章中指出：“要通过多种形式，充分利用别人成熟的技术平台、渠道和手段借力推进，实现更好更快的发展。”站在“巨人的肩膀上”就可能成为巨人一部分。媒体融合要善于借力打力，借船出海。

四、媒体融合发展的几点思考

1. 媒体融合发展怎样才算成功?

英国《金融时报》可以说基本转型成功，它建立了网络“付费墙”，网络版订阅30多万份，比纸版发行量多10万份，成功地把品牌价值延伸到新的介质上。它的成功经验是坚持核心内容价值的同时重视平台和渠道的选择。但它的成功有特殊性：拥有特定目标读者群——高收入阶层及全球投资者群体。

有学者认为，成功的媒体融合，应该是传播力+商业模式。商业模式不只关系到经济效益，也直接关系到传播影响力的强弱，甚至直接体现了实实在在的传播力，这是因为凡是能获得良好商业利益的，大多有大量流量、拥有众多用户。粘住了用户才有市场占有率，才能让传播者传播的信息落地。

也有学者认为，媒体融合的本质应该是从B2C到C2B，也就是从传者主导、封闭生产、单向传播发展到受众主导、开放聚合、互动社交、高效服务。一切不连接用户、不服务用户、不以用户为主的媒体融合策略都违背C2B互联网逻辑，都是“跑偏”。

2. 媒体融合发展中如何趋利避害?

复旦大学李良荣教授在2015年12月26日建桥学院新媒体论坛上指出：互联网让我们建立全球联系，却使我们的社会支离破碎；互联网让我们见多识广，却使我们思想浅薄，甚至鼠目寸光；互联网使人人都成了记者和评论家，但却使我们弱化了最基本的表达能力。

面对互联网的两面性，媒体融合发展中如何趋利避害?

①遵循规律。坚持用户导向，遵循新闻传播规律，敢于直面热点、难

点、焦点，善于释疑解惑、引导舆论。

②顶天立地。既要有高度、深度，又要接地气，把庙堂与江湖结合起来，打通两个舆论场。

③善置议程。美国白宫前传播主任大卫·吉根曾说："我们有条规则，任何一个公共事件被放进他的议程之前，你必须知道关于这件事的报道会有什么样的标题，图片会什么样，导语会怎么写……"

④优势互补。网络媒体迅速、海量、互动性强；广电媒体公信力、现场感强；平面媒体公信力强，能做高度、深度报道。融合中，要博采众长，优势互补。

3．媒体融合发展中如何留住人才？

不少媒体出现了离职潮，新媒体人才又难引进来，面临着人才短缺、引进来也难留住。怎么办？

①创业留人。不少媒体出台了"内部孵化器"机制。如浙江日报报业集团设立了3000万孵化扶持基金，开展所有员工可报名参加的新媒体创新大赛。200多位采编人员报名，20多个优秀项目脱颖而出。他们为每个项目或产品配备产品经理，并提供相应的技术支持。联合早报控股集团规定了3个月带薪孵化期，可申请5万新币（25万人民币）资金，不成功可返岗继续原来的工作。

②考核激励。针对媒体内部专业、岗位的不同特点，分别建立科学的人才绩效考核制度和指标考核体系，实现从人力资源管理向人才资源管理的创新转型。改革薪酬福利体系，收入分配向关键岗位和优秀人才倾斜，构建以经营业绩为核心的多元分配体系。

③优化环境。营造良好的用人环境包括人文环境和人际环境，使人才有归属感、认同感。

④价值引人。新闻，既是职业，更是事业。民国著名报人史量才有句名言："人有人格，报有报格，国有国格，三格不存，人将非人，报将非报，国将不国！"在媒体融合发展的背景下，新闻人的价值是什么？如果说中国是一艘航船，新闻人应该是瞭望者；如果说中国是一棵大树，新闻人应该是啄木鸟，要及时啄掉树上的害虫，让大树茁壮成长，枝繁叶茂；如果说新闻是历史的草稿，新闻人应该是时代的记录者、新闻的传播者，更是历史的推动者。

（原文载于《岭南传媒探索》2017年第3期）

L

LINFENGJIMU——XINWEN XINGSI SISHI NIAN

新闻探索：笔从何来 力向何去

策划：提高新闻宣传艺术的有效途径

社会主义市场经济的发展，给党报提出了一道严峻而现实的课题：要想在坚持正面宣传为主的方针、不背离办报方向的前提下赢得竞争、赢得读者，就必须千方百计提高新闻宣传艺术，办出高质量的报纸。那么，怎样才能提高新闻宣传艺术呢？结合《南方日报》近两年的实践，我认为，加强报道策划是一条有效的途径。

一

去年下半年，我们在研究如何深化报纸改革时，剖析了《南方日报》在报道中出现的一些现象：有时明明捕捉到了一个好题材，稿子也没少发，宣传效果却不尽如人意；有时接到的报道任务难度很大，发稿并不多，效果却出乎意料的好。为什么？其中一个重要原因，就在于是否经过精心的策划。一般来说，凡是精心策划的报道，宣传效果都比较好；凡是放任自流的报道，宣传效果往往不理想。

策划作为一个问题凸现之后，我们对此进行了认真的思考。我们认为，随着社会主义市场经济的发展和信息社会带来的新挑战，加强报道的策划已经成为办报的一种客观需要，要想提高新闻宣传艺术，提高党报的竞争力，就必须加强策划。其理由有这么几点：

其一，经过精心策划的报道，可以满足当代读者“求深”的需要。在社会主义市场经济条件下，市场风云变幻莫测，社会状况错综复杂，读者对某一新闻事件、某一社会现象不仅想知其然，而且希望知其所以然。也就是说，他们不满足于有闻必录、就事论事的报道，而希望看到有思想深度、能揭示事物本质及其联系的报道。党报要想满足当代读者这种求深的需要，当然必须借助于策划。

其二，经过精心策划的报道，可以满足当代读者“求新”的需要。随着现代科技传播手段的发展，读者获取信息的渠道大大增加，在这种情况下，党报的报道如果不能给人以新鲜感，就抓不住读者的目光，无法引起读者的注意。尤其是对于那些老生常谈而又非谈不可的题材，就更加需要创新。而要做到这一点，不加强策划显然是不行的。

其三，经过精心策划的报道，可以满足当代读者“求活”的需要。近几年来，各地报纸纷纷扩版，报道的内容大大增加，与此同时，随着生活节奏的加快，读者读报的时间并没有相应的增加。在这种情况下，只有生动活泼、体裁别致的报道才能留住他们的视线，给他们留下印象。而要使报道的表现手法和表现形式生动活泼、喜闻乐见，也应借助于策划这一环。

思想上达成共识之后，报社社委会把加强策划作为深化报道改革的重要措施、作为提高新闻宣传艺术的有效途径提了出来，要求全社上下要抓好5个方面的策划：有思想深度和理论力度报道的策划；典型报道的策划；突发性事件报道的策划；社会热点难点问题报道的策划；批评报道的策划。我们希望通过加强策划，使党报的新闻宣传取得突破，从内容到形式都给读者以耳目一新之感。

实践出真知。由于加强了报道策划，《南方日报》的新闻宣传质量有了进一步的提高。仅今年初以来，从社委会到编辑部各部门，就精心策划了近20组专题报道，其中有立体追踪式报道，有连续报道、系列报道，有组合报道，均取得了良好的宣传效果。

二

作为策划的组织者和指挥者，在策划时应着重抓什么呢？或者说应该怎样策划，才能使提高新闻宣传艺术的初衷得以实现呢？我们的体会是，要做到“五个抓”。

第一，要抓时机。新闻讲究时效性和时宜性，要掌握时机。策划的报道要想吸引人、取得好的社会效果，就必须选择好报道时机。时机恰到好处，就能事半功倍；失去时机，则会事倍功半，甚至会产生负面效应。今年初以来，我们所策划的报道，都特别注意时机的把握，因此效果都比较好。比如，今年3月，八届全国人大四次会议提出要实现“两个转变”。为了帮助读者理解它的重要性和必要性，我们不失时机地策划了全省综合改革的先行点——顺德市抓“两个转变”的系列报道，让读者从该市政府职能的转变、经济增长方式的转变、人的观念的转变中得到鼓舞和启迪。由于时机抓得好，文章又写得具有思想深度和理论力度，因此受到了省领导的赞扬和广大读者的好评。

第二，要抓普遍性。要想使宣传报道有质量、有影响，策划的报道应该具有普遍意义。因为越是有普遍意义，其针对性就越强，就越有指导性和战斗力。今年 7 月 11 日，雷州市多艘渔船被风浪掀翻，多名渔民落水。雷州市水产局副局长钟进却强调先收费才派船去救人，结果使 12 名渔民在海难中死去。我们在得到这一信息后认为，钟进等人在这次海难中所暴露出来的拜金主义思想，在目前具有普遍性，用这个事件，抨击在思想道德领域中随意运用"等价交换"原则的移位现象，加强思想道德建设，很有必要。于是，我们精心策划了一组立体式、追踪式的连续报道，采用了消息、通讯、来信、访问记、评论等多种新闻体裁，共发稿 30 多篇。其中既有对冷血麻木、见死不救丑恶行为的揭露，又有对一身正气、舍己救人英雄行为的颂扬；既有对事件处理进程的动态报道，又有富有思想深度、理论力度的力作。整组报道策划得非常成功，有声有色，步步深入，对比强烈，生动深刻，在社会上引起了强烈的反响。

第三，要抓典型性。典型性作为一种价值、一种性质、一种方向，蕴含在宣传报道之中。我们在策划报道时，如果注意选择具有典型性的人物或事件加以经营，往往能起到以一当十的作用，产生巨大的吸引力。对陈观玉报道的策划，就很有说服力。陈观玉是深圳沙头角镇水产公司的一名退休职工、共产党员，她处在中英街这样一个两种制度、两种思想、两种文化的交汇点上，却能坚持 30 多年学雷锋，乐于助人、无私奉献，其事迹具有很强的典型性，充分说明了在改革开放和市场经济条件下，雷锋精神完全能够发扬光大。于是，我们精心策划了一组报道，除了撰写 1 篇高质量的通讯、并配发 1 篇评论之外，又连续发表了 5 篇系列评论，以及陈观玉的日记、新闻照片专版、读者给陈观玉的信、陈观玉事迹在深圳引起的效应，等等，在社会上影响很大。

第四，要抓结合点。有些问题，如果单纯从政府机关的角度去报道，可能吸引不了读者；如果单纯从群众角度去报道，又有可能给政府出难题。这就需要我们在策划中找结合点，将党和政府正在着手解决的问题与老百姓要求解决的问题衔接起来，既反映群众的呼声和愿望，又体现党和政府的工作，从而促进问题的解决，使领导和群众都满意。《南方日报》今年初以来策划的整治乱收费、下岗职工再就业等系列报道，都是抓结合点的成功之作。比如，假医假药问题，老百姓痛恨，政府要求打击，我们便策划在这个问题上做文章。今年初，我们得知广东省、广州市卫生部门要组织工作组对药品市场进行清理整顿，便派出记者跟随前往，采取现场目击的报道方式，对违法违纪者一一予以曝光，进行追踪式的连续报道，先后揭露了越秀区第一人民医院第三门诊部、清平药材市场等单位存在的问题。由于结合点找得准，再加上是现场目击，证据确凿，现场感强，所以报道效果出乎意料的好，几乎是曝光到哪里，那里就立即整改，领导机关和读者也普遍叫好。

第五，要抓生动性。宣传报道尤其是正面宣传报道能否引人入胜，让读者喜闻乐见，关键在于策划时是否把握了生动性。如果我们注意在写作技巧和表现形式上的创新，注意到标题制作和版面样式的别致，使形式与内容实现完美的统一，那么我们所策划的报道就会取得良好的效应。对爱国拥军好母亲姚慈贤报道的策划，就说明了这一点。姚慈贤是一个没有文化的农村妇女，其可贵之处在于多年来默默奉献，先后送 4 个儿子参军，自己却独自承担繁重的生活重担。考虑到这一点，我们在策划这组报道时，给它的定位是：朴实、生动、感人。为此，我们在表现形式上做了一些创新，除发表重点通讯、评论外，分别采用了读者喜闻乐见的系列故事、连环画、彩色图片等形式，形象生动地报道她的事迹，受到了广大读者的好评。

三

策划作为一个系统工程，作为一项综合性的工作，它涉及许多领域的知识，涉及多“兵种”的群体合作，涉及组合艺术的运用，涉及报道尺度的把握，值得注意的问题不少，其中尤以下述两点更为重要。

一是要注意坚持两点论。我们在策划报道时，一定要注意事物的两重性，坚持两点论，防止片面性，使读者感到我们的报道是真实可信的，才能取得新闻宣传的正面效应。反之，如果为了某种动机与需要，有意识地强化一些方面，淡化一些方面，报道上采取“非此即彼”的手法，就会陷入片面性、绝对化，失去可信性，使新闻宣传产生负面效应。今年 6 月 25 日，是第六个全国土地日，我们以《耕地，我们的生命线》为题，策划了一组组合报道，以一个整版的篇幅刊出，既披露了一些地方耕地被蚕食的现实，向人们敲起了警钟，又反映了全省在保护耕地方面取得的成果，坚定大家的信心。由于坚持了两点论，这组报道受到了广泛的好评。

二是注意把握火候。在从计划经济体制向社会主义市场经济体制转变过程中，社会问题交叉出现，形势复杂多变，给我们开展新闻宣传工作带来较大的难度。在这种情况下，我们策划报道就应审时度势，掌握火候。近两年，我们是这样把握火候的：其一，审时度势，引而有度。也就是根据当时的形势，以对党的工作大局有利为原则，决定哪些问题大声疾呼，哪些问题点到即止，哪些问题委婉阐释，哪些问题旗帜鲜明。其二，沉着冷静，不盲目跟风。如今年初以来，广东发生了几件刑事大案，有些报纸连篇累牍大做文章，甚至连歹徒的作案手段与干警的破案办法也披露出来，造成了负面效应。我们不为所动，虽然也策划了连续报道，但分寸适当，处理适度，受到了省委领导的肯定。

（原文载于《新闻战线》1996 年第 11 期）

香港回归向我们提出的课题

香港回归祖国，既为世人所瞩目，又向作为广东省委机关报的《南方日报》提出了一些重大课题。

1997 年 7 月 1 日，我国恢复对香港行使主权。这是洗雪百年民族耻辱的历史性时刻，是香港进入一个新纪元的历史性时刻，也是粤港经济合作进入崭新发展时期的历史性时刻。在这样的历史背景下，《南方日报》将承担什么样的历史责任，又将面临什么样的机遇和挑战？这是我们一直在认真思考的问题。

一

粤港两地同根同祖，不仅彼此山水相连，而且文化传统源于一体，语言和生活习惯相通相近。近代史上，著名的三元里抗英、林则徐禁烟，都发生在广东；改革开放以来，大批港商投资广东，两地经济合作如火如荼，群众来往更加密切，新闻传媒对两地也互有影响。唯其如此，迎接和欢庆香港回归，广东自然而然成为“重中之重”地区；推动和促进香港回归，又顺理成章地成为《南方日报》应承担的一份沉甸甸的历史责任。

为香港顺利回归、平稳过渡、繁荣稳定大造舆论，应为《南方日报》的责任之一。香港回归祖国，是中国和 20 世纪的大事，举世瞩目。它标志着我们在完成祖国统一大业的进程中迈出了重要的一步，标志着邓小平同志提出的“一国两制”伟大构想获得了成功，也证明了中央政府对香港采取的一系列方针政策的正确性。作为毗邻香港的广东省委机关报《南方日报》，应该站在中华民族命运与前途的高度，站在祖国统一大业的高度来看待搞好香港回归舆论宣传的重要意义，以极强的历史责任感和使命感组织好这方面的报道，激发广大人民群众的爱国热情，为振兴中华、统一祖国而努力奋斗。正是由于对这一点有比较清醒的认识，《南方日报》在广东的新闻传媒中，是较早组织和推出迎香港回归报道的。早在1996年5—6月间，我们就开始筹谋，并决定在香港回归祖国倒计时1周年之际，在第一版以《香港，向祖国走来》为题，推出以本报记者在香港拍摄的彩色照片为主的专版，拉开了这一重大报道的序幕。此后近1年来，我们除认真处理好新华社所发的有关香港回归的重要新闻外，还派出数批记者赴香港实地采访，与一家兄弟报纸联袂开展"迎香港回归·海疆万里行"大型采访活动，采写组织了许多具有特色的新闻。在香港回归倒计时60天、50天、40天、30天以及香港基本法颁布7周年等特殊日子里，我们都在第一版推出精心策划的迎回归专题报道，而且每次策划都有一个鲜明的主题。例如，在倒计时30天之际，我们抓住《南京条约》的签订地——南京静海寺挂起警世钟这一新闻，在第一版头条刊登了《警世钟，今天响彻南京》的消息，并在头条前配发了"警世钟"的彩照，突出了"迎回归　毋忘国耻"这一主题，收到了很好的宣传效果。从6月21日至7月4日，我们还将第一版至第四版辟为《迎香港回归》特刊，全方位报道香港回归盛况和普天同庆、万众欢腾迎回归的场面，将迎回归报道推向高潮。

宣传粤港优势互补，促进两地经济的合作和繁荣，应为《南方日报》的责任之二。在经济上的互补性合作，已使粤港两地获益匪浅。今天，在珠江三角洲一带，有近4万家香港人开设的工厂，香港制造业八成以上企业已经迁往广东，"前店后厂"模式风靡一时。这不仅使香港经济成功转型，也使广东获得了巨大的发展。香港回归祖国之后，具有厚实基础的粤港经济合作，层次更高，领域更加广阔。《南方日报》理应为推动和促进这种合作鸣锣开道，发挥更大的舆论影响。基于这一考虑，《南方日报》把促进粤港经济合作，作为迎回归报道的重要组成部分。早在1997年1月1日，我们就在第一版、第四版连版推出《从香港回归看珠三角经济发展——市委书记新年笔谈》专版，发表珠江三角洲各市市委书记谈粤港经济合作如何在香港回归后进一步发展的文章，并配发彩色照片。接着，我们又以《同心同德共创明天》《省长成竹在胸答记者》为题，报道了省委书记谢非、省长卢瑞华关于粤港经济合作前景的看法。1月上旬，我们在派出记者赴香港采访的基础上，以"走马香江展望粤港经济合作前景"为主线，分别在头版头条位置发表《趋势：走向一体化》《突破：拓展新空间》《前提：跨过三道坎》等夹叙夹议、有一定理论力度的深度报道。在两会期间，我们派出记者分别采访了广东和香港的人大代表、政协委员，写出了《衔接：从特区到特区》《互补：从"小三角"到"大三角"》

《辐射：从第一层次到第二层次》等深度报道，展望了粤港经济合作的美好前景。此外，我们还在理论版开辟《九七论坛》专栏，刊登了《加强粤港经济衔接》《九七后粤港经贸关系展望》《构筑粤港经济合作新格局》等文章，使人们进一步认识到，香港回归之后粤港两地经济合作确实大有可为。

沟通广东与香港之间的相互了解，促进内地群众与香港同胞的感情交融，营造有利于团结、统一的舆论环境，应为《南方日报》的责任之三。今天的粤港两地，已被巨大的人流、物流联结起来，每天有2.6万多辆货柜车、800多艘客货轮、20次列车和不计其数的小车穿梭于两地，广东的出入境口岸为全国最繁忙的口岸。香港回归祖国之后，两地的交往肯定会更加频繁，《南方日报》应在沟通两地的联系与理解方面发挥桥梁的作用，让广东的群众进一步了解香港，让香港同胞进一步了解广东及祖国各地。从这个认识出发，《南方日报》在开展迎香港回归的报道中，注意抓住粤港群众关注的问题做好文章。我们在第一版开辟《香港名人谈回归》专栏，发表霍英东、曾宪梓等香港知名人士的专访，并配发照片，让内地读者了解香港同胞是怎样看待香港回归的。接着，我们又在第一版开辟《深圳迎香港回归窗口观花》栏目，发表了6篇通讯；开辟《迎香港回归·海疆万里行》专栏，发表反映沿海城市迎回归的系列报道，让香港同胞了解内地群众是怎样迎接和欢庆香港回归的。此外，我们还以“回归之年谈合作　粤港两地渊源长”为主题，推出图片系列新闻报道，生动活泼地反映了粤港两地源远流长的联系和合作。这些报道，都受到了读者的好评。

二

香港回归祖国，《南方日报》不仅担负着重大的历史责任，而且面临着严峻的挑战。

在《中英联合声明》中，中国政府庄严承诺保障香港居民的言论、出版等自由。在《中华人民共和国香港特别行政区基本法》中，也有明确的条款保障新闻、言论、出版自由。由此看来，香港新闻传媒之间原先存在的激烈竞争不仅将持续下去，而且有可能由于地缘等方面的原因在一定程度上波及广东新闻界。

首当其冲的是在报道方面。随着香港回到祖国的怀抱，香港经济对内地依赖程度越来越高，香港资本和技术将广东视为走向祖国腹地的“窗口”和“桥梁”的可能性越来越大，香港同胞对内地特别是广东的关心程度也越来越高。他们对内地的法律、经济、社会情况具有广泛的兴趣，他们关心内地能否长期保持稳定和发展，改革开放政策会否长期继续，内地投资环境如何，港商是否仍然有钱可赚，等等。这种对内地新闻的需求，必然促进香港的新闻传媒调整视角，逐步加大对内地的报道分量。与此同时，由于香港的新闻传媒拥有强烈的竞争意识、先进的采访设备和手段、灵活的采编机制、敏捷的反应能力，它们在对内地新闻进行报道的过程中便会自觉不自觉地形成对广东新闻传媒的挑战。《南方日报》如何在遵守有关规定和新闻纪律的前提下，有效地应对这种挑战，确实要费一番思量。

报业、传播业经济方面遇到的挑战也是显而易见的。回归祖国之后的香港，仍然是国际金融中心、世界著名的自由港、全球经济最富有活力的地区之一，也是内地了解世界的一个“窗口”，是内地企业走向国际市场的一座“桥梁”。有些希望将产品销往世界各地或者发展对外联系的厂商，很有可能直接选择在香港的新闻传媒刊登、播出广告，这势必会给广东新闻传媒的“广告源”构成一定的威胁。

此外，在报纸发行、罗致人才、信息搜集等方面，《南方日报》也不可避免地面临新的挑战。

然而，挑战与机遇同在。有挑战必然有机遇，谁能有效地应对挑战，谁也就能很好地把握机遇。

既然香港同胞对内地新闻的需求越来越大，《南方日报》就应抓住这个机遇，加强报道的针对性，着力把香港同胞普遍关心的一些问题宣传好、报道好，增强宣传报道的吸引力和感染力，争取对香港或者对经常来往于粤港两地的香港同胞发挥更大的影响。

既然香港的资金、技术将广东视为走向祖国腹地的“窗口”和“桥梁”，《南方日报》就应抓住这个机遇，积极工作，广开门路，改进服务，争取吸纳来自香港的广告，发展和壮大自己。

既然香港的新闻传媒拥有强烈的竞争意识和先进的采访设备、在报道方面反应敏捷，《南方日报》就应抓住这个机遇，在国内有关法律与香港基本法允许的情况下，与爱国爱港的香港新闻媒体开展适当的合作，实行优势互补。

既然香港的新闻传媒与国际新闻界的联系较多，信息源比较丰富，《南方日报》就应抓住这个机遇，有选择地与爱国爱港的香港新闻媒体加强联系和交流，以吸取对自己有用的信息，提高和充实自己。

综上所述，香港回归祖国确实向《南方日报》提出了一系列课题。越早考虑这些课题，我们就越能掌握主动权。应对的举措可能有许多种，但有一点似乎是最重要的，那就是：加快深化新闻改革和内部管理体制改革的步伐，进一步提高新闻媒体整体素质和综合竞争能力。

（原文载于《新闻战线》1997 年第 7 期）

遵循规律：提高新闻摄影质量的关键

怎样才能提高新闻摄影的质量？根据《南方日报》近两年的实践，我们认为，关键在于按新闻摄影规律办事。

体现纪实性才能提高质量

新闻摄影是新闻形象的现场摄影纪实。瞬间形象现场纪实是新闻摄影独立存在于新闻之林的根据与优势所在。我们只有根据新闻摄影“纪实论”的要求，努力增强新闻摄影的新闻性、时效性和真实性才能有效地提高新闻摄影的质量。

过去，在我们报纸新闻版上发表的图片，除配合会议文字稿而发的会场照片之外，有不少是时效性差、新闻性差的照片，有些还是为配合宣传的需要而“组织加工”出来的。这样的做法，显然违背了新闻摄影规律。这样的照片，即使在版面上发得再多、再大，都不能说新闻摄影的质量有了提高，都不能说报纸实现了“图文并重”的要求。这两年，《南方日报》在研究如何改进新闻摄影工作、提高新闻摄影质量时，明确地提出：必须遵循新闻摄影规律，用“纪实论”来指导新闻摄影工作，鼓励记者深入实际调查研究，抓拍动态形象新闻的典型瞬间。

方向明确以后，摄影记者们千方百计与基层保持联系，一有新闻事件发生，就迅速出现在现场。现在，《南方日报》新闻版上刊发的照片，绝大部分是本报记者第一时间发回来的新闻现场图片。去年 8 月 1 日凌晨，在经过两个月的伏季休渔期后，广东各地的渔民纷纷出海开捕。我们的摄影记者连夜赶往离广州有 200 多公里路程的阳江闸坡渔港，拍下了该港举行的简朴而热闹的开捕仪式，并用数码传真在第一时间传回报社要闻部。当天，《南方日报》在第一版上半版的显著位置，刊登了 5 幅反映渔民举行开捕仪式和出海开捕的彩色照片，突出宣传了这一新闻事件。1998 年 7—8 月间，长江、嫩江、松花江发生特大洪水，广东虽然不是灾区，但我们还是派出一批摄影记者，分别赶往湖北、江西、湖南、哈尔滨、大庆等地，用数码传真在第一时间发回了大量抗洪抢险和反映灾情的照片。我们除在第一版突出处理这些新闻照片外，还在第二、三版以《见证世纪洪水》为题，刊发了 14 个专版的新闻照片。

不仅新闻版的照片具有很强的新闻性和时效性，就连摄影部编辑的新闻摄影专版，也是如此。去年 9 月 6 日，联合国儿童基金会与广东省信宜市联合开展“打击拐卖妇女、儿童犯罪宣传月”活动，当天子夜全国解救被拐妇女儿童统一大行动——广东集中“打拐”“解救”斗争也随即展开，公安部门组织近 200 名警力，根据公安部及广西公安厅提供的 43 名被拐妇女的名单，分别前往 9 个村、镇展开解救行动。我们的记者在发回文字报道的同时，还发回了一批“打拐”“解救”的现场照片，报社编辑部除了在第一版报道这一新闻外，还临时将第三版改为新闻摄影专版，以《零时出击——信宜集中“打拐”、“解救”行动侧记》为题，刊登了 9 张照片和 1 篇通讯，集中突出地进行了宣传，取得了良好的社会效果。

以人为本才能提高质量

党报的一个重要任务，是围绕党的中心工作开展宣传报道。这就给我们提出了一个问题：新闻摄影如何反映中心工作，如何反映社会主义市场经济？

显然，我们不能重复那些“机器加人”“产品加人”“庄稼加人”“耕牛加人”的简单化、概念化、公式化的做法。那么，出路在哪儿呢？在分析了国内新闻同行的成功尝试之后，我们认为，只有按照新闻摄影“人本论”的要求，以人为本，把表现人的活动、人的神态感情作为反映中心工作的新闻摄影的切入点，才能提高新闻摄影的质量，使照片形象具有视觉冲击力和深刻内涵，引起读者思想感情的强烈共鸣。

基于这样的认识，我们的摄影记者积极摸索用新闻摄影来反映党的中心工作的新路子。1997 年是广东消灭绝对贫困年，省委、省政府采取得力措施帮助 60 万绝对贫困人口脱贫。《南方日报》摄影记者于当年年底深入广东石灰岩地区、边远山区和少数民族地区采访，看到许多特困乡村的群众经过各方扶持和自己的努力，开始过上温饱生活，精神面貌焕然一新，便向编辑部发回了 1 组（6 个专题）扶贫攻坚的系列摄影报道。这组报道着重在表现人的活动、人的神态感情上下功夫，引起了编辑部的重视，其中有两个专题安排在一版头条刊登。第一个专题为《唐一妹翻身记》，用4张彩照反映了连南瑶族自治县最穷的南岗乡一户瑶族人家在省政府、省妇联和县委的扶持下，经过1年的艰苦奋斗脱贫致富的情况。其中，唐一妹喜上眉梢的主打照片，给人以较强的视觉冲击力，激起了读者思想上感情上的共鸣。省委负责同志和不少读者给本报编辑部来电来信，称赞这组摄影系列报道拍得好。

坚持独特性才能提高质量

长期以来，新闻摄影在报纸上的地位，有许多是作为文字的配角出现的。所谓“文不够，照片凑”指的就是这样一种状况。为什么会存在这种状况？原因是多方面的，对于摄影记者来说，最主要的恐怕是没有充分发挥新闻摄影的独特性，拿不出与文字稿平起平坐的照片新闻。

要想切实提高新闻摄影的质量，使其在报纸上占据重要位置，达到“图文并重”的境界，就必须真正将新闻摄影作为一个独立的兵种，作为报纸重要的一翼，发挥它的特殊性和特殊战斗作用。

意识到这一点之后，报社领导在确定一个采访题目时，首先考虑这个题目是用文字来表现好，还是用新闻图片来表现好？以此来决定是派文字记者还是派摄影记者，或者是两类记者一起派。摄影记者脑子里也有了这个观念，在开展采访时考虑的是怎样让新闻摄影的可视性、形象性、纪实性、真实感、现场感等独特的优势表现出来，使读者如临其境感受到新闻现场的真实情感和生动气氛。1997年12月30日，是四会市法定的选举日，该市选举委员会和四会监狱选举工作办公室根据宪法规定，组织在监狱服刑的享有选举权的一批公民，选举四会市第九届人民代表。这条新闻用摄影的形式来表现比用文字的形式来表现效果更好、更真实可信。于是我们的摄影记者赶到现场，拍下了服刑人员投下神圣一票的情景。第二天，本报第一版以较大的篇幅刊登了这张照片，取得了良好的社会效果。后来，这张照片分别获全国省区党报好新闻一等奖、全国新闻摄影铜奖。

（原文载于《新闻战线》2000年第2期）

入眼入脑，赢得读者

在新的历史时期，思想政治工作的宣传怎样才能赢得读者，使读者入眼入脑，取得好的效果？近年来，《南方日报》一直在进行积极的探索。

随着改革开放的深入发展和社会主义市场经济体制的逐步建立，人们的思想观念、价值取向、行为规范、生活方式等发生了很大变化。在这种情况下，思想政治工作的宣传只有从内容到形式都力求创新，才能引起读者的注意，进而起到引导、鼓舞、教育的作用。基于这样的认识，近年来对于思想政治工作宣传，我们不仅在“加强”上花气力，更重要的是在“改进”上下功夫，努力实现内容和形式上的创新。

突出新闻性，掌握思想政治工作宣传的主动权

报纸是新闻纸，读者看报纸，主要是看新闻。时效性强、具有新闻价值的新闻和新闻事件，能够引起读者的注意和兴趣，从而起到引导、教育的作用。因此，改进思想政治工作的宣传，首先要在突出新闻性上下功夫，努力掌握思想政治工作宣传的主动权。

近两年来，《南方日报》加大改革力度，大幅调整版面，减少和改进专刊专版，扩大新闻版，每天的新闻版达到 12 个，报纸的新闻性大大加强，信息量大大增加，成了一张名副其实的“新闻纸”。对新闻性强、内容积极向上的新闻事件，我们从不轻易放过。去年 6 月初，武汉“广广食府”的粤籍老板黄海达等，花 10 万元包机救治被毒蛇咬伤的打工仔。我们立即掂出了其中的分量，认为这是一个开展思想政治教育的好题材，于是紧抓不放，大题大作，开展了一场颇有声势和深度的报道，一方面报道事件的发展过程，一方面在报纸上开展专题讨论，并请专家学者从政治、经济、文化、伦理、社会、法律等角度进行分析。本报还发表 3 篇评论员文章，对这一事件的内涵进行论述，将之提升到确立正确的义利观、建立新型劳资关系的高度来认识。整个报道持续1个多月，吸引了广大读者，取得了圆满成功。中共中央政治局委员、广东省委书记李长春专门作了批示，称赞报道抓得好。广东省委副书记黄丽满在本报发表文章，称赞这是“深入人心的成功典型报道，精神文明建设的生动教材”。

对于先进典型人物的宣传，我们也强调新闻性、时效性。1999年8月24日午夜，广东省武警总队江门市支队副政委、共产党员邵荣雁，为了保卫江门侨乡人民的生命财产，毅然抱病投入抗洪抢险战斗。他和支队长一起奋不顾身地跃入水中，救起了落水的6名战士，他自己却因体力不支，被咆哮的恶浪卷走，光荣牺牲。我们第一时间在第一版显著位置报道了这条新闻，紧接着又通过深入采访，推出了反映邵荣雁事迹的长篇通讯。由于新闻性、时效性强，这些报道在读者中激起了强烈反响。后来，武警总部授予邵荣雁“思想政治工作的模范干部”荣誉称号，广东省委做出了开展向邵荣雁同志学习活动的决定，中央多家新闻媒体也报道了邵荣雁同志的光辉事迹。

加强时代性，抓住具有时代特色的社会热点问题因势利导

在社会主义市场经济新时期，各种新问题、新情况不断涌现：经济成分和经济利益多样化、社会生活方式多样化、社会组织形式多样化、就业岗位就业形式多样化。在这种情况下，如果思想政治工作的宣传不能适应时代的变化，就不会有说服力和感染力。所以，改进思想政治工作宣传，还必须从实际出发，紧跟时代和形势的发展变化，切实加强时代性和针对性。

我们在开展思想政治工作宣传时，注意抓住具有时代特色的社会热点问题进行因势利导，讲事实、讲道理、讲形势、讲政策，努力解疑释惑、统一认识、鼓舞人心。1998年初，部分群众对改革进程中出现的一些问题和矛盾议论纷纷。有的说现在经济增长速度没有“八五”时期快，市场消费无热点，粮食、农副产品降价，很多商品卖不出去，下岗人员增多，形势好在哪里？为了帮助读者正确认识这些问题，我们及时推出了“当前形势怎么看”的系列述评，题目分别是《速度是快还是慢》《消费市场是冷还是热》《银根松了还是紧了》《等饭吃还是找饭吃》《粮食多了还是少了》。这组系列述评推出后，社会各界人士反响热烈，称赞它观点正确，

内容充实，针对性强，帮助很多人澄清了模糊认识。丁关根同志称赞这组报道“抓住老百姓关注的问题进行阐述，很有针对性”。

提高参与性，让读者在双向的思想交流中受到教益

随着改革开放的深入，广大读者的思想观念逐步由封闭型向开放型转变，民主意识普遍增强，遇事善于独立思考，不轻信、不盲从。在这种情况下，改进思想政治工作的宣传，还要注意提高参与性，采用双向交流的方法，引导读者在双向的思想交流中受到教益。

《南方日报》这几年在提高参与性方面下了不少功夫。不少为读者所关注、通过争鸣和讨论能使读者受到教益的新闻题材，我们都有意识地在报纸上引导读者开展讨论。2000 年 3 月，中央电视台在黄金时段播放电视剧《钢铁是怎样炼成的》，保尔·柯察金的英雄形象再次打动了亿万观众的心，有人将他与比尔·盖茨相比较，提出该崇拜谁的问题。我们敏锐地抓住这一话题，于 3 月 24 日刊登了《盖茨值得崇拜吗?》一稿，通过一位老者和一位编辑的对话，对保尔和盖茨从不同的层面进行评论，引导青年树立正确的价值观，并在报纸上开辟《盖茨值得崇拜吗?》的读者热线专栏，引导读者就此开展讨论。

由于时机抓得好、问题抓得准，因此读者的反应很热烈，来信探讨的内容也十分广泛，许多来信已远远超越“崇拜谁”的话题，进入了对人生观、价值观等深层问题的探讨。整个讨论过程，就是一次交流、探讨、引导、教育的过程。后来，我们发了一篇“编者综述”，对这次讨论进行了总结和引导。

强调接近性，使报道的人和事引起读者的共鸣

为了使思想政治工作的宣传能够赢得读者，起到教育人、引导人的作用，我们按照接近性的要求，强调在选择报道题材和报道方式时要贴近群众、贴近生活、贴近实际，使报纸报道的人和事能引起读者的共鸣。

在这方面，我们的做法有三：一是在报道党和政府工作时，以群众关注的角度作为切入点，把握好党和政府正在着手解决的问题与老百姓要求解决的问题的共同关注点，把握好政府工作的难点与群众感到困惑问题的交叉点，使这些报道能引起读者的关注。去年，广东省委、省政府提出农

村电网要实行"两改一同价"，年底要把农村电价降至每千瓦时1元以下。这是广东经济工作的难点，又是农民急切希望解决的问题。我们抓住这一话题不放，既宣传省委、省政府的决心、目标和部署，报道这项工作开展得好的正面典型，又在报纸上公布电价问题的投诉电话号码，接受人民群众的投诉，并选择曝光一些反面典型，列表公布进展缓慢的地区，一年之中发稿近百篇，有力地促进了这项工作，解决了群众关心的问题，拉动了农村的消费市场，从而大大提高了党和政府在群众中的威信。二是把笔触对准基层和群众，多报道人民群众在改革开放和社会主义现代化建设中的英雄业绩和精神风貌，多报道群众身边的人和他们关注的事。从1998年开始，《南方日报》就开辟《百姓故事》专栏，报道了一大批人民群众中的先进典型。2000年2月，广州出租车司机何冰在一天凌晨救助了9名车祸伤员，本报及时报道了他的英雄事迹。在追寻英雄成长的足迹时我们发现，在何冰所在的广州市白云小汽车出租公司，在广州市公用事业系统，见义勇为、救死扶伤、助人为乐、服务大众的浩然正气有如春风骀荡，于是便以《英雄花开处处春》为题，在一版头条位置报道了这个英雄群体，并配发了评论。接着，又在第一版开辟《追寻英模的足迹》专栏，连续5天以图文并茂的报道方式，揭示这些英模人物的内心世界，取得了良好的社会效果。三是办好一些贴近读者的专版、专栏。如直接反映读者意见的《读者心声》版，贴近广州读者的《广州新闻》版，贴近珠三角读者的《珠三角新闻》版，等等。为了让理论宣传为读者所喜闻乐见，我们先后在理论版开辟《活个明白——经济学告诉你》《给个说法——法律保护你》等专栏，通过分析日常生活中的某一现象或一个故事，阐明其中所包含的经济学原理或法律条文，每篇文章短小精悍，语言通俗，角度独特，具有较强的可读性、新闻性、启发性，很受读者欢迎。

体现多样性，使宣传报道生动活泼引人入胜

思想政治工作的宣传要赢得读者，不仅需要内容上的创新，而且需要形式上的创新。要将两者有机结合，运用多种新闻体裁和表现形式，增强宣传报道的时代感，使之生动活泼、为读者所喜闻乐见。在这方面，一是做到报道形式多样，对"中英街上活雷锋"陈观玉，我们采用了消息、通讯、来信、专访、述评、评论、日记、图片等体裁进行报道；在报道"爱国拥军好母亲"姚慈贤时，除了上述体裁，还加上了系列故事、连环画等报道手段，均取得了良好的宣传效果。二是做到报道内容多样，对重大新

闻事件，如上面提到的“包机救人”事件等，我们往往不惜篇幅，做全方位、立体式的报道，给读者以丰富多彩的信息。

值得一提的是，《南方日报》以“图文并重，两翼齐飞”的现代办报思想为指导，重视新闻图片的运用。如在开展庆祝国庆50周年报道时，我们先后开辟了《万象更新半世纪》《“南南”眼中50年》等摄影报道专栏，前者运用新旧照片的对比，表现新中国成立50年来广东的日新月异；后者则通过本报记者“南南”眼中身边小事的变化反映时代的变迁。国庆期间，《南方日报》报道北京、广州等地国庆的新闻图片用得又多又大，新闻照片占了报道总量的30%左右，不少版面甚至达到“图片领着新闻走”的境界，形成强烈的视觉冲击力，使读者过目不忘，既入眼，又入脑。

增强战斗性，通过舆论监督推动思想政治工作

光明、积极、健康的风气是社会的主流，因此我们要科学地把握社会生活的本质和主流，坚持团结稳定鼓劲、正面宣传为主的方针，突出主旋律、鼓舞人们奋发向上。但我们也要看到，现实生活中还存在各种消极现象。正确地开展舆论监督，有利于发扬社会主义民主，加强社会主义民主法治建设；有利于改进党和政府工作，密切党和政府同人民群众的联系；有利于针砭时弊、弘扬正气、理顺情绪、维护稳定，从而使广大群众坚定走有中国特色社会主义道路的信心，增强对党和政府的信任。因此，正确、适度地进行舆论监督，与正面宣传为主方针的目的和作用是一致的，可以成为思想政治工作宣传的一支生力军。

这几年，我们一直坚持进行舆论监督，每个月都有一两篇有一定分量的批评稿在第一版见报，每年有几篇重点批评稿放头版头条。1996年，雷州市水产局一名副局长面对渔民遇险，竟然提出“先交钱才能让船出海救人”，致使一些渔民本可以救活而未获救死亡。我们对此进行了有力的舆论监督，发表各种体裁的文章30多篇，使渎职者被判了刑。与此同时，我们又及时刊发一些在这一事件中见义勇为的正面典型，刊发《悲剧过后的反思》《风浪过后再回首》等深度报道。与这一事件相隔1个月后，当地又发生风暴，水产局领导及下属的渔政海监船吸取教训、主动救人，我们对此又进行了报道。这样正反对比，以正压邪，使广大读者受到了深刻的教育。1997年，我们发表报道批评了雷州市水利局未经任何考察和履行有关任免程序，一天发出6份通知任免47人，其中超越任免权限的13

人，有两个副局长还推荐自己当工人的胞弟任职；1998 年，我们以《乘坐公车仓皇离险境　携带家属入住招待所》为题，报道了恩平市委组织部副部长兼人事局局长在恩平抗洪斗争紧急关头逃离的丑闻；1999 年，我们以《查车罚款 7 万拒开票据》为题，对惠来县检察院一名副检察长带着 5 人乘坐警车，在国道持枪设卡乱罚款的情况进行曝光。这些报道，有力地鞭挞了歪风邪气，增强了党委机关报的战斗性，推动了思想政治工作，与正面宣传一样起到了积极的作用。

（原文载于《新闻战线》2000 年第 7 期）

谈谈新闻摄影报道的策划

一、新闻竞争要求摄影报道必须策划

1. 新闻媒介激烈竞争产生的新格局使新闻信息传播出现了新的特点

进入 21 世纪以来，新闻事业的竞争比过去任何一个时代都要激烈。报业集团的增多使报业内部优胜劣汰的机制增强；新兴的第四媒介网络，成为报业的一个空前强大的竞争对手，报业面临的外部竞争日趋激烈。

在新的媒介格局基础上，新闻信息传播出现了新的特点，主要表现为两点：

其一，受众对于新闻信息已从“量”的需求转向了“质”的需求。也就是说，新闻媒介的丰富使得受众获知的信息量从匮乏转为足够多甚至饱和、过量。社会学家已经发现，在企业从事脑力劳动的职员及一些媒介工作者中出现了“信息焦虑症”——面对浩如烟海的信息，反而变得无所适从。这表明：人们并不缺少信息，而是缺少对信息的分类整理；人们并不在乎得到多少信息，而是在乎得到多少有效的信息。新闻报道仅仅以“多”取胜、以“快”取胜，显然已经过时。新闻报道必须通过精心的策划，为受众提供质量上乘的新闻大餐。

其二，同类以及不同类媒介之间的交叉竞争，使得新闻资源的垄断不再可能，独家新闻难觅。在这种资源共享的情况下，如何去打破“千人一面”的局面，形成自己的风格和特色？如何保证重大新闻事件的成功报道？如何在内容和形式上进行创新？如何精心编排版面，吸引读者，增强传播的效果？这些问题，都需要通过有针对性的策划来解决。

2. 新闻摄影报道在新的形势下必须以策划来适应优胜劣汰的格局

近几年报纸运用新闻图片，比过去任何时候都重视。许多报纸把有分量的新闻图片放在一版的显要位置，有的甚至做成封面式的头版。以新闻摄影专题为内容的摄影专版就像雨后春笋，出现在各个报刊上。但也出现了新的问题，就是将“图文并重”简单地理解为各版都有图片，定期出摄影专版，盲目追求数量多、版面大，而没有重视其内容是否具有新闻性和信息量，没有重视其作为独立报道新闻、传递信息的作用，因此，没有很好地发挥新闻摄影本身所应有的特点。究其原因，可能是因为我们把落实“图文并重，两翼齐飞”的重担，过多地压在了摄影记者的身上，把“两翼齐飞”的其中一翼只强调在摄影记者的个体劳动上，而没有强调策划的作用；简单地去看摄影记者有没有拍到好照片，编辑有没有安排版面，而没有进一步去追究为什么没拍到好照片，为什么没安排好版面这个深层次的问题。

通过近几年的实践，我们认识到，对具有较大社会意义的新闻题材进行精心谋划，对所拍摄的内容、步骤、途径等进行精心的组织和安排，就能客观、准确、深刻地进行摄影报道，充分凸显其新闻价值，能将摄影记者和编辑的主动性和创造性与广大读者的需求结合起来，取得良好的社会效果，并形成自己的风格和特色。

摄影报道的策划作为提高新闻报道质量的途径而不断得到强化，这也是近年来新闻摄影报道的趋势。这一趋势，已经从记者个体策划到部门群体策划，开始迈向了报社整体策划的新高度。

二、新闻摄影报道策划的原则

1. 选择具备可扩展、可延伸、可发展因素的报道题材

并不是所有的新闻摄影题材都能够拿来做策划。只有那些具备可扩展、可延伸、可发展因素的报道题材才有足够的“含金量”进行策划。

什么是可扩展、可延伸、可发展因素呢？

第一，新闻报道题材本身是一个内容丰富的主题，由此可扩展或延伸出一系列的子题。

这就是先天适合策划的题材。比如香港回归、澳门回归等关系到历史进程的重大新闻事件，本身就包含了政治、经济、文化、历史、民俗等丰富多彩的内容，如果没有与之对应的多方位、多角度的策划，反而是不可能做好这一类新闻报道的。再比如新千年、春节、国庆节、建党 80 周年等富有特殊意义的节庆日，它们在时空长河里是一个承上启下、联系过去未来的时间点，两头连接着丰富的内容，同样可以用来进行一些“大制

作”。

第二，新闻报道题材处于发生阶段，还有更重要、更动人心魄的后续发展。

比如九八抗洪报道，当洪水警报发出时，表示着一场百年不遇的大洪灾的开始，可以预见的是，在未来的一段时间内，洪灾将继续发展，救灾也将一并展开。那么，这又是一个新闻报道的大好时机，在洪灾与救灾共同发展变化的过程中，肯定有大量可歌可泣、感人肺腑的事迹涌现，有充分的策划资源。

第三，新闻报道题材本身虽然止于一定程度，但能引起诸多相关事物的发展变化。

比如梁文祥卧底吸毒群的报道，由报道吸毒者，引起关于戒毒、禁毒、社会治安的报道与思考，最后成为广州市彻底整治火车站及周边地区的导火线。可以说，拍摄吸毒者，梁文祥并不是第一个，但这一次报道在精心的策划下逐渐扩展，引起了一系列的连锁反应，在全国产生很大影响。

2. 尊重新闻摄影规律，充分发挥新闻摄影的特点

新闻摄影有自身的特性，新闻摄影报道的策划必须能够充分发挥摄影的长处——视觉冲击力。所以，考虑策划题材的原则是要具备镜头感，即能以视觉形象表达新闻题材的内涵与外延。所谓镜头感有三个衡量标准：一是新闻主体能够被画面展现，即是否有东西可拍，特别是人物的内心世界；二是新闻背景及其环境能够被画面展现，即是否可以清楚交代新闻现场周围的状态；三是新闻场面具备较强的冲击力，即是否可以通过画面构图和瞬间新闻形象共同形成使人共鸣的高潮。《南方日报》在进行新闻报道策划时，常常考虑的是，这一个报道是适合文字记者还是摄影记者，或者是需要文字记者与摄影记者合作。

3. 尊重新闻事实，充分发挥摄影记者与编辑的主观能动性

任何策划都是从新闻事实生发开去的，新闻事实不能被策划，新闻报道却需要精心的策划。尊重新闻事实，从事实本身出发，摄影记者与编辑围绕事实进行思考，将自身的认知能力、知识含量与事实本身的“含金量”相结合，才能撞击出优秀的新闻报道。这就要求我们在策划时，在尊重新闻事实的前提下，注意充分发挥摄影记者与编辑的主观能动性。

4. 新闻报道最终结果要产生良好的社会效益

新闻报道的策划不是炒作，不是盲目地追求轰动效应。我们的策划是为了更好地进行新闻报道，更好地引导舆论。因此，在进行策划时，我们要时刻注意新闻报道进行的方向，要以最终是否产生良好的社会效益作为衡量策划是否成功的标尺。比如梁文祥卧底拍摄吸毒者的报道，本身是一个负面的题材，可能吃力不讨好。但经过我们的精心策划，这个报道一开始推出就锁定了治理、挽救的最终目标，以报纸、电视、影展、书籍等各种形式进行戒毒、禁毒宣传，向人们传播“珍惜生命，远离毒品”的观念，取得了良好的社会效果。

三、新闻摄影报道策划的种类

1. 关于重大新闻摄影题材的策划

重大新闻摄影题材的策划主要是对重点题材、难点题材和热点题材 3 个方面题材所进行的策划。

①重点题材的策划

每个时期的中心宣传报道任务都会涉及重点题材的报道。比如澳门回归祖国的报道，这是政策性很强、题材重大而严肃的报道，我们决定把任务交给摄影部去完成，让新闻摄影唱主角。

首先，我们要找切入点。澳门回归祖国之际，究竟广大读者想通过我们的报道了解什么呢？切入点应该从读者的角度去观察澳门，通过了解其历史背景、政治架构、经济状况、文化结构、社会情况等，从中发现回归前后过渡时期澳门的变化。特别是人们在精神面貌上的变化，要以人为本，关注人的生活、人的命运，在人与社会、经济、自然的关系中体现出人文精神。因此，选题和内容就定位在“故事”的形式下包装，围绕回归这一主题，从知名人士、司警人员、职业女性、守法商人到从事各行各业的普通百姓之间展开。由于转换了视角，开阔了眼界，使记者感到澳门的确是个“小城故事多”的地方，有大量的选题可拍可写。

从 1999 年 12 月 1 日起，《南方日报》不间断地每天用一个整版（其中第一天用头版和第四版两个连张彩色版）推出题为《澳门回归篇——澳门故事》的专题摄影报道，历时半个月。见报内容包括：澳门水警、修建移交大典场馆的澳门商人、澳航空姐等 18 个专题、264 幅图片、22 篇文字，共 16 个版，组成了完整的大型系列摄影报道。

这一系列摄影报道图文并茂、角度新颖、版式现代、可读性强，较深入地展示了澳门的方方面面，成为报纸有力的拳头产品，为把回归报道推向高潮做了厚实的铺垫。

②难点题材的策划

难点题材是指对新闻报道来说存在困难或阻碍的题材，这一类题材往往以批评报道居多。如何巧妙地获取报道所需的信息，如何克服困难刊发报道，又如何使报道最后能产生良好的社会效益，这的确需要周详的安排和思考。所以，难点题材的策划，主要在于寻找报道的突破口。

2001 年 3 月，《南方日报》及系列报关于汕尾“土葬收费每穴 3 万元”的报道，在社会上引起了巨大反响。记者在海丰采访时听说汕尾红海湾经济开发区遮浪街道办事处为土葬大开“绿灯”，便赶到遮浪下属的施公寮村调查，发现在村民交土葬费领回的收据上，赫然盖着遮浪财务所的公章，收据亦为广东省收款专用收据。记者来到遮浪街道办深入采访，该街道办的负责人却矢口否认有出卖土葬“指标”行为，反而大谈特谈殡葬改革的成绩。记者表示对他们的成绩很感兴趣，希望能找到相关材料来看看，负责人突然为难起来，让记者等一等。记者只好“声东击西”，说要到下面村子里走一走，让农民谈一谈当地在殡葬改革方面的“成绩”。负责人急了，打了一个电话，2 分钟后，材料就送来了。记者从文件堆中找到了遮浪街道办在 1998 年 9 月 13 日制定的“土政策”——《遮浪街道殡改有关具体规定》，当中一条写道：“土葬收费每穴收 3 万……”，并将其拍摄下来。我们了解到这一情况后，即对报道的利弊进行分析、策划，决定以此为突破口，并安排版面，准备对事态的发展深入报道。报道发在《南方日报》的《焦点新闻》版后，引起当地政府的重视，马上召开会议，要求有关人员迅速整改，并将有关整改意见传真给报社。

③热点题材的策划

热点问题是全社会都关心的问题，热点题材是所有媒介都关注的题材，所以，从某种意义上讲，热点题材的策划是最能“考”策划功夫的。既然所有竞争者面对的都是同样的新闻素材，那么，如何做出富有特色、别出心裁的报道就是策划的重点。

2001 年元旦是一个具有特别意义的日子。我们决定以 100 个版推出《新千年特刊》，分派给摄影部 4 个摄影专版的任务，主题也给他们定好了，以这 4 个版来完成对 20 世纪的回顾。当时，各家报社都在筹备类似的《新千年特刊》，特刊里，回顾过去的一个世纪也都是一道必上的“菜”。20 世纪发生的事，谁也不会多出一件来。那么，怎样把这道菜炒得有点自己的特色呢？经过策划，我们把回顾的思路确定为：有意识避开那些人们耳熟能详的历史大事，因为这肯定是我们的竞争对手最有可能采用的内容；相反地，以一些并未出现在历史大事记中，但又十分有意思的事件作为回顾的内容，在每一幅旧照片的旁边，都以短小精干的评语将当时的情况与现在的情况进行类比，使读者不但了解一些不为人知的有趣故事，还能从对历史的玩味中得到启迪。这份特刊的名字就叫《20 世纪的另一张脸》。这样的策划与编排，就显得独具一格，做出了自己的特色。

2. 关于突发事件题材的策划

突发事件是新闻报道中常常面对的一种报道题材，由于它发生得突然，所以我们往往不能在一种有准备的情况下从容应战。但当突发事件发生之后，我们还是有机会针对该事件的特点，预测它的发展，通过策划进行有组织、有计划的报道。

2000 年广东江门一烟花厂大爆炸，《南方日报》闻风而动，速派记者前往采访，并嘱要做好预测和策划。在急迫情况下，记者迅速形成了一个报道方案：拍摄灾难现场实况、采访目击者、探查事故原因，并结合相关类似的事故资料进行报道。这样，既做到第一时间抢到新闻，又能挖掘出新闻背后更深层次的东西。

3. 关于日常新闻（主要是社会新闻）题材的策划

就新闻报道题材本身所具备的“先天条件”来看，重大题材蕴藏着重要而丰富的新闻报道内容，是每个记者所盼望抓住的题材。突发事件由于在时效性上的优势，又自然而然地为新闻报道提供了起跳点，也是每一个记者所喜欢报道的题材。然而，记者大部分时间面对的是日常新闻，也就是常态新闻。这一类新闻以社会新闻居多，它们往往是相对平淡、相对静止、相对孤立的，不像重大新闻和突发事件那样具有让人“一见钟情”的魅力。这一类新闻，更加需要记者与编辑主动地策划和思考，从平淡中挖掘出精彩，从静止中演变出运动，从孤立中衍生出联系。

2001 年 5 月《南方日报》和《南方都市报》推出的《解救湖北黄梅乞买童》系列报道，从 5 月 7 日到 14 日，刊发图文报道共 7 个版，引起广东、湖北两地省委、省政府领导的高度重视，还被上海、北京等地的媒体转载，老百姓反响强烈。这一报道，就是日常新闻的成功策划。开始，当记者了解到广州火车站有一群湖北黄梅籍的小孩经常纠缠旅客乞买物品时，广州其他一些媒体已对此事做了报道。新闻报道最忌讳的就是雷同。怎么办？我们的记者马上想到，仅仅报道这样一个现象是远远不够的，应该透过现象探寻这一问题的根源。于是，记者迅速将这一事件的书面材料送到了湖北省主管公安与民政的省委副书记的手中，引起了他的高度重视，并亲笔批示督办函，责成湖北省公安厅与民政厅共同解决此事。这就促成了湖北警方千里赴穗，鄂穗警方联合抓黑手、救儿童的大行动。与广州的同行相比，我们已经成功地策划出了一个独家新闻。但我们的记者并没有满足于此，一方面积极配合警方行动，做好跟踪报道，另一方面又在寻找第二个新闻点。他们决定跟随这群湖北孩子回到家乡，去他们离开的地方寻找问题的根源。此时，湖北、广东两地主要媒体都在对此事进行跟踪报道，记者又借这股热潮策划了第三个新闻点，将乞买童一事与其他类似的非法雇用童工的案例联系起来，采访了法律专家和社会学家，从法律和社会学角度对非法雇用童工这一问题进行了剖析，使乞买童这一单纯的新闻事件扩展成为一个重要的社会话题。

四、策划的层次

策划就是报道的组织、指挥和管理，就具体实施一项大型系列摄影报道而言，它包括了内容设计、题材联系、版面编辑、人力调配、进度安排、后勤保障等工作。一项大型系列摄影报道每个环节环环相扣，犹如一项系统工程，需要横向和纵向协调统筹，从某种意义上说，策划本身就是一项系统工程。

1. 报社的策划

报社的策划是指利用整个报社的资源，由报社整体协调进行的策划。比如我们前面讲到的梁文祥卧底拍摄吸毒者系列报道，就是一种报社整体的策划。从《南方日报》摄影专版上首次刊登，到南方日报出版社《独闯毒穴》一书的出版，再到广州中山图书馆举办影展并在全省巡回展出，短短 20 多天观众达 10 万人次，中央电视台、东方电视台、湖南卫视、广东卫视先后为梁文祥拍摄了个人专题，10 多家报纸杂志刊登了有关稿件推介其人其作。更为重要的是，公安部门根据他的这组报道，迅速对广州火车站及其周边地区开展了整治行动，使广州火车站地区治安环境大为改观，梁文祥本人也得到省公安厅颁发的“维护社会治安基金”奖。这一成果的取得，固然有梁文祥个人的心血在里面，而更为重要的是，报社调动多方面的资源，对这一报道进行全方位、多层面的策划，才使得这个报道在全省、全国产生巨大而良好的社会影响。

2. 部门的策划

部门的策划主要有两个方面，一方面是指报社作为第一层次的整体策划，设计出整体方案，确立一个大的主题，而这个大主题是以某种内在逻辑关系分解出多个不同的子题及板块，这些子题及板块落实到各个部门（或专题小组），部门（或专题小组）根据报社整体的策划思想和所分配的任务，做第二层次的策划，即由部门（或专题小组）来确定具体的题材、研究写作或拍摄的切入点、编排内容、调配人员采访等具体实施工作。最后，在规定的时间里，各部门（或专题小组）的策划稿件汇总报社策划班子审定，并统一设计版式。

2001 年《南方日报》的春节特刊《新世纪第一春》就是这样制作的。当时，摄影部根据春节的节日特点，确定了“欢乐团圆”的基调，以普通人的视角，结合广东特色，以欢乐庆团圆，以团圆带欢乐。在“欢乐”这一主题下，确定了广州花市、南澳草龙、柯尔克孜人的狂欢、摩梭人家这些具有地方特色的节庆项目；在“团圆”这一主题下，着重以情感人，确定了民工返乡、海峡两岸思亲这些具有深刻内涵的内容，使欢乐的摄影报道中带有绵绵不绝的亲情，感人肺腑。最后，以报社工作人员没有休息的春节作为结束，意味深长。

第二方面是指摄影部根据部门工作需要，从部门实际出发，独立完成的策划。前面提到的澳门回归、九八抗洪等报道之外，香港回归系列、扶贫攻坚系列、打捞中山舰系列，都是摄影部成功策划的成果。

3. 记者编辑的策划

记者编辑的策划，是指记者编辑在日常工作中，针对具体的新闻报道进行的策划。摄影部的记者编辑在日常的新闻采访工作中策划意识很强。像前面我们提到的很多例子，“汕尾土葬”“解救乞买童”“烟花厂大爆炸”等等，都是记者编辑在工作中主动发挥，积极实践得来的结果。当遇到一个新闻题材时，他们不是简单地采访一下，完成报道任务了事，而是思考这个题材值不值得做大，如何做大；在做大的同时又如何做出自己的特色。所以，记者编辑这一个层次的策划非常重要，只有每一个具体进行新闻报道的人员都具备了策划意识，才能做出漂亮的策划。

五、实施策划的保证

要使新闻摄影策划获得成功，还必须从人才、设备、管理、组织领导等方面提供保证。

1. 人才上的保证

无论多么精彩的策划，都需要人才去思考、去实现，所以，一支高素质的摄影队伍是策划成功的首要保证。

培养人才、使用人才、留住人才，新闻摄影事业发展才有后劲。要重视建立和完善培养名记者的机制，注重营造业务氛围，开拓摄影报道创作空间，重视策划和包装记者的劳动成果。《摄影报道》专版就是在这样的

指导思想下创办经营的，摄影记者通过《摄影报道》专版这个窗口，得到了展示自己才华的机会。

就《南方日报》摄影部目前的情况来说，年轻的摄影记者全部是国内名牌大学的新闻或中文专业本科生，还有一名研究生担任编辑工作。一个现代型的记者要具备5种基本技能：写作、摄影、电脑、外语、驾驶。现在我们再增加一条，就是捕获新闻线索和分析新闻价值的能力。因为，基本技能是为新闻实战服务的，具备敏锐的眼光、思考的头脑才是新闻实战中的关键环节。如果整日坐在办公室，等着领导派活干，哪怕具备一身好本领也是不够的。

2. 设备上的保证

近些年，随着新闻事业的竞争日益激烈，摄影记者的采访距离越来越远，而装备摄影部的投入也越来越大。现在，《南方日报》每个一线摄影记者都配备了数码照相机和手提电脑。另外，摄影部还配备了台式电脑、底片扫描仪和彩色冲印机等设备。从硬件上保证新闻图片的时效性和图片的质量是必要的，其目的就是为了提高摄影记者的作战能力，这也是落实“图文并重，两翼齐飞”的具体措施。

3. 管理上的保证

对于摄影部，我们采取“硬制度，软管理”的办法。“硬制度”就是要遵守报社统一的规章制度，并在这一规章制度下制订出具有摄影部特点的管理制度，如记者发稿奖惩制度、人员日常外出和器材管理制度等。

“软管理”就是要尊重摄影部的特殊性，注重抓摄影部班子的团结，大胆放手地让他们干。对摄影部报道选题的决策、报道方案的规划、具体拍摄内容和手法、版式设计等，一般不予干预。重点是看大的方面有没有违反有关新闻报道的规定，主题思想有没有偏差，品位是否高雅等。当报道在实施过程中，来自各方面不同的情况发生变化时，就要提醒摄影部调整原来的方案和设想，进行新的规划和设计。

4. 组织领导上的保证

《南方日报》摄影部近几年之所以能拿出这么多全国知名的摄影报道作品，之所以能不断地进行一个又一个漂亮的策划，与组织领导上的保证也是分不开的。

南方日报社的领导一向重视新闻摄影，新闻摄影观念的更新使报社领导真正地理解了新闻摄影在现代报业竞争中的重要作用。报社领导一方面亲力亲为，抓好重大新闻摄影报道的策划，一方面给摄影部出点子、提供版面、创造条件，使新闻摄影在《南方日报》上占据越来越重要的地位，发挥了独特的作用。《摄影报道》不仅在摄影专版上刊登，而且还能上第一版，甚至做头版头条，这样的例子在《南方日报》每年都有。《摄影报道》原来规定每半月1期，后来我们为了保证其新闻性，不安排固定版面，随到随上，结果每年都有50期以上，做到了平均每周1期。

（原文载于《新闻战线》2002年第4、5期）

成就报道的创新策划

为了迎接中国共产党广东省第九次代表大会（2002 年 5 月 20—25 日）召开，《南方日报》从 2002 年 3 月开始推出《世纪跨越·“三个代表”在广东》系列专栏，策划了系列成就报道，“十大新闻大家评”活动就是其中的一个重头戏。

“十大新闻大家评”活动从 4 月 3 日启动，持续 50 天，从读者推荐候选新闻，到报社与专家共同确定 15 件候选新闻，再到读者投票评选十大新闻，最后进行“十大新闻”解读，在全省乃至省外都产生了广泛影响。解读特刊推出后，引起了各界人士的强烈反响，得到了省委、省政府领导多次表扬，认为既充分地反映了广东的成就，又符合新闻报道的规律，取得了良好的效果，堪称一次形式新颖、生动活泼的成就报道。

“十大新闻大家评”三部曲

（一）策划：成就报道求创新

自 1998 年 5 月广东省第八次党代会召开以来的 4 年，是广东历史上不平凡的 4 年。江泽民总书记在广东首次提出了“三个代表”重要思想，广东省按照江总书记“增创新优势，更上一层楼”的要求，启动了率先基本实现社会主义现代化工程，经济和社会发展取得了长足进步，交出了物质文明和精神文明建设两份较好的答卷。

准确地反映广东 4 年巨变，深刻地揭示巨变背后原因，是省委机关报宣传报道的重中之重。按照广东省委宣传部的工作部署，南方日报社委会今年春节一过就开始研究迎接省九次党代会的报道，多次召集各采编部门负责人开会策划。大家认为，这 4 年间广东发生过许多重要的事件，通过评选这期间广东“十大新闻”的活动，可以用一种比较吸引人的方式鲜活地反映广东巨变，是成就报道的一种创新。

（二）评选：各方互动影响大

2002 年 4 月 3 日，《南方日报》在头版重要位置发布消息，宣布本报迎接广东省第九次党代会系列活动重头戏“十大新闻大家评”启动。为了使这一活动深入人心，成为全省干部群众重温 4 年来广东巨变历程的一次教育活动，我们从一开始就确立了“从读者中来，到读者中去”的原则，开展读者推荐候选新闻和评选十大新闻的活动。同时，为了使评选活动更具权威性，使选出的十大新闻能够真正准确地反映广东巨变，我们特别邀请了广东省社科院院长梁桂全等 10 位各个领域的权威专家学者，成立评选活动专家组，全程参与“十大新闻大家评”活动，把群众投票与专家评议较好地结合起来。

经过两个星期的读者推荐，我们拟出了候选新闻初稿，并召开第一次专家组会议，最后确定了 15 件候选新闻，于 4 月 17 日向读者公布。为了使读者更深入地了解候选新闻的深刻内涵，《南方日报》除了在头版发消息外，还用 A2 版一个整版介绍 15 件候选新闻的来龙去脉及其重要意义，同时在南方网上发布并开展网上投票。

候选新闻见报后，广大读者纷纷填写答卷寄到《南方日报》，到截止日期共回收有效答卷 112608 份，其中包括全国 26 个省、市、自治区读者登录南方网参与的网上投票。经过统计，我们选出得票最高的 10 条新闻，再次召开评选专家组会议，专家们经过仔细推敲，最后确定了入选的十大新闻排名，结果，“江总书记在广东提出‘三个代表’重要思想”名列榜首。5 月 10 日，《南方日报》公布了广东十大新闻评选结果。

（三）解读：力透纸背写春秋

通过评选产生的广东“十大新闻”（1998. 5—2002. 4）是：1. 江总书记在广东提出“三个代表”重要思想；2. 我省启动“率先基本实现现代化”工程；3. 我省 GDP 首破万亿大关；4. 广东成功承办九运会；5. 世界 500 强过半到广东；6. 高新技术产业带崛起催生深圳“高交会”；7. 广州完成“中变”；8. 扶贫“两大会战”告捷；9. 开通代表委员“直通车”；10. 查处湛江特大走私受贿案。

这“十大新闻”涵盖了广东省第八次党代会以来力争率先基本实现现代化进程中引人注目的事件，深刻地反映了广东两个文明建设取得的成就，折射出世纪跨越的巨变。为了深入探讨“十大新闻”的意义，在省九次党代会前夕，《南方日报》从5月13日起连续10天，每天用4大版的篇幅推出十大新闻解读特刊《世纪跨越》，通过对每一条入选新闻进行全方位的深入解读，形象生动而深刻地揭示了广东4年巨变的成就及其深层次原因。直到省九次党代会开幕后的第二天即5月22日，最后一个特刊见报，“十大新闻大家评”活动圆满落幕。

创新成就报道的三个要点

（一）要有一个好点子

春节过后，南方日报社委会就开始研究迎接省九次党代会的报道问题，并召集主要采编部门负责人开会进行研究。在第一次碰头会上，我们便形成了两点共识：一是作为省委机关报，必须在省九次党代会之前加大宣传力度，其重点就是对省八次党代会以来广东两个文明建设的成就进行充分报道，以形成良好的舆论氛围。二是要以创新精神把成就报道做活做好，突破习惯上单向灌输式的宣传，找到读者的关注点，用鲜活的形式表现出来，以吸引更多的读者关注，这样才能达到最佳的效果。到了第二次会上，有人提出，可以开展“十大新闻大家评”活动，通过请读者评选省八次党代会以来发生在广东的十大新闻，并对十大新闻进行解读，全面、深刻、生动地反映广东4年巨变。大家觉得眼前一亮，经过讨论最后形成了行动方案的框架。从实际效果来看，这次成就报道取得很好的效果，首先得益于这一个点子的提出。

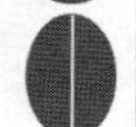

（二）要有一个好班子

一个大型的活动策划，往往是跨部门的行动，过去我们一般是将其分解成几个部分，分别交给有关的业务部门执行，这样固然有利于调动部门积极性，并形成你追我赶的竞争态势，但也容易造成各自为政的分割状态，不利于形成统一的风格，而这恰恰是策划的大忌。为此，我们在对十大新闻进行解读时，成立了一个统筹组，从头至尾负责整个策划活动的统筹指挥。这个小组在对行动方案进行细化之后，抽调各有关业务部门的骨干，每个专题安排一个人作为责任编辑，负责与各有关采编部门约稿、改稿、组版，出大样后交由统筹组把第一关，再交总编辑签付印。这种组织形式打破了部门之间的分割状态，有效地整合了可供利用的资源，我们称之为项目负责制：整个项目有个“项目经理”，下面有子项目的“项目经理”，凡是与该项目有关的业务，都由“项目经理”协调负责，层层落实，最后向“总经理”负责，达到对跨部门资源进行整合利用的目的和效果。

（三）要有一个好包装

新闻策划的包装十分重要。“十大新闻大家评”分3个阶段，每个阶段环环相扣，从宣布活动启动，到公布候选新闻，到投票评选，到新闻解读，必须把握连贯的节奏，使活动渐入高潮。为了使解读特刊具备整体的冲击力，我们十分注意在版式和版面语言上进行统一包装。除了统一报头报眉之外，还对10个特刊的版式、标题字体大小进行了统一，特别是头版，统一切割成专家文章、新闻回放、新闻背景、新闻纵深、导读5大块，而其他版面则在统一的前提下鼓励创新，使整个特刊看上去既有统一的风格又各具特色。

十大新闻每一个解读特刊，都是从一个方面展示广东4年巨变，所以我们要求对每一个特刊的内容和结构，从一开始就进行细化，以强烈的逻辑关系和历史纵深感来展开解读。如特刊之二《我省启动“率先基本实现现代化”工程》二至四版分别是：《决策：广东选择现代化》《实践：广东逼近现代化》《憧憬：广东梦圆现代化》；特刊之三《我省GDP首破万亿大关》二至四版分别是：《GDP过万亿：广东产业“三级跳”》《储蓄过万亿：人人都是万元户》《两个过万亿：从破到立创新体制》；特刊之十《查处湛江特大走私受贿案》二至四版分别是：《有案必查：抓住从严治党关键环节》《源头反腐：铲除腐败滋生蔓延土壤》《两大整治：打造社会经济崭新秩序》。精心策划加上精心包装，使“十大新闻大家评”活动取得了圆满成功。

创新策划推动机关报改革

我们把“十大新闻大家评”活动放在推动机关报改革的意义上来进行策划。大家都认为，面对报刊市场日渐细分的趋势，《南方日报》的改革不能走同质化竞争的路子，而必须在差异化上做文章，就是按照办权威大报的方向，面向主流社会的主流读者加大报纸改革的力度。

阶段性的成就报道不仅是机关报的任务，也是机关报的传统，如果做好了，等于把几年的历史“缩印”成册，是符合主流读者的需求的，关键是如何把这种例行的报道做活、做出吸引力，变成机关报核心竞争力的一部分。这次迎接党代会的报道，我们也安排了一组深度报道《四年巨变看广东》，分为决策篇、党建篇、外向带动篇、科教兴粤篇、可持续发展篇、精神文明建设篇，但我们把“十大新闻大家评”当作“招牌菜”来经营，让它真正出彩。

创新策划必须抓住机关报的优势资源来做，包括报社内部的人才资源和外部的资源。比如与党政部门长期联系使我们获得其他媒体所难以拥有的信息资源，与研究部门、专家学者经常性联系、约稿使我们获得了专家资源。这次评选十大新闻，我们专门邀请广东10位各个领域的权威学者组成评选活动专家组，对读者投票结果进行完善补充，并在进行新闻解读时请他们分别撰写一篇“点睛之作”，大大增强了这次活动的权威性。

机关报改革是个难题，经过一段时间的摸索，我们认定一条：只有紧紧抓住自身优势而不是舍本逐末，只有大胆创新而不是因循守旧，机关报的改革才能见成效。

（原文载于《新闻战线》2002年第9期）

从 SARS 事件看党报公共卫生报道

SARS 疫情，让大众和大众传媒一起经受了前所未有的考验。这一重大灾害的突如其来，是大众和大众媒体都始料未及的。《南方日报》一方面结合自身综合性日报的特点，在实践上进行着对 SARS 这一公共卫生报道新话题、新领域的积极探索；另一方面保持《南方日报》作为党报的优势与地位，始终坚持正确的舆论导向，义无反顾地担当起防治 SARS 报道的社会责任。

将突发公共卫生事件的个性与综合性日报的个性、党报的个性有机地融合

SARS 疫情是突发性的公共卫生事件，《南方日报》打破常规，超量报道。从目前看，报道大致可以分为 6 个阶段：第一阶段，主要侧重于事件缘起的报道、相关信息的披露和辟谣；第二阶段，是关于各级干部运筹指挥、一线医务人员的报道；第三阶段，是关于全省和全国性疫情的动态性报道；第四阶段，是有关“非典”防治信息全面、详尽的介绍；第五阶段，对一线抗击“非典”人员典型事迹的大力宣传，对抗击“非典”精神的及时总结与弘扬；第六阶段，重在引导群众正确处理好抗击“非典”与经济建设的关系。当然，这种阶段性的划分，只是为了勾勒媒体报道 SARS 疫情全貌的方便，实际上，这几个阶段的内容往往是你中有我、我中有你，很难截然分开。

这场与 SARS 的抗争还没有最终画上句号，就目前看来，在有关 SARS 的报道方面，我们已积累了一些有益的探索经验，就是尽可能地将 SARS 疫情的个性与综合性日报的个性、党报的个性有机地融合起来。具体地说，SARS 疫情的个性是其大面积传染性、严重社会危害性和病源、

疗法的未知性，综合性日报的个性在于其及时、全面的信息传递，党报的个性则在于自身强大的舆论导向功能。三者的有机结合，使得我们的报道有灵魂、有章法，为党报公共健康报道积累了经验，同时也产生了良好的社会影响。

党报报道突发性公共卫生事件应坚持的原则

突发性公共卫生事件报道与平时卫生报道不同，与其他的突发性事件也不同，有自己的特点和规律。《南方日报》这次面对 SARS 疫情的报道，始终坚持了以下 4 个原则。

（一）实事求是，保持权威性，达到“正视听”的作用

这次 SARS 疫情是在谣言盛起、以致短时期内曾引起群体性抢购的背景下发生的。这种背景下，新闻信息就不能一味求快，而应在坚持真实、准确和实事求是的前提下求快。否则，不但容易混淆视听，降低新闻信息的价值，还会危及媒体自身的权威性，造成不良的社会影响，不利于社会的稳定。

2003 年 2 月中旬，在 SARS 疫情还不十分清晰的情况下，面对纷纭的信息来源，在坚持信源的权威性的前提下，我们本着实事求是的态度，及时向读者发布省政府卫生部门所发布的疫情信息，报道以钟南山教授为首的广东医学专家有关 SARS 的分析意见。以对于“非典”病原体的报道为例，2 月 18 日，有关权威性消息称，国家疾病预防控制中心认定衣原体是“非典”的元凶。对此，广东专家有异议，认为可能是病毒引起的。面对这种情况，该如何处理？我们当然可以对省内专家的意见进行回避，但我们认为，科学上的论争是正常的。因此，2 月 19 日，《南方日报》在刊发北京消息的同时，将广东专家的意见如实刊发，一来尊重不同意见的事实，二来是旨在说明认识 SARS 疫情的艰巨性和复杂性。4 月 11 日，广东省疾控中心从病人样本中检出冠状病毒，WHO 于 4 月 16 日确认“非典”的病原体是变种冠状病毒。事实证明，《南方日报》当初从事实出发如实报道，有利于避免人们的盲从和对形势的误判，有利于避免一些医务人员对“非典”病人可能的盲目用药。

（二）尊重科学，加强服务性

面对 SARS 疫情，一味的恐慌无济于事，科学上的难题，最终还是要

靠科学发展来解决。《南方日报》在报道中坚持尊重科学，加强服务性，增强民众的防范知识与意识，贴近实际、贴近群众、贴近生活，培养读者的科学态度。4 月 11 日推出整版《非典型肺炎防治手册》，配以图解，紧扣老百姓关注的热点，普及与防治非典相关的科学知识。4 月 30 日用 A9—A12 四个整版做《非典假日健康宝典》，以“医、食、住、玩”4 个角度来切块，向读者全方位地推荐这个特殊节日的特殊过法，简洁、集中，洋溢着浓浓的人情味。如其中的 A10 版上，“非典热线”“抗非典菜谱”“专家谈”“百姓荐”，有菜、有汤，琳琅满目。5 月 12 日，我们又推出 4 个版特刊《农村防非典手册》，印数达 140 万，从政策措施、医疗救治及个人防护等方面，为广大农村读者提供防治“非典”的参考，政策性、实用性、现实贴近性强，受到农民读者的热烈欢迎。

（三）坚持正面引导，坚持正确的舆论导向，始终坚持团结稳定鼓劲、正面宣传为主的方针，着力营造有利于防治非典型肺炎的良好氛围

特别是前期，各种版本的谣言四起，保持清醒的头脑，保持内容上的权威性就显得尤为重要。如针对社会上纷起的含碘盐、板蓝根以及熏醋可治“非典”一说，《南方日报》第一时间采访了省疾控中心、广州中医药大学和省预防协会等单位的专家，亮出他们的意见进行辟谣，有针对性地先后发表《广东生产生活秩序正常》《不可迷信板蓝根，熏醋要注意浓度》等，提醒群众广东食盐粮油储备充足，切勿轻信谣言盲目跟风抢购；针对鸡肉等家禽导致“非典”的谣言，请省农业厅给出说法，并做了一个颇带感情色彩的标题《谣言令鸡蒙冤》。2 月中旬，《南方日报》先后发表深度报道《考验在春天》、《从容应对定大局》等，极大地鼓舞了广东全省人民抗击“非典”信心与斗志。

其次，大力进行大局与政策的宣传，宣传党和政府以及各地各部门把人民群众的身体健康和生命安全放在首位，积极部署和开展防治工作所取得的进展和成效；宣传《传染病防治法》等相关法规，引导人们理解和支持政府采取的各项防治措施。4 月 11 日，《南方日报》还用 A3 版整版独家刊登省卫生厅发布的《医院收治非典型肺炎诊断与治疗工作指引》《公共场所预防控制非典型肺炎工作指引》《学校、托幼儿机构非典型肺炎预防控制工作指引》，以指导有关部门和个人更有效地防控“非典”。

再次，加强对抗击“非典”一线医护人员感人事迹和奉献精神的报道。2 月 15 日发表长篇通讯《他们的名字叫医生》，通过生动的事例写出

了广州地区医务人员的酸甜苦辣，写出了他们在与“非典”争夺战中的团结协作、众志成城。4 月 20 日起，连续发表《激流中的南山》《美丽天使含笑归去》《勇抗“非典”不言悔》《用生命谱写的白衣使者赞歌》等通讯。这些人物通讯细致地反映了战斗在一线的白衣战士们可歌可泣的感人事迹，弘扬了社会正气。

通过强有力的舆论引导，在防治“非典”斗争中，党报在凝聚人心、激扬正气和推动当地群防群治局面的形成产生了良好的社会影响。

（四）适时、适度、适量，维护大局，维护稳定

把握报道的尺度与分寸是一门艺术，这次 SARS 疫情因其前所未有更是如此。《南方日报》在实践中感到，面对此类公共卫生事件时，必须从维护大局、维护稳定的角度出发，坚持适时、适度、适量的原则。这三者互相联系，同时密不可分，共同对大局与稳定产生影响与作用。

适时，指的是报道时机。有关引导方面的辟谣报道和正面宣传，时机把握得好，在稳定民心方面起到了很大作用。同时，利用党报优势，在言论报道上注意时机的把握。2 月中旬谣言正盛时，《南方日报》在第一版发表言论《谣言止于智者》，引导群众正确分析与看待非典事件，避免盲目的社会性恐慌；4、5 月抗击“非典”高潮时，先后发表《坚定信心战胜病魔》《牢记总理嘱咐打赢抗非战役》，引导人们认识到做好防治“非典”工作是每个公民的光荣职责和应尽义务；5 月中下旬，随着 SARS 康复者日趋增多，及时发表《尊重非典康复者》，引导人们应满腔热情地对待“非典”患者，绝不能疏远和歧视他们。

适度，指的是对报道言语、倾向分寸的把握。新闻，作为社会真实的建构，只要它见诸报端，就不可避免地通过用语、倾向性诠释着新闻事实的意涵。不同的意涵，明显地会产生不同的效果。比如，对于事件伊始广东的两次抢购，《南方日报》在及时报道这一新闻事实时，首先是版面语言上，没有将其放到过于突出的位置；报道用语上，更多的是叙述、警醒，而不是淋漓尽致的描写、刻意的渲染与炒作。而政府部门果断决策、快速行动，平息抢购风潮后，则给予了充分、细致而全面的报道。

适量，指的是报道的篇幅与数量。在整个事件过程中，《南方日报》一直紧随事件的进展而不断线地进行报道，但始终比较理性地将报道数量控制在一个合理的范围内，没有像一些报纸那样在数量上失控，以致一打开报纸满眼 SARS，给读者铺天盖地、山雨欲来风满楼的感觉。而且，在

SARS 疫情报道数量的分配上，社会恐慌性报道的比例处于弱势，更大比例给予有关抗击“非典”举措、手段与知识等正面报道。

（原文载于《中国记者》2003 年第 6 期）

政策解读的意义与原则

主流媒体为什么应该重视政策解读？

（一）政策解读在新时期的重要性

政策在社会中占有非常重要的地位，它往往预示着执政的路径、社会发展的走势和方向，乃至对寻常百姓的生活和切身利益构成直接而深远的影响。所以，所有的人群都不能不对政策给予关注。

新时期的社会现实更进一步凸显了政策的重要性：第一，中国目前越来越明显的“以人为本”的执政取向使得党和政府的政策跟老百姓切身利益的关系越来越紧密；第二，随着建设和谐社会目标的提出，各项政策越来越成为调节现代人日趋多元化的利益取向和价值取向的有力杠杆，以及实现和谐社会的重要和较为直接的手段。

政策报道一直是我国主流新闻媒体的关注重点之一，这是由其以担当党和政府喉舌耳目为固有天职所决定的。在新时期，政策报道的重要性更是可想而知。只有通过新闻媒体这一通向现代大众的最迅速和最便捷的传播渠道，政策才可能迅速为大众所知、所晓，并进而发挥最直接的现实影响力。同时，由于现代人的利益多元化、价值多元化，如果新闻媒体不对政策进行准确、主动的把握和解读，人们可能会对政策存在误读、不理解乃至产生对抗情绪，影响政策的执行力、影响力和社会和谐。

因此，在新的历史发展时期，主流新闻媒体应重视政策报道和政策解读。

（二）政策解读是主流媒体发挥自身比较优势的有效路径

现代社会的竞争很大程度上是比较优势的竞争。那么，主流媒体的比较优势在哪里？有一点不可否认，那就是政策报道和政策解读。正如《南方日报》在2002年8月6日《改版致读者》中所言："全新改版，全新高度，这来自我们对自身优势的准确把握和重新认识。作为省委机关报，我们的政治优势来自主流新闻、权威报道和深度分析；我们的权威优势来自政策宣传、主导舆论和舆论监督……我们深切感受到，只有这样，才能保持和发挥党报自身的优势，并把这种优势有效转变为市场优势，做大做强，不断巩固党报舆论宣传阵地，巩固党报在报业市场的主导地位。"

主流媒体，特别是各级党报，从来都被视为党的事业的组成部分，从而在新闻资源尤其是政策报道方面享有天然的权威地位和优先权。而且，由于主流媒体长期在受众中的威信较高，说服力较强，主流媒体对重大政策和决策的解读容易在受众中形成范围较广、相对稳定的舆论。因此，对于党和国家的重大政策和决策，主流新闻媒体应该坚持新闻工作的党性原则，服从和服务于改革发展稳定的大局，充分进行报道、宣传和解读，尤其是要清醒地认识到，政策报道是主流媒体自身的比较优势之所在，是发挥自身比较优势的有效路径。

政策解读的基本原则

（一）积极而为原则

对于政策解读，主流媒体首先要调整心态，以一种积极而不是消极的心态来做。要看到，这是我们的优势，是宝藏；我们在这方面不是无所作为，而是大有可为。当然，这也不是不花力气、全盘照搬的懒汉作风所乐意"为"以及所能"为"的，需要保持积极的心态，发挥创造性的思维去"为"之。

《南方日报》从2002年8月6日全新改版以来，一直以一种积极主动的心态来对待政策报道和政策解读。至今仍给人印象深刻的要数我们对于十六大报告的解读了。

党的十六大报告意义重大，因为它确立了党领导中华民族在21世纪实现伟大复兴的指导思想——"三个代表"重要思想，明确了我国社会的未来规划和阶段性目标——全面建设小康社会。对这样一个价值极高的政策报告，主流媒体理当竭尽所能予以充分关注。经过多次研讨，精心策划，我们决定以16个版的篇幅为报告解读特刊的大手笔、大气势奠定一个大平台。

实施方案为：封面版以十六大报告的主题为标题，刊登一篇2000多字的概述性文章，着重阐明十六大报告的重大意义、理论基础、主题和主线；报告第一大部分“过去五年的工作和十三年的基本经验”，两个版；第二大部分“全面贯彻‘三个代表’重要思想”，两个版；第三大部分“全面建设小康社会的奋斗目标”，一个版；第四大部分“经济建设和经济体制改革”，两个版；第五大部分“政治建设和政治体制改革”，两个版；第六大部分“文化建设和文化体制改革”，一个版；第七大部分“国防和军队建设”，一个版；第八大部分“‘一国两制’实现祖国的完全统一”，一个版；第九大部分“国际形势和对外工作”，一个版；第十大部分“加强和改进党的建设”，两个版。我们进一步认真设计了版面内容：除封面版外，每版由专家概述、报告摘要、专家解读、背景资料及配文图片5种基本元素构成。同时约请省内12名优秀专家分别撰写相关部分的解读稿。

2002年11月18日，《南方日报》推出16个版的《十六大报告解读特刊》，其鲜明特色主要表现在：一是全面准确地反映了报告的主要内容和精神实质；二是重点突出，详略得当；三是既忠实于报告原文，又有专家的理解和阐述，对读者学习报告具有引导和辅导作用；四是特约专家均为该方面的权威，保障了解读文章的权威性；五是背景资料和配文图片的使用加深读者对报告的理解，并活跃了版面；六是版式设计新颖、专业，小标题制作到位，整个特刊显得生动活泼。

（二）高度原则

所谓高度，是强调在对政策新闻信息的选择、处理上，在对政策的意义、价值和影响的挖掘和阐释上，要有独特的见解、独到的思考，发出权威的声音，占据高端读者市场，树立权威，建立公信，影响有“影响力”的人群，进而影响整个社会；是强调在坚持政治意识、大局意识和责任意识和政治家办报原则的前提下，要有专家眼光，准确把握国家大政方针的精神与实质，进而用对新出台法规政策的权威解读和理性阐释，引导读者准确把握社会形态、经济动向、生活潮流的变化。

在具体实践中，只有把政策报道做权威、做深、做全面，把政策解读得好看、耐看、容易看，主流媒体的高度才能真正体现出来。“权威”，不仅指消息源的权威，也指解读本身要权威；“深”，指的是有独到的见解，给读者以耳目一新的感觉；“全面”，指的是对政策本身的解读要全面，对政策变化所带来的方方面面影响的揭示要全面。

在《南方日报》近年来的政策解读报道中，《创新广东》特刊堪称体现高度的杰作。这个特刊2005年11月18日推出，共60个版，是对广东提高自主创新能力战略决策进行全方位深入解读的范本。第二部分为特Ⅱ、特Ⅲ和特Ⅳ3叠共44个版，与第一部分的务虚相对应，重在“务实”，重点推介4类“创新之星”：创新型高校、创新型科研院所和创新型企业、创新型城市、创新型专业镇和创新型产业园区，通过推介、展示广东几大类型的“创新之星”，使在创新之路上积极探索的各类主体在更深刻地理解创新之道的同时，有了很多各自在现实中可学的模板。《创新广东》特刊以其前瞻性、权威性、深度和全面性引起了各界读者的强烈反响。

（三）贴近原则

政策报道一向是主流媒体特别是党报的强项。但长期以来，读者心目中的政策报道，总是一副“高高在上，板起面孔教训人”的样子，没有平民视角，贴近意识不强，动辄原文照搬，块头大、篇幅长、可读性差。这怪不得政策报道本身，而应归咎于媒体自身不善于从读者切身利益的角度报道。其实，就政策而言，读者与其说是选择其权威性，不如说是选择其实用性，所以，主流媒体在政策报道中尤应选择读者视角，体现贴近意识，努力将政策解读化繁为简，化难为易，化深奥为晓畅。好的政策解读，应该是高度和贴近的巧妙结合。

2005年8月29日至30日，广东省委、省政府召开全省深化国有企业改革工作会议，讨论出台《中共广东省委、省政府关于深化国有企业改革的决定》（简称“28条”）。这是广东启动新一轮国企改革攻坚战的新节点。29日，《南方日报》在头版头条刊登消息《我省酝酿出台深化国企改革“28条”　经营者可获增量资产奖励股》，同时推出16个版的《国企新政》解读特刊，并在会场发放。30日，又刊发广东省国资委主任接受《南方日报》记者独家专访，详解国企改革方略的专稿。31日，结合闭会消息，《南方日报》跟踪报道了“28条”的5个配套文件，细化了报道内容。连续3天的政策报道内容完整，解读权威，时效快，针对性强，既靠近政策，又贴近企业，充分展示了在政策解读中加强贴近性的努力。

广东省委九届五次全会提出了“建设和谐广东”的任务，为全面推动全省贯彻落实党的十六届四中全会和省委九届五次全会精神，《南方日报》积极主动承担起宣传“和谐广东”的责任，注意和注重从百姓视角做文章。9月中旬，省委、省政府发出《关于构建和谐广东的若干意见》（简称“《意见》”），提出“富裕、公平、活力、安康”构建和谐广东目标。9月14日，《南方日报》在一版显著位置刊出《意见》出台消息，并用“调研篇”“起草篇”“特色篇”梳理内容，报道《意见》出台的前后。9月15日，紧接着推出4个版的解读，阐述《意见》对老百姓生活尤其是衣食住行所可能带来的具体影响。解读既紧密配合当前广东省委、省政府的工作重点，反映了经济社会生活中的热点话题，又从读者关注点和兴趣点着手，提高了广大读者对“和谐广东”全方位的认识，较好地做到了宏观与微观的结合、高度和贴近的结合，收到了很好的社会效果。

（原文载于《中国记者》2006年第1期）

大视觉概念与报纸视觉运作

随着各类媒介之间日趋激烈的竞争和平面媒体内容同质化日愈明显，越来越多的报纸开始重视视觉形象整体包装，报纸视觉设计已成为报纸赢得竞争的一大利器。

大视觉概念是“逼”出来的

《南方日报》关于大视觉概念，从外部说，是市场竞争和读者品位的提高逼出来的；从内部说，是报纸不断改版、定位和操作思路不断适应现代报业运行机制的改革逼出来的。

多年来，《南方日报》摄影部是优秀团结的团队，能冲敢拼，完成许多似乎不可能完成的任务，获得无数荣誉。但在过去很长一段时间内，摄影记者的努力在报纸版面上不能完全体现，摄影在大部分情况下仍是配角，在日常报道中疲于奔命，好的、成组的优秀摄影作品数量下降，摄影记者的积极性也受到打击。

4 年前，《南方日报》第一次全新改版时，确立“高度决定影响力”的办报理念，从党报定位、采编思路、运作机制以及版式风格上，进行一系列配套改革。在党报系统率先尝试版面设计改革，最早引入“窄报”概念，同时设立图片总监、版式总监。版面设计的原则倾向简洁大方，板块明晰，注重细节。全新改版的版面刚一出来，广受好评。几年实践下来，报纸版面设计风格和特色初步形成，版面语言和设计元素与报纸本身的定位和内容协调匹配，但美中不足的是，改版时确立的版式理念，在日常编排操作中时有反复，而且质量不稳定。文字编辑在版面设计上握有主导权，但是他们本身并不具备版面设计专业知识，一不注意，版面就又回到以前细碎密实的风格。版式设计人员的主动性不够，没有在日常操作中进行创造性发挥，进一步地丰富和细化。因而读者在接受、认可的同时，新鲜感一过，也开始不满足了。有读者反映说，“《南方日报》报相太素雅，缺少变化，总是黑压压的一堆文字”。因此，报社决定将整张报纸包装设计搞上去。所以，就有了“大视觉”概念，就有了全新的视觉新闻中心。

“大视觉”包括新闻摄影、图片编辑、图表制作和版式元素在内的整体视觉设计，这些不再是文字报道的辅助工具，而是将新闻产品真正完成的最后一道工序，即如何让读者最充分接受的产品总成。所以，视觉新闻中心并不是新闻采访的配合部门，而是将新闻生产与总装“出厂”密切衔接的生产部门，是报纸“生产链”上重要的一环，它的职责就是出色地包装报纸产品。因而，需要将图片、视觉设计与版式美编放在同一个框架内进行整合。它们既有同一目标，即如何让读者更容易接受报道，实现从易读至悦读的转变提升；同时，在具体操作中又有矛盾，图片与图表、绘图、漫画等争夺同一块阵地。如何让它们以最适合的姿态出现在合适的位置，更加丰富而不显杂乱，更加精当而不失平衡，需要全局的把握、巧妙的安排和权威的制衡。视觉新闻中心所要承担的作用，就是将这几股力量有机整合、巧妙制衡，让易读、悦读的视觉效果在报纸上得到最大化展示。

全新建制是“杂交”出来的

视觉新闻中心是将原来分散在各编辑部门中的版式设计人员集中起来，成立版式工作室，再与原有管理摄影记者的摄影工作室、管理图片编辑的图片工作室进行整合，成为一个对报纸视觉包装部分有实际话语权的业务部门。这个全新部门的设立，没有可借鉴的现成经验，磨合运作近1年时间，成效显著。

2005年下半年，《南方日报》将版面设计主动权回归给版式编辑，版式成立独立部门，权责统一，让版式美编能动性、创造性充分发挥出来。

此外，对原摄影部门也进行调整。为了改变摄影记者疲于应付日常新闻、难出精品的状况，在摄影记者中成立机动组，将摄影记者中精干力量抽出来，集中精力做一些需要时间与摄影想法的图片专题，当遇到大的新闻事件时，派他们“奔赴前线”。同时还指定专门跑突发新闻的摄影记者拍摄照片。随着《南方日报》对民生新闻的日益关注，对广州等中心城市区域市场的重视，突发新闻成了报纸每天鲜活新闻的主要来源之一。而对摄影记者来说，突发新闻也最有可能产生当日精彩图片。

良好成效是“碰撞”出来的

1. 优势互补，协作配合更为流畅

视觉新闻中心成立后，摄影记者、图片编辑、版式编辑与文字编辑之间有了更流畅的沟通渠道，配合也更为紧密。以前各自为政、相互间无法协调的局面得到极大改善。

《南方日报》过去存在一种简单的想法，认为对文字编辑进行简单的培训或者通过美编就可以解决版面用好图片的问题，“不就是挑选好看、好用的照片嘛”。诚然，文字编辑在文字处理上具有权威性，但其逻辑思维往往强于视觉思维。而美编的视觉思维与新闻摄影也有出入，在日常工作中可以发现美编往往偏好更美术化的图片，而忽略新闻性、信息量。因此必须在各自专业领域里尊重各人的专业素养，让图片编辑、文字编辑与美术编辑之间取得最佳平衡，而不是简单地挑选图片。视觉新闻中心的建立，让图片编辑与版式编辑实现良性合作、优势互补。不论是图片编辑，还是版式编辑、文字编辑，都应互相尊重彼此的专业知识，求得最佳版面传播效果。

2006 年 7 月 15 日，热带风暴带来强降雨瞬时淹没乐昌县城。由于灾区断水断电，交通、通讯全面中断，记者在前线采访相当艰辛，但他们在抗洪第一线也拍到珍贵镜头，如长坪监狱 1600 名犯人大转移、村民跪谢抗洪英雄的母亲等，记者们事后说这次采访“一点都不冤枉”，因为“后方用得好”。在抗洪期间，《南方日报》除了头版每天保证一张优秀图片作为主打，第三版、四版的广东新闻也辟有抗洪专题。由于版式、文字编辑以及图片总监、图片编辑之间合作流畅，使记者在抗洪第一线拍到、采到的“好东西”都在版面上得到体现，视觉新闻中心也因为突出的表现成为这次抗洪报道的先进集体。

《南方日报》视觉新闻中心每个月都举行培训课程。视觉设计人员将制图概念传播给大家，使摄影记者明白有些新闻事件并不适合图片表达，而制表、制图会是很好的补充手段，摄影记者应该配合，与版式编辑沟通，提供完备的素材。而摄影记者和图片编辑也将新闻图片选择理念与现代发展介绍给版式编辑，强化他们的新闻图片观念，让图片在版面上体现得更专业化。

视觉新闻中心成立后，负责摄影和版式的同志主观能动性都被调动起来，效果也非常突出：要闻、时政、经济板块分割更加明晰，阅读起来更方便；生活板块大气活泼，富有时代气息；一些专题板块，比如国际专题的《天下》栏目，图片或创意制图已经成为主题的表达或者内容的关键词。

现在，文字编辑也越来越重视视觉元素。头版编辑每天都向图片总监征求头版图片特别是主打照片的选择意见。版面编辑在常规版面特别是头版的设计上也有了更多发言权。在编辑制作一些特刊时，确定主题后，各个编辑忙着做的头件事就是追着图片总监要相应的图片，忙着让视觉中心安排出色的美编设计报头、版花和版式。

2. 优胜劣汰，发挥专业人员主观能动性

《南方日报》是一家具有57年历史的老牌党报，原有的版面设计人员无论是年龄结构还是专业技能都有老化的倾向。视觉新闻中心成立后，对原有版面设计力量进行重组，启用大量年轻优秀、有国际视野的视觉设计人员，对原有人员则进行再培训。新生力量的启用，丰富了版面语言，大量绘图、制图、制表、漫画甚至3D制图的运用，给报纸注入新的视觉元素。奖励和打分也向创意人才倾斜，重质不重量。现在，版面编辑不再是简单的操作员，而是人才结构中不可或缺的力量。

《南方日报》摄影部近年也补充了新鲜血液，现在已有摄影记者20多名。年轻记者虽然缺乏经验，但是很有干劲，对日新月异的数码摄影技术及数字传输技术掌握得比较好，他们带来的新鲜理念，对老记者也是有力的冲击和促进。在2006年抗洪报道当中，就有3位刚刚到岗1个月的年轻记者受到表彰。其中有位刚来1年的记者在广州团市委那里获得一条新闻线索：有位听障的西藏女孩受好心人资助要来广州治耳朵。这个记者很敏感，对这位藏族女孩在广州治疗的情况进行了追踪报道，后来团省委非常重视这件事，女孩获得免费治疗，恢复听力。《南方日报》前后4次对此刊登大篇幅的图文报道，影响很大。

3. 机动灵活，将重视摄影落到实处

摄影记者是实现“大视觉”理想的核心力量。在我们看来，无论报纸版面视觉元素如何多样，依然撼动不了新闻图片的地位。报纸首先是新闻纸，视觉元素中也只有最具现场感的新闻图片才能满足新闻事实的需求。由于要“跑线”，摄影记者疲于应付日常新闻，难出精品，机动组的成立，很好地解决了这个问题。现在机动组成员共有3名，全为摄影记者中的精干力量，他们不仅摄影技术过硬，文字水平也相当不错，可以担当重大新闻独立采访。2006年“三峡工程竣工”“纪念唐山大地震30年”“青藏铁路开通运行”等全国性大事件，都是机动组摄影记者完成的。好照片有了，要将它用好，还需要后方全力支援。作为报社主要领导，我常跟文字编辑说："图片质量过硬的时候，就要大胆使用，不要吝惜版面。"摄影记者也与文字编辑、版式编辑达成很好的默契。对图片新闻及视觉的重视，不是只停留在口头上，更要落实在实际行动上，"该出手时就出手"。

4. 回归民生，重视图片新闻的原生力量

《南方日报》在广州总部开设呼叫中心，摄影工作室也设立专门跑突发新闻的摄影记者，并在几个新闻资源相对集中的地方，设立驻站记者制度，以保证每天都有鲜活的图片新闻提供。2006 年 5 月，广州天河区发生化学品泄漏事故，几千人大疏散，报社摄影记者不顾生命危险，到第一现场采访。虽然照片发回来时已是深夜，编辑仍然果断用大半个版的篇幅进行报道。

（原文载于《中国记者》2006 年第 12 期）

在构建和谐东亚中发挥建设性作用

2007 年 1 月在菲律宾宿务举行的第 10 次“10 + 3”会议上，中国总理温家宝先生提出了构建“和谐东亚”的理念，得到了各国领导人的积极响应。我对这个理念深表赞同，其美好前景也十分令人向往。

在汉语中，“和谐”一词虽由“和”与“谐”组成，但两字的含义却很相似，在我国古代典籍有丰富的记载与阐述。东汉字典《说文解字》解释为：“和，相应也。”《尔雅》的解释是：“谐，和也。”《论语》中说“君子和而不同”，意为在包容差异中达成和谐。《周礼·调人》则指出“掌司万民之难而谐和之”。总之，“和谐”一词，就是指配合得均衡匀称。而构建“和谐东亚”，我的理解是，让存在差别的各个国家，通过良好的沟通与协调机制，形成共识，解决矛盾，平衡利益，协同互济，共创美好明天。

在我看来，从东盟倡导“10 + 3”合作到构建“和谐东亚”理念的提出，是东亚各国逐渐走向和谐之路的历程。10 年前的亚洲金融危机，使东亚 13 个国家均意识到，要抵御突如其来的灾难和解决其他重大问题，必须通过建立合作机制加强合作。因此，在东盟的倡导和中、日、韩三国的积极参与下，“10 + 3”机制得以建立，东亚区域合作由此翻开了新的一页。10 年来，“10 + 3”机制从无到有，从非正式走向正式化，从经济领域逐渐拓展到政治、文化等领域，确立了在东亚合作中的主渠道地位，推动了东亚这一全球经济发展最快、最具活力地区的区域经济一体化进程和社会进步，增进了东亚各国的相互理解与信任，对于提高本地区国际地位与影响力，产生了十分积极的作用。

可以说，在“10 + 3”框架的发展过程中，各国媒体通过传播信息、设置议题、引导舆论等方面的努力，广泛地影响了受众对于东亚合作的认识，也在相当程度上影响了政府的决策，推动了合作的进程，其作用是不可替代的。这在今后的东亚合作中也必将得到进一步发挥，正如温家宝总理指出的：为构建一个政治上互信共存、经济上互利共赢、安全上互助共济、文化上互鉴共进的和谐东亚，需要加强各国媒体的交流与合作。今天举行的这个研讨会就是一个有力的例证。

我认为，虽然东亚各国读者的心态、生活方式和思维方式，以及所在国家的社会、政治、经济、文化、教育、宗教等方面存在很大的差异性，但在构建和谐东亚的过程中，新闻媒体能够进一步发挥建设性作用。例如，2004 年底，东南亚海啸震惊全球，灾区损失十分严重。本集团旗下的《南方日报》《南方周末》《南方都市报》《21 世纪经济报道》等媒体迅速派出 13 位记者，奔赴印尼、泰国、斯里兰卡等国灾区深入采访，发回了大量报道，这对于广东乃至中国人民了解灾情、动员社会各界向灾区捐款，产生了重大影响。《南方日报》记者在 2005 年元旦这一天中午，来到重灾区泰国攀牙府俨遥寺采访，那里停放着 3000 多具海啸遇难者的遗体，有 5 位中国 DNA 专家及其他国家的专家在此进行鉴定工作。由于天气炎热，气味十分难闻，现场守卫又非常严密，许多西方重要媒体都被拦在门外。当警察得知这位记者来自中国，马上表示："中国记者不戴有色眼镜!"随即为采访开了绿灯。中国专家已经连续工作了 18 个小时，忙得没空答话，记者就坐在遗体旁寻找采访时机。由于三层口罩影响提问，他就索性扯下口罩。这种精神感动了专家，记者由此得到了许多第一手材料。当时西方媒体都在批评泰国对遇难的西方游客身份鉴定马虎草率，我们的记者则通过现场报道中国专家及其他国家专家的辛勤劳动，发出了真实客观的声音。在我们记者的报道中，我还注意到这样一个例子：印度尼西亚亚齐省首府班达亚齐唯一一份报纸 *Serambi Indonesia*，在东南亚海啸中受到毁灭性打击，80 名记者几乎全部失踪，幸存员工的身上也发生不少妻离子散的悲剧。但是在幸存员工的努力和总公司的支持下，灾后 6 天，这份报纸在极其艰难的条件下复刊了，并免费送到灾民手中。这些可敬的新闻工作者就是这样通过报道，给灾民以勇气和信心，并告诉政府和国际社会灾民需要什么。《南方周末》的记者在采访中受到深深的感动。我相信，在各国媒体中此类发挥建设性的例子是不少的。

那么，在构建和谐东亚的进程中，媒体应在哪些方面发挥建设性作用呢？我认为应从如下三方面努力：

第一，在客观、真实、准确、全面地传递信息方面发挥建设性作用。在全球化浪潮汹涌而来和信息时代的背景下，要有助于本国民众正确地了解邻国、理解别国人民，首要的一条是客观、真实、准确、全面地传递信息。这不仅是东亚合作的内在需求，也是新闻工作者的社会责任所在。事实上，任何一个谋发展、搞开放的国家都需要有一个良好的国际舆论环境。要建设一个和谐东亚同样如此，沟通与理解是重要基础。新闻媒体应通过客观、真实、准确、全面地传递信息，帮助不同国家、不同地区和不同类型读者，消除客观的或人为的鸿沟，让彼此逐步达到沟通、理解、宽容、接受、信任和求同存异的目的。

第二，在促进彼此的发展方面发挥建设性作用。近10年来，如同东亚地区的迅速发展一样，广东经济一直保持稳定高速的增长，已经成为世界制造业基地和跨国采购中心，成为内地与东盟商品进出口的重要集散地。由广东倡导的“泛珠三角区域合作”，已经成为中国—东盟自由贸易区建设的桥头堡，它为“泛珠三角”地区与东盟贸易及投资双向发展提供了新的机遇，各自为对方的发展提供了广泛的市场需求。所有这些经贸合作活动和取得的成果，不仅都有媒体的参与，而且在许多重大活动中，媒体还担当了重要角色，许多企业包括东亚地区的企业都是从媒体的“信息通道”中进入经济的“黄金通道”的。目前，中国与东亚区域经贸合作进入了一个新阶段，形成了良好的发展势头；而东亚自由贸易区能否如期建成，在一定程度上取决于东亚各国媒体能否合力推进多边的信息流动，能否发挥自身的建设性作用。

第三，在增进了解和友谊方面发挥建设性作用。东亚各国之间有着密切的地缘关系，有着悠久的历史和各具特色的文化传统，自古以来就有密切的交往，同时我们也面临许多共同或不同的问题，这就需要我们相互学习和交流，相互吸收彼此的智慧和文明成果，借鉴彼此的发展经验，以达到加强东亚各国人民交流思想情感和增进友谊、促进各自的发展进步的目的。在这个信息爆炸的时代，这个目标必须通过媒体这个重要渠道的推介或报道来实现。同时，我们要针对传播过程中由于信息不对称和不同文化背景造成的认识差异与误解等，多做释疑解惑的工作。事实上，媒体在增进沟通和交流、增进了解与友谊方面还有大量工作可做。一个媒体的力量是有限的，但如果东亚媒体都重视增进了解和友谊的事情，就将成为时代与历史的一道风景、一种精神，既能有力促进和谐东亚的建设，也能进一步扩大自己的社会影响，在各国人民当中树立起良好的形象。

（原文为作者在2007年首届“10+3”媒体合作研讨会上的发言）

以改革创新精神报道改革开放30周年

鉴史可以知今，纪念是为了未来。

发轫于30年前十一届三中全会的改革开放，改变了中国，改变了世界。党的十七大系统总结了中国共产党和中国人民的奋斗史，特别是浓墨重彩地总结了改革开放30年来，中国共产党和中国人民取得的现实进步和理性经验。同时提出，高举中国特色社会主义伟大旗帜，以邓小平理论和“三个代表”重要思想为指导，深入贯彻落实科学发展观，继续解放思想，坚持改革开放，推动科学发展，促进社会和谐，为夺取全面建设小康社会新胜利而奋斗。

因此，纪念改革开放30周年的报道，要在这样的历史、政治和理论坐标之下展开，做出广度、深度和特色，同时追求生动、贴近，以实现最佳传播效果。

满怀感情　满腔热情　大力改革创新

改革开放的灵魂是解放思想，敢于创新。只有满怀感情，满腔热情，改革创新，才能做好改革开放30周年报道。

（一）从新闻报道的内容素材看，创新是吸引读者的要求

改革开放是30年来的基本国策，其基本理论与历史进程对于一定年龄段的人来讲，耳熟能详。如果没有新的素材、新的角度和手法，就容易流于老生常谈，报道也难免让读者感到味同嚼蜡。

而对于80后的年轻读者来说，他们虽然与改革开放一同成长，但普遍不愿过于怀念历史，而更愿意展望未来，如果不能在鉴史基础上思考今天、勾画未来，也不能吸引他们的视线。

（二）从新闻报道业务要求看，创新是以变应变的需要

当前，受众的生活方式、信息获取方式已发生重大变化，特别是网络的超链接，使瞬间获得海量信息成为可能。而网络等新兴媒体分流了纸媒不少读者。这要求报纸必须大胆创新，以变应变，才能赢得引领舆论的主动权。

（三）从新闻竞争需要看，创新是实现自身价值的选择

由于纪念改革开放 30 周年是 2008 年的重大主题，全国各种媒体投入大量人财物，各展其能。如果没有创新精神和手法，就容易被淹没，不能实现自身价值。一开始我们就深知，在这场竞争激烈的新闻大战中，必须通过新闻文本的创新、编辑手段的丰富、更专业的策划、更独到的视角增强报道的吸引力和亲和力，巩固和扩大纸媒的优势。为此，南方日报社在 2007 年年底就面向全体采编人员征集报道方案，并成立专门工作小组负责整理综合反馈的信息。经过集体研究，以“风起南方”作为整个纪念改革开放 30 周年报道的统题。报道于 2008 年 1 月启动，目前正在紧锣密鼓地推进。

以“五个改变”谋求报道的创新与超越

（一）改变“见物不见人”的传统成就报道模式，精选一批改革人物作为“时代标本”，通过他们再现改革风云

改革开放 30 年，不仅是中国 GDP 高速增长的历史，在这些日新月异的表象背后，是中国城镇居民从受人事档案约束的“单位”走向由人才市场提供服务的企业的历程，是数以亿计的农民涌入城市谋求生计发展甚至商业成功的历程，是现代中国社会和中国人知识、理性、经验快速成长的历程。如果把改革开放 30 年的点点滴滴置于大历史望远镜之下，将会发现，通过描述个人命运在改革大潮中的沉浮，更能看清中国崛起的脚步、中国社会的成长历程以及这个时代的急剧变革。

因此，在这次纪念改革开放 30 周年的报道中，我们强调不要机械性地、习惯性地数字堆砌，而要通过充满细节的“个人化叙述”，书写中国人在改革大潮中的命运沉浮。我们精选了一批改革人物作为报道对象，并将其分为 4 类：一是广东改革开放的推动者，主要包括任仲夷、吴南生、

林若、方苞等；二是港澳知名人士及其后人，如霍英东及其后人、庄世平及其后人、马万祺等；三是广东经济发展先锋与争议人物，如史玉柱、李东生、潘宁、李经纬等；四是普通平民，如广州高第街的第一个个体户、广州的第一个的士司机、深圳杰出的外来工代表等。将改革先锋和普通民众都纳入报道视野，才能更真实地打动人心、启迪思考，才能更好地读懂中国。

（二）改变“面面俱到”的传统报道操作模式，精选有代表性的物和事，通过对标本的深度解剖，再现峥嵘的激流岁月、激荡的改革大潮

改革开放带来的改变包罗万象、纷繁夺目。但面面俱到未必效果就好。画画的人都知道，最有表现力的，往往是那些最有特点的细节。报道亦然。展现30年改革开放的恢宏画卷，宜精不宜多。我们通过广泛征集资料，精挑了30个最有标本意义的“时代档案”，如《雅马哈渔档》，人大、政协的广东现象，“时间就是金钱，效率就是生命”的口号，等等，并对其进行深度解剖，以此再现峥嵘的激流岁月、激荡的改革大潮。

（三）改变“假大空”的深度报道模式，精选报道的切入角度，增强报道亲和力

梳理改革，深度报道不可回避。做好深度报道不容易，必须在挖掘深度的同时，以轻松亲和的形式让读者接受。怎样做才能避免深度报道板起面孔、洋洋洒洒的通病呢？我们精选切入角度，选准一些失败的改革者，通过对他们偶然登场、辉煌在场、落寞退场的解析，深刻理解改革闯关的艰难。

这组深度报道的栏目定为“改革的石头”。语出小平同志的名句“改革是摸着石头过河”。这个石头至少有两层含义：一是垫脚石，靠着这些垫脚石我们摸着走了30年；二是绊脚石，让我们积累经验教训。但无论是垫脚石还是绊脚石，每个石头都值得好好解剖，而且，这些“石头”的故事大都精彩动人，从中切入，可大大增强报道的亲和力。

（四）改变“囿于一域”的地方媒体惯性，树立全国、全球视野，站在更高的高度，寻找广东发展的坐标

地方媒体纪念改革开放30周年的报道，要不要做全国题材？这是毋庸置疑的。问题在于怎么做，是不是随便抓，碰到什么写什么？

长期以来，地方媒体形成“囿于一域”的思维惯性，在经营全国题材、全球题材时，就难免显得不适应。这些年，《南方日报》强化“大时政”理念，高度重视并经营好全国题材，积累了一些经验：要打破“囿于一域”的思维惯性，树立全国、全球视野，站在更高的高度，审视发展。

就纪念改革开放30周年报道而言，我们的想法是走出去，寻找广东的发展坐标。全国题材浩如烟海，我们精选了两个与广东发展特别有比照意义的标本——“新特区”与“长三角”。一方面派出记者到浦东新区、津滨特区、成渝特区、武汉长沙城市群等新特区、新实验区采访，为广东的3个经济特区实现新发展寻找启示。另一方面，从区域经济发展的角度，到长三角、环渤海经济带、东北区域（振兴）等地采访，为珠三角的新一轮大发展探路。

在全球视野方面，自20世纪60年代以来，包括中国在内的广大发展中国家努力奋起，积极探索本国本地区的崛起路径，取得了明显成效，比如亚洲四小龙、金砖四国等。在共同探寻的崛起路径中，中国改革开放的意义和启示何在？其他国家的发展路径选择可以给我们提供哪些借鉴及教训？走出去，就是要回答这些问题。我们的全球采访还考虑与一些有影响的华文媒体合作。

（五）改变“千报一貌”的表现样式，强化“南方味”，增强报道个性

我们强调，办报一定要有个性。广东是改革开放的前沿阵地，《南方日报》是广东省委机关报，报道组合起来，就是一部改革开放的历史。作为改革开放的记录者和见证者，《南方日报》有责任将这些独特的“新闻大餐”端出来，让读者好好品尝、回味。为做足“南方味”，我们计划推出“南方的回响”“南方老记谈”等特色栏目，回顾当年的经典报道，回访当年亲历历史的老记者，抚今追昔，总结经验。比如年过七旬的老摄影部主任梁伯权，是拍摄来粤中央领导次数最多的广东记者，曾全程拍摄邓小平同志5次来粤视察的活动，尤其是1984年的珠三角之行和1992年的南方之行，他是广东唯一全程跟随的摄影记者。他的老照片和背后故事，是一部改革开放的活档案。

创新不是创作　不是标新　是扬弃

以改革创新精神做好纪念改革开放30周年的报道，要注意几个问题：

（一）创新不是创作

由于年代久远、人事变迁，很多历史亲历者的回忆难免存在误差、甚至互相矛盾。在这个时候，记者编辑必须严格把关，不能为了“新奇”而忽视新闻的客观真实，更不能“合理想象”。为加强把关，我们专门与广东省党史办等单位的专家合作，请他们帮助审核一些重要人物访谈和稿件，从真实性的角度提出修改意见。

（二）创新不是标新

创新是为了提高舆论引导水平和效果，必须服从服务于主题，不能为了创新而标新立异，更不能为了追求轰动效应，搞什么“反读历史”。正确的舆论导向是我们的“生命线”，任何时刻不能放松这根弦。在对待历史问题上，要严格按照党的有关决定、决议和结论，同中央口径一致，避免杂音。

（三）创新是扬弃

创新是继承扬弃。一些传统的报道路子依然有生命力，要继续使用，要在此基础上探索创新。比如，人物典型是党报传统的“拳头产品”，不能丢，但必须改革过去“假大空”的报道模式，增加人物的可信度、亲和力和感召力。我们计划回访一些改革开放30年来的老典型，记录他们这些年的生活变迁，有的也许已经褪色，有的依然鲜活，但都强调要注入理性思考，反映时代曾经选择他们的背后意义，以及对今天的启示。

（原文载于《中国记者》2008年第8期）

解密人大报道“南方模式”

广东省的各级人大，一直以开拓创新的精神推动着民主法治的进步和经济、社会各方面的发展，形成了具有全国影响的“广东现象”，也为新闻宣传工作提供了丰富的素材，激励着新闻宣传不断创新。

长期以来，《南方日报》以及南方报业下属的各报刊网对于人大宣传报道高度重视。我们一直在思考：怎样进一步解放思想、改革创新，既完成省委机关报人大报道的政治任务，又切实提高报道品质，不断提高党报的舆论引导能力。经过多年的探索与积累，南方报业形成了一整套人大报道的手段、模式。

国计与民生共振

热点与中心相互激荡，强调舆论导向性。

人大工作既有关系“国计”“省计”的大政方针，又有高度贴近的民生内容。报道“国计”不能太“硬”，反映“民生”不能过“软”，按照“高度决定影响力”的理念，《南方日报》确立了“经营国计，贴近民生”“报道民生，提炼高度”的报道思路，在贴近实际、贴近生活、贴近群众中扩大人大报道的社会影响力和市场竞争力，以权威、可读的报道内容有效地影响舆论、引导舆论。

1. 经营“国计”，贴近“民生”

一般而言，在报道大政方针时，列数字、材料化倾向比较突出，政策报道的传播效果因此大受影响。《南方日报》始终强调国计与民生、高度与贴近之间的结合。在确保坚持正确舆论导向的基础上，报道通常会对大政方针进行全方位、多角度的解读，并安排记者做好各种贴近性采访，把严肃的政策内容用鲜活的语言和方式展现给读者。

2. 报道“民生”，提炼“高度”

民生热点新闻的策划、经营，是人大报道成败的关键。在这方面，我们特别注重从琐碎的民生线索中选取有新闻价值的内容，形成报道热点。同时，又不满足于一事一报、一策一报。将民生热点与“国计”“省计”结合起来，做到经营热点，又服务中心，实现对舆论的强势引导。

媒体与对象互动

全程实现参与式传播，强调报道主体性。

在人大新闻报道中，尤其是在人大会议的报道中，很多新闻点都要通过人大代表来实现。

人大代表是理所当然的主要报道对象。但近年来，很多报道往往只关注个别人大代表“显赫”身份带来的新闻，却恰恰忘记或者说忽视了人大代表本身的报道主体性。南方报业认为，报道主体应该回归。“南方模式”的回归方式是加强媒体与报道对象的互动，甚至让报道对象也就是人大代表全程参与到媒体的传播过程中来。

1. 紧密联系对象，让代表由“被动”变“主动”

以全国两会为例，每次两会前，南方报业的报道团队都特别强调与代表的紧密联系。早在会议召开前1个月，集团就派记者对代表进行采访，了解议案建议的形成情况，掌握两会动向。在代表赴京以及参加会议的过程中，集团又有随团记者全程跟踪采访，捕捉代表们的精彩建言。

可喜的是，经过近几年来媒体的高度关注和紧密联系，来自广东的人大代表们能够以更加主动的姿态面对媒体，很多代表还化“被动”为“主动”，积极向媒体爆料，将自己的履职情况通过媒体让公众知晓，掌握传播的主动性。

2. 打造参与平台，让代表与读者面对面

近年来，各种各样与网络有关的报道方式越来越成熟，媒体、报道对象以及读者之间的距离越来越近。平面媒体必须创造更多参与机会，让报道对象成为传播过程中主动有为的一环，形成报道对象与读者之间的互动。

为达到这样的目的，南方报业采取各种方式让报道对象参与传播，曾设立“两会圆桌”，邀请读者代表和人大代表面谈两会热点。2007年后，集团坚持在北京设立全国两会网络直播室，让人大代表参加网络访谈，形成最直接、最广泛的互动，并将互动内容在次日的报纸上展示出来。

3. 关注“冰点”“盲区”，让基层“冷”代表变成“热”明星

一直以来，来自基层的代表较难获得媒体的“青睐”。但在2010年的全国两会，《南方日报》通过《两会苏珊》栏目的成功策划，深挖基层代表的新闻潜力，增强对以往报道“冰点”“盲区”的关注，将传统意义上的基层“冷”代表变成众多媒体竞相追逐的“热”明星。

《两会苏珊》栏目在广东代表团内反响极大，很多基层代表拿着《南方日报》互相转告、品评。报道刊发后，很多基层代表主动联系记者希望发出来自基层的声音，希望成为报道对象，甚至希望参与到传播过程中来。两会后期，《人民日报》还专程派记者采访《两会苏珊》栏目的策划过程，并在要闻版面刊发。

新闻与宣传结合

创新传播方式、手段，强调传播有效性。

广东是改革开放的前沿阵地。深耕广东的南方报业一直在探索市场条件下党报的发展之路，探索现代传媒集团的发展之路。在这一过程中，人大报道为我们提供了检验探索成果的平台。人大宣传报道的“南方模式”一直强调用新闻的手段做宣传，通过创新传播方式和手段，不断增强传播的针对性和有效性，提高舆论引导的能力。

1. 在报道手段上，以话题设置为突破口，既经营热点，又引导舆论

人大工作程序性强，报道创新求变是一个难题。在新闻竞争日趋激烈的情况下，实现报道的突破，必须在精当的话题设置上下功夫。就《南方日报》而言，人大报道的话题设置需要完成两个任务：一是主旋律话题设置，做好舆论引导；二是热点话题设置，体现党报改革的成果。

就主旋律报道而言，用新闻手段做宣传要求我们必须做好话题设置。以《南方日报》2010年的全国两会报道为例，针对“后金融危机时代”的广东发展，专门推出了《两会热议战危机》专栏，积极利用两会平台采访知名经济学家，通过摆问题、讲故事、提建议等生动的方式展现广东战危机的丰硕成果，并推出“深读广东厅”，采访全国知名的经济学家，将知名经济学家的影响力转化为新闻的影响力，获得高度评价。

在做好主题宣传的同时，南方报业也非常注重以巧妙的话题设置经营好新鲜热辣的热点新闻。例如，报道广东徐闻基层人大与组织部门考核干部，不合格者免职，引起各方关注，全国多家媒体跟进报道。这一话题既有可读性，又是基层人大的创新探索，所以在受众的热读中实现了舆论引导。

2. 在报道品种上，以报网互动为起点，探索全媒体报道的实现通道

随着网络媒体的高速发展，报网融合的态势越来越明显，全媒体发展战略应运而生。南方报业的人大报道尤其是全国两会报道这几年一直承担一个功能，就是为全媒体发展先行探路。

早在2007年的全国两会，集团旗下的《南方日报》就开始了报网互动的尝试。也正是从那时起，《京粤博客》《网尽两会》等栏目成为《南方日报》全国两会报道的著名品牌。到2010年的全国两会，南方报业更进一步整合集团内部的网络媒体，并外联新浪、网易、腾讯，有效运用微博、博客、网络直播、在线互动等多种网络传播手段，既擦亮了南方报业两会报道的品牌，又尝试打通全媒体报道的实现通道。

目前，已形成了3种相对成熟的全媒体报道方式：网络直播、即时滚动和微博。

网络直播。整合集团内网络资源，携手邀请代表、委员和专家、名流来到网络直播室进行访谈。同时，对会议的一些重要议程、活动进行在线直播，第一时间将重要信息呈现给网友。

即时滚动。在全国两会上，通过《带你开两会》等栏目整合网友集中关注的问题，由记者转给前方代表，并将前方的动态信息第一时间播报到网络上。这种滚动报道既包括文字图片，也包括影像声音，既有互联网传输，也有手机传输，全媒体报道两会。

微博。开设官方微博，并在报纸的相应版面中开设微博专栏，以记者微博的形式，及时向网友传递两会信息。2010年全国两会短短十几天，《南方日报》的官方微博粉丝增加20倍，成绩相当可观。

这3种全媒体报道方式，极大拓展了人大报道的信息来源。同时，报纸联手网络开展报道，也大大增强了传统媒体的影响力，有利于舆论引导新格局的建立。

3. 报道机制上，以《南方日报》为主，建立完善“三动”报道机制

报道目标的实现，最后落实到人，落实到人力资源的整合挖潜与战斗力的提升。南方报业一直围绕报道品质的提升来配置人力资源，设计采编机制。

以全国两会为例，由《南方日报》牵头整合南方报业传媒集团的集团资源（包括《南方都市报》《南方周末》《21世纪经济报道》《南方农村报》《南方杂志》和南方网等），组建“集团军”，实行大兵团作战，优势互补，“战斗力”呈几何级递增。当然，整合不是撮合，不是要消灭个性

和独家新闻，而是要在重大会议报道这样一个新闻战场上，集中南方报业的优势兵力，协同作战，努力实现成本的最小化和效果的最大化。

为了更好实现资源整合，我们还创新机制，激发采编活力。在实践中不断寻求报道机制的创新，是南方报业人大报道推陈出新的根本保障。在全国两会报道中，在有效整合集团资源的基础上，以《南方日报》为主，建立完善了"三动"报道机制——集团横向联动（各媒体之间）、日报前后联动（《南方日报》各部门之间）、省报联动（兄弟党报之间）。善运内力、善借外力，"三动"机制让南方报业的两会报道顿时"活"了起来，联动战斗力全方位体现，采访效率大幅提高，新闻影响力和覆盖力度大大深化。例如2010年的全国两会报道，集团充分运用"三动"机制，调动前后方记者编辑的力量，争取其他省份兄弟报纸的帮助，联合采访广西、云南、贵州、广东4省区党政领导，集中展示"泛珠"区域合作成果，为实施东盟合作战略积极鼓与呼。

（原文载于《中国记者》2010年第7期）

中国主流媒体应在公共外交格局中发挥更大作用

自从进入公众视野以来，公共外交开创了一个崭新的外交角度，扩大了外交领域。在一个全球化的时代，中国与世界的交往早已超越了政府层面，各种非政府组织、企业尤其是跨国企业以及普通公民都有可能参与到公共外交活动中来。而在对外交往中，一切来自中国的组织和个人都在一定程度上展示着中国形象，因此主流媒体必须在公共外交格局中发挥更大的作用。

主流媒体：公共外交的重要平台

作为主流媒体，向社会大众提供的不是物质产品，而是新闻、信息等精神产品，不仅肩负着引导舆论的重任，同时也影响着民族文化的未来特质和走向。特别是在国际政治经济局势剧烈变动的今天，在区域竞争日趋加紧的时代，增强国家的软实力，争夺国际舞台的话语权，向世界展示一个和谐、发展和负责任的中国，是中国主流媒体所肩负的重大历史责任。在全球化和信息化浪潮汹涌的情况下，主流媒体实际上已经成为主要的信息载体与表达平台，同时也是重要的公共外交平台。

如何向世界展示一个更真实的中国，这是一门新的学问，也是一个新的挑战。学术界将公共外交定义为由政府主导，面向社会公众，以传播和交流为主要手段，以增强国家软实力、维护和促进国家利益为根本目标的新型外交形式。按照赵启正主任一再表达的观点，公共外交承担着向世界说明中国、帮助国外公众理解真实中国的任务。这正说明公共外交亟待媒体参与。目前，中国国际形象基本上是由欧美主流媒体主导传播的，他们把中国塑造成了一个进步但又危险的国家。西方媒体对中国存在偏见的原因错综复杂，但中国的主流媒体对于公共外交的参与度较少是不能忽视的原因。在公共外交领域，西方媒体相对于中国媒体开拓和重视得早，也更有经验，这使得在国际舆论中西方媒体经常先声夺人，使中国国际形象的较好展示受到一定的掣肘。不过，因为西方媒体的价值评判体系和中国的主流媒体并不相同，我们对于西方媒体的认知应当抱有一个辩证的态度。中国主流媒体的目标，不是通过妖魔化西方来反击他们妖魔化中国的行为，而是要尽可能地把中国政府和人民的友好传递给世界，在一些重大事件中及时、主动、客观地向外界说明情况，抢占世界舆论的主导权。

所谓抢占世界舆论的主导权，并非在新闻报道中“涂脂抹粉”、歌舞升平，而是要自觉遵循新闻传播规律，积极适应国际媒体的运行规则，对接国际话语，务求真实、客观、及时、全面，消除外界对中国的误解，推动外界对中国事务的理解度。

南方报业传媒集团的公共外交事业参与

全国人大、全国政协的外事委员会近年来致力于推动中国国家形象的提升，致力于全面构建中国公共外交的格局，开拓了中国外交的新局面。但是中国主流媒体中参与公共外交的主要是中央所属的各大传媒，缺少地方传媒的参与。然而公共外交的媒体布局应该是全方位的、立体式的。南方报业对于公共外交的参与，将逐步打破传统办报办刊理念的束缚，更多地采用新媒体等各种现代传播手段，向世界和国际社会介绍本国国情，解释本国政府的政策与观点，消除他国公众可能存在的误解；同时通过展示本国的文化和价值观，积极影响他国公众对于中国的正面认知，提升国家的整体形象和国际影响力，以维护和促进我国利益。

南方报业目前拥有《南方日报》《南方都市报》《南方周末》《21 世纪经济报道》等一系列在细分市场上各领风骚的媒体品牌，《南方日报》是连续 25 年位居全国省级党报发行量和广告量的排头兵，《南方都市报》已多年被新闻出版总署评定为全国晚报类都市类报纸综合竞争力第一，《南方周末》已经具备相当的国际影响力，《21 世纪经济报道》也是财经媒体的主力军。根据世界品牌实验室（World BrandLab）2010 年发布的第七届中国 500 最具价值品牌排行榜，《南方日报》《南方都市报》《南方周末》《21 世纪经济报道》分别被估值 60.45 亿元、48.17 亿元、47.98 亿元、17.31 亿元，南方报业上述四报的品牌价值已达 173.91 亿元，位居中国传媒业界品牌价值三甲之列。榜单显示，中国中央电视台位居传媒业之首，紧随其后的是凤凰卫视，南方报业位居第三。通过跨媒体、跨地区、跨行业的发展，南方报业已经成为拥有11报、8刊、4网、1社的大型传媒集团，目前我们正在致力于从平面媒体集团向全媒体集团转型。

众所周知，广东是侨乡，又毗邻港澳，无论是政府、企业还是普通公众，在对外交往方面都较为频繁。广东有2000多万海外侨胞和外籍华人，占全国的2/3，遍及世界100多个国家和地区。省内约有10.3万归侨、2000多万侨眷，主要集中在珠江三角洲、潮汕平原和梅州等地。中国特别是广东改革开放取得的成就离不开广大华侨华人的支持；改革开放以来，海外侨胞、港澳同胞累计在广东捐资1200亿美元，他们不仅给广东带来了急需的资金、技术，而且带来了先进的观念、体制和商业网络。庞大的侨商队伍是很重要的一股加速崛起的强大商业力量，卓越的侨商掌控了数以万亿计的巨额财富，在全球重大商业领域具有重要的发言权。如何借用华侨华人的影响力，既谋求国内经济发展，又谋求海外公关，已经成为一个重大的课题。

正是考虑到这方面的因素，广东省外宣办今年开始委托《南方日报》全新打造《今日广东》新闻版，在美国《侨报》、加拿大《现代日报》、法国《欧洲时报》、巴西《南美侨报》等华文报纸刊发，覆盖北美洲、南美洲、欧洲和东南亚地区。接手《今日广东》以来，我们注入“南方精神”，通过提供广东政经大事的深度解读，致力于将有限的版面与无限的网络资源结合起来，为读者提供更为新鲜丰富的乡情资讯，让南方高度、南方品质融入海外华人的主流生活圈，努力在广东与海外华侨华人之间搭起一座沟通的桥梁，“让广东走向世界，让世界了解广东”。除此以外，《21世纪经济报道》等媒体在纽约、巴黎、莫斯科、东京等国际大都会派驻了记者，务求在重大报道中获取第一手信息，提高南方报业在海内外的公信力和品牌影响力。

主流媒体应在公共外交格局中发挥更大作用

公共外交需要主流媒体的深度参与，主流媒体也必须由“内”而“外”积极发力，通过打造在国际舆论市场有发言权的媒体，更深入地影响国际舆论。

一是前瞻性与专业性并举。主流媒体参与公共外交不能亦步亦趋，如果什么事情都跟在别人后面走，对国际形势缺乏一个宏观上的判断与把握，舆论的主动权就会拱手相让，难以在第一时间赢得国际舆论。除前瞻性之外，主流媒体还必须具备专业性。西方媒体多年来的激烈竞争形成了高度的专业性，中国的主流媒体如果在专业性上输给对方，国际市场对中国主流媒体的认可度便会下降。要想在公共外交领域有所作为，我们不能满足于仅仅报道一些新闻事件的表象，而应当深入剖析事件的内里，以专业性和前瞻性打赢国际舆论仗。

二是客观性与主观性共存。在媒体报道领域，没有绝对的客观，也没有绝对的主观。向世界说明一个真实的中国，倘若没有真实，这个“说明”毫无意义，比如在传统外宣领域，一个美好的中国经常跃然纸上，可惜这样一个只看美好不看缺点的中国并不被海外所接受。在外宣塑造的“中国美好”和部分西方媒体塑造的“中国丑陋”之间，应当寻找到一个节点，既向世界展示中国的进步和诚意，也向世界表明我们存在的并正在改进的一些问题。

当然，主流媒体参与海外报道不能抛弃“政治家办报”的方针。我们既要坚持“政治家办报”，又要努力掌握高超的舆论引导艺术。实际上，政治家办报和报道客观并不是矛盾体，而是要以政治高度和引导艺术来使客观性维持在海内外皆能接受的范围。

三是主流性与主导性同在。公共外交是一项长期的、基础性的对外传播和建构工作，需要更广泛、更直接地面对他国公众和主流社会，以发挥政府外交“力所不及”的独特作用。所谓主流性，就是公共外交的目标是他国主流社会和公众，不能把精力过于分散到他国的各个领域，应更多关注他国主流社会在思考什么、在如何看待中国。扭转他国主流社会对中国的印象，使其对中国产生一定的认同感，那么公共外交便能事半功倍。

所谓主导性，就是虽然要把精力放在他国主流社会上，但不能被这个主流社会所引导，是中国主流媒体来引导他国主流社会重新认识和评价中国，而非其他。主流性要服从主导性，主导性要适应主流性。也就是说，我们要引导国外主流社会对中国的认知，又必须切入主流社会之中，使其对中国主流媒体产生信任感，愿意接受中国主流媒体报道中的中国情况与评价。

四是市场性与公关性齐谋。中国主流媒体深入公共外交领域，不能一味讲投入，也要讲市场。海外从来都是一个大市场，如果海外市场对中国主流媒体不认同，投入再大也是“打水漂”，无法真正取得其主流商业社会的认同，从而也无法真正取得主流政治社会的认同。一个能在海外市场立足的中国主流媒体，自然能够在海外取得更大的舆论主导权。但是，中国主流媒体在海外市场的立足仍然需要得到国家政策的扶持，没有国家作为后盾，市场的开拓会存在相当大的困难，因为海外看重中国主流媒体的，很多方面都离不开中国主流媒体对于国家政策方针的影响力。有了国家支持，有了市场指向，中国媒体打开海外市场并非痴人说梦。

讲市场性是为了公关性，也就是既要市场行销，也要政治行销。通过海外商业社会来影响海外政治社会，并以此在外交活动中占据主动地位，或在外交活动出现困局时觅得纾缓空间。

总之，在中国公共外交格局中，主流媒体应发挥更大作用，作为中国平面媒体集团的佼佼者，南方报业愿意为公共外交付出更多的努力。

（原文载于《公共外交季刊》2010 年冬季号）

探索新时期舆论监督新路

在我国经济社会发展全面转入科学发展轨道的关键时期，《南方日报》作为广东省委机关报，坚持不懈对阻碍、影响科学发展的行为进行舆论监督，推动了工作，也成就了党报对新形势下舆论监督报道的探索。

近两年来，《南方日报》共有百余篇公开报道和参考报道经省部级领导同志批示，直接推动了一大批长期阻碍科学发展、影响社会和谐的问题得到加快解决。

实践充分证明，在科学发展观指导下开展舆论监督，充分发挥机关报引导舆论、推动工作的重要作用，是党报深入贯彻科学发展观最有力的武器。

把违反科学发展的行为作为舆论监督的靶心

和全国一样，改革开放以来，广东取得了举世瞩目的伟大成就。但随着国际金融危机带来的巨大冲击，加上珠三角发展成本全面上升、资源和环境压力增大、各种思想文化相互激荡、社会利益格局深刻调整，广东30多年来形成的传统发展模式优势发挥到了极致，难以为继。从《南方日报》接收的新闻报料情况来看，可以印证这种判断。以2010年为例，《南方日报》收到涉及影响科学发展、社会和谐的报料80622条，其中2399条关于环保问题，4943条关于城市环境、城市管理问题，14863条关于民生治安方面的投诉。

2009年6月，广东韶关云髻山因瓷泥土无序开发，一场大雨使巨石泥沙汹涌而下，将山下十几间民房掩埋。2009年12月，广东清远经济开发区44名孩子存在不同程度血铅超标，元凶是工业区内一家企业。2010年9月，广东肇庆鼎湖一片不该建厂的土地，却建起了国家重点监控的排污企业，周边上万居民生活在臭气中。

这是众多新闻线索中 3 个较为突出的案例，但足以充分反映影响和阻碍科学发展的行为在各地不同程度存在。有的片面追求总量增长，牺牲环境，浪费资源，甚至直接损害劳动者和人民群众的合法权益。这些地方的经济增长速度虽然上去了，但人们的收入并未相应增加，生活质量反而下降，幸福感减少。

正如中共中央政治局委员、广东省委书记汪洋所指出的，这些问题再不引起重视、再不下决心解决，不仅不利于调动广大人民群众的积极性，甚至一些拥护改革发展的人也会变成改革发展的阻力。

《南方日报》办报 62 年，舆论监督佳作连篇，影响很大，敢于批评，成就了南方风骨。早在 1950 年至 1953 年，《南方日报》批评县以上党政领导干部的报道、读者来信和评论达 100 多篇，在广大读者中产生了很大影响。1960 年，《南方日报》记者伴随时任中共广东省委第一书记陶铸行走万里，成就《南方日报》批评报道经典名作《随行纪谈》，党的十一届三中全会后，《南方日报》的舆论监督曾有过这样的辉煌：每周至少有 1 篇批评报道发在第一版，每年有 4—5 篇批评报道刊登在头版头条。精品频出，诞生了《“三菱”万里旅行记》《上亿斤粮食是怎样损耗的?》《群众揭发信挫败了弄权作假者图谋》《雷州水利局官职大批发》等大批舆论监督名作。这些报道确立了《南方日报》在广东干部群众和全国媒体中的威信。南方老报人黄文俞“可以有不说出来的真话，但是不可以说假话”更是成为经典。

新世纪以来，中国进入发展转型期，社会利益多元化，社会矛盾较尖锐，舆论环境更为复杂。围绕怎样发挥省委机关报的舆论监督优势，怎样通过舆论监督推动工作，我们进行了长时间的思考和探索。

在这个过程中我们逐步意识到，科学发展观是党中央根据我国发展出现的新的阶段性特征提出的重大战略指导思想，是一种新的发展观、是集约的发展观、是可持续的发展观、是全面的发展观、是系统的发展观，反映了时代要求，揭示了发展规律。科学发展观强调要始终把实现好、维护好、发展好最广大人民的根本利益作为党和国家一切工作的出发点和落脚点，解决好人民群众最关心、最直接、最现实的利益问题，做到发展为人民、发展依靠人民、发展成果由人民共享。事实上，这既是对党报舆论监督的要求，也是省委机关报推动社会进步、促进社会发展的终极目标。

通过认真学习领会，我们以“科学发展立报、改革开放立报、解放思想立报”作为报魂，并由此找到了新时期党报舆论监督的靶心：凡是违反科学发展的行为，我们都要坚决予以批判、予以监督。

对违反科学发展的行为进行舆论监督

科学发展观，第一要义是发展，核心是以人为本，基本要求是全面协调可持续，根本方法是统筹兼顾。这4个方面的内在联系和有机统一，从根本上确立科学发展观的科学性。用科学发展观武装头脑，指导舆论监督报道，必须做到全面而不是片面、系统而不是零碎、完整而不是割裂。

传承南方风骨，推动科学发展。最近几年来，《南方日报》通过对违反科学发展观的行为进行强有力的舆论监督，取得了较为明显的成效，推动解决了一大批阻碍广东科学发展的突出问题，也由此形成了鲜明特色与独特风格。

具体来说，主要在3个方面做了积极探索：

1. 坚持以人为本，积极用舆论监督推动解决发展过程中“重物轻人”的问题

经过30年的发展，当今世界的竞争方式和经济社会发展环境已发生了巨大变化。过去那种粗放型的经济增长方式以及与之相适应的某些发展路径和思路，有的已经成为影响科学发展的障碍。如果我们还继续抱着以往的发展思路和增长模式，就会自觉不自觉地继续走进“见物不见人”、为了发展而发展的GDP崇拜怪圈之中。

《南方日报》坚持以人为本，积极尝试用舆论监督推动发展过程中“重物轻人”的问题。

2009年《南方日报》推出了《广东江河水》系列调查报道，连续对练江、韩江、北江等8条广东江河的污染及治理状况进行了全景式舆论监督报道，图文并茂地展现了广东江河水的现状，问诊每条江河存在的病症，并提出建设性意见。报道引起了中共中央政治局委员、广东省委书记汪洋的注意，他认为这组深度报道策划得好，符合落实科学发展观的要求，以广东江河水的现状，充分说明忽视资源环境代价的粗放型发展模式已难以为继，只有加快产业结构调整，下决心转移甚至关闭那些高耗能、高污染的项目，适当减少珠三角人口以减少生活污染，并加上必要的环保措施，广东的环境才能得到根本改观。广东省人大常委会主任欧广源、广东省政协副主席蔡东士对报道也给予充分肯定。省政协专门组织政协委员到练江视察，并邀请《南方日报》记者同行。这组“批评报道”之所以得到广东执政者的肯定而不是反感，关键在于，在这组报道中，我们积极反映江河水污染给群众生活造成的恶劣影响，处处落脚以人为本的核心理念，剖析深刻、有破有立，既有预警，又体现建设性。

2. 把“全面协调可持续”理念放在突出重要位置，推动广东区域协调发展

广东是全国经济总量最大的省份，但其贫富差距、区域发展不平衡问题也最为严峻。数据显示，2008 年广东地区发展差异系数为 0.746，高于全国 0.58 的平均水平，更远高于江苏、浙江、山东等沿海发达省份。2009 年，粤东西北地区人均 GDP 及人均一般预算收入仅为珠江三角洲地区的 1/4 和 1/6，公共教育、公共卫生、生活保障、医疗保障、住房保障等 8 项基本公共服务人均支出不到珠三角地区的一半。最富的地方在广东，最穷的地方也在广东。

2010 年《南方日报》重点经营了《“穷广东”调查》系列深度报道。机动记者部 7 名年轻记者从大城市出发，分别到粤东西北 7 个不同类型的贫困村采访 1 周，全面反映广东贫困村现状，深入地分析贫困的历史、自然、观念等原因。

在社会舆论的推动下，广东不断加大区域协调发展力度，全力推进“规划到户、责任到人”的“双到”扶贫先锋工程，并把每年的 6 月 30 日作为“广东扶贫济困日”，发动全社会力量解决“穷广东”问题。2010 年的“扶贫济困日”，全省募捐 30 多亿元，为推动广东加快全面协调可持续发展打下了良好的基础。

2011 年 5 月 17 日以来，《南方日报》机动记者部记者经过深入调查，在《南方调查》栏目推出《“双到”扶贫 AB 面》系列报道，至今已刊出 27 篇报道。这组报道抓住“发展不平衡”这个广东转型期的主要矛盾，扣准广东当好落实科学发展排头兵这个时代主题，采用正反对比的独特设计，以 AB 两面对照的形式推出，A 面报道扶贫中的先进典型，B 面报道扶贫中的落后个体，用事实和证据说话，理性监督，深刻反映问题，对被批方形成鞭策和触动。此外。每期报道配发一个评论，观点一针见血、切中要点，令人拍案叫好，如《驻村干部不驻村　扶贫难免“走过场”》《企业“举牌”赢掌声更要兑现责任》《“输血”扶贫不根除　脱贫难保生命力》《扶贫要花钱更要花心思》等，为扶贫工作的深入、良性开展提出了建设性意见建议。正是由于这种正面激励和鞭策落后的强烈对照，使这组系列报道产生了广泛良好的效应，形成了新闻报道与扶贫工作的良性互动。被报道列入 B 面的单位和地区第一时间采取整改措施，表示虚心接受舆论监督。

这组报道为在社会转型期各种矛盾和利益冲突加剧的背景下如何开展有效的舆论监督提供了一个成功范例。广东省委书记汪洋对《"双到"扶贫AB面》先后做了2次批示和2次公开表扬，他在《南方日报》5月17日报道《驻村干部不驻村　扶贫难免"走过场"》上做出批示："'南方调查'用新闻监督促进扶贫开发工作，做了一件党政部门无法做到的事情。"报道还引起了国务院有关部门重视，国务院扶贫办主任范小建在了解到《南方日报》这组报道的影响后，欣然接受专访，就广东"双到"扶贫的经验与做法进行了深刻、独到的阐述、分析。中宣部对这组报道阅评表扬指出：《南方日报》推出的这组报道"不仅体现了报纸工作的巨大功能，也为进一步改进舆论监督工作提供了新鲜经验"。

3. 坚持可持续发展，用舆论监督制止违反科学发展的乱象

以牺牲资源、破坏环境等为代价的发展方式在广东各地不同程度地存在，这些阻碍科学发展的行为，给少部分人带来暴利，却污染了大部分人的生活环境，激发了社会矛盾，造成不可挽回的损失。《南方日报》坚决顶住各种压力，对违反科学发展的现象进行大胆揭露，受到了从中央到省市各级领导的高度肯定。

2010年1月25日《每天数百吨问题气流向珠三角》的报道引起中共中央政治局委员、国务院副总理王岐山，中共中央政治局委员、省委书记汪洋高度关注，一场打击珠三角液化气掺假战由此打响。

2010年3月9日《龙川非法开采稀土矿死灰复燃》经中共中央政治局常委、国务院副总理李克强批示，国土资源部派出专门调查组，黄泥裸露、污染严重的矿山得到有效整治。

2010年9月15日《鼎湖山脚下黑水入西江》的报道同样引起强烈反响。时任肇庆市委书记的覃卫东早上阅报后立即做出批示，要求有关部门高度重视《南方日报》报道，就报道提到的问题立即召开专题会议进行调查研究，并拿出有效措施解决存在问题，确保鼎湖区的良好生态环境。

据统计，仅仅在2010年，《南方日报》就刊登此类舆论监督报道105篇。这些报道有力地抨击了违反科学发展观的乱象，积极推动了相关问题的解决。

用科学发展观指导舆论监督

任何社会的发展都离不开矛盾。正确处理矛盾，可以推动社会前进；反之，则阻碍社会发展。当群众诉求与政府决策出现偏差、发生矛盾时，新闻媒体如果善于用科学发展观的理念把民生诉求传达给政府部门，并督促政府有关部门整改违反科学发展的行为，可以在不断化解矛盾的过程中，推动经济社会又好又快发展。

如果说，先进典型报道是对科学发展观的正向传播，那么通过舆论监督促进科学发展的过程则是科学发展的逆向传播过程。科学发展观在“正向”与“逆向”的往返较量中，更深入民心。

2009 年 10 月 23 日，《南方日报》刊登《雷州纪家镇仍是候鸟地狱》的报道后，雷州市政府进行调查，遏止当地捕鸟行径。然而，在检查组离开后，当地捕鸟又继续上演。《南方日报》继续刊登《“猫鼠游戏”年年上演》的报道，并深入挖掘难以禁捕的深层原因《党员干部不吃鸟 禁捕就不是一阵风》。紧接着，《南方日报》记者又到广东江门市新会区采访了万千鹭鸟翱翔的“小鸟天堂”，以新会小鸟天堂不捕鸟、不卖鸟、不吃鸟的良好社会氛围为雷州纪家镇提供了好榜样。

在媒体竞争激烈的情况下，《南方日报》的舆论监督并不是所谓的“炒作”，而是在科学发展观的指导下，紧密结合党和政府的工作，客观报道新闻事实，强化“解决问题、促进发展”的大局意识，指出存在的问题，提出改进的意见和建议。

比如，上文提到的《广东江河水》系列深度报道，并不是仅仅披露广东各大江河的污染情况有多么触目惊心，而是立足于建设性角度，广泛采访专家、官员、百姓，共同探寻解决之道，提出了颇多具有较强操作性的建设性意见，为广东江河水的治理指明了方向和路径。正是因为此类“帮忙而不添乱”的报道赢得了各方面的尊重。

在社会转型期，党报舆论监督报道一度陷入困局。很多时候，舆论监督被自觉不自觉地视为“洪水猛兽”，视为影响社会安定和谐的负面新闻。其实，对不良现象和错误现象作事实陈述、说理评析的舆论报道，是为了纠正错误，变消极因素为积极因素。从这个层面来讲，《南方日报》舆论监督报道与党报所承担的“正面宣传”有着相同的目的和功能。

在具体的新闻操作中，我们还注重坚持舆论监督报道“内外有别”的原则，对于那些可能涉及社会稳定的群体性事件、可能影响和谐的报道采取参考报道形式向省委及时反映，为省委主要领导决策提供参考。仅在 2010 年，就有 41 篇有关报道获省委主要领导的批示，批示率超过 50%，迅速推动了一批重大问题的解决。

比如，在广州亚运期间，针对纷繁复杂的社会舆论形势，《南方日报》推出了《亚运内参快报》，随时把重大社会舆情迅速反映给省委领导，批示率为100%，为营造良好的亚运舆论环境作出了独特贡献。

再比如，《南方日报》记者采写了广东茂名市信宜紫金矿业溃坝区部分房屋“全倒户”重建家园存在困难的参考报道，引起广东省主要领导的重视。次日，省政府便派出工作组赶赴灾区，检查灾区建房情况，有力推动了灾区群众重建家园的进度。

在尺度把握上，我们始终坚持既要推动科学发展，又要保持社会稳定。凡是影响科学发展又不涉及社会稳定的，我们采取公开见报的形式；凡是容易引发群体性事件、造成矛盾激化的，则采取参考报道形式反映。较好把握了二者的平衡关系。

《南方日报》的实践表明，从发现问题到解决问题，用科学发展观指导舆论监督，是可以做到使舆论监督得到各级党委、政府认可和人民群众满意的。与此同时，科学发展观在潜移默化中得到深入传播，也纠正了人们把舆论监督当作“负面报道”的偏见与误解。

（原文载于《中国记者》2011年第10期。标题稍有改动）

对外传播的南方探索

伴随着中国经济政治地位的不断提升，中外各种形式的往来也上升到了新的层次。广东作为千年商帮所在地，不仅历史上形成的海外华侨数量居全国第一，而且作为改革开放的前沿阵地和中国参与国际经济竞争的主力省，30年来尤其是加入世贸组织10年以来，对外经贸和文化交流步入了全新的阶段。目前，已经形成了海外华侨、赴外留学生、外贸企业、赴外旅游、在粤留学生、在粤外籍经商人员以及在粤外籍务工人员等具有梯度的广东对外交往圈。

南方报业传媒集团作为以中共广东省委机关报为龙头组建的传媒集团，天然地负有向外推介广东的使命。但南方报业又是一家拥有多个全国性知名报刊和网站的大型传媒集团，在海外华人世界尤其是2000余万名广东籍海外乡亲中具有一定的影响力。在当前公共外交理念方兴未艾之际，如何遵循现代传播的特点和规律，科学定位，推动中国和广东的形象营销？如何把新时期的中国人形象、中国商品形象、中国文化形象以及中国国家形象和相应的广东形象等给予现代化的传播，是一项新课题。我们愿意就此做开创性的探索。

作为改革开放前沿地带，作为中国第一侨务大省，我相信广东有实力也有理由争当中国公共外交事业的领头羊，南方报业更愿意为广东对外交往提供服务窗口，影响海外华人，树立广东新形象。

从制度上奠定“走出去”战略，为打造全方位的对外传播新格局提供机制保障

“走出去”不是为了仅仅在形式上走出去，关键是要对中国尤其广东的社会发展起到实质性作用。为此，南方报业专门成立了实施“走出去”

战略工作委员会，由我担任主任，集团多位负责人任委员，努力探索、促进大外宣工作。

外宣不应该仅仅局限于形象宣传，更应当让海外乡亲对中国当下的宏观、中观和微观的社会改革、经济变革、文化鼎新等有一个清晰的认识，让他们能够对中国和广东产生息息相关、休戚与共的情怀，发动他们参与到中国的改革发展事业中来。

我们的第一个探索是2009年，《南方日报》获得了广东外宣窗口《今日广东》新闻版的主办权。截至2011年，《今日广东》的出版工作已经取得长足发展，在美国《侨报》、加拿大《加拿大商报》、法国《欧洲时报》、巴西《南美侨报》和泰国《星暹日报》等海外主流华文报纸同步刊出，覆盖北美、南美、欧洲三大洲和东南亚地区。2012年，《今日广东》还将在美国南美报业电视传媒集团旗下12家平面媒体和巴拿马《拉美侨声》刊出。

我们的第二个探索是2010年10月16日，由《南方日报》海外版和《星岛日报》海外版联合编制的《南粤侨情》新闻专版浮出水面，随《星岛日报》全球网发行，除东南亚以外，还密集覆盖全球各大洲主要城市的华人社区，影响力巨大，成为广东“走出去”又一个重要的舆论阵地。

我们正在进行的第三个探索是与在东南亚具有广泛影响力的马来西亚第一大报《星洲日报》初步协商合办《广东商讯》新闻专版，时机成熟便可推出。

我们正在进行的第四个探索是与世界多家华文传媒建立合作关系，借助他们的发行网络传递南方的声音。1年多来，澳洲的大洋新闻集团、香港的现代新闻集团、台湾的联合集团、泰国《星暹日报》、巴拿马《拉美侨声》等纷纷与我们接洽，初步建立供版、供稿等合作关系。2011年9月29日，南方报业与美国《侨报》在广州举行战略合作恳谈会，双方建立了战略合作伙伴关系，将在合作办报、推进全媒体转型、新闻发言人培训等多个领域开展优势互补、互利共赢的合作。一些重大项目已有实质性进展。

我们的第五个探索是搭建全介质大外宣网络传播平台，有效利用互联网实现对外传播的全媒体化。2010年，南方报网已在俄罗斯注册顶级域名，在俄罗斯开设网站镜像，俄罗斯的华人可以稳定便捷阅览南方报网和集团各大网站，这种模式可复制，提高了对外传播效果。最近，集团以南方网为龙头主网，筹建“今日广东海外频道”，有效利用互联网影响世界华人。

可以预见，在不久的将来，南方报业将形成以《今日广东》新闻版为核心，以《南粤侨情》《广东商讯》等系列专版为骨干，覆盖全球五大洲的海外版体系，同时，搭建各类型外宣网站，从而构建起全方位、多层次、多渠道的对外传播新格局。

打破传统外宣“传而不通”“通而不受”的困境，用世界的语言讲中国的故事

对外传播关键还是要效果，而不仅仅只看形式。南方报业为什么能够在海外华文传媒中获得较多青睐，仍然在于高度决定影响力、市场决定传播力。

为了提升影响力和传播力，《今日广东》确立了明确的采编理念：用世界的语言讲广东的故事。这与赵启正主任“中国需要讲故事”的理念异曲同工。什么叫世界的语言？就是到什么山上唱什么歌，大力配合并支持海外合作媒体的需求，尤其是受众的需求，从角色到思维、从内容到形式，进行全方位转换，为海外目标读者量身定做及时贴心的“资讯大餐”。如果拿国内办报的思维去国外办报，不仅水土不服，而且可能耗费巨资，却无多大作用。从这个意义上讲，对外传播应当建立可持续发展的科学传播观。

海外华人是一个拥有庞大人口基数和庞大经济实力的群体，近年来，还有一些海外华裔领袖逐步走入所在国政治主流圈。对于海外华人的舆论影响需要中国传媒不断发力，这就需要先行先试，放宽中国主流传媒参与世界媒体竞争的条件，并予以政策扶持。

跻身世界主流传媒之林，不仅仅要依靠经济实力，还必然依靠新闻品质。没有新闻品质，没有专业素养，把国内传统办报模式照搬照抄过去，必然失去海外读者。没有读者，便没有传播，亦无法开展成规模的公共外交。

借鉴世界传媒的先进经验以我为主，革故鼎新

树立中国国家形象和国民形象，需要传媒不断学习、借鉴世界传媒的先进经验，以我为主，革故鼎新，追求有效、有力、有利、有识、有节的对外传播模式，实现中国主流传媒在海外的和平崛起，为公共外交大局奠定一定的世界舆论基础。

（一）对外传播的有效化

实施“走出去”战略，不是为了到世界上显摆，不是放一次传媒烟花就了事，而务必做到传播有效，即做到让海外民众走进中国、认知中国、理解中国。那种只追求刊登和播放而不顾及效果的传播方式显然是落后的，公共外交绝对不能走自娱自乐、充其量配合演出的旧有套路。无效传播耗费国家资财，还可能适得其反，为西方媒体提供妖魔化中国的素材，总体得不偿失。

（二）对外传播的有力化

有力化是对有效化的提升，对外传播不仅要有效，更要有力。这就要求对外传播须追求品质、打造品牌。中国传媒毕竟刚刚迈开“走出去”的步伐，要想扭转后发劣势，就必须站得高、看得远，做到高度、深度、广度三结合。如何才能有力，如何才能赶超世界传媒先进水平？一要加大投入，二要放开门槛，三要专业制胜，四要把坚持专业性和政治家办报有机结合起来，把对外传播和公共外交精神有机结合起来。

（三）对外传播的有利化

利，是利益的利。很多人把对外传播理解成国家投入，对外传播确实需要国家投入，但不能仅仅是投入而无产出，国家也不可能一直投入下去。纯粹依靠国家投入的媒体很难在市场上取胜，也很难赢得读者。这些年来中国媒体大发展的一个重要因素就是走出了媒体市场化的新路子。内宣如此，外宣亦如此。只有依靠市场，海外民众才能真正买账，才能逐渐从心底里接受中方的观点和诉求。

（四）对外传播的有识化

所谓有识化，就是要有见识，要有观点，要通过意见场去合理引导海外舆论。这就要加强对当地社会的研究，有意识地获取并分享与当地有关联的观点，同时站在中外交往的格局上看待问题，让海外民众不仅了解中国正在发生的事情，也了解中国政府和中国民间的相关舆情。更为重要的是，媒体可以有效利用此类公共外交资源，为中国的转型升级集结社会智慧。媒体的作为，已经不只是“报道者”和“观察者”，更是发展路径的“引领者”，公共外交的“开拓者”。

（五）对外传播的有节化

所谓有节化，就是要有理有节，既向海外民众释放善意，也要做到以我为主，有所为，有所不为，掌握舆论传播的主动权。对外传播既要符合新闻规律，也要做到外交家办报，洞察世界局势，为我国的对外关系创造一个较好的国际舆论环境，在巩固中国人民老朋友的基础上，也多多发展新朋友。

（原文载于《公共外交季刊》2012 春季号）

临风极目——新闻行思四十年

L

LINFENGJIMU——XINWEN XINGSI SISHI NIAN

通讯作品：秉笔直言 天地立心

一位华侨老太太的赞辞

采写背景：这是我1982年大学毕业分配到报社4个多月后发表在《南方日报》第一版的社会新闻。报社编辑部从标题到内文都没做改动，原文照登，还配发了新闻图片。

报道线索由暨南大学原团委书记何泰昌提供，我接报后立即放下手头工作，匆匆赶往暨南大学医学院附属医院，连夜开展采访，第二天就把报道写出来了。

这本来是一篇普通的社会新闻，但它的发表却在社内外引起了反响。当时《南方日报》多是报道工作类的新闻，被有些同行称为"工作报纸"，较少报道社会新闻，社会新闻刊载在第一版的更是少之又少。科教部有位老编辑对我说，你这篇报道是一次可喜的突破。《羊城晚报》总编辑把跑教育线报道的记者找来，对他说，这本来应该是《羊城晚报》抓的题材，怎么被《南方日报》抢先报道了？

一位73岁的老太太，身体斜靠在暨南大学医学院附属医院的病床上，对前来探望她的人说："祖国的医生医术好，医德更好。"这位老太太在两个月前从菲律宾回国治病，她名叫施乌发。

"我感到自己回到了家"

今年10月5日晚上9时许，一辆救护车风驰电掣般驶进了暨大医学院附属医院。医务人员把车上的病人抬下来，有人在旁小声说："轻点，慢点！"躺在担架上的施老太太，听着这亲切的乡音，紧皱着的双眉慢慢舒展开。灯光下，她睁开双眼，见一张张脸孔，既陌生，又亲切。到了病房，医生、护士边安慰她，边为她量体温，验心肺，做常规检查，迅速进

行输液。紧接着，医生们连夜会诊。整整一夜，医生和护士都在病房照顾她。看着这一切，施老太太的眼眶湿润了。

7 个小时之前，她还躺在马尼拉的一家大医院里。自从今年 6 月 18 日患病以来，她已是两次进出这家医院了。那里虽说设备齐全，可收费昂贵。每天除交 200 比索（菲元）外，还要给医生 200 比索佣金，给护士 80 比索护理费，病重了请特护要另外交费，提起手术一开口 10 万比索。

看看眼前，施老太太感动了。她对女儿说，我感到自己回到了家，是的，就是在这个“家”里，护士给她换衣服，扶她上厕所，给她擦身。当她欢度 73 岁生日的时候，护士还送来了鲜花，医生给她祝寿。

“祖国医生医术高”

老太太发病的时候，症状是发热、胃痛。可是做了多次检查，却找不到症结所在。第二次入院，用现代化的设备作了钡餐造影和体层扫描检查，诊断为胰腺体肿瘤。医生对老太太说：“要给你动手术，打开看看，是良性肿瘤就切，是恶性难保证死活。”施老太太一听，心全凉了，她把最后一丝希望，寄托在回国治病上。可医生们说：“要去就去美国，回中国是没希望的，他们做不了这类手术。”

然而，事实是最雄辩的。暨大医学院附属医院的医生们经过反复会诊，认为患者的肿瘤虽然生在胰腺附近，但它还有一定的活动性，不可能是胰腺体肿瘤，而是胃向外生长的肿瘤，必须及早进行手术。于是，他们制订了周密的手术方案。11 月 12 日，黄锦旋、李加惠副教授和宋逢春医生等，经过 6 个小时的紧张劳动，终于成功地施行了手术，对病人的肿瘤做了姑息性切除。

“她像亲生女儿一样”

由于施老太太体质太差，术后出现了心律不齐和发高烧等症状。宋逢春医生不分日夜，主动与值班医生、值班护士一起，寸步不离地守候在她身边。她刚能吃东西，宋医生就给她煮好鸡蛋，送到床前，伺候她吃。她不慎把大便拉在病床上，宋医生又和值班护士陈小梅一起，为她换衣服和被子。那段日子，宋医生把心思放在帮助施老太太康复上。施老太太觉得，宋医生为自己所做的事，比专程从马尼拉来照顾自己的女儿还多得多。因此，她常常指着宋医生对别人说：“她像我的亲生女儿一样。”

施老太太告诉我们，再过1个星期，她就要出院回马尼拉了，她要把祖国医生的高明医术和高尚道德，告诉海外华侨。

（原文载于《南方日报》1982年12月12日头版。合作者为何泰昌）

维也纳“拼搏曲”

1982 年 6 月 28 日上午 10 时，在奥地利首都维也纳的技术大学的礼堂里，一位身材瘦小的中国人，迈着庄重的脚步，在悠扬的乐曲声中向主席台走去，接受自然科学博士证书。这也是他用自己的心血在这个音乐之都谱写的一首“拼搏曲”。他，就是新中国成立后广东省第一批博士学位获得者、华南工学院化学工程一系中年讲师林维明。

“为了祖国，能搏就搏”

维也纳市中心普法依尔街一幢学生公寓里。林维明站在 5 楼临街的一个窗口边，俯视着街上车水马龙的景象，心里很不平静。日历牌告诉他，今天是 1981 年 3 月 12 日，来到奥地利进修已经 5 个月了，要不要申请攻读博士学位呢？申请吧，写作博士论文和进行论文答辩要求全部用德语，而他在国内仅学过半年德语；再者，攻读博士学位，一般人需要 3 年左右的时间，可是他的进修时间只剩下 1 年半了，能行吗？

“为了祖国，能搏就搏。”临行时学院领导的赠语，激发起他为祖国争光的热情，随之他作了冷静的科学计算：如果每周工作 7 天，1 年半就是 500 多天；把晚上时间搭进去，就是 700 多天了。按当地每周工作 5 天折算，不是有了相当于他们 3 年的工作时间了吗！他下定了拼搏的决心。

林维明的导师挪拉教授，接到他的攻读博士学位的申请，赞许地笑了。这位欧洲知名的物理化学专家，经过 5 个月的考察，对林维明是满意的。这位中国学者工作刻苦，每天第一个到达，最后一个离开；学习又很虚心，任何一个与他接触的奥地利人都成了他的语言教师，仅仅 5 个月，他就取得了德语成绩合格证书。

于是，挪拉教授一方面与校方联系，批准他攻读博士学位，另一方面又从经济上暗中为他做好了延长时间的准备。

“他像马达一样不停地转”

林维明的博士论文研究方向是：研制某种加氢催化剂。他的任务是要寻找出一种新的活性和选择性较高的催化剂，并对其反应机理进行研究。这是一项很困难的工作。

在查阅了世界上所有已经发表的催化方面的文献之后，林维明采用“笨”方法开始他的拼搏。他把多种金属按不同的比例和组合，制成许多种催化剂，一种一种地鉴别它们的性能。这样做要花很多的时间，他就把原来已经缩短了的休息时间再缩短一些：每天早上7点钟，带着一天的干粮钻进实验室，一直到晚上八九点才出来。遇到实验的关键时刻，他中午饭往往要拖到下午三四点才吃，晚上要到深夜一两点才走。这时电车和地铁都停开了，他只得挪着疲乏的身体，步行半个多小时回宿舍。

3个月下来，新的催化剂找不到，反倒患上了胃病。同事们看他瘦了，劝他抓紧到医院检查和治病，他怕耽误时间，偷偷地在实验室里煮些面条，代替又干又硬的面包，把胃痛缓和下来。

但是，他拼死拼活把文献所介绍的那些金属都试过了，加氢催化剂还未见成功的征兆。出路在哪里呢？根据文献记载，与铜化学结构相同的金属，是不能用来制作加氢催化剂的。可是初生之犊不畏虎，他大胆地用铜和镍进行实验，并且有了初步的效果。真是柳暗花明，渐见曙光，他更加振奋，全力以赴。周末、节日、寒暑假，在他脑海里已失去原有的概念，他把它们都视为工作日。挪拉教授曾经感慨地对自己的夫人说：“有个姓林的中国人工作很拼命，他像马达一样不停地转。”

林维明终于以其顽强的拼搏精神征服了重重困难，仅仅用了9个月，就找到了一种成本低、无毒性、活性和选择性良好的新的加氢催化剂，而且完成了全部实验室里的工作。他用45天写出了博士论文初稿，再用1个星期的时间，把长达120页的文字和插图全部打印完毕，接着，又提前以优秀成绩通过了博士论文答辩。

“你使我认识了中国人”

林维明是挪拉教授接触的第一个中国人。挪拉教授力图把以往听到的关于中国人的传闻，在林维明身上找印证。有这么几件事，给他留下了深刻的印象：

——“圣诞节”之夜，教研组召开联欢会。教授想找林维明碰杯，可怎么也找不到，结果在实验室里发现了他。

——盛夏时节，教授给林维明布置了一个任务，让他在两个星期内把当时世界上关于催化问题的研究动态整理出来。可是仅过了 6 天，林维明就整理出来了。

——教授要求林维明和一个来自巴西的教师，在 15 天内各自就同一个科研题目提出实验方案，并安装好仪器设备。结果林维明仅用 4 天就完成了，比巴西教师快得多。

这几件事，改变了挪拉教授原先以为林维明不能如期完成博士学位论文的想法，对他更加大力支持。教授破例把能打开全部实验室的万能钥匙给了林维明，破例亲自动手为林维明验证实验结果，破例推迟假期帮林维明修改论文。教授对林维明说：“你使我认识了中国人！”

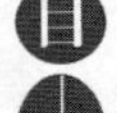

编后：好一首社会主义的拼搏曲！体育健儿为祖国争光拼搏，工人、农民为创造物质财富而拼搏，教育、科学工作者为中华崛起而拼搏，他们构成了我们时代的最强音！

相对来说，教育、科学工作者的劳动是无形的，他们育才、攻关，默默无闻地进行，他们的劳绩转化为社会生产力时也不带个人的标记，因而不易为人们看见。所以，我们在看待知识分子的作用和贡献时，需要从他们这种劳动的特点出发。像林维明同志，他钻研起来像马达一样连续转，根本没有上班下班的界限，可谓呕心沥血了。其劳动之艰苦，固然不会比开机器、“修地球”轻松，他找到的加氢催化剂应用之后所创造的物质财富，也当比简单劳动要多得多。这样来看问题，我们对党和国家强调改善知识分子的待遇，就比较容易理解了。

（原文载于《南方日报》1983 年 1 月 13 日。合作者为吴立勇、云夫。后收入《当代中国留学生在国外》一书）

他是摘掉工厂亏损帽子的能手

采写背景： 这是我大学毕业分配到报社1年半之后采写的第一篇刊于头版头条的人物通讯，报社刊发时配发了评论和新闻人物照片。《人民日报》转载。

知识分子在“文化大革命”期间被诬称为“臭老九”。1978年3月18日，全国科学大会在北京召开，邓小平在会上提出：科学技术就是生产力、知识分子是工人阶级的一部分、四个现代化，关键是科学技术的现代化。会场里响起如雷如潮般的掌声，人们欢呼“科学界的春天又回来了！”这次大会具有里程碑的意义，不仅确立了尊重知识分子、尊重人才的根本方针，也为中国未来的发展指明了方向，成为改革开放的先声。

唯其如此，我到报社工作之后，利用在科教部当记者之便，主动积极地捕捉科技界的先进典型，采写了一批奋发有为的知识分子。

他以社会为课堂，热心为亏损厂排忧解难。3年来，为了推广一项新技术，他的足迹踏遍20家水泥厂，不是帮这家摘掉了亏损的帽子，就是助那家解除了技术落后的“紧箍咒”，为国家增添了数百万元利润。人们送给他一个“摘亏损帽能手”的称号，他受之无愧。

他，就是华南工学院无机系胶凝材料研究室中年讲师罗振华。

“你的配方真神！”

罗振华摘亏损帽子，与其说是用他的双手，不如说是用一种配方。

1980年6月，罗振华在王天岫教授指导和田庆芳老师协助下，成功研究出低温煅烧水泥新工艺。这项新工艺，可以采用以往认为不合格的原料和燃料烧制水泥，并能降低煤耗一成以上，增加产量10%左右，还可提高水泥质量。这对于濒临绝境的水泥厂来说，该有多大的诱惑力啊！

且说年产 8 万吨的高要县水泥厂，1981 年下半年遇到了难题：生产用煤发热量低，加上原料质量不好，配方极其困难，眼看生产无法进行下去。就在这时，他们听说有低温煅烧这么一种新工艺，真是喜出望外，立即派人到华南工学院搬“救兵”。罗振华和王教授、田老师等，义不容辞，欣然前往。罗振华一蹲就是 3 个月。白天，他与工人一起劳动；晚上，他找大家了解情况。为了掌握第一手材料，他不怕脏，钻进黑乎乎的生料库中检查；他不怕热，爬上温度很高的窑面察看。几天之后，他在对该厂生产情况了如指掌的基础上，对症下药，提出了一个配方，先在一个窑上试验，结果马到功成，达到了优质、高产、低耗的要求。厂的党政领导欣喜非常，立即决定在全厂推广。在罗振华蹲点的 3 个月里，该厂按他提出的配方生产水泥，增产 3600 多吨，减少用煤 900 多吨，节约用电 29000 多度，增加利润 11 万元。工厂绝处逢生，前景豁然开朗。有的老工人亲热地拍着罗振华的肩膀说：“好家伙，你的配方真神哪！”

罗振华的配方，虽然因各厂情况不同而有变化，但几乎是个个灵验，“方”到“病”除，这就使他成了各水泥厂“抢”的对象。有时他上午刚从一个水泥厂回来，下午就被另一个厂“拉”走了；有时两个水泥厂不约而同地来到家里邀请他；越是节假日，来请的人就越多。3 年中，在完成教学、科研任务的同时，他到水泥厂推广新技术达 600 多天。有些水泥厂来请，他实在抽不出时间去，就根据这些厂提供的情况，给他们寄去了配方。

无私传技术

罗振华常说：“推广新技术，不能只看它是否可以用到生产上，更重要的是看它是否被干部、工人所掌握。”为了不让已摘掉亏损帽子的工厂又重新戴上这种帽子，罗振华每到一厂，都花很大的精力传授技术。云浮县南乡水泥厂的职工对他那生动有趣的讲课，至今记忆犹新。

那是 1983 年 4 月的事。罗振华来到这间工厂，发现该厂 20 多年年年亏损，这同职工技术水平低关系很大。于是，他边了解情况，边给大家上技术课。在生料车间，他把调配生料形象地比喻为“炒菜前的调料”，让工人们懂得调料加多或加少所引起的不同变化；在立窑车间，他着重讲解掌握“炒菜的火候”的原理，启发工人们学会处理煅烧过程中出现的不同情况。对于配方设计人员，他则整天带在身边，言传身教，循循善诱，毫无保留地传授技术。两个月当中，他只用了几天工夫制定配方，其余时间都用在技术培训上，光全厂性的技术课就上了10多次。告别之时，他欣喜地看到，这个厂不仅实现了扭亏为盈，而且全厂职工的技术素质有了显著的提高，每个车间班组都有了过硬的技术骨干。化验室青年工作人员黄泽明，经过罗振华两个月手把手地教，已经能独当一面，挑起全厂配方设计的重担。

对于没有到过的水泥厂，罗振华采取的是集中培训的办法。3年来，他在有关部门的组织和支持下，先后给全省各地水泥厂的300多名干部和技术人员讲课，使低温煅烧新技术顺利推广。

热心当参谋

要改变一个企业的面貌，不仅要靠先进的技术，而且要靠科学的管理。罗振华深谙此中道理，因此无论去到哪个工厂，他都把搞好管理当作自己的分内事，热情地当起参谋来。博罗水泥一厂、二厂岗位责任制和承包制的建立和健全，惠阳水泥厂奖罚制度的落实，龙川水泥厂原材料科学管理制度的提出，等等，都和他的努力分不开。

1983年5月，博罗县水泥二厂面临着倒闭的威胁。该厂建立7年，亏损200多万元，1983年1—4月又亏损了12万元，干部、工人心灰意冷，无计可施，只好来找罗振华。进厂不久，罗振华就发现了一个奇怪的现象：全厂工人3—5月只发60%工资，唯独机修车间的工人不仅发足工资，而且有奖金拿。经了解，才知道问题出在管理上。原来，这个车间什么都向工厂承包，就是不包全厂的机械运转率。

他们可以承接外单位的加工业务，钱多的就优先安排，致使厂里有些车间急用的零件得不到及时加工，影响了机械的正常运转。罗振华认为这种管理如不改善，低温煅烧技术就不能顺利推广。他多次向厂领导力陈己见，在全厂宣传“大河有水小河满”的道理，并提出了改善企业管理的建议。他的努力得到了在该厂蹲点的博罗县经委副主任杨光佑和工人们的支持。厂领导毅然改变做法，调动了全厂工人的积极性，很快用上了低温煅烧新技术。6—9月，全厂生产水泥比1—5月多3000多吨，每吨成本下降11元，在原料涨价、水泥降价的情况下，还盈利43000元，“死火厂”终于出现了一派生机。

罗振华以其出色的劳动，帮助一家又一家水泥厂摘掉了“亏损”“落后”的帽子，人们也把一项又一项荣誉的桂冠戴到他的头上。他到过的工厂主动向上级反映他的事迹，很多同志来信称赞他是“推广新技术的有心人”，华南工学院的党组织评选他为学院的“优秀共产党员”。现在，他又在向另一些水泥厂走去！

（原文载于《南方日报》1984年1月5日头版头条）

绿色的歌

一

金灿灿的稻田丰收在望，沉甸甸的稻穗透出缕缕清香。

“青优早”，这个尚未为人们熟知的杂交水稻新组合，以其青枝腊稿、穗大粒多的丰姿，抗稻瘟病的能耐，引起各地水稻专家的注目。

7 月 18 日这天上午，10 多位专家、教授，来到恩平县牛江区的稻田上，对这个被列为省重点科研项目的杂优新组合进行评议。他们顶烈日，踏田埂，边看边议，兴奋之情溢于言表。

“‘青优早’的育成是科研和生产上的一大突破，它为今后进一步推广杂交水稻解决了一大难题。”

“这种非野败型杂优组合应用于大田生产，在国内外还未见有成功的报道。”

“应给陈宇杰记大功，他为杂优育种开辟了新的途径。”

……

为什么专家们给予“青优早”及其培育者陈宇杰如此高的评价呢？这得从杂交稻育种的历史说起。

利用作物的杂交优势培育良种，始于 20 世纪 50 年代。它被人们誉为“绿色革命”，很快就风靡全球。然而正如一切新生事物一样，它的发展也遇到了障碍：病害的威胁！

在太平洋彼岸的美国，主要粮食作物杂交玉米于 1970 年遭青枯病袭击，有六七成种植面积受害，全国减产一半以上。

亚洲的一个国家，大面积推广引进的一个杂交水稻良种，头两年获丰收，到第三年爆发严重稻瘟病，几乎举国失收，农业部长被迫辞职。

我国自从 70 年代中期推广杂交稻以来，获得了很大成功。目前全国的年种植面积已达8000万亩，其中广东省约占1/6，得丰产之益久矣。不过近些年来也开始遭受病害的困扰。1981年早造全省400万亩杂交稻发生稻瘟病，损失近4亿斤。1984年早造受稻瘟病为害，面积也不少，造成的损失尚未全面统计。稻瘟，威胁着杂交水稻的前途，也动摇着某些人的信心。他们有理由担忧：异国曾出现的挫折，会不会在我们国土上重现?!

正是在这个背景下，佛山市农科所那位皮肤黝黑、身材瘦削的中年农艺师陈宇杰，独辟蹊径，在一块不惹人注目的小园地里，培育出了既有很强抗病力，又有很好丰产性能的杂交稻新组合“青优早”，并且为根据各地需要陆续推出青优系统的强优组合开辟了广阔的前景。这就难怪专家们要刮目相看、交口称赞了。

也许一般人并不知道，我国第一个野败型杂交水稻良种，是100多个科技人员通力合作，花了七八年的时间培育出来的，后来逐渐发展为汕优、V优两个良种系统。这是一个很大的突破。现在，陈宇杰在同行们的大力支持下，用三四年的时间，培育出了第一个非野败型杂交水稻良种，并将建立起青优良种系统，这也是一件很了不起的事。

曾有人认为，育种的成败有很大的偶然性，“青优早”的培育成功，兴许是“偶然之所得”。这个看法对吗？如果深入了解一下陈宇杰在育种过程中所碰到的困难、所表现的勇气，那么就不难找到正确的答案。

二

1976年冬，陈宇杰像往年一样，来到一片翠绿的海南宝岛，在椰风蕉雨中进行水稻育种。这天，湖北省一位同行告诉他：武汉大学生物系教师朱英国等选出了非野败型杂优水稻的育种材料，定名为“红莲一华矮15号A”。陈宇杰一听，喜出望外，大有豁然开朗之感。

原来，国内外能够在大田推广的杂交水稻，全属野败型的。这类杂交稻，是用具有野生稻血缘关系的品种与从低纬度国家引进的品种杂交而成的，可称之为“混血儿”，虽有优势，却因可供选择的品种范围狭窄，难于搞较多的强优组合，各地多年种植的就那么几个，一旦出现什么问题，就会措手不及，造成大面积减产。因此，他一直希望能够找出一条用常规品种培育杂交稻的途径，来弥补野败型培育方法之不足。现在，听说有人正在搞这方面的试验，并已取得一定成果，他能不高兴吗？从海南回来后，他马上给武汉大学写信，要求支援二两种子。

此事被同行们知道了，有的支持，有的不禁笑出了声。这一笑，也不无道理。日本50年代末就已育出非野败型组合，但经历20余年之久，至今仍未见在大田推广。陈宇杰是个60年代的华南农学院函授毕业生，当时连农艺师的职称也没有，能行吗?

“既然是条新路，那就大胆闯闯，失败了再干!”这是陈宇杰的回答。

隔年夏天，他从开垦两分荒地开始，打响这个绿色革命的战役。7月的一个假日，骄阳似火，地热蒸腾，陈宇杰挥汗如雨，在一块凸凹不平的低洼地上，撬石头、垒地边，再用小船从远处运来泥土，把地垫高。在个别青年人的帮助下，他一连7天运泥数万斤，平整土地后，种下了秧苗。

打这以后，陈宇杰一头扎进这项开拓性的实验研究工作。

人们说：“他具有‘陈景润式’的钻研精神。”事实确实如此。他长年累月蹲在田头，管理、观察、实验、分析，常常一天要干十几个小时；晚上办公室的灯光常常亮到深夜。他几年没有一个节假日是休息的。他觉得星期天或节日别人都走了，正是自己过细地进行观察、深入思考问题的好时机。他几乎全不管家务事，儿子多次吵着要买电视机，他无暇顾及，有一天，他竟拿出积蓄的2000元存款，吩咐只有十来岁的儿子自己进城购买，儿子不敢去，这事也就一直搁了下来。

育种工作真是使他着了迷！每当育种工作进入繁忙季节，陈宇杰这种忘我的精神，更是达到惊人的程度。有一天，上级机关来人，跑到田头找他。陈宇杰连忙从蒸笼似的育种田里钻了出来，那个模样着实使来访者感到惊讶。眼前的这位农艺师，光着膀子，汗流如注，胡子足有几寸长。农科所的一位同志告诉来访者，稻花一开，陈宇杰总是忙成这个样子，常常忘了吃饭，生病也顾不上看，自然不愿花时间去理发。一次，他断了裤带，便拿麻绳往腰上一缚了事，别人取笑也不在乎。

陈宇杰就靠这个劲头，先后完成100多个常规水稻品种的杂交试验工作，把武汉大学的“红莲—华矮15号A”，转育成性状优良的“青四矮”，再与当地良种“红梅早”配对，组成理想的强优组合，定名“青优早”。

然而，成功之路从来都不是笔直的。1983年6月，就在“青优早”开始多点小试以后不久，陈宇杰遇到了新问题。一天下午，佛山市良种场的一位技术干部跑到陈宇杰的实验田里，气喘吁吁地说：“陈老师，出事啦!”说完就拉着陈宇杰往良种场走。展现在他们面前的是一幅令人沮丧的情景：80亩“青优早”制种地里，杂株丛生，杂株率超过规定标准。陈宇杰愣住了：问题出在哪里?

几乎在此同时，台山、南海、中山等地的一些单位也来信反映同样的问题。

一时间，议论纷纷，风波骤起！

“种子纯度不合格，‘青优早’没前途了。”

“看来非野败型种子就是下不了大田。”

但这没有动摇陈宇杰对“青优早”的信心，他全力以赴寻找问题的症结。那段日子，他茶饭不思，寝卧不安，奔走于各试验点，潜心研究有关资料。经过100多天的调查分析，他终于揭开了谜底。原来，这些杂株率高的试验点，主要是制种时不注意除杂提纯，因此，只要按照技术规程办事，问题就可迎刃而解。

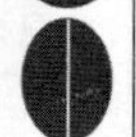

恩平县牛江区是“青优早”栽培和制种的重点区。1984年入夏以来，到这里参观现场和购买“青优早”种子的络绎不绝，计有来自省内外30多个县的7200多人，要求定购种子的1500多封信也像雪花一样飞来，共卖出稻种30多万斤。云浮县有两名农民，竟骑着单车赶了140多公里路来到牛江区，要求购买100斤“青优早”稻种。

各地农民如此喜欢“青优早”，争先恐后地推广种植，自然有其原因。1983年南方九省稻区杂交晚稻新组合区域试验评比，“青优早”脱颖而出，平均亩产高达869.4斤，名列榜首。1984年早造广东省试种“青优早”10万多亩，其中恩平县86000多亩；在各地杂交稻不同程度遭受稻瘟病袭击的情况下，“青优早”一枝独秀，抗病能力高居第一；一些高产地区试种，亩产大多超过1000斤，最高的达到1556斤。

陈宇杰作为一个育种者，眼看“青优早”受到普遍欢迎，能在生产上推广，无疑得到了很大的安慰。但人们的祝贺和赞扬并没有使他陶醉，他虚心地听取专家、群众的意见和建议，使自己的思路更开阔、眼光放得更远。

有位专家告诉他，一个杂优组合连续种植几年后，就容易受病害侵袭，影响产量。陈宇杰品味着这句话，深深感到育种工作无止境，不能躺在“青优早”上睡大觉，应该认真考虑在“青优早”之后，拿出更好的组合来。

他牢记一位专家在座谈会上说的话：杂交稻的进一步发展，取决于培养抗性强和米质好的良种。目前对付晚稻出现的白叶枯病，还没有比较理想的种子；而培育高产优质种子的问题，也必须尽快解决。陈宇杰对此思虑再三，认为自己应该勇挑重担，加倍努力。

他对育种工作抓得更紧了。1984 年他搬进新居后，连 8 平方米的天台也派上用场。人家的天台五彩缤纷，种的是各色鲜花；他的天台却摆满清一色的盆栽水稻，有已长出金灿灿稻穗的，有正在抽穗扬花的，还有禾苗刚破土而出的，达 25 盆之多，青黄相间，别具一格。他就利用在家休息的点滴时间，扩大了试验的范围。

陈宇杰经过艰苦摸索，近年来先后育出了青优系统的 14 个新组合，其中早熟的、抗白叶枯病的、生产优质米的，应有尽有。譬如，一个适于晚造种植、定名“青优直”的新组合，已先后在顺德、番禺、恩平、高州、崖县等地试种，不仅具有很强的抗白叶枯病能力，产量甚至超过了“青优早”。

人们等待着育种者把更多的良种撒进广阔的沃土，为绿色革命续写新的篇章。

（原文载于《南方日报》1984 年 9 月 11 日。合作者为杨春怀）

一冷一热见真功

冷伤和发热，是病理生理学两个不同的研究领域，风马牛不相及。可是有这么一个人，竟能够同时在这两个领域中有所建树、硕果累累，简直令人不可思议。他是谁？这里面有着什么奥妙呢？

从热至冷的契机

1969 年冬，北国冰封，万里雪飘。在我们祖国的最北处，茫茫的白色世界中，出现了一些黑点，由小变大，越来越大，原来是一群身着皮大衣的人。他们的身躯承受着严寒的袭击，可是他们的肩上却担负着征服“冻伤”的历史使命。人群中，那位身材魁梧、气宇轩昂的中年人，双眉紧锁，沉思不语，他的双脚默默地踏着同行在雪地上留下的深深的脚印，他的脑子也缓缓地启开了回忆的闸门：

怎能忘啊，就在数月之前，“北极熊”乘着我国处于严重动乱之机，在东北边境伸出了入侵的魔爪。“珍宝岛”一战，狠狠教训了“北极熊”，但也带来了新的问题：生长在南方的战士，乍到北国摄氏零下 40 多度的高寒地带，不是被冻伤，就是被高寒夺去生命。国家于是组织了征服“冻伤”协作组，当有关人士来到吉林医科大学请李楚杰参加时，这位在病理生理学研究方面颇有造诣的讲师还作为“反动权威”被关在“牛棚”里。

在这之前，李楚杰在“发热机理”的研究领域里，已经驰骋了整整 18 年。如果说，当初他接受新任务，毅然转变研究方向弃“热”从“冷”时，是出于对国家、民族需要的服从，那么，眼下站在冰天雪地里的他，则深深感到“征服冻伤”已经成了自己义不容辞的责任。这一次“战地调查”，他的足迹踏遍了黑龙江、嫩江、牡丹江、黑河、呼伦贝尔盟、大兴安岭地区。在漫长的北部边境上，他亲眼看到，来自祖国南方的青年战士，有的还未上战场便冻伤了，心里不由得一阵阵发酸、灼痛；在祖国最前沿的瞭望台上，他亲眼看到，对面超级大国的大兵们还在耀武扬威，一门门大炮像张着血盆大嘴的猛兽，他的满腔热血伴随着无比的愤慨，一下子往上涌，脸涨红了，拳攥紧了，一个信念在心里坚定起来：攻克“冻伤”，让战士们生龙活虎，去制服张牙舞爪的“北极熊”。

可是，在那个“人妖颠倒是非淆”的动乱年代，要实现这个信念，真是谈何容易！科研方向180度大转弯所带来的困难自不待说，光是物质条件缺乏和周围环境的压力就够应付的了！没有足够的资金，没有高级冷库，没有自动化温度记录仪……有的却是盲目的指使、无知的指责，比如说李楚杰喜欢用白兔而不用黑兔做试验，协作组的外行人就批判说：“这是种族歧视！”李楚杰要对实验结果进行照相，他们就指责说：“这是为了写论文争名利。”李楚杰提出要制订实验方案，有人竟说：“只有胡搞才能搞出名堂。”这一切，真使李楚杰啼笑皆非。他痛心，他不平，但他想着受冻伤的战士，掂着肩上担子的分量，始终没有畏缩。

也许，正是由于有了这么多的困难和非难，李楚杰和他的同伴才能做出那些令人难以想象的事：

没有足够的资金，他们就把做过实验的兔子送到收购站出售，再用这些钱买回另一批做实验用的兔子；没有药品，他们就到药厂去鼓起“三寸不烂之舌”，宣传攻克“冻伤”的意义，请求药厂“义务支援”；没有设备，他们就自己动手制作干水酒精冷冻槽和热电偶温度计，又借了一个一般的冷库，土法上马；没有足够的人手，他们就自己动手饲养动物，清扫兔粪，配药试验。

有话说：“磨难出英才。”对于当时的李楚杰来说，应改成“磨难出成果”。经过5年的艰苦奋战，李楚杰依据自己对重冻伤的发病学提出的“细胞代谢——微循环障碍综合机制”的假说，在世界上第一次独创性地采用“稳定（降低）细胞代谢的药物治疗重冻伤”，使冻区组织成活率达到68%以上，疗效之高超过了国外当时的45.7%的水平。1978年的全国科学大会把它定为国家一级科研成果，给李楚杰领导的科研组颁发一级奖状，并决定由长春电影制片厂将其拍成《冻伤新药》彩色电影，在全国公映。一位同行热情赞叹说：“李楚杰没有高精尖的设备，却搞出了高精尖的成果。”

是的，当时全国医药卫生系统中，只有两项国家一级成果享有被拍成电影的殊荣，何况李楚杰又是在影片中被公开点名表扬的，他此刻如果不是志得意满，至少也应如释重负了吧。

从冷至热的坎坷

然而，李楚杰此时卸下的，只是他临时接过的那副担子。他几乎是在同时，又挑起了一度搁下的重担——“发热机理”的研究。当他掀开那封面上写有“发热”字样的笔记本时，心头竟涌起了一阵热流。因为他揭开的是一页坎坷的历史，一段喜悲参半的记录！

1951 年初秋，大学刚毕业的李楚杰，无暇与父母商量，辞别新婚刚刚 2 天的妻子，从四季常绿的南方，来到天寒地冻的北国，一心要跨过鸭绿江，在朝鲜战场上抢救我们的伤病员。没想到军区领导把他留在原地，从事病理生理学的教学与科研。也许是“发热机理”研究广阔前景的吸引，他竟很快进入“角色”，在这个“发热”的舞台上伸拳展脚起来。

李楚杰没有看错！“发热机理”的研究对人类来说确实具有重要的意义。一般人有所不知，热病是一种常见病，许多疾病都伴随着发烧（发热）现象。长期以来，医学界比较注意研究热病的防治方法，但对人体发热的机理却了解不多，这不仅影响了防治效果，而且对相当一部分发热现象无法做出正确的诊断和解释，只好将它们作为“不明热”搁置起来，这对以救死扶伤为己任的医学工作者来说，是多么令人遗憾的事啊。李楚杰当时年仅 26 岁，在大学里没有学过这门课程，当时国内在这方面仍是一个空白，没有成套的现成经验可以借鉴，又无可以师法的专业教师，他要向这样重大的课题挑战，真可谓困难重重。然而，他的眼睛里只有一个目标，一个他准备终生执着追求的目标：揭开“发热机理”之谜。

当一个人倾尽身心真正投入事业不倦追求之时，他所付出的牺牲和取得的成绩都是令人难以置信的。此时的李楚杰就是这样。他依靠那种刻苦钻研的精神，查阅了苏、英、美、德等国的大量有关书籍，记下了 200 多本札记；他凭着那股“初生之犊不怕虎”的勇气，办起了我国第一个病理生理学教研室，编写了我国第一套病理生理学教材，他自己也成了国内高等医科院校第一个系统地讲授病理生理学课程的老师。4 年后的一天，一名苏联医学博士参观了他所负责的教研室，翻看了他自编的教材和自订的科研计划之中国医学后，不相信地打量着他：“你，一个助教？不！一个教授也难以如此。”也许是这位洋博士的话使人认识了他的价值，他立即被记了三等功，并晋升为讲师。

美帝侵略朝鲜的战火把李楚杰推上了研究“发热机理”的道路，而国内十年动乱的鬼火却使他的研究成果毁于一旦。学校里的第一张大字报是冲着他来的："李楚杰还发什么热?"为了不让他"发热"，造反派们把他关进了冰冷的"牛棚"，毁掉了他100多本记录发热研究资料的笔记本，甚至把他的一篇成果论文当大便纸用。看到这一切，他的额头发热了，心里冰凉了，唯一感到的一点安慰是：将近一半的笔记被提前转移出来，妥为保存了。

1976年的那声春雷，使李楚杰的心从冷变热，也使他的研究方向从"冻伤"转为"发热"。他珍惜已经到来的"科学的春天"，他加紧利用自己剩下的不多的时光。他干得更多，睡得更少，简直到了入迷的程度。有一次，他开完会顺路从商店买回一双鞋，老伴接过来一看，哭笑不得。原来一只鞋帮高，一只鞋帮低，根本不是同一间工厂出品的。就是凭着这样一股"迷"劲，他在过去研究的基础上，提出了"热型与病变"相关的理论，并用实验材料加以证实，使得他在发热研究方面处于国内的领先地位、国际的先进水平。他的研究成果被许多学校引用于教学，并被编入我国医学百科全书。

冷加热之和

李楚杰研究"冻伤"，成果累累；钻研"发热"，战绩辉煌，总共发表了60多篇论文，撰写了《冷伤》《水肿》《发热》3部专著，参加了我国医学百科全书的编写，难怪中国病理生理学会理事长、学部委员、病理学一级教授杨简认为他"实属我国不可多得的病理生理学人才"。他的成功，令人羡慕；然而他成功之秘诀，更为人所神往。

有一天，两位急于得到这一秘诀的年轻人，叩开了李楚杰的房门，访问了他的爱人。"知夫者莫如妻"嘛。那么，他爱人是怎么说的呢？"他呀，一年也难得和我们去一次公园，或者看一次电影，整天就知道看书，如果那天晚上他12点钟前睡觉，那准是身体不舒服。"

在他爱人的这一笑说里面，一个重要的问题被提了出来，那就是：时间与事业的关系。苏联诗人马尔夏克曾说："时间有虚实与长短，全看人们赋予它的内容怎样。"古希腊诗人海西阿德也说过："善于掌握自己时间的人，是真正伟大的人。"从这个意义上说，李楚杰应算得上是伟大的。他在从事教学、科研的32个春秋中，几乎把所有的假期、节日都用在事业上了。除了1964年那个暑假回老家探亲之外，其余31个寒暑假，他不是开会、讲学，就是备课、实验。以每年寒暑假两个月计算，他实际上比别人多干了5年。他自己说得好："时间的绝对值是不会改变的，你要多出成果，多做贡献，办法只有一个，那就是改变休息与工作时间的比例。”

可是这两位年轻人不满足：掌握时间毕竟不是成功的唯一因素啊。于是他们又继续深入探讨下去。一位著名科学家的话启发了他们：“在观察的领域中，机遇只偏爱那种有准备的头脑。”对呀，李楚杰的头脑，是不是“有准备”的呢？他们循着李楚杰留下的足迹，结果发现了一个令他们激动不已的事实：

50年代初，苏联热型研究权威维索金提出“发热反射始动机制”假说，并以此解释热型的原理，认为人体各个器官患病时，因其感受器官特点不同，引起下丘脑温度调节中枢的反射就不一样，也就是说各个器官的神经反射不一，发热就有不同表现。可是李楚杰在备课和科研中发现：肺炎、肺结核同是一种器官的两种疾病，却是热型不一，前者发高烧，后者持续中、低热。这种现象用维氏的理论是解释不了的。李楚杰还发现，维氏用以论证的试验也不严密，证明不了他的假说。因此他大胆地提出：维氏的假说不科学，应该研究出新的科学理论。有人笑他不自量力，是的，一个刚出茅庐的年轻人，居然敢向一个权威提出异议，这未免有点“狂妄”。可是他“一条道走到底”，通过上千次试验，终于用“发热与病变相关”的假说和大量的根据否定了维氏的假说。

其实，李楚杰的敢于怀疑、善于思考，并非自此事始，而是贯穿于他整个科研生涯的始终。他曾说：“要有所突破和创新，要敢于批判，科学家首先要服从科学事实，而不是服从‘权威’或现行的理论概念。”

问题的答案似乎到此为止了。可是，那两位年轻人的视线，又被下面的这个镜头吸引过去了。宽敞的教室里，来自广州地区医疗单位的科研骨干，正在全神贯注地听课，站在讲台上的那位50多岁的长者，用略带潮汕口音的普通话朗声说道：“任何工作都必须按照客观规律办事，遵循医学科研的规律去进行科学研究，才能卓有成效，富有创造性和科学预见性，才能正确地运用各种实验方法，……收到事半功倍的效果。”人们对这充满哲理性的发言报以热烈的掌声。

原来，这是李楚杰在讲授《医学科学研究方法学》。台上一席“经”，台下十年功。与其说他在传授方法，不如说他在对自己的科研道路进行总结。他发现，是一种理论维持了他长期的科研作战，促使他“左右逢源”、得心应手。这种被历史虚无主义者认为不屑一顾的辩证唯物主义理论，对他来说是不可欠缺的胜利之匙。他用这把钥匙开启的“冻伤”和“发热”之门使人们的认识通向了新的境界，而他对这一段历史的总结又使人们的思想深受启迪。《医学研究的基本问题》一文被作为好文章在全国医学辩证法讲习会上印发。《医学辩证法》等课程也在校内外产生了广泛的影响。它告诉人们，正确的医学科研方法也是通向成功之路所必不可少的。

此后，两位年轻人又找李楚杰深谈了一次，并且，自称已经得到了冷加热之和，即李楚杰成功之奥秘。不过，他请笔者不要贸然写出，理由是，具有不同阅历、不同思想水平的人，会得出不同的结论。他们希望有志于医学科研的同行张开自己思维的翅膀，在哲理的太空中尽情翱翔！

（原文载于《中国医学生》1985 年第 1 期。合作者为毛晓碚）

“灭鼠大王”和他的伙伴

鼠害，是世界性的灾害：每年被老鼠吃掉的粮食，足够1亿3000万人吃1年；有史以来死于鼠类所传播疫病的人数，远远超过直接死于战争的人数。王耀培和他的伙伴们，20多年来同鼠害展开了勇敢、顽强的搏斗，并且取得显赫战绩……

从“无鼠害街”说起

广州沙面区，沐浴在灿烂的阳光下。

1985年5月6日，广州有关方面的专家和工作人员在这里发现：3天前为测定灭鼠效果所布放的300只鼠笼竟无一捕获到老鼠；188堆粉迹也无一发现有老鼠的脚印。于是他们高兴地宣布：沙面已成为“无鼠害行政街”。副市长陈绮绮对此大加赞赏，她激动地说：“很好，全市都要推广这个经验。”过去饱受家鼠之害的沙面居民，闻讯后也称赞：“‘灭鼠大王’和他的伙伴真行!”

他们的激动心情是可以理解的，因为直到今天，鼠害仍是世界性的难题。每年全世界被这些牙尖嘴利的家伙吞噬掉的粮食达2000亿斤，够1亿3000万人吃1年。它们还传播疫病，咬伤人畜，有史以来死于鼠类传播疫病的人数，远远超过直接死于战争的人数。美国每年有1/4的“不明火灾”是由老鼠引起的。

在这种情况下，被称为“灭鼠大王”的广东省昆虫研究所助理研究员王耀培，和他的伙伴及省、市卫生防疫站的专家一起，把沙面建成一条“无鼠害街”，实在难能可贵，可喜可贺。

在这之前，王耀培和他的伙伴们还用20多年的时间，先后开展了农田灭鼠、电缆防鼠、鸡场灭鼠、猪场灭鼠、城市灭鼠工作，战绩显赫。他们的灭鼠经验，被有关部门印成小册子广为散发。他们的灭鼠成果，先后获得广东省科学大会奖和广东省优秀科研成果奖，现在正在呈报全国科技进步奖。难怪英国一位灭鼠专家在了解王耀培的情况之后，不仅连声称道，而且把王耀培推荐给美国一位著名的灭鼠专家。后者则多次来信，要求与王耀培在灭鼠方面开展成果交流。

绰号是这样叫开的

1962 年冬，刚刚组建的南方第一个鼠类生态研究组，来了一位身材瘦小的青年人。他就是从中山大学生物系毕业仅 2 年的王耀培。

从鸟类研究转为鼠类研究，王耀培的思想一时还转不过弯来。然而，当他和伙伴们来到珠江三角洲南沿的国营平沙农场，目睹农田鼠害的严重情况时，他才掂出了自己肩上那副担子的分量。

在潜心鼠类生态研究 3 年之后，王耀培、王李标、秦耀亮等人发现：广东的鼠科，竟有 16 种之多。由于南方气候温和，食物丰富，因此鼠类一年四季都可繁殖，增长速度惊人，只有采用毒杀的方法才能控制。然而，鼠类不轻易吃毒饵，怎么办呢？

为了解开这个难题，王耀培等迈开双脚，跋涉 7 个县，向群众请教。回来后又开展鼠类对不同毒饵拒食率比较的试验。俗话说："不脏的地方没老鼠。"王耀培等为着捉摸老鼠的脾性，顾不上脏和苦，顶着日晒雨淋，趴在田间的低凹处、田基边、草丛下、泥地上，细细寻找大大小小的"鼠路"，辨认断断续续的"鼠迹"，还要定期捉回老鼠，进行观察和解剖，几乎天天要工作 10 多个钟头。一年之中，他们连广州也极少回，把全部心思都用于试验。

经过上千次的试验，王耀培等发现，农田鼠类具有以素食为主的杂食性，对于用传统办法加工过的大米、番薯、猪肉、花生等毒饵，它们很少取食，却习惯于寻食收割后遗留在田间的谷粒。于是他们最后选择稻谷作为毒饵。果然，老鼠乖乖上钩。

与此同时，王耀培等还进行了"毒鼠时机对毒鼠效果的影响""布放毒饵位置对农田毒鼠的影响"等试验，总结出了一整套农田灭鼠的完善方法。1966 年，这个方法在平沙农场全面试验，一举获得成功，当地水稻、甘蔗等农作物遭到鼠类毁坏的现象被全面制止住了。

消息传出，各地轰动，要求他们上门讲授灭鼠方法的函件像雪片般飞来。王耀培和他的伙伴们也是有求必应。那几年，别人在"造反"，他们却把自己传经送宝的足迹留在全省各县，光是王耀培自己做的灭鼠技术报告，就不下400场。广西、福建、湖南等省、区也慕名前来取经。“灭鼠大王”的绰号，就这样叫开了。

“你这个‘灭鼠大王’真神！”

科研之路没有终点。

1981年初，王耀培在街上偶遇华南农业大学副教授刘福安。刘福安对他说：“喂，鸡场鼠害好严重，你有无办法？”

就像是等候进攻的战士听到了冲锋号，王耀培一边请刘福安到主管部门为他争取这个项目，一边匆匆赶回所里动员伙伴们做好新项目试验的准备。

且说惠阳县有一个“大岭头种鸡场”，建场仅2年，鼠害便成灾。老鼠猖狂至极，连白天也出来四处活动，偷吃饲料，咬死小鸡，拉吃种蛋，啃烂麻包，给栏舍、孵房、仓库、宿舍留下了百孔千疮。工人有时无意中可以踩到老鼠，铲饲料时也常铲到老鼠。该场虽悬重赏要大家捕杀老鼠，但方法用尽，都无济于事，每月损失4000元以上。他们听说广州有个“灭鼠大王”，不禁喜出望外，连忙专程上门邀请。王耀培、黄铁华等立即赶到现场，探鼠路鼠洞，看鼠粪鼠迹，分析鼠类的数量和活动范围，然后配制毒饵，布放在鸡舍内外的合适位置，实行全面布防，内外夹攻。仅10多天时间，就灭鼠10750只，灭鼠率高达96.78%。鸡场的同志拍着王耀培的肩膀说：“你这个‘灭鼠大王’真神！”

他们大概不知道，王耀培的“神”，也是从艰苦的摸索中得来的。起初，王耀培在进行鸡场灭鼠试验时，照搬农田灭鼠那一套，结果鼠害依然不断。原因何在呢？他和伙伴们对广东、湖南、浙江、江苏、上海等8个省、市的67个不同类型的鸡场进行了现场调查，才揭开了这个谜。原来鸡场食物比农田丰富得多，要让鼠类吃饵，不仅要选准毒饵的种类，而且要特别注意选好布饵的位置。经过仔细的观察和分析，他们决定把毒饵布放在鼠洞口和进入鸡舍的路上，使老鼠能够不费吹灰之力就可吃上一顿“美餐”。

此后2年中，王耀培等人亲自到16个鸡场灭鼠，个个成功，使每个鸡场平均每年可从鼠口中夺回数万元的损失。省内外50多个鸡场采用他们的灭鼠方法，也是无一失败。当这项成果进行技术鉴定时，许多鸡场的代表不请自来，争着发言，盛赞“灭鼠大王”的“法力”。专家们也对这种方法给予高度评价，指出它为安全、高效灭鼠闯出了新路子，达到了国内先进水平。

故事还在继续

鸡场灭鼠尚未结束，现实生活已向王耀培等人提出了新的课题。

1984年春节前后，宾馆、酒家、工厂、街道，不断派人上门，诉说家鼠为患之苦，动员“灭鼠大王”出山解救。

王耀培犹豫了。出去吧，自己确实还来不及研究对付家鼠的办法，怎么好仓促上阵呢？不去吧，眼看着国家财产在鼠口下遭受损失，他又于心不忍。

就在这时候，广州一家高级宾馆的领导，“三顾茅庐”，恳请王耀培伸出援助之手。原来，这家宾馆在客房、餐厅、仓库里发现老鼠踪迹之后，生怕影响宾馆信誉，连忙从香港请来了几位灭鼠专业人员。这些专业人员忙了两个月，眼看无计可施，便悄悄地“不辞而别”，连前两个月的薪水也不敢拿了。王耀培一听这种情况，下决心试一试。

他和伙伴们在深入调查的基础上，根据这家宾馆的内部结构，采取了“立体布防”的战术，在天花板、客房、餐厅、宾馆外围，都布放了毒饵。十几天之后，鼠害被控制住了。效果之好，连王耀培也大感意外，更不消说宾馆的领导了。不久，这家宾馆被评为广州市无鼠害先进单位。

此次尝试，引出了两个间接的结果。一是使王耀培增强了对付家鼠的信心。他立即向所领导申请开展“家鼠行为与防治研究”，决心在3年之内拿出适合城市应用的消灭家鼠新方法。另一个结果是王耀培始料不及的，有人竟利用他日趋响亮的名声招摇撞骗，谎称自己是“‘灭鼠大王’王耀培的弟子”，承领灭鼠任务，到处骗取钱财。刚直的王耀培当然容忍不了这种丑事。他一方面奋笔疾书，给省政府领导写信，呼吁采取有力措施加强灭鼠工作，同时防止假医假药扰乱社会；一方面亲力亲为，先后与惠阳、广州、兴宁、顺德等地的单位和个体户合作，开展灭鼠方面的技术培训，以满足各地日趋紧迫的灭鼠需要。

世界性的灭鼠难题，亟待攻破；“灭鼠大王”和他的伙伴的传奇故事，还在继续！

（原文载于《南方日报》1985年6月25日）

可拓之路

成功之杯，往往踞于布满荆棘的荒野尽头，其间没有任何现成的路可走。倘若畏缩、软弱、不愿做出牺牲，势必永远在荒野之中徘徊。只有百折不挠、甘愿忍辱负重的人，才能从这里开拓出一条路来。

——本文主人公的话

引　子

1900 年 8 月，巴黎。第二届国际数学家大会。

一代数学宗师庞加勒站在讲坛上，郑重地宣告：“现在我们可以说，数学完全的严格性已经达到了。”

时隔两年，英国人罗素却对数学的基础——集合论提出了质疑。他按照集合论的原理构造出一个悖论，说明集合论本身就是自相矛盾的。为了形象地说明这个问题，罗素提出了一个与之等价的“理发师悖论”：某城镇有个理发师在自己的招牌上写着“我只替一切不给自己刮脸的人刮脸”，那么，理发师自己的脸该由谁来刮呢？他要是不自己刮脸，按他的招牌他就应该给自己刮脸，而他一旦自己刮脸，他又成了不应该由他自己刮脸的人。可见，不管他给不给自己刮脸，都处于自相矛盾之中。罗素的这个悖论，使集合论陷入了不能自拔的矛盾境地。

极其严密的、近乎天衣无缝的数学竟然自相矛盾！罗素悖论震撼了整个数学大厦，使它的基础出现了裂痕。全世界的数学家都卷入解决悖论的旋涡之中。80 余年过去了，为了解决悖论问题而发展起来的数理逻辑、元数学等学科都有了突飞猛进的发展，可罗素悖论引起的数学基础的裂痕却一直无法消除，成了数学史上有名的悬案。

1983 年 3 月，我国出版的《科学探索学报》发表了一篇论文，题目叫作《可拓集合和不相容问题》。作者指出，现实生活中常有给出的条件与现实的目标相矛盾的事情，经典数学对解决不相容问题无能为力。解决这类问题不仅有规律可循，而且能够为之建立数学模型。为此，作者开创了一门称为“物元分析”的学科，并建立了“可拓集合”的概念，作为这门学科的数学基础。

论文问世，引起了国内外有关专家的重视。计算机方面的专家洪声贵副教授指出：“这篇文章很有创见性和发展潜力”，“可以断言，可拓集合将参与人工智能及与人工智能相关的一切学科，也要参与诸如军事决策、经济规划、企业管理、过程控制等大量出现不相容问题的一切部门”。模糊数学方面的专家汪培庄教授认为：“这是一门介乎数学与实验之间的新学科。”美国著名学者、诺贝尔奖奖金获得者西蒙教授也给作者写了一封热情洋溢的信，表示了对这个课题的兴趣。

有趣的是，数理逻辑方面的专家朱梧覆还认为，可拓集合概念的提出，为避免出现罗素悖论问题提供了一条可行的新途径。这一点，是论文作者所始料不及的。

论文的作者，就是广东工学院中年讲师蔡文同志。

一

由广州开往北京的第 16 次特快列车，喘着粗气，缓缓驶进了昏暗灯光笼罩下的韶关火车站。时间已近 1981 年 7 月 10 日 0 时。这是一个令人闷热难熬的夏夜。

车厢内，新上来一位中年旅客，透过鼻梁上架着的那副近视眼镜，看得出他喜忧参半的神情。此人就是蔡文。他找了个位置坐下，身子往后一靠，很快就陷入了沉思。

10 多年前，他刚刚从康乐园的数学系里走出来，迈进广东工学院的大门。有一天，他与几个工人一起，把一个两米多高的配电盘搬进电工房。竖着的配电盘，比房门还要高出一截。但工人们把配电盘放倒，便轻易地搬进去了。此事，在人们的记忆中并没留下任何的痕迹，却为蔡文那个被数学训练得周密而富有逻辑的大脑捕捉住了。

他想，配电盘比房门高出一截，按照经典数学的逻辑，这本是不相容、不可解决的。而在现实生活中，仅仅把配电盘的高度和长度进行了变换，就轻而易举地解决了。而被视为高深莫测的经典数学却恰恰不去研究这种变换。可见，经典数学只适用于那类给出的条件和目标互不矛盾的问题。

解决搬配电盘这类不相容问题，有无规律可循，能否为其建立数学模型呢？蔡文踏着铺满落叶的山间小径，苦苦思索着。夕阳给远山抹上了一层玫瑰色，晚风送来了学院附近的南华寺悠远的钟鸣，唤起了他怀古之幽情。为什么三国时代的曹冲，用200斤的秤，能够称出数千斤重的大象？为什么2000多年前的阿基米德，能够用排水的方法，算出了形状复杂的王冠的体积？不难看出，二者也是对事物的某种因素进行了变换。蔡文若有所悟。一个想法在他脑海里形成，尽管还相当模糊。

眼前是1975年第11期《计算数学与应用数学》，武汉七〇九研究所数学教授吴学谋写的文章中的一段话，使他脑海里那个模糊想法逐渐变得清晰起来：“有很多力学模型的条件是矛盾的，但人们天天都在处理这些问题，人们不但要发展纯粹的数理逻辑，而且有必要研究允许有一定矛盾前提的逻辑。”自己苦苦找寻的解决不相容问题的规律，不正是这种“有一定矛盾前提的逻辑”吗？

这可是块从未被人开垦过的处女地啊！想到自己将要成为这块土地的第一个垦荒者，激动和不安的感情交杂而生。

几十本笔记，1000多个日夜，与哲学家探讨，同数学家争辩，节假日在日历里消失……蔡文发现：经典数学解决不了不相容问题，是因为它只研究事物的量值关系，而量值仅是事物的基本要素之一。实际上，事物的基本要素除了量值之外，还有事物特征和事物的质两个基本要素。他把描述事物基本要素的单元称为“物元”，在综合分析了古今中外奇智人物解决疑难问题的大量例子的基础上提出：任何不相容问题，都可分解为目标与条件两个物元，每个物元又包含了上述3种基本要素。解决这些问题的关键，就在于对物元进行变换。200斤的秤之所以能够称出数千斤重的大象，是因为事物的质变换了（大象换成了石头），2米多高的配电盘，之所以能够搬进1米多高的门，是因为事物的特征变换了（高变成了长）。蔡文看到，物元的变换是遵循着一定的规律进行的，掌握了这个规律，就掌握了解决不相容问题的钥匙。他把对物元及其变换规律的研究称为“物元分析”，并着手为其建立数学模型。

要为物元的变换建立数学模型，必须有适应这套变换的集合理论，按照建立在排中律基础上的经典集合论，一个事物不属于A集合，就必然属于非A集合，A与非A之间是不能转化的。比如工厂加工的产品，不是合格品就是不合格品。而实际上，在那些不合格的产品中，有部分在一定条件下通过返工还可成为合格品。用数学语言表述，就是非 A 集合里的元素有部分可以转化到 A 集合里去。在这个基础上，蔡文建立了一套适应物元变换的集合理论，那就是“可拓集合”。

至此，物元分析的理论框架已初步建立起来。蔡文开拓了一条研究人们“出主意，想办法”之规律的崭新途径，可望把诸如“曹冲称象”这类古今中外奇智人物解决疑难问题的思维过程规律化。

1978 年 9 月 15 日，一篇长达 80 多页的论文《可拓集合和不相容问题》，在他那间简陋的斗室里完成了。就像母亲期望听到人们对其刚刚诞生的婴儿的赞美一样，蔡文迫不及待地把他的长篇论文分别寄往中国科学院主办的《科学通报》和中国科学院数学研究所。

此后，他天天翘首以待，望眼欲穿，收发室的门槛也给他磨去了一层。在焦虑中煎熬了 4 个月，他接到的却是《科学通报》没有任何评价的退稿。而数学研究所更是音讯全无。

满山的树叶，谢了又发，发了又谢。蔡文苦苦等待了 2 年半，时间吞噬了他的自信心，莫非自己的论文真是一堆废纸？他把论文又拿出来，从正反两方面反复验证，推翻了又建立，建立了又推翻。他发现，论文确实尚有不少欠缺之处，但数学工作者的直觉告诉他：自己手里拿的是一块荆山之玉，只要精心雕琢，定会发出灿烂的光华。

机会需要等待，等待需要耐心。

1981 年 6 月，他向暨南大学做模糊数学研究的讲师任平介绍了自己的研究结果和目前的处境。任平一听，觉得非同小可，即刻帮他出主意：“北京正准备开办全国模糊数学讲习班，你能否到会谈谈你的研究？”

突如其来的激动使蔡文不知所措：“可我怎么去呀？”

“我给你写封推荐信。”任平随手从小本子上扯下一张纸，唰唰写了几行字，又在信封上写下了讲习班主持人、北京师范大学教授汪培庄的名字。

15 天之后，蔡文接到了寄自北京的邀请信，也就是他现在揣在怀里的那封。

一声长嘶，列车驶出了站台。蔡文抬起头望了望窗外，外面是一片浓黑得看不透的夜。他看了看腕上的表，欣喜地想到：这下好了，午夜已过，列车正驶向黎明。

在北京，讲习班安排蔡文第一个做研究成果发言，发言规定不能超过 25 分钟。浸染着滴滴心血的美丽的梦，交织着痛苦与欢欣的希望之光，寄托着未来命运的智慧之果，就凝聚在这短短的 25 分钟之内。限时的铃声一响，会场内掌声四起，蔡文应接不暇。此时的蔡文，才感受到了“幸福”这个词的确切含义。

蔡文庆幸自己是个幸运儿。当他平静下来之后，想到自己迈向成功的第一站的“通行证”，只是一张随手从日记本上扯下来的纸片时，不禁打了个寒噤。

二

肆虐的北风到了广州已是强弩之末。小寒时分，已随学院迁回广州的蔡文老师家里却是少有的热气腾腾。

是夜，一批在国内各高等学府担任繁重科研和教学任务的、颇有造诣或小有名气的、处于事业黄金时代的中年学者，借在广州参加全国模糊数学应用经验交流会之机，到蔡文家里做客。

吃饭当然微不足道，价值在于饭后的讨论。问题的焦点是：下一步应该怎么走?

自从蔡文在北京第一次宣读他的论文之后，有人认为他提出了一个新的数学分支，是数学领域里继经典数学、概率论与数理统计、模糊数学之后的又一个新的开拓。他可望在可拓集合的基础上，建立可拓代数、可拓几何、可拓微积分等等，一个新的数学体系依稀可辨。

可当晚在座的多持反对态度。

“你一个人搞得再好也是玻璃瓶里的苗。要得到社会承认，就必须把小苗栽到大地上，让它长成大树。”

“你在凳子上摆一张凳子，再摆一张凳子，那谁也不敢往上爬。如果你先摆一张大桌子，上面放一把椅子，椅子上再摆凳子，那许多人都能爬上去了。”

两条道路就是这么鲜明地摆在面前，何去何从，蔡文思绪如潮。

半年多前，在武汉至上海的班轮上，他和武汉建材学院的张南伦倚着船舷，面对长江的波涛有过一次关于科学发展动力的讨论。他们的结论是：一门学科发展的动力，在于学科能否为社会实际所应用。

他记得有位专家对他说过，中国如果没有人研究哥德巴赫猜想，那将是可悲的；但如果大家都去研究哥氏猜想，亦同样可悲。

三思之后，蔡文放弃了叠椅似的登高。他毅然决然地伏在荆棘之上，让后来者踏着他的身躯，去开拓成功之路。

举办讲习班，把物元分析与价值工程结合起来，为企业创造更多的经济效益，是一种可行的办法。他选择了广东省石化厅下属工厂作为实施这一目标的对象。

两位助教拿着石化厅的介绍信，到工厂落实此事。

蔡文曾潜心研究过匈牙利、南斯拉夫等国企业管理的经验，阅读了运筹学、管理学、价值工程等理论书籍，还深入企业进行了大量调查研究。他分析了企业生产目标和生产条件不相容的问题，提出了改变目标、改变条件、改变目标和条件的3种解决方法。3种解决方法，又具体分为置换、合并、分解、增加、减少、扩大、缩小等方案，如把这些方案分别作横轴，把企业生产各部门、各工序、各规格以及结构、方式、设备等一切生产要素分别作纵轴，那横纵轴的每一个交汇点，都是一个可能的改革方案。

这种简单易行、无本万利的生财之道，对于在激烈竞争中陷入困境的企业来说，无疑是“雪中送炭”。蔡文期待着讲习班开课的那天，企业管理者们蜂拥而至、趋之若鹜的情景。

两个助教回来了，垂头丧气。工厂反应的冷淡，出乎蔡文意料之外。可转念一想，在当时，科学的管理方法被拒之门外，企业家们又有几个能认识到，管理科学会给企业带来经济效益呢？

看来，只有在第一堂课就把他们的心拴住，否则将徒然增加自己在应用方面开拓的困难。

7家工厂的厂长和科室头头们心怀疑问地走进广东工学院的大门。蔡文的忧虑转化成为背水一战的决心。他开门见山地说：“目前，企业竞争日趋激烈，而企业又面临三个共同的难题：一是原材料提价，二是产品价格限定，三是产品老化。”他顿了顿，看着听讲者们专注的态度和赞许的笑容，继续说道：“你们可能为此感到头痛，可我掌握着一个解决问题的法宝，这就是价值工程。它可以在条件不变的情况下解决这些难题。”

听讲者们的眼睛发亮了，脖子伸直了。

就像漫不经心的游人，偶然发现了金矿一样，听讲者们为意想不到的收获而惊喜。1个月后，他们各自带着讲习班中制订的增收方案，走出了广工的大门。

时隔半年，捷报频传：橡胶六厂，实施方案后获利33万元；南中塑料厂，节约了24万元；人民胶鞋厂，增收了10多万元……他们发现，管理科学也能带来经济效益。

冷落的门庭一变而为车水马龙。

三

天空并不总是万里无云。

1984 年 7 月 20 日，北京机场。

9 位中国学者，向一同参加中美模糊数学双边会议的蔡文同志告别，其间交织着惋惜、同情和不满，使这次辞别带有一点悲凉的气氛。

夏威夷会议邀请我国 10 位学者出席，广东的蔡文被定为会议第一天的发言者。可眼下，他手中拿着的，是回穗的火车票。

会议的通知书早在 3 月份就收到了。蔡文即刻去办手续，公文旅行花去了近 2 个月。最后，在钱的问题上卡了壳。皮球又踢回到蔡文脚下。

无奈，蔡文找到有关领导，提出先借钱，回头通过办班的形式偿还。领导先是一口答应，而研究的结果，是不同意，理由据说是此头一开，往后人人仿效就不好办了。

一次难得的向外开拓的机会，就这样丧失了。然而，这不是第一次，也不是最后一次。

……

蔡文踏上南下的列车。他摇了摇头，想排遣开那令人烦恼的记忆。可思绪之潮，却反倒更加汹涌。

四

蔡文是不寂寞的。来自全国各地的信件，纷纷飞往他的家。物元分析的研究者们，提出种种希望、要求与建议：希望成立一个研究中心，把物元分析的研究梯队组织起来；要求出版一本杂志，把物元分析的理论研究和应用成果反映出来；建议召开全国性的会议，交流学术成果，确定主攻方向。

又是恼人的资金问题成了前进路上难以逾越的荆棘丛。

打报告要求拨款出论文集。主管部门以“纯理论研究不予拨款”为由加以拒绝。

他转而向社会，向企业求援。原广东工学院党委书记、离休前任省化工厅副厅长的老干部郭大同，主动帮蔡文游说。郭老跑广州，赴江门，下深圳，以他的关系和影响，却未能收到令人振奋的效果。蔡文茫然了；那些财大气粗的企业家在金碧辉煌的宴会厅里可以一掷千金，为何对富有价值的学术杂志却一毛不拔?

无可奈何之际，他只好靠自己办培训班筹集资金。培训班收入1350元，可除了付给教师的讲课费外，对其余的钱他们无权支配。

……

中国模糊数学与模糊系统学会写给广东省有关部门一封信的复印件，展现在蔡文面前，信内写道：“我和蔡文等同志正进行一个‘物元分析’的课题研究。国内外有若干专家认为这是一个具有发展潜力的课题，有可能在人工智能等方面产生较大影响。鉴于我们正处于信息革命时代，对这一课题研究给予精神上支持与经费上一点帮助似乎是值得的。”

这是那些原来素不相识，只因对科学的崇尚才连接在一起的朋友们在支持他、帮助他。

1984年8月某日，蔡文被请进了省科协的大门。

科协负责人听了蔡文对这个新课题的介绍后，对他说：“你的工作很有意义，我们支持你。”

艰难的一步，总算迈出了。但接踵而来的，并不都是令人鼓舞的。

全省第一家民间研究机构——物元分析研究中心宣告成立，研究中心的招牌却无处可挂，起初只好挂在蔡文家里，后来才移到他所在的数学教研室。

由于省科协资助4000元，取名为《智囊和物元分析》的杂志得以问世。为了杂志不致中途夭折，不得不四处求爹告奶。

原定于1985年7月在广州召开的全国第一次物元分析学术讨论会，会期临近，会议的经费还没有着落，整日奔忙，前景不太乐观。

没有助手，经费严重不足，陷入事务性工作的泥淖之中，使蔡文的理论研究几乎完全中断。

尾　声

1985年6月24日，蔡文揣着模糊系统国际会议的邀请信，登上了飞往西班牙的班机。

飞机呼啸着离开跑道，腾空而起。由于引力的作用，他觉得心往下坠。3次国际会议的邀请，这次才终于成行了。但9年来围绕着物元分析的发展过程所反映出来的社会问题，并未云消雾散。为什么人才的脱颖而出带有那么大的偶然性，要靠熟人的条子、名人的推荐才能成事？为什么科研成果与其推广应用之间隔了一道鸿沟，在社会应用方面的开拓比在理论上的开拓还难？为什么一个在国内外尚属开拓性的新课题，竟为有限的资金问题所重重困扰？

舷窗下面，大地如烟，曲曲弯弯的道路蜿蜒起伏……

（原文载于《羊城晚报》1985 年 9 月 21—22 日。合作者为黄耀全）

深圳大学改革见闻

采写背景：20 世纪 80 年代中期，随着改革开放伟大事业的推进，高等学校的改革也开始提上日程。创办不久的深圳大学，虽然部分学科是北京大学、清华大学、中国人民大学援建的，但他们不走老路，勇于第一个“吃螃蟹”，针对国内大学的一些弊端，进行了大刀阔斧的改革。

1983 年深圳大学创办时，我曾去报道它的开办典礼。2 年后，听说该校改革新招迭出，我便慕名而来。我的采访以观察为主，住的是该校学生办的招待所，吃的是学生餐厅提供的饭菜，购物到学生经营的商店，晚上则到教学楼走走看看。带着观察到的现象，我分别访问有关人士，了解现象背后的故事，获得了大量生动的素材。采访结束后，我觉得深圳大学在创新办学体制、提倡学生勤工俭学、教职工实行聘用制等举措，对国内大学改革有借鉴意义，便以见闻的形式，分 3 天做了报道。

“入口宽，出口严”

记者到达深圳大学那天，是 2 月 4 日。傍晚 6 时多，发现许多人从四面八方涌进教学楼，有乘大小汽车来的，有骑摩托来的，有蹬自行车来的，也有步行来的。记者感到诧异，便尾随而至。一打听，原来是该校半工半读高等专科学院的学生，正在参加第一学期的期终考试。

第二天，记者向校教务处副处长梁树屏问起这件事，他解释道：“这是学校的改革措施之一。目前国内大学的入口处很窄，有如‘千军万马过独木桥’，而出口处却很宽，过得桥来，就捧上了‘铁饭碗’，一考定了终身。这种制度弊病很多，既不能充分发掘人才，学生入学后也没有压力，培养出来的人才更不能适应多样化的需要。我们在改革中，反其道而行之，叫作‘入口宽，出口严’。”

“这话怎么讲?”记者颇有同感，便进一步问道。

梁树屏笑了笑，说：“换句话讲，就是多层次办学。学校既办本科，又办专科，还搞单科培训，把大学的门开大。专科生入学不受年龄限制，单科培训的条件更宽，这样，就让更多人有了读书机会。”他打开笔记本，继续介绍说，目前全校本科生才690多人，而1984年秋天开办的干部专修科和半工半读高等专科学院，就招生650多人，相当于本科生的总和。还有单科培训的，一年达2000多人次。学生招进来后，我们严把质量关，专科生和本科生都实行“学分制”，可提前或延期毕业，不符合要求的就淘汰，毕业后也不包分配。

“淘汰率会不会高了些?”

“可能会的。但学了总比不学好。目前专科生中既有50来岁的老同志，又有十七八岁的年轻人，既有市委的领导干部，又有普通职工，年龄、水平、阅历都参差不齐，肯定有的学得好，有的学得差，这不要紧，哪一科考试合格，学校就发哪一科的结业证书。”

“这样改革有什么好处?”

“现在已能看到的有这么几点：一是由于实行‘学分制’，学生的压力增大了，有利于调动学习的积极性和自觉性，确保教育质量；二是能够多出人才、快出人才、出好人才，同时提高在职干部职工的文化和业务水平，以适应特区建设的需要；三是由于专科生中相当一部分安排在校内，白天工作，夜晚上课，由学校付给一定报酬，这就提高了学校职工队伍的素质，减少了职工的固定编制。”

老梁还告诉记者，不久前胡启立同志到这里视察时，对深大这方面的改革表示赞赏。学校准备今年加快改革步伐，秋季再招专科生600名，开办函授和更多的单科培训班，还接受代培生或与外单位合作办学。条件成熟时，还要打破本科、专科、单科培训三者的界限，单科培训累计达到专科生学分的，发给专科毕业文凭；专科毕业而又成绩优异的，可以攻读本科，达到要求的可拿本科毕业文凭和学士学位。

“深大一条街”及其他

记者在深圳大学，住的是学生办的招待所，吃的是学生餐厅提供的饭菜，买东西也是在学生经营的商店……早就听说深大的学生开展勤工俭学，却没想到会这么普遍。

校学生会主席朱联飞，见记者对这感兴趣，便提议道：“不如先到

‘深大一条街’走走。”到了那里一看，好热闹啲！既有商店、咖啡厅、餐厅，又有书亭、文化室、桌球室、保健中心等，服务设施，一应俱全。朱联飞介绍说，这些企业都是同学们勤工俭学自办起来的，师生要办什么事，不出校门就全解决了。此外，同学们还承包了招待所、洗衣厂等，担负校舍卫生、整理图书、建校劳动以及各处、室的一些工作。

“你们为什么要搞勤工俭学?”记者问道。

“噢，那是学校实行改革的结果。”他侃侃而谈，“学校在创办之初就提出，不能把‘大锅饭’培养出来的学生送给社会，要在读书时就把‘大锅饭’打破。于是学校不发助学金，只设奖学金，组织学生勤工俭学，既解决学生的吃饭问题，更借此教育培养学生。现在参加勤工俭学的本科生将近 80%，半工半读生达 100%。”

学生参加勤工俭学有什么好处？朱联飞说，这个问题得请记者自己找同学们谈谈。

“它有利于我们的成长。”工业经济系 1983 级学生谭晓辉对记者说。他家里人人有工作，不缺钱花。他参加勤工俭学是为了避免“高分低能”。学校成立洗衣厂，年仅 19 岁的他与十几个同学竞争，结果被聘用当厂长，第一个月就获纯利 1000 余元，最高时 6000 多元。后来学校需要创办餐厅，他又自告奋勇去当经理，现在入了党，当上了校长办公室的秘书（也是勤工俭学）。他自豪地说：“像我这样的学生当厂长经理的，深大有二十几个。不来深大就得不到这样的锻炼。”

“它培养了同学们的劳动观点。”学生会宣传学习部长梁海伦介绍说，“无论是服务性的工作，还是重体力劳动，同学们都争相报名参加。打扫厕所和环境卫生原来只需要 40 人，竟有 100 多人报名。承包土方工程最辛苦，也有 100 名同学参加。”

参加座谈的其他同学也七嘴八舌议论起来。有的说，勤工俭学全部或部分解决了自己的生活费用，本科生平均每月收入 20 至 50 元，半工半读学生平均每月收入 60 至 80 元，培养了自立精神。有的说，学生参加勤工俭学，减少了学校后勤人员的编制，使国家减少了负担。

记者问：“会不会影响学习?”他们说，本科生每周劳动 4 至 12 小时，半工半读学生每天 4 至 8 小时，对学习影响不大，去年获得奖学金的学生就达 40%。有的还举例说，金融专业有个李敏同学，筹建实验银行时一窍不通，可一个暑假过后，他却满口“金融会计”的术语了，这不是促进学习了吗?

“你们的勤工俭学与外国大学生搞钱读书有什么不同?”

他们想了想，互相补充说，外国的学校不管学生搞不搞、搞什么。我们学校不但管，而且注意引导，目的在于培育培养。学校成立了学生工作指导委员会，学生自己成立劳动服务公司，安排学生勤工俭学，既有简单的服务性劳动，又有管理性、学术性强的劳动。服务公司把哪个同学干过什么、干得怎样都记录在案，毕业时提供给单位作聘用参考，这不是很好吗?!

“谁都不想被解聘”

到深圳大学不久，记者就听到了这样一个故事：某系有一位青年教师，平时表现不好，工作拖拖沓沓，领导批评当耳边风，还以为是有意跟他过不去。到1984年9月，系主任不同意和他签订聘用合同，他一下子被震住了，不得不流着眼泪请求校人事处给予帮助，通过人事处的通融，系主任同意给他3个月改正缺点的时间。后来他确实有了较大的进步，系主任才和他签订了聘用合同。

原来，深大吸取特区企业管理改革的经验，从1984年9月开始实行教职工聘用合同制。凡在深大工作半年以上的教职工，可以向自己所在系处的领导申请签订合同，如果领导同意，双方就签订正式聘用合同书，期限2年。期满后如双方同意，可以续聘。系处领导和正副教授，也分别与校长签订合同。如果一方要求终止合同，必须提前3个月通知对方。如果教职工不执行合同的规定，校方有权终止合同，令其离职，由本人另找工作单位。如一时找不到，校人事部门可安排临时性工作，3个月内工资照发，3个月后发职务工资80%，年终工资和基本工资不变。

“一般来说，谁都不想被解聘，”校人事处干部张玉新对记者说，“这种改革端掉了‘铁饭碗’，促使人人奋发工作，难办的事也变容易了。”某系有些教师不大乐意上夜大学的课，一位被安排上这种课的教师，有一次竟无故误课，让学生白等了几个小时，而且不愿写检讨，领导便宣布停止他的工作。他担心领导会辞退自己，便检查了过失，要求继续让他在深大工作，此后，工作态度有了明显的改变。

“那么，这种做法对领导有触动吗?”记者问。

“当然有!”张玉新笑了，他说，这种改革允许人才另择其主，如果当领导的有失众望，手下的人必定有心思要走。因此，谁要是想继续当领导，就必须改进工作方法和作风。比如，学校有的部门领导发现手下有的人想走，立即意识到自己的工作方法和作风有问题，便主动改进，并积极起带头作用了。

“这种改革还有什么好处?”记者带着这个问题又征询了一些干部和教师的意见。他们说，值得一提的是改变了人才请不进来、送不出去的局面，使人畅其流，人尽其才，该校在短短的时间里，就从外地聘用了60多名教师，解决了师资队伍不足的“燃眉之急”，又使6个不适合教学的人流向社会，使好几个用非所学的人各得其所。有个外语教师，上课效果不大理想，但笔译颇有功底，实行聘用合同制后，他联系到市里一家单位搞资料翻译，发挥了自己的特长。校电教中心有个清华大学金相专业毕业的研究生，觉得工作安排与自己所学的专业相差甚远，便要求转到电脑中心。原单位领导看到他工作扎实，表现很好，最初有点不舍得，后来从大局考虑，还是支持他合理流动了。

（原文载于《南方日报》1985年2月27日、3月2日、3月14日。合作者为林瑞洲）

横 财 梦

采写背景：此文为配合中央有关部门查处海南“倒卖汽车事件”而写。

从1984年开始，陆续有大量进口汽车从海南岛被倒卖到内地，酿成了我国实行对外开放以来的一个重大事件。由中纪委、国家审计署等部门组成的调查组认为，这一严重违法乱纪行为，冲击了国家计划，干扰了市场经济，破坏了外汇管理条例和信贷政策，败坏了党风和社会风气。1985年夏，上级要求《南方日报》抓反面典型，为查处倒卖汽车事件营造舆论氛围。报社把何继宁和我派到海南。何继宁当时是报社副总编辑，而我到报社工作仅仅3年，可他对我非常信任，在与海南有关部门选定采访对象之后，他便放手让我去完成采写任务。

我丝毫不敢怠慢。为了减轻被采访对象的顾虑，我在海南有关部门的支持帮助下，没有亮明记者身份，而是以案件调查组成员的身份出现。果然，被采访对象非常配合，有问必答，还主动透露了不少情节和细节。报道发表后，有的同事对我说，你这个报道有复杂的心理活动，有引人入胜的故事情节，有精彩生动的现场描写，有点像写小说呀。

围墙上扔下来的一袋钞票

1985年3月26日午夜12时许，海口市区街灯昏暗，人们渐入梦乡。

这时，两束汽车灯光冲破了夜幕，一辆“马自达”牌黑色轿车疾驰而来，在海南老干部院门口悄然停住。借着车灯，坐在轿车前排的一个剪着短发的青年突然发现：前面不远处，停着两辆黑色小轿车，附近站着几个留长头发、穿花衣服的男青年，目光好像都朝这边射来。这个意外情况使他心头一紧：莫非是中途杀出一批劫匪，要将自己一手导演的戏，弄个不堪设想的收场?!

几乎是与此同时，两道手电光自院内射出，忽明忽灭。车内的短发青年看见了约定的“信号”，把心一横，转过头来对着坐在后排的那两位持枪的中年人说：“把手枪拔出来，跟我走!”他们迅速打开车门，闪出身来，短发青年和一位持枪人在前，另一位中年人在后，迎着手电光向前走去。只见手电光在短发青年的脸上停留了一会，便熄灭了。趴在对面围墙上的两个戴着大号口罩的汉子，随即把一个胀鼓鼓的日本化肥袋扔到地上。短发青年和一名持枪人冲上前去，用手一摸，知是钞票，便双手提起来，转身急步跑回小轿车。车门尚未关好，轿车就“呼”的一声，飞奔而去……

这伙人究竟是干什么的？这些钞票从何而来？他们演的又是什么“戏”呢？让我们从这些钞票的来历说起吧。

区公所里闪出来的两个黑影

5 个月之前。万宁县乐来墟。一个漆黑的夜晚。

午夜 11 点刚过，乐来区公所的大门口，一前一后闪出两条黑影。他俩不走直贯全墟的那条大路，却深一脚、浅一脚地沿着墟边的田埂小路向墟头摸去。在墟头一间房屋的后门，他俩轻轻叩了两下，门便“吱呀”一声打开了。没有亮灯，屋子里漆黑一片。他俩刚要出声，前面提到的那个短发青年，立即压低嗓子说：

“嘘！小心隔墙有耳!”旋即把他们引进卧房，用手电筒照了照放在睡床上的两大堆钞票，对他们说：“这是你们的，快装快走!”他俩摸黑用颤抖着的双手，把钱装进自己带来的日本化肥袋，然后悄悄从原路回去了。

短发青年望着他俩的背影消失在黑夜中，脸上不禁泛起了狡黠的微笑……

这个短发青年名叫陈少琼，原是乐来区乐来乡洋头村的农民。近几年他进城经商，在乐来墟上办起了一间小食店，虽然生意不错，但他并不满足。1984 年八九月间，海南刮起了一股倒卖进口汽车的歪风，陈少琼审时度势，觉得大发“横财”的机会到了。尽管他手上既无资金、又无外汇，但他凭一手买空卖空的伎俩，居然关闭了小食店，搞起汽车生意来。首先，他向县团委提出：由他用县团委的名义和账号做生意，事成之后分给县团委 4 万元。县团委一看自己分文不出，却能白赚 4 万元，很快就答应了。接着，他又通过在海南某公司当业务副经理的表兄，弄到了 100 辆汽车的批条。然后通过海南某局两位干部的介绍，炒买了深圳某公司的60万美元，用这些美元购买了一批进口汽车，转售给白沙县光雅供销社。由于有关单位违反国家的规定，给陈少琼以可乘之机，让他在转手之间轻而易举地赚了20多万元。

“陈少琼赚了大钱”的消息，使乐来区委正副书记林泽川、林熙民怦然心动。他们知道乐来区很穷，又不愿下苦功夫去改变面貌，却想找一条赚钱快的“捷径”，捞他一把，让自己也“水涨船高荷包胀”。但他们自知没有经商的本领，便决定把陈少琼这个“活宝”抢过来。于是，1984年10月28日，林泽川风尘仆仆地赶到海口，在西沙招待所203号房间里，与陈少琼进行了一次长谈，动员陈少琼回乐来区农工商联合公司当头头。最后达成了5项“协议”。其中既有明码实价的交易，又有心照不宣的默契。

3天之后，林泽川主持召开了一次乐来区委扩大会议，使“五项协议”合法化。于是乎，陈少琼以把他赚得的23万元从县团委转到乐来区农工商联合公司作为“进见礼”，当上了该公司的副经理，领到了1万元奖金和65000元“手续费”，还解决了全家六口的粮食、住房问题。对于林泽川、林熙民这种“热情照顾”，陈少琼自然会投桃报李。于是，就在那个漆黑的夜晚，林泽川和林熙民悄悄潜入陈少琼的家，分别从那里领到了2万元和15000元的“报酬”。

检察院里响起的急促敲门声

3月27日晨3时许，也就是黑屋墙头扔钞票后的3个小时，一辆“马自达”牌黑色轿车开进了万宁县人民检察院。不一会，检察院宿舍二楼响起了急促的敲门声：“林检察长！林检察长，快开门！快开门！”副检察长林松从梦中惊醒，刚把门打开，为首的一个身材魁梧的汉子已跨步进屋，说：“我们是乐来区的，你们追查的那笔钱，现在从海口拿回来了。”林松顺着他的手势，看到一个短发青年人，手里拿着一个胀鼓鼓的日本化肥袋。检察员把袋里的钞票抖出来一数：共计51900元。这样，一场“黑夜追赃”的假戏，便结束了最精彩的一幕。

为了让读者对这场“戏”的全过程有个清楚的了解，还得介绍一下它的“序幕”。1985年1月，正当海南岛打击严重经济犯罪活动的斗争深入开展的时候，万宁县人民检察院接到群众举报：乐来区在汽车生意中有严重贪污受贿问题。检察人员随即兵分四路，展开了周密的侦查，终于在乐来区农工商联合公司的账簿中发现了这样一张白条："领到乐来区人民币65000元"，署名为"卓家云"。陈少琼解释说：这笔钱是做汽车生意的"手续费"，已支付给海口市的"卓家云"。

怎能让国家的巨款中饱某些人的私囊？检察人员决心追到天涯海角，也要把赃款追回来。追得紧了，林泽川、陈少琼就假惺惺地跑到海口动员"卓家云"交钱，回来后煞有介事地向检察人员说："钱可以追回，但人无法找到。"

现在，钱终于"追"回来了，但卓家云到底是什么人？经济犯罪活动的真相是怎样的？执行法律的崇高责任感使检察人员不放过任何一个疑点，决心把案情弄个水落石出。于是，他们抓住案情中露出来的蛛丝马迹，奔乐来，赴海口，细访知情人，终于把这场"戏"的内幕彻底揭穿。

原来，"东窗事发"后，林泽川、陈少琼等人如坐针毡、惶恐不安，深感腰包里的不义之财，是无法私吞下去了。可是，他们不肯老实认罪，却绞尽脑汁，想出了一条"金蝉脱壳"的妙计，并为此安排了一场"黑夜追赃"的假戏。首先，由陈少琼迅速筹集款项；为了增强戏的"真实感"，故意少凑14000多元。继而，派亲信用小汽车把钱运往海口，当作臆造出来的"卓家云"退交的赃款。当晚，亲信从海口打长途电话报告："钱已在海口追到。"接着，林泽川煞有介事地召开区委紧急会议，指派不明真相的区武装部部长、派出所所长等人，随陈少琼连夜赶到海口取款，直接运到县检察院上交，以便让这两位带枪的人充当"见证人"。

黑夜带着巨款在街头上"演戏"，其心虚程度是可想而知的。所以，在本文开头那个精彩场面中，出现两辆小车和几个青年，陈少琼便杯弓蛇影，如临大敌。

揭穿假戏内幕后，检察人员顺藤摸瓜，侦破了这宗贪污受贿案。贪污受贿者涉及县政法委员会副主任、县团委干部、区林场副场长等人，贪污受贿款项共达219000多元，其中仅陈少琼一人就贪污了94000多元。7名案犯相继被依法逮捕入狱。

梦破后的哀鸣

7月11日上午10时许，锒铛入狱已经87天的林泽川，坐在万宁县看守所的审讯室里，声泪俱下地向检察人员述说自己的悔恨。他说："当初看到别人做汽车生意捞了油水，自己也想趁机'发横财'。后来真的拿到两万元，心里却怕起来了。这么大一笔钱放在家里，一怕别人偷，二怕别人抢，三怕别人知。真是心中有鬼方怕鬼，不义之财像烫手的火球啊！现在看来，这场横财梦，实在是一场噩梦。我以损公开始，以害己告终。真是一失足成千古恨了！”

1 小时之后，在他坐过的凳子上，陈少琼却是一脸困惑的神情。他认为，自己所做的一切，都是经过区委领导同意的；而在他心目中，有权就是合法，因此至今尚不明白自己犯了什么罪。他还以为，只要获得有权有势的人的袒护，一切见不得人的事都可以“化解”掉，所以在案发前一个劲地给领导干部塞钱，案发后又多方为他们开脱，以便求得“朝中有人好过关”。

这真是愚昧与贪婪的结合！经济犯罪分子把本来靠吃番薯饭过日子的乐来区，弄得更加贫困。他们中饱私囊的款项，现已成了这里的巨债。他们是吃社会主义财产以自肥的蠹虫。法律是无情的。这些蠹虫必将受到法律的制裁。

（原文载于《南方日报》1985 年 8 月 10 日。合作者为何继宁、王掌护）

“残缺理论”与“飞碟”之谜

采写背景： 20 世纪 80 年代，“飞碟”（又称 UFO）现象吸引了众多人的目光，媒体上不时刊登此类报道，让人们对此议论纷纷，有的说它是“宇宙人”造的飞行器，有的说它是卫星残骸，有的甚至说它是“神派遣来的”。

1985 年秋，一个偶然的机会，我听说中国 UFO 研究会的理事长就在广州，他是暨南大学物理系的梁荣麟教授。从以往媒体报道的情况看，“飞碟”的运动形态是无规则的，有时能直升直降，有时能迅速隐没，有时能做 90 度甚至角度更小的转弯，这与物理学的原理是截然相反的。现在，竟然有物理系的教授去研究“飞碟”，这引起了我浓厚的兴趣。我带着一大堆有关“飞碟”的疑问，走访了梁教授。他用“残缺理论”原理对“飞碟”现象进行研究的尝试，使我觉得有报道的价值，遂成此文。

UFO，意为“未查明的飞行物”。由于这种飞行物有些是碟形的，因此又有人称之为“飞碟”。有资料说，全球有 1/3 的国家开展了对 UFO 的研究，2/3 的人知道 UFO 这回事，超过 1 亿人相信 UFO 的存在，5% 的人见过 UFO。总之，它既是一个令世人瞩目的“宇宙之谜”，又是一个国际性的研究课题。

应该怎样来看待这个“谜”呢？听说暨南大学物理系的梁荣麟教授是中国 UFO 研究会的理事长，我便专程走访了他。

始于“新式武器”之误

“UFO 的发现似乎始于 20 世纪 40 年代来自美国的报道。当时正值第二次世界大战末期，许多人都猜测它可能是某一参战国发明的新式武器。”

白发苍苍的梁教授，就这样微笑着打开了话匣子。

此后近40年，世界上有关UFO的报道越来越多。法国国家太空研究中心目前就有15000份目击者的报告；美国宇航局收藏了3000份飞行员目击UFO的案例；全球经专家鉴定认为真实的UFO照片有1000多张，我国近5年来搜集到的UFO现象有600多例，广东省的广州、深圳上空也曾有发现。“当然，这时候人们已不把它视为‘新式武器’了。”梁教授风趣地说，这些飞行物尽管形状不一，但典型的现象是：呈碟状，有金属光泽，运动的状态令人不可思议，比如有时能直升直降，有时能迅速隐没，有时能做90度甚至角度更小的转弯。它飞临地面时会干扰当地的电器运行，汽车会“死火”，电厂会停电，电视机屏幕见不到图像，收音机听不到声音。此外，它还能着陆，后再起飞，着陆处会留下烧焦草木的痕迹……

看着我一脸困惑的神情，梁教授笑了。他说：正是由于UFO现象这么奇异，加上它出现机会少，重现性差，目前又没有任何手段能截获它，因此有些坚持传统科学的人认为它纯属一种幻觉或虚构，并指责UFO研究是“伪科学”。有些投机家也乘机对UFO现象的奇异性加以夸张，大肆渲染，以便沽名钓誉或大发横财，结果把UFO现象搞得真假难辨，使人们对这个问题产生种种误解，增加了UFO研究者的困难。

三种猜测与“残缺理论”原理

“那么，人们是怎样解释UFO现象的呢?”我迫不及待地问道。

“国外有3种不同的猜测。”梁教授几乎是脱口而出，他扳着手指介绍道：一种是“宇宙人假说”，猜测它是“宇宙人”造的飞行器，特地前来窥测地球；一种是“自然现象假说”，猜测它是气球、卫星残骸、蝴蝶群、流星，等等；一种是宗教神学式的解释，猜测它是“神派遣来的”。梁教授说：“前两种猜测至今无法被证实，后一种猜测我们认为是荒唐的。”

“您对UFO现象有何看法呢?”我问道。

梁教授笑了笑，起身到书房里取出一份材料。我一看，题目是《“残缺理论”原理及其应用》。他说：“这是我写的一篇论文，其中有对UFO现象的分析。”

原来，梁教授在长期的研究中发现：人们每建立起一个“完整理论”，都必然伴随着一个与之相反的“残缺理论”，两者对立统一地共存着。只不过是由于人们思维的极端化，往往忽略了“残缺理论”的存在。他把这个规律称之为“残缺理论”原理，认为这是对立统一法则在思维领域中的一个表现。他提出，应该把它作为 UFO 研究的理论基础。因为按照这个原理，任何事物既然有一般现象，就必然有特异现象。如果把已知的天体运动规律视为“完整理论”，那么它必然伴随着一种“残缺理论”，也就是说会出现一种与这种规律相反的特异现象。UFO 违反了天体运动的常识，因此它可视为天体的一种特异现象，就像有些人体中也有特异功能一样。在这个基础上，梁教授把 UFO 现象与人体的特异功能现象联系起来研究，得出了初步的体会。“目前我们只能提出这样的假说，即 UFO 可能是大气层中的物质，也可能是地面的物质，也不排除是地球外的物质，总之是与我们认识这个世界的过程有关的一个实体。”梁教授郑重地说。

不单是为了满足好奇心

我继续追问，有人这样认为：“对 UFO 的研究不过是为了满足某些人的好奇心罢了，没有什么实在的意义。”梁教授一听，即带着一脸严肃的表情说：“我不同意这种说法。”

接着，他摊开一本本国内外关于 UFO 研究的资料对我说：在全球，目前研究 UFO 的机构已超过 200 个；在美国，空军曾组织一批力量对国内的 UFO 现象进行长期的调查；在法国，政府把对它的研究正式列入国家科研项目，由国家空间研究中心负责；在我国，UFO 研究会已拥有 2000 余名会员，在大多数省市设有分会，还有 2 万多名研究者和爱好者，难道他们也仅仅是出于好奇心的驱使吗?!

“我本人是研究物理学的，我之所以热衷于 UFO 研究，当然不是为了凑热闹，而是希望通过这项研究进一步认识世界、解释世界。”梁教授告诉我，这项研究有着深远的意义。UFO 的问题一旦被弄清，不仅可以利用这一研究成果来为人类服务，而且很可能使我们更进一步认识这个世界。

（原文载于《南方周末》1985 年 11 月 2 日）

老山前线见闻

采写背景：1985 年 11 月初的一天，我突然接到通知："全国记协首次组织记者到老山战区采访，报社决定派你去。"消息传开，不少同事好心提醒我，可要注意安全啊，你才新婚不久。

到了昆明我才知道，这个采访团是老山前线开战以来总政治部批准组织的唯一的采访团，全国有 500 多名记者报名参加，结果只选了 40 多人。当时的老山战场，埋有 10 多万颗地雷，承受了 10 多万发炮弹。争夺最激烈的挪拉口，由一片绿洲变成了 1 米多厚的白色粉地，下起雨来便成沼泽。要到前沿采访，必须通过越军的炮火封锁区，越军的冷枪冷炮、特工队等，也对记者的生命安全构成威胁。

作为首次采访战争的年轻记者，此时我心里充满的是亢奋而不是恐惧。我睁大眼睛，渴望观察到战争的景象，捕捉住战争底下各式人等的灵魂。经过我们的坚持和争取，我担任组长的采访小组，终于登上了战火纷飞的老山主峰。

在老山主峰上

亲爱的读者，你也许已从解放军英模们那催人泪下的报告里，听到了边防将士无私无畏献身祖国的动人事迹。你也许已从本报刊登的某部排长罗朝斌给母校同学的公开信中，感受到了老山前线的广东战士的高尚情操。现在，我们要将自己在硝烟弥漫的老山主峰上亲眼见到的广东战士的精神风貌，向你们汇报。

11 月 12 日早晨 9 时许，我们踏着泥泞的山路，登上了向往已久的老山主峰。只见眼前是浓雾笼罩的世界，耳际回响着隆隆的炮声。驻守在这里的某部陈参谋长告诉我们，越军经常向这里发射炮弹。他听说我们是从广东来的，便拿出一张4人合照的相片，指着其中一位前额宽阔、气宇轩昂的小伙子对我们说：“喏，他是你们的老乡，名叫李戈，是某连副连长。”

“眼下他正在前沿阵地上，今天你们恐怕见不到他了。”吕政委说。作为来自广东的记者，我们从心里向李戈致敬，但又因不能很快见到他而感到焦急。吕政委告诉我们，李戈是好样的，1979年刚参军就赶上了对越自卫反击战，立了二等功，后来进入济南陆军学校学习。这几年由于当兵打仗，先后交往过的两个女朋友都“吹”了。可他能够正确对待，情绪不受影响。在1985年5月的一次防御战中，他带领一个排打退了敌人的多次进攻，歼敌多名，全排荣立集体一等功。

没想到，陈参谋长给我们帮了大忙。他兴冲冲地跑来对我们说：“快！前沿阵地的电话叫通了，你们与李戈说几句吧。”

尽管电话间有嘈杂声，但李戈的话还是清晰可辨。他用平静的语调说道，他原籍广东兴宁，现在全家住在广州，已有两年不曾回家了。

我们以广东记者的名义向他问好，祝他战胜敢于来犯的敌人。我们记起吕政委的话，接着故意问他：“对不起，我们可以向你提个问题吗？……这几年你最遗憾的事情是什么？”

他略顿了顿，回答说：“还没考虑过。”也许是猜到我们话中有话吧，他又补了一句：“尽管我交往过的两个女朋友都‘吹’了，但我还是很乐观的。”

“那么，你有没有值得骄傲的事情？”我们又问。

“我们能为10亿人民的幸福而在这里吃苦，是最值得骄傲的。”他脱口而出地说。

“你对家乡的父老兄弟有什么话要说？”

“请他们放心。”他提高了嗓门，“我们老山前线二十几名广东籍战士，一定不辜负他们的期望，狠狠还击越南侵略者，为祖国、为家乡父老争光。”

谈着谈着，他突然大声喊了起来：“喂！喂！越军正在向我们阵地打炮，情况很紧急，就谈到这里吧。”

话筒搁下了。人民的子弟兵多可爱啊！在血与火的战场上，他们想到的是祖国，是人民，唯独没有他们自己。

就在这时，吕政委又把一高一矮两个年轻军人领到我们面前，笑着说：“他们也是你们的老乡。他们听说家乡来了人，可高兴啦。”我们一看乐了。原来，他们刚从阵地下来。高个子叫冯彩友，来自孙中山先生的故

乡——中山市南萌区翠亨乡。他身穿侦察兵的“迷彩服”，加上那双大眼睛，显得精明、机灵。矮个子叫黄乃雄，原籍湛江市。他身材粗壮，皮肤涨黑，一副老实相。

风趣的陈参谋长悄声对我们说，别看他俩一高一矮，相同的东西还不少呢，同年入伍，同是26岁，同样没有对象，几天前同时提升为副连长，战地表现一样出色。冯彩友在特务连当侦察排长期间，带领战友执行了30多次艰苦而又危险的战斗任务，为部队摸清了敌情，全排荣立集体一等功。黄乃雄当九连二排长时，和全排战士坚守着4个高地，光大仗就打了两次，多次粉碎敌人的进攻。

在老山主峰上，我们和他们说起家乡话来。我们问他俩：“想不想家乡？”黄乃雄憨厚地笑了笑，说：“怎么会不想呢？我们在阵地上，最高兴的是见到家乡的亲人或来信。”他告诉我们，广州、佛山等地的中小学生给老山前线寄来的慰问信收到了，他们实在抽不出时间复信，请我们代为致谢。他还说，每当怀念家乡的时候，他们就在电话里用家乡话交谈或者从收音机里收听粤剧，或者翻阅反映家乡情况的报纸杂志，从中汲取力量。冯彩友接过他的话头说：“今年2月我曾回家探亲，虽然只待了5天，但发现家乡变化太大了。”

“正因为家乡变化这么大，有人说你们在这里当兵打仗是吃亏了。”我们试探着说道。冯彩友马上纠正这个说法：“我们当兵就是奔吃亏而来。能让家乡人民安安稳稳搞建设，我们在前线吃点亏是值得的。”黄乃雄也插嘴道：“人民这么信任我们，把这样的重担交给我们，我们就够高兴的了。”

谈到这里，陈参谋长催我们赶快下山，可能是担心我们的安全。冯彩友赶忙站起来说：“主峰阵地上还有一个老乡，是东莞人，叫陈德成，在八连当排长。我们代表自己，也代表他向家乡人民问好。”

我们站在雨里，目送着他们向阵地走去，心里念叨着：“家乡的父老兄弟们，你们听到前线战士的心声了吗？他们是多么可敬可爱的人啊！”

一代军人之魂

到达老山前线的当天晚上，我们就从边防部队某部的录像中看到了誓师大会的一个场面——突击队员们高举拳头，庄严宣誓：“为人民立功，为祖国争光，为‘八一’军旗增辉！”那一张张威武刚毅的面孔，一个个敬酒壮行的镜头，一句句掷地有声的誓言，感人肺腑，振奋人心。

当上突击队员，就意味着随时要出现在最危险、最艰苦的地方。那么，这些年轻的战士是怎么想的呢？第3天下午，我们冒着茫茫烟雨，来到老山脚下某部七连驻地访问了他们中的3位。

徐学新本来是到战场实习的年轻军官，却三番五次要求上突击队。他说："军人的价值体现在战场上。"

一位眉清目秀、精明机警的年轻军官出现在帐篷门口。某部七连叶指导员向我们介绍说，他叫徐学新，江苏人，共产党员，济南陆军学校学生。该校从70名学员中选派10人来战场实习，他左请右求，终于争到了一个名额，被分配到六连实习。可听说我们七连要组织突击队，他又三番五次给上级写请战书，又是磨又是缠，最后还是让他来了。

我们问徐学新："你明知上战场、上突击队有生命危险，为啥要一再要求、反复争取？"他很快答道："哎，我在给上级的请战书中已经写得很清楚了——因为军人的价值体现在战场上，我已做好了把自己交付给战场的思想准备。"

他告诉我们，由于董存瑞、黄继光等英雄形象的感染，他从小就想当兵。1981年参军以后，他又觉得当好兵必须有知识，因此两年前报考了陆军学校，除了主攻步兵专业以外，他还积极学习炮兵、参谋业务，搜集1979年我军对越自卫反击战的战例。在空余时间里，他还自学了不少军事著作，连《巴顿将军传》也看了。他说："好不容易争取到这么一次参加战斗的机会，我要在战场上好好检验自己的知识和能力，锻炼成为名副其实的当代军人。""你认为当代军人应该具有什么素质？"我们接过他的话头问道。他立即回答："一是要有知识，二是必须果断，三是要有毅力。"他坦率地说，他目前拥有的知识还很不够，打完仗后只要一有机会，他就要争取进高一级学校深造，如进不了学校，就报考刊授或函授，反正能学到知识就行。"不过，我们现在的使命是要振国威军威。"他断然地说。

这就是我们的军人。他做好了献身祖国的准备，同时又在憧憬着美好的将来！

李青海原在连队当文书，可说什么也要上突击队。他说："我考虑的是军队的荣誉。"

"我没有别的，只考虑到军队的荣誉。"徐学新刚走，坐在矮凳上的李青海就蹦出了这么一句话，干脆，爽朗。接着他才自我介绍："我是山东省胶南县人。”他不像人们印象中的那种“山东大汉”，而只属中等个儿。不过黝黑的面孔上带有几分倔强气。

叶指导员给我们讲起了李青海的“轶事”：3 年前，父母亲和大队领导因他是大队水胶厂的“宝贝技术员”，都不让他当兵，他却到县武装部“走后门”参了军；1984 年 1 月，部队批准他回家结婚，可他刚到家门，催他回部队参战的电报就到了。他二话没说，让堂弟代他做新郎举行婚礼，自己按时赶回部队；这次连里组织突击队，他本来是连队文书，没份参加，可连领导又叫他缠得没办法。

李青海不好意思地笑了。他说，刚开始连领导不答应，我就急了。我跟他们说：“我是入伍 3 年的老兵，又是党员，新兵能参加突击队，我为啥不能上？我入伍后曾任团支部副书记，受嘉奖 5 次，还被评为先进个人和优秀团员，还不够资格当突击队员吗？就这样天天‘磨’，连队领导松动了，说考虑让我上预备队。但我说，那不行，要上就上突击队。你们想，一个军人，像电影《英雄儿女》中的王成那样多棒、多痛快啊！我要抓住这次机会，打出新一代军人的威风来。”

我们问他：“这事告诉家里了吗？”他摇了摇头，说：“没有。不过，我已写信给乡政府，信中说：一旦我‘光荣’（牺牲）了，我家提什么要求都不要答应。”他顿了顿，又真挚地说：“反正现在我没什么可遗憾的了。”

望着这么纯朴的战士，我们感动得流出了热泪。

孙兆群认为他能上战场，能当突击队长，都是理所当然的。他说：“我知道自己的责任。”

我们听说他就是突击队长，便说：“你压力不轻吧？”哪知他随即应了一句：“呔，别人想都想不到呢！”

定睛一看，他脸庞清秀，珠黑睛亮，显得深沉、冷静。他用沙哑的声音说道：“我是山东淄博市人，1980 年入伍，毕业于济南陆军学校。”

叶指导员插嘴说，原来上级要留他在首长身边工作，可他听说部队要参战，就硬跟着来了。这次组织突击队，队长的重任又叫他争到了。

“我觉得，自己能上战场来，包括这次能当突击队长，都是理所当然的。”孙兆群平静地说，“因为我自信条件具备，一是我爱祖国，二是有一定的军事指挥能力，三是对战士有感情，四是家里无牵挂。我知道自己的责任。”

我们顺口问道：“你所讲的责任指什么？”他摊开两个指头，缓慢地一字一板地说："一是把突击队带出去完成祖国交给的任务，一是把他们安全地带回来。"说到这里，他动了感情，眼眶里翻滚着泪水。又说："我们的战士太可爱了，用10个敌人来换我们1个战士，我也不干。我经常鼓励突击队员：要当活着的英雄！"

为了做到这一点，孙兆群从当上突击队长的那天起，就住进了突击队员的帐篷，和他们生活在一起，训练在一起，发动大家群策群力，制订严密的作战方案，以便在战斗中尽量减少伤亡。他自己每晚睡不足5个小时，眼睛布满了血丝，还经常代战士们站岗放哨呢。叶指导员最后又充满感情地补充了这一段。

不知不觉地，我们的心里油然升起一股对孙兆群的敬意，更为我们军队拥有这样新一代的基层指挥员而感到骄傲！

来自揭阳的功臣

在老山前线某地，边防部队某部朱政委对我们说："你们应该写写一个广东老乡，他名叫林益弟，是全部队唯一立了二等功的模范司务长哩。"某部曹营长也说："这个林益弟精明强干，后勤供给搞得好哇。"我们立即要求见见这位老乡，可朱政委一查，抱歉地说："真不凑巧，他刚随连队到最前沿的阵地上去了。"

等到第3天，我们已不敢再抱见到他的希望。可就在当天上午10点，当我们临离开这个部队时，司机小覃却高兴地嚷了起来："哈，那就是林益弟。"原来小覃是广西兵，与林益弟是老相识哩。我们从车窗里望去，只见他清秀的面庞上挂着征尘，加上一头自然卷曲的黑发，给人一种小巧玲珑的印象。我们问他："司务长立功不容易，你是怎样成为二等功臣的？"他笑了笑，带着浓重的潮汕口音答道："可能是因为我不怕死，主动到最危险的阵地送饭吧。"

林益弟来自揭阳县榕城镇上义村，1979年入伍，参军仅40多天，就赶上了对越自卫反击战。他告诉我们，当时听说要打仗，吓得直哭鼻子呢。可炮声一响，就啥都不想了，结果立了三等功，火线入了党，后来进入济南陆军学校学习。这次战斗，他所在的五连守在最前沿的8个高地上，往这些高地送饭送东西，要走10华里处处充满危险的路程，既有越军炮火的封锁，又有地雷的威胁，其中最险的要数一道"百米生死线"。可他却无所畏惧，一有机会就争着上前沿。在该连坚守前沿阵地的87天中，他平均每5天就上前沿阵地一次，战士们缺什么，他们就送什么。他领导的炊事班为此荣立集体一等功。

“听说上级并不要求司务长上阵地送饭。”我们插嘴道。

“是的。可我想，战士们在前沿那么艰险，我不上去给他们送东西，心里不安啊。”他平静地说道，“你们看，我这里还留下一个光荣记号呢。”他伸出了自己的右腿，指了指上面的伤痕。原来，在1984年6月一次激烈的战斗中，他冒雨往某高地送饭。当时天黑路滑，炮声阵阵，有些炮弹就在他身体不远处爆炸，可他时而隐蔽，时而猛跑，机智灵活地前进，走着走着，右小腿被石块划开了一个2厘米长的口子，当时血流不止。他顾不上包扎，咬着牙坚持向前。就这样足足走了两个半钟头，终于把饭送到了前沿阵地。战士们看到他一身泥水，一脚血水，都流着眼泪紧握他的手说：“谢谢你！”

我们问他：“你真的不怕死吗？”

他几乎是不假思索地回答：“军人的脑子里没这两个字。”他还说，在战地上，他最高兴的事情就是为国立功，最难过的事情要算是收不到家乡的慰问信了。

临别的时候，我们郑重地问他：“对家乡有什么要求？”他略微思索了一下，说：“别无他求，只希望父老兄弟不要忘了我们。”

战地音乐会

“伴着隆隆的炮声，透过弥漫的硝烟，口琴声从对讲机里传了过来，我们不能放声高唱，只能跟着那动听的旋律低声地哼……”

1984年11月14日，在老山前线某休整地，某部七连几位刚从最前沿阵地下来休整的干部战士，就这样生动形象地向我们讲述了他们举行“战地音乐会”的动人情景。

“同志们，今天是中秋佳节。”1984年9月29日早上8时半，坚守在离敌人阵地只有8米或十几米远的我军两个哨位的对讲机里，响起了从另一个哨位传过来的副连长谢福生的声音，“此时此刻，后方的亲人们有的可能在剧场里欣赏艺术家们的精彩表演，有的可能在家里喜气洋洋地团圆，有的可能在马路上兴高采烈地携手同游。我们守在这阴暗潮湿的猫耳洞里受苦，正是为了10亿人民的幸福。想到这一点我们应该高兴、应该自豪。现在我们就举行一个战地音乐会，让歌声来抒发我们的情怀。”

话音刚落，哨位上一阵轰动。谢副连长的几句话，说得战士们激动不已、热泪盈眶。是啊，这两个哨位，是阻止越军偷袭和进攻的重点，战士们不仅随时有牺牲的危险，而且生活非常艰苦。这都为了啥，不就是副连长所说的“为了幸福10亿人”吗?！大家正低声议论着，对讲机里传来了谢副连长用口琴吹奏的歌曲《十五的月亮》。

“十五的月亮，照在家乡照在边关……”随着那优美抒情的旋律，有的战士情不自禁地低声哼了起来，靠得最前的那个哨位的战士怕被敌人听见，只好挥手打拍子。双肩受了伤的新战士王士民说：“这歌一唱，我浑身都是劲。”来自山东炎州的新战士苗向阳更激动。他脸庞清秀，脸色红润，今年只有18岁，是报大了年龄参军的，从未在外面过中秋节。此刻，他想起了以往在家里过中秋节的热闹情景：晚上，全家坐在院子里赏月，爸爸总爱对他进行“忆苦思甜”。那时他嫌爸爸“太啰唆”。“现在如果能听到爸爸的声音，该有多好啊。”他感叹道。可转念一想，爸爸昨天不是来信，叫自己“别想家，好好干，立个功”吗？对，自己重任在肩，不能想家。“我一家不团圆，正是为了让万家团圆啊。”

一曲终了，战士们轻轻地鼓着掌，又压低声音对着送话器喊道：“谢副连长，再吹一遍。”他们觉得，在这远离家乡的前沿阵地，在欢度佳节的此时此刻，只有《十五的月亮》这首歌，才能尽情表达自己的情感。歌声中，一班长刘长军想到，昨天，炊事班专程送来了后方人民生产的月饼、烧鸡和炸鱼；今天，指导员又代表全连写来了情深意切的慰问信。这说明，我们不是几个人在守阵地，我们有坚强的后盾。长着一张圆脸的三班长蒋小吾也说：“人民这么支持我们，我们在这里吃点亏有什么要紧。”

这时候，越军发射的炮弹在哨位周围爆炸，可战士们还是谈笑自如。有的战士风趣地说：“这是给我们战地音乐会伴奏呢。”不一会，谢副连长又吹奏了《战士上战场》《小城故事》等歌曲，战地音乐会越开越欢，一曲曲激越飞扬、情挚意浓的歌儿在哨位里回荡，在战士心中萦绕。

感人肺腑的答卷

血与火的战斗，不仅考验着前线的每一个战士，而且考验着他们在后方的那些亲属。

在老山前线，我们捧读着一些战士亲属的来信，就像捧读着一份份感人肺腑的答卷。我们和这些写信的人也许永远无缘相见，但我们却已从信中窥见了他们那高尚的灵魂。

（一）

某高地，一场激战过后。人们在整理一个小战士的遗物时，发现了两包“红塔山”香烟，烟壳上裹着一张纸条，上面写着：“谢谢您整理了我的遗物。请抽烟。”

他叫李庆轩，在那次激战中为掩护战友而壮烈牺牲。

他刚死去，父亲的信就到了：“……从报纸上得知，你们部队打了几个胜仗，家乡父老都很高兴。儿啊，打完这仗，你还是回家来，这是你娘和我的心愿。可是，如果咱们部队需要，你就留下来好好干吧……”这封信里含着微笑，可看信的人都哭了。

（二）

每月农历十五晚上 8 点半，他的心底便涌动着一支动人的歌，悄悄应和着远方柔情袅袅的同一支歌——“十五的月亮，照在家乡照在边关，宁静的夜晚你也思念我也思念……”

直到他的一封情书被公开，人们才知道这其中有着一个浪漫而又隽永的秘密。

他是某部卫生班班长李汉臣，参战前夕给未婚妻写信，透露了自己的战斗决心，并要求她帮着“打埋伏”，对父母隐瞒参战真相。很快，她回信了：“……你要到前线参战，为你自豪。你说要英勇作战，杀敌立功，为家乡父老争光，这很好。你上前线后一定要大胆谨慎。万一你不幸牺牲，我将要求接过你的枪继续战斗。你放心吧，家里的一切事情全由我承担。第一，我要当好你和父母的通讯员；第二，我每半月到你家去料理一次家务，你为国尽忠我替你行孝；此外，每月农历十五晚 8 点半，我面向南疆为你唱一支《十五的月亮》，望你准时应合……”

这封信，这支歌，抚慰的不仅仅是小李那一颗心。

（三）

在许多战士的家庭里，父母不仅把自己的儿子交给了祖国，而且他们也像其儿一样，把他们那赤诚的心也献给了祖国。

在即将开赴最前沿阵地的某部，政治处于主任向我们讲述了该部战士唐伟战前的入党追求，战中的壮烈的死，特别是战后其父母写来的那封动人的信。我们一看，信寄自南京，是寄给部队党委的。

“我们的儿子为了祖国的安宁和平英勇地献出了自己年轻的生命。部队党委追认他为中国共产党党员。他离开了我们，不能自己交党费了，在这最悲痛的时候，我们代替爱子唐伟上交党费100元整。请党组织收下一名普通党员的一颗赤诚的心。……”

署名是唐伟烈士的父亲唐连富、母亲董秀英。

当时，政委朱晋泉深沉地说：“前线的战士都要求理解。这不仅意味着理解战士的牺牲和战士的追求，还意味着理解战士的亲属。”

（原文载于《南方日报》1985年12月28日—1986年1月11日。合作者为张敏毅）

跨入发明家行列的青年工人

采写背景：20世纪80年代的海南岛，在有些新闻同行的眼里，是“新闻沙漠”。可我一直不信这个邪。

1986年10月起，我在海南记者站任站长。有一天，当地一家报纸刊发了一条简讯：海南农垦卫生学校有个青年工人，凭着他的发明创造专利项目入选了《中国发明家》一书。

青年工人与发明家？我觉得这里可能有新闻，于是联系海南农垦局专职报道员黄平，一起赶去农垦卫生学校采访，经过深入挖掘，果然是一个生动感人的故事，值得经营一篇人物通讯。稿件传回报社编辑部，很快就被安排在头版头条见报。有的读者说，一个青年工人能有如此成功，说明世上无难事，只要肯登攀。

事后我对黄平谈了采写体会：做新闻一要有新闻敏感，善于发现；二要有深度思维，勤于挖掘，既不能有宝不识宝，又不能随意浪费报道资源。在海南记者站1年，我共发了17篇头版头条，有的报道还引起了央媒的重视。

1987年6月1日，设在海口市郊的海南农垦卫生学校的青年工人王晓立接到一封来自北京台声出版社的信件，信中说：您的“药瓶铝盖开洞器”发明创造及专利项目入选了《中国发明家》一书。

一位默默无闻的青年工人，是怎样跨入中国发明家行列的呢？让我们循着王晓立在奋进之路上留下的足迹，去寻求答案吧！

病房里捕捉到的“目标”

4年之前。海南岛那大农垦医院。内科病房里，躺着一位因患急性阑尾炎而动过手术的年轻人。他文静清秀，目光深邃，好像随时都处在观察、沉思之中。他就是国营西联农场汽车队修理工王晓立。

在住院的10多天中，王晓立发现了一个旁人不大注意的现象：护士们在开启生理盐水药瓶、葡萄糖注射液药瓶等铝盖药瓶时，总是使用普通剪刀在铝盖上乱撬，不仅操作不便，效率很低，损伤瓶盖胶塞，而且容易弄伤手指。这时，他的心头不禁涌起了一股创造的冲动。

出院之后不久，王晓立被调到省农垦卫生学校工作，他试制铝盖开洞器的试验工作也随之开始了。一有空闲时间，他就往医院和图书馆跑，揣摩各种铝盖药瓶的形状，搜集各种有关的资料。经过整整7个月的摸索，他在自己所设计的4种方案中，选择了一种台架式铝盖开洞器方案。

然而，要把方案变成现实，还有一段漫长的路程。没有材料，他就自己掏钱买，不仅把每月剩余的工资投进去，就连从农场带来的1000多元存款也花光了。他所在的学校离海口市区有10公里远，为了解决开洞器的加工问题，他经常顶着炎炎烈日骑着自行车往市区跑，有时一天要跑两三个来回。一年零三个月之中，他把业余时间全用上，终于研制成功一种“通用性台架式药瓶铝盖开洞器”。它适合于开启全国目前通用的各种铝盖药瓶，操作方便，1秒钟能开1个药瓶，而且不损伤胶塞，在广州、北京、上海等地试用时，受到欢迎和称赞，此后，全国各地要求订货的信件像雪片似的飞来。

1987年1月，王晓立成了省农垦系统和海南岛第一个专利权获得者。

女护士的期望

“专业的成就是由坚持不懈与决心来衡量的。世界上没有任何东西能代替持之以恒。”在王晓立那间六七平方米的陋室里，贴着这样一张条幅。他把这作为座右铭。

1985年9月，王晓立把自己刚刚研制成功的药瓶铝盖开洞器拿到海南人民医院手术室试用，有位女护士一看，遗憾地摇了摇头，说：“我们这里更需要的是把整个盖子拆下来的器械。”

护士们的期望，成了王晓立冲击新目标的动力。他利用学校放寒暑假的机会，自费到广州、深圳、上海、北京进行调查研究，他从鳄鱼嘴的形状中得到启发，根据仿生学原理，设计了一种鳄式拆盖器。可是拿到医院一试用，却往往会出现滑脱现象。后来他把拆盖器的压头从平状改为斜状，虽然解决了容易滑脱的问题，但随之又出现了新的难题，由于压头卡得太紧，拆盖的时候一用力，连瓶口也损伤了。

然而，在屡遭挫折之后，王晓立并没有泄气。他应用华罗庚的优选法，重新计算好拆盖器压头的力量和倾斜度，终于把“鳄式药瓶铝盖拆盖器”研制成功了。

1987 年 10 月，国家专利局再次来函说，决定给他授予第二项专利权。

4 年中的“十三步助跑”

王晓立之所以能跨入中国发明家的行列，并不是偶然的。在这之前，他已经过了长达 4 年之久的“十三步助跑”。

20 世纪 70 年代初，王晓立高中毕业后，被分配到国营南平农场汽车队，看到伙伴们在拆装汽车制动蹄弹簧时很费劲，还常常受伤，便背着大伙，又锻又焊，制成了一个“制动蹄弹簧拆装钩”。伙伴们发现它又轻便又好用，都齐声夸他；他也由此而体验到了创造的乐趣。

不过，王晓立真正有意识地去搞创造，还是在 1977 年底被调到国营西联农场汽车队当修理工之后。当时的汽车队党支部书记曾德和发现王晓立平时工作爱动脑筋，讲究巧干，便抽调他参加了队里的革新小组。就是在这时，王晓立暗暗立下了“发明创造，振兴中华”的雄心壮志。在汽车修理中，最繁重的工作要算是钢板骑马螺丝的拆装了。王晓立和伙伴们决心首先从这里下手革新。试验刚进行到一半，其他伙伴就因各种原因离开了革新小组，王晓立只好一个人顶着干。仅用了 8 个月时间，“双轮撬板式骑马螺丝拆装机”就试制成功了，工效提高了近 10 倍。

此后，为了搞好队里的技术革新，王晓立几乎放弃了全部休息和娱乐时间，如饥似渴地学习和钻研，视野先后涉及金属切削、金属铸造、模具设计、液压传动、机械制图等 10 多个专业。伙伴们因此而送给他一个昵称“西联陈景润”。

王晓立在西联农场 4 年中，取得 13 项革新成果，使该场汽车队的修理工作全部实现了机械化。其中有的设备价值数万元，有的在海南农垦系统绝无仅有，创造了较好的经济效益和社会效益。该场因此曾授予他“科研积极分子”称号。然而他却把这当作自己跨入创造发明领域的“十三步助跑”。

他调到省农垦卫生学校 4 年来，共取得了 8 项成果，申报了 4 项专利，除了上面所提到的两项外，还有两项已通过国家专利局的审查。

（原文载于《南方日报》1987 年 11 月 22 日。合作者为黄平、陈所能）

第六届全运会走笔

采写背景：1987 年秋，第六届全国运动会首次在广东举办，这是广东百年一遇的体育盛会。作为东道主的省委机关报，《南方日报》对此次盛会的报道格外重视，盛会开幕前 1 个多月就组织了六运会报道组，由要闻部李主任兼任组长，把我从海南记者站临时抽调回来担任副组长，负责制订报道计划，指挥记者采访。

我以前从未接触过体育报道，抱着谦卑的心态向组里的同志学习请教，在充分听取众人意见的基础上，我制订了一个周全的报道方案。盛会召开之前，在报纸上开辟全运专版，推出了《谁是六运会的火炬手?》，引导读者一起分析，激发他们的关注和兴趣；专访了广东省体育代表团副团长魏振兰，介绍南粤健儿的备战情况，引导读者正确看待东道主的天时地利人和，正确对待比赛的胜负。盛会当中，南粤健儿奋勇拼搏勇夺总分第一和金牌第一，我们又专访了广东代表团团长王屏山，以《改革开放促进了体育腾飞》为题，解读广东代表团取得佳绩的奥秘。盛会落幕后，我们综合分析各界人士的评价，认为六运会无论是运动水平、体育设施还是组织能力，都堪称一流，展现了中国体育全面走向世界的雄姿。于是，我用了大半天时间，在体育记者陈士军的协助下，写出了这篇走笔。

《南方日报》六运会的报道获得了广泛的好评，被评为广东好新闻特别奖，《新闻战线》载文介绍了《南方日报》六运报道组的经验。

在中国南部的“天河”，群星璀璨、耀眼迷人。从这里点燃起的熊熊火炬，辉映着华夏大地，照耀着炎黄子孙向世界体育强国进军的道路……

时代的华轮上庄重地刻下了这样的字样：公元 1987 年 11 月 20 日至 12 月 5 日。中华人民共和国第六届运动会。

六运会的历史方位

六运会期间，国际奥委会主席萨马兰奇先生在广州举行的中外记者招待会上说：“今天在国际体育组织中，如果中国没有作为成员国参加是不可想象的。”

“国际奥委会把未来的前途寄很大希望于中国。”

这是一个权威的声音，这也是世界的公论！

历史发展的潮流，使中国重返奥运大家庭的希望，在20世纪70年代末变成了现实。

而中华巨龙一旦睡醒，便毫不犹豫地在世界体坛展现自己自立于世界民族之林的雄姿。

第23届奥运会，中国健儿实现零的突破，一举夺得15枚金牌，在奥运大家庭中名列第四；第9、10届亚运会，中国健儿连续夺得金牌总数第一，在亚洲体坛上雄居榜首；第24届奥运会足球预选赛，绿茵健儿力挫群雄，争得决赛“入场券”，首次实现了“冲出亚洲”的夙愿……

这都是世人有目共睹的事实，是中华民族引以为豪的壮举。

第六届全运会，是继创上述成就之后的一次全面大练兵、大检阅，是中国体育改革的一次总结和检验。中华健儿大显身手，向奥运大家庭的伙伴们显示自己的体育运动实力。

它作为一个现代化的大舞台，让改革开放中的中国在这里亮相，向各国友人展现自己的经济实力和民族形象。

它作为一次规模宏大的彩排，用改革开放的观念组织大型综合性运动会，向国际体坛的权威们汇报自己的组织才能。

这，就是第六届全运会的历史方位。

世界，我们来了！

世界最有影响的体育报刊法国《队报》总编辑罗伯尔·帕里盎特早在1984年时就曾预言：“展望1988年，我们相信中国会迈出更大的步伐，取得更多的成就；到本世纪末，中国将很可能有能力举办奥运会。”

这是一个多么富有远见卓识的预言。中国人以自己在六运会上取得的巨大成就，发出了震天撼地的呼喊：世界，我们来了！

最先走向世界的中国举重健儿，这次又力震寰宇。何灼强、何英强力拔山兮气盖世，不仅连破3项世界纪录，而且第一次在一项衡量一个级别实力的总成绩上刻下了中国人的名字。怪不得一位外国记者在他的报道中惊呼："轻级别是中国人的天下!"

在被视为衡量体育水平标志的田径、游泳项目上，中国健儿也昂首挺胸地走来了。陈跃玲、徐永久的铮铮脚步，踏破了女子竞走1万米世界纪录；李梅素的猛力一掷，使我国女子铅球水平跃居世界第七；刘华金的奋力冲刺，使女子百米栏跻身国际先进行列；钱红的"池中飞蝶"，闯入了世界前4名……

许多为奥运大家庭所倡导的原则做法，在六运会上大行其道，这体现在项目设置，竞赛制度，评分、奖励办法，以及规模宏大的体育宣传……

诚如一位哲人所言：评价一个人的成就，不仅要看其比前人多提供了多少东西，而且还要看他比前人提供了多少新的东西。本届全运会共破、超17项世界纪录，创48项亚洲纪录和亚洲最好成绩，提供的"新东西"之多，不仅前五届全运会无法与之相比，甚至连成绩突出的第10届亚运会也难与之相匹敌。

值得特别一提的是：这些新纪录、新成绩都是使用国际标准化的场地、设施创造出来的。这一点甚至比新纪录新成绩更具历史意义。

对这一点反应最为敏感的，应数国际奥委会主席萨马兰奇。他到达广州后的第一个日程安排，便是考察六运会的主要赛场——天河体育中心。

不应忘记，忽视这一点给我们带来了多么大的不幸：五六十年代中华健儿们在本国领土上刷新世界纪录，大多不被国际体育组织所承认；明明是中国人创造了新的世界纪录，而世界纪录册上偏偏没有中国人的名字!直至4年前吴数德在第五届全运会上打破世界纪录后，还得马上取尿样千里迢迢送往匈牙利检验……

更不应忘记，注意这一点后给我们带来了多大的权益：蹼泳健儿在本届全运会上创造的4项世界纪录不到1个月就被国际潜联所承认；何灼强在东莞石龙体育馆打破世界纪录，当场就有国际举联的官员检验尿样。

如果说运动成绩和体育设施值得我们骄傲的话，那么我们承办高标准、高水平大型综合性运动会的组织能力同样值得自己引以为荣。

请听听萨马兰奇先生的评价：

"六运会的开幕式超过了今年的泛美、全非和地中海运动会。"

"亚运会（1990年）成功后，中国就可以研究申请举办奥运会的问题了。"

这里真是"组织一流，设备一流，人民一流"。

应该知道，萨马兰奇此次来华的主要目的，除了上面所说的考察体育设施之外，就是检验中国承办大型国际综合运动会的组织能力。他的评价绝不是信口开河。

应该知道，承办大型综合运动会的组织能力，向来在奥运大家庭中被视为体育强国的一个标尺。

应该知道，美国人尤伯罗思曾因成功地组织了“斯巴达式的奥运会”（第23届奥运会），而被授予奥林匹克最高荣誉的金质勋章，成为全世界家喻户晓的人物，受到史学家和文学家的大书特书。

由此观之，无论是运动水平、体育设施，还是组织能力，中国都可以理直气壮地宣告：世界，我们来了！

改革——腾飞的动力

中华体坛近年来的赫赫战绩，六运会上取得的累累硕果，都有力地证明：改革是促进体育腾飞的动力。

而今，人们透过六运会硝烟弥漫的竞争场面，读着叱咤风云的健儿事迹，回味那神乎其神的战术技巧，对中华体育腾飞前景，又触发起深深的思索：广东的举重，为什么在短短时间里突飞猛进？原因固然很多，但社会办体育是一个不可忽视的因素。亚洲汽水厂资助办起了冠力举重俱乐部，为举重运动的发展提供了物质基础，使改革传统的训练手段具备了必要的条件，广东举重队有如神助，决赛上连破3项世界纪录，而且囊括4个轻级别的冠军。

上海的游泳，为什么在决赛中一鸣惊人？实行科学化训练，是最主要的原因。他们先后请来了10多位中外专家讲学，引进世界先进训练方法，3个月前又特聘外国游泳专家任教练。结果，该队共创4项亚洲最好成绩和9项全国纪录，3人1队在6个项目中达到了世界先进水平。

辽宁的柔道、河南的现代五项、内蒙古的摔跤、甘肃的自行车、湖北的赛艇和皮划艇等等，为什么都占有近乎垄断的优势？究其原因，就是深化体育改革，从本地实际出发，做出合理的战略安排，突出发展自己的优势项目。

从宏观上看，也会得到同样深刻的启示。

如果没有国家体委基于奥运战略的考虑，并实行以训练体制、竞赛体制为重点的体育体制改革，怎么会有全国各地体育蓬勃发展、互相促进的大好局面？

如果广东不是得改革开放风气之先，为经济腾飞和体育腾飞打下了雄厚的基础，怎么可能把六运会组织得如此出色？体育健儿们怎么能一举夺得总分、金牌、奖牌、破世界纪录数和精神文明五个第一？一个石龙镇又怎么能担当起承办全运会举重赛的重任？

然而，站在开放的窗口审视世界，我们又发现，奥运大家庭越来越壮大，世界体育水平正以令人炫目的速度向前发展，“更快、更高、更强”的奥林匹克宗旨已深深铭刻在人们的心中。

唯其如是，我们更应正视自己的差距：举重虽然成绩显赫，却仅限于轻级别；游泳虽然有了提高，可起点偏低；田径尽管有所起色，但接近世界纪录者寥寥无几；体操、羽球、射击、乒乓、女排等虽然仍为强项，但后继乏人……

唯其如是，我们更应更新自己的观念：单一的艰苦训练无法使中国体育产生飞跃，我们还需要一大批杰出的素质较高的教练，需要现代化的科学训练方法和训练手段，需要日新月异的体育科学信息。

唯其如是，我们更应加强自己的紧迫感和危机感：奥运大家庭的伙伴并没有停下脚步来等待我们，要在他们的后面紧追猛赶以达到超越的目的，我们必须付出比别人大得多的力气。

可喜的是，改革开放之舟，已为我们摧破坚冰，开通航道。随着“以革命化为灵魂，以社会化、科学化为两翼，实现体育腾飞”为指导思想的体育改革的不断深化，中国体育全面走向世界的目标定能早日实现。

（原文载于《南方日报》1987 年 12 月 6 日。合作者为陈士军）

流动人口面面观

采写背景： 1988 年初，富有创新精神的南方日报社委会，决定设立社会生活部，开辟社会生活版，报道读者关心的热点问题和社会新闻，由具有丰富编辑经验的黄士彝任主任，我担任分管编辑工作的副主任。黄主任为人谦和，放手让我们工作。我抓住当时人们关注的社会问题，接连策划了文零娟事件、自行车被盗等 10 多组系列报道，引起了社会的广泛关注，也使社会生活版成了当时《南方日报》的“招牌版”。

《广州流动人口面面观》系列报道，就是在这种背景之下问世的。改革开放之后，广州流动人口大增，人们对此议论纷纷，有的说流动人口促进了羊城的经济社会建设，有的说治安、市容等一系列问题都是流动人口带来的。那么，应该怎样正确看待这支“人流”呢？我认为这正是社会生活版所应关注的，于是便策划、采写了这组报道。

充满活力的“人流”

广州火车站。一群群挑着铺盖卷的浙江“补鞋妹”，从这里走出站台，流入市区；环市路高架桥下。一堆堆操着外地口音的人们，在这里打开铺盖，席地露宿；天河区东圃。数千名内地农民聚集在这里，寻觅雇主，招揽活计；……

正是这一个个镜头的重叠，使人们感到，眼下广州的流动人口，可谓多矣！

也正是这一个个镜头的重叠，使广州人产生了种种议论：有的说流动人口促进了羊城的经济建设；有的说流动人口给广州带来了治安、市容等一系列问题。

那么，应该怎样正确地看待这支“人流”呢？让我们顺“流”而下，做一番深入的探索吧！

所谓流动人口，是指那些没有广州正式户口，而进入市区暂住或短暂停留的外地来市人员。用这个概念去观察，我们可以看到，几年来广州市流动人口呈急剧上升之势：1979 年每天平均仅为 30 万人，1987 年则上升为每天平均逾 110 万人，8 年间增加了 2 倍多，目前已占市区人口总数的约 3 成。其数量之大、增长速度之快，为新中国成立以来所未有。

流动人口的急剧增长，首先应看作是商品经济发展的必然结果，看作是城市经济繁荣的标志之一。一般来说，商品经济越发达，城市流动人口占城市人口的比例就越大。综观世界各个发达国家，它们的城市流动人口与常住人口的比例大都是 1∶1。而在我国，接近这个比例的大城市首推北京、广州和上海。广州市几年来由于率先实行改革开放的政策，商品经济有了迅猛的发展，因此对各地的吸引力越来越大，1986 年流动人口与常住人口的比值已达 1∶3.82，赶上了北京，超过了上海。

再往深一层看，我们又可发现：在广州市的流动人口中，前来从事各种劳务工作的人占了大多数。这一部分占了流动人口总数的近 6 成。这一显著特点，决定了流动人口在促进广州市的经济发展和城市建设方面发挥了积极的作用。

作用之一，是促进了广州市的商品流通和社会消费，活跃和繁荣了城市经济。从流通方面来说，由于流动人口中有商贩 4 万人、外地驻穗机构暂住人员 0.6 万人，再加上一部分经贸部门的出差人员，形成了一支强大的商品流通力量，这就使广州市区集市贸易成交额不断增加，已经连续 3 年居全国各大城市之首位；从消费方面来说，由于流动人口平均每人带入的货币达 1600 多元，而他们来穗购买的物品又多是录像机、彩电、冰箱、服装等，因此其消费额占了广州市区城市居民消费总额的 39%。

作用之二，是加强了城市建设的力量，促进了城市经济体制的改革。众所周知，广州的建筑、纺织、环卫等行业前几年曾一度出现“招工难”问题。现在，随着大批流动人口的进城，这个难题也就迎刃而解了。据统计，目前农民工在广州建筑、环卫行业已占固定职工总数的一半左右，在纺织行业则占 15%。由于他们能吃苦，要求的劳动报酬及待遇较低，不少企业都乐于雇用他们。特别值得一提的是，这几年进城承包建筑工程的包工队人数已达 24 万人，比广州同行业的人数多出好几倍，他们的到来，不仅大大加快了广州城市建设的步伐，而且加强了同行业的竞争，对于城市经济体制的改革是大为有利的。

作用之三，是沟通和密切了广州与各地的联系，有利于广州更好地发

挥中心城市“外引内联”两个扇面的作用。近几年来，广州先后建立了2200多个联系全国各地的信托、贸易机构和交易市场，与全国27个省、市、自治区实施的联合协作项目达1173项，吸引外资达17亿多元。

作用之四，是加快了农村“城市化”的进程，推动了社会的进步。广大农民涌进广州，不仅为经济贫困的农村解决了富余劳动力的出路问题，而且由于他们在城乡之间的频繁往返，还会把城市中的一些耐用消费品以及先进技术、生活方式、思想观念和各种信息带回农村，这就从某种程度上加快了农村“城市化”的进程。

由此可见，进入广州的流动人口，是一支充满活力的“人流”，也是一支给羊城带来活力的“人流”。

“人流”过处有新路

如同流动人口的不断增加一样，广州市管理这支宏大“人流”的经验也在不断增加着、积累着。

早在流动人口开始涌进羊城之时，广州市政府以及有关部门就本着“不能限制堵死，也不放任自流”的原则，对其实行积极的管理。他们根据国家和省的有关政策法规，结合本市的实际情况，先后颁布了《关于加强几类外地来市暂住人口管理的暂行规定》等一系列管理规定，并且针对各类流动人口的不同情况，采取了一些新的对策。各行业和各基层单位也在实践中不断摸索，总结出了许多行之有效的管理经验。

处在城郊结合部的农民出租屋，是外来人口的云集之地，虽是管理上的难点，但白云区的三元里街，在对农民出租屋的管理上已创造了比较成功的经验。在这条街内租住农民屋以及投宿旅店的外来流动人口达27000多人，几乎与常住人口的总数相等。这些流动人口不仅来自四面八方，而且还有不少违法犯罪分子混迹其间，利用所租住的房屋进行各种违法活动，大大增加了管理的难度。面对这种情况，该街在上级有关部门的领导和支持下，在对街内出租房以及旅店、招待所进行清查整顿的基础上，建立了出租房屋管理领导小组，下设一个办公室，统一加强对外来流动人口的管理。他们还成立了一支拥有45名管理人员的管理队伍，平均每50户至80户出租房屋配备1名专职管理员，实行分片包干、责任到人，使各项治安防范措施落到实处。结果，该街刑事案件逐年下降，社会治安明显好转。

在建筑、纺织、环卫等行业，近年来招收的农民工较多，要搞好管理不是一件易事。可喜的是，不少企业在这方面已积累了一定经验。例如在广州一棉厂，近年来共招收了1000余名农民工，占全厂职工总数的1/6。为了把这些农民工管好，该厂采取了4条措施：一是加强思想政治教育和文化教育，提高农民工的政治思想和文化素质；二是努力解决住房、粮食、医疗、婚姻、探亲、业余生活等方面的实际问题，帮助农民工排除后顾之忧；三是组织有经验的师傅热情帮教，尽快提高农民工的技术操作水平；四是严格执行合同条约和工厂制度，加强对农民工的纪律管理。在这之后，这批农民工迅速成长，目前已有460人加入工会，110人加入共青团，120人成为小组的生产骨干，还有不少人成了各项操作能手，成了该厂不可缺少的一支重要力量。

此外，荔湾区建立三级治安巡逻网络的经验，黄沙街实行社会治安综合治理的经验，大塘街开展治安保险的经验，东山区发挥治安服务公司作用的经验，等等，也不断丰富着流动人口管理的形式和内容，给各行业各单位管理各类流动人口以启迪。正所谓"'人流'过处有新路"。

人们欣喜地看到，这些经验的不断推广，已经使广州市的流动人口管理取得了较大的成绩，具体表现在如下3个方面：一是对外来暂住人员核发了《暂住证》，目前已经领取暂住证的外来暂住人员达28万多人，占应领证人数的91%。二是实行了分类管理。对工棚工地外来民工、临时工，实行了用工单位、居住地居委会和当地公安派出所三结合的治安管理办法；对住在城郊结合部农民出租屋的流动人口的管理，设立了专门的管理队伍，目前全市已有房管小组151个，专职管理人员668人；对住在中小旅店和散居亲友家的流动人口，主要是依靠旅业职工和居民群众实行管理和监督。三是有计划、有重点地清查了混迹在流动人口中的一批违法犯罪分子。

唯其如此，广州便被公认为全国对流动人口管理抓得较早、较好的城市。

与之俱来的压力

俗话说："针无两头利。"客观地看，涌进广州的这支宏大的"人流"，既带来了活力，也带来了压力。

流动人口的急剧增加，首先是给各项城市基础设施负荷已经饱和或超负荷的广州带来了很大的压力。一是这些流动人口不仅活动范围广，而且外出活动主要依靠城市公共交通，据统计，其出行量要占全市公共出行总量的37.8%，必然给运载能力已显不足的广州公共交通增加更大的压力；二是由于业务及个人生活的需要，平均每天110万的流动人口也势必增加城市供水、供电、邮政、电信、环卫等设施和服务设施的压力，而据一些城市所做过的概算，每增加一个流动人口，城市为其提供的服务设施，平均费用就得6000元；三是流动人口总得要吃饭，这无疑会给粮食、商业部门造成不小的压力。如果按照城市居民生活水平计算，广州现在每天起码要向流动人口提供粮食30多万公斤，蔬菜40万公斤，肉类、水产品、水果各10多万公斤。

由于少数流窜犯罪分子和其他违法分子混杂在流动人口中进入广州，而这些人又不容易被识别，这就给广州的社会治安管理带来了很大的压力。一是流窜犯罪活动日益猖獗。仅1987年上半年，流窜犯作案就达1300宗，其占全部作案成员的比例已经从1984年的19.58%上升到1987年上半年的42.7%，而且大案、要案、团伙案有不断增加的趋势。二是肆意进行赌博、卖淫嫖娼以及复制、贩卖、传播淫秽物品等丑恶活动。广州市从1986年至1987年上半年抓获的贩卖淫秽物品人员中，外来人员就占了95%以上。三是盲流乞讨人员越来越多。目前，上万盲流乞讨人员在马路上、居民区硬讨、强要，甚至侮辱他人，扰乱了社会秩序。广州市仅1987年上半年就收容了此类人员8400多人。

流动人口给广州带来的压力，还表现在增加城市管理的难度方面。在这些流动人口中，有相当部分是来穗从业的暂住人口，他们虽然在广州逗留时间相对较长，但住处极不稳定，不少人往往到市郊城乡结合部向农民租房或非法占地搭建窝棚及违章建筑，有些人甚至在街头巷尾随处露宿。据1987年上半年调查，市郊非法占地共6497宗，总面积4600多亩，违章建筑2492宗，面积8.5万多平方米。

面对这样的压力，广州市各有关部门尽管采取了不少对策，做了不少工作，但有些方面的压力，比如说治安管理，还是转化成了问题。究其原因，主要是对流动人口的管理工作，包括管理思想、管理方法、管理队伍、管理法制等，未能完全跟上变化发展的新形势。目前广州的流动人口，相当于一个大城市的人口数量，他们的身份各不相同，居住时间长短不一，前来广州的目的各异，管理的难度可想而知。然而，广州市目前对其却未能做到统一管理。在进城手续上，出现了劳动、公安、城建等部门多头审批的局面，有些单位甚至自招自聘，不办审批手续；在治安管理上，相当部分的流动人口还存在“多家使用，一家（公安）管理”的局面，而公安部门却又存在资金、编制、人力等方面不足的困难。

那么，应该采取什么样的对策呢？有关专家认为，必须在坚持改革开放搞活政策、尊重流动人口发展规律的前提下，做到对流动人口“管而不死，活而不乱”。第一，建立一个统一领导、协调的机构，实行统一管理，做到有计划、有组织地引导流动人口进城就业，尽量减少非正常就业人口的盲目流入；第二，明确管理责任，加强管理力量，并把管理重点放在流动人口相对集中的宾馆旅店、农民出租屋、建筑工地工棚和企业等；第三，抓紧建立流动人口综合治理法规，健全正常的统计、管理、检查制度，逐步做到依法管理流动人口；第四，加强城市各项基础设施的建设，为进入广州的流动人口提供良好的服务设施和生活条件。

可以预料，随着广州改革开放的进一步深入，进入羊城的流动人口必将越来越多，而广州对流动人口的管理也将越来越好！

（原文载于《南方日报》1988 年 3 月 23 日、3 月 27 日、3 月 31 日。合作者为陈明光）

少男少女心事探秘

采写背景：如何引导扶持青少年一代健康成长，是一个永恒的课题。

20世纪80年代中后期，随着改革开放的逐步深入，少男少女的心理世界发生了很大的变化。此时我已初为人父，开始关注这类话题。平时与同事、朋友聊天，也往往触及这个话题。我想知道，作为父母兄长，有多少人能真正感受到少男少女的心理变化，有多少人能真正理解他们微妙的心事？

我以问题为导向，一头扎进广东省青少年研究所，从一封封来信中窥探少男少女的心事，然后与有关专家交流探讨，也拜访了一些家长、老师，觉得很有必要将当时具有代表性的少男少女的心事公开报道出来，让父母兄长、学校老师和社会人士有所触动，从而真正意识到自己的责任。

校园。殷红的朝阳。带露的玫瑰。笑语串串。书声琅琅。电脑。《红高粱》。马拉多纳。“挑战者号”。费翔……青春，像块调色板变幻无穷；生活，如虹霓般色彩斑斓。

当今少男少女的心理世界，在这样的时代氛围中，变得更加博大丰富，更加多姿多彩。

然而，在我们做父母兄长的这一代，有多少人能真正感受到他们的这种变化？又有多少人真正理解他们那微妙的心事呢？

选辑在这里的几组镜头，完全来自现实生活。它们也许能引导你从某些角度深入到少男少女隐秘的心灵世界，去寻找自己的答案。

镜头1　下午。高州县平山镇某农户。

父亲抡起棍子朝儿子打去，嘴里骂道：“衰仔（窝囊废），人家读书，你读屎片啦!”

"可我生物考得好哇，其他课程我不感兴趣！"儿子强忍着泪，辩解道。

父亲倚着祖坟的"好风水"，企望着鲤鱼"跳龙门"的时刻。"你妈替你算过命啦，只要好好读书，定会有出头之日。"

繁重的功课。封闭的生活。老师的怒容。

"可我真的不想读下去了。"儿子说。

"你敢?"棍子又高高举起。

儿子不吭声了，可心里哼道："就敢，种植、养殖，我样样喜欢，也自信能搞出名堂，为什么偏要靠读书找出路?!"

"喔！喔！喔！"大公鸡的啼叫，打断了儿子的思路。望着全家这唯一的"财产"，他又茫然了：我的路何在?!

镜头2 中午。广州解放北路一家烧腊个体户。

"喂！你傻了吗？还不快点过来帮手。"父亲冲着房子里的儿子吼道。

"你不见我在复习功课吗?"儿子不服地反驳。

"复习！复习！读那些死书有屁用！趁早出来揾（赚）钱算了。"

"不，电脑时代不能没文化……"

"你懂个×！瞧你舅父，大学毕业生，又怎么样？连间房子都分不到。你妈'初中鸡'（初中毕业），跟我一道开档口，不是'发'了吗……"

儿子觉得父亲观点不对劲，可又无法反驳。

旁白 上述两位父亲对儿子的要求截然相反，两代人之间存在的移位却极其相似。

是千百年来"父命子从"的传统观念造成了这种移位，抑或是少男少女随着青春期的到来所产生的独立意识所造成的呢？透过这些镜头，我们看到新的观念在少男少女的心灵上所折射出来的光晕，这些光晕的全部内容在于：对生活的理解和对前途的思考。

我们的父母当然有责任把人类历史所积淀而成的生活之美展示给孩子，但却无权代替下一代设计自认为得意的生活模式。可怜天下父母以为自己一心为孩子着想，殊不知自觉或不自觉地抑制了孩子合理而自由的发展。这里可以用得上一句古话："虽曰爱之，其实害之。"

镜头3 晚上。广州麓湖路一幢公寓。在某校读初三的少女×××端坐窗前，正在给住在楼上的一位少男写信。

校园。两年前那次相遇的。他是高三学生，外表很帅。自己朝思暮想，不能自拔。

“有一位少女暗地里想你已有两年了，结果造成学习成绩下降。希望你给这位女孩写封拒绝信，以便她化痛苦为动力，奋发读书……”

她看了看，又撕掉了。她想：我和他同住一幢楼，朝见面晚见面，要是他知道这位女孩是我，那可怎么办？

信撕掉了，可心事如麻，越扯越乱。“我的心在哪，向谁倾诉?!”

镜头4 上午。连县某中技学校一年级一班教室。

“哗!”全班惊呼。

原来，班主任当众公布班里×××和×××的“早恋秘密”。

少男×××坐在下面，脸上一阵红，一阵白。他心里哀叫道：“老天爷，这不是冤枉吗?”

“什么，晚上在教室谈恋爱？那是谈学习。她给我打饭、洗衣服？那是我有病。我原先不肯接受，可她的眼光是天真无邪的。”

“人要脸，树要皮，你这样公开说我们，叫我们以后怎样在学校相处？难道男女同学之间就不能互相帮助、友好相处吗?”少女×××泪水满眶。

旁白 如此微妙的心事，如此奇特的追求，真令人感到难以想象，感叹不已。

其实，心理科学早就揭示：伴随着青春花朵的开放，少男少女的情感必然会更加丰富。他们渴望着友谊甚至异性的爱情。这是人生的多梦的季节，他们总爱做许多玫瑰色的梦。

可惜，大人们往往惯用传统观念的尺子去衡量孩子们的言行。于是，恼人的事情便发生了：或者是熟视无睹，听任孩子陷于困惑、迷惘、痛苦而不能自拔；或者是简单粗暴的干涉，将孩子弃之于情感世界的荒漠。

镜头5 夜晚。兴宁县某公司职工住宅。

少女×××，像往常一样，应邻居少男×××之邀，到他家复习功课。

突然，少男趁其不备，紧紧把她搂住，给她一个热辣辣的吻。

她惊呆了，霍地从他怀里挣脱出来，夺门而逃，跑回家中，关门痛哭。

此后，原来生性活泼的她变得郁郁寡欢。心里不时痛苦地呻吟：“我失去童贞了!”

镜头 6　傍晚。博罗县罗阳镇一个居民家少女×××放学回家，就闷在屋里。

母亲觉察女儿近来的神色不对劲，追问其故。在母亲的再三追问下，女儿带着哭腔说："该来月经的，可没来。我怕是……"

母亲大吃一惊，连声问："什么时候出事的？"

女儿掩面而泣："8 年了。"

"唉！"母亲长叹一声……

旁白　这近乎新编"天方夜谭"，然而却是活生生的事实。是我们的少年智力低下吗？

不。封建制度虽然在我国已被消灭，但封建的传统观念，仍然束缚着一些人的头脑，以至今日对性科学知识仍然讳莫如深。

一些人也许不明白，对文明的抵制，就是对愚蠢的怂恿。他们也许没想到，自己所羞于启齿或不屑一提的性科学常识，恰恰是少男少女健康成长所不可缺少的。

啊，亲爱的朋友，当你从这些镜头中触摸到少男少女跳动着的脉搏之后，你是否已经意识到了自己的责任？你是否准备帮助他们微笑着奔向属于他们自己的明天？！

（原文载于《南方周末》1988 年 8 月 12 日）

剑锋指处东风回

采写背景：1992年春，邓小平视察南方发表重要谈话之后，中国的改革开放进入了新阶段。与此同时，苍蝇蚊子也不可避免地挤了进来，有的地方出现了涉黑性质的团伙，给社会治安带来了严峻的挑战。

面对这样的挑战，我们敢不敢“亮剑”？广东省委书记谢非同志高度评价的博罗，就具有“亮剑精神”。我当时在报社是分管记者站工作的编委，听到省委常委会会议精神传达后，马上赶到博罗，叫上惠州记者站站长李长虹，与博罗县新闻秘书钟楚荣一起，展开全面深入的采访。该县“亮剑”之后的巨大变化，让我们深受鼓舞，公安干警面对持枪劫持并打伤干警而跳楼逃跑拒捕的疑犯时，果断开枪一击毙命，更让我们震撼，看到了博罗“亮剑”的力度。我们挑灯夜战，奋战了一个通宵，一气呵成把这篇通讯写了出来，报社很快安排在头版头条见报，像谢非同志所要求的那样，把博罗经验辐射到全省每一个角落。

盛夏的岭南，骄阳似火。

8月22日上午，中共广东省委常委会议室气氛热烈，常委们正在专题研究即将在博罗县召开的全省农村社会治安综合治理工作会议的有关事项。大家听了省委常委、省公安厅厅长汇报博罗县开展社会治安综合治理的经验之后，中共中央政治局委员、省委书记谢非兴奋地说：“博罗的工作是超前的，做法是正确的，经验是成功的，我们不仅要让参加这次会议的同志了解博罗的经验，更要让那些没有参加这次会议的党政主要领导了解、吃透博罗的经验。要让它覆盖全省每一个角落，辐射到每一个层面。”

博罗的经验，为何会得到谢非同志这么高的评价？其经验又在哪里？

众志铸剑

事情得从1993年底说起。

当时，上任不久的惠州市委常委兼博罗县委书记刘耀辉深入到22个乡镇、45个管理区，跑了县直机关152个部门，与离退休老干部座谈，进行了认真的调查。经过1个多月广泛的调查了解，他深深感到社会治安形势的严峻。

在平安镇，人们告诉他，当地一家唯一的“三来一补”工厂的老板，1993年12月1日被附近带黑社会性质的流氓团伙持刀勒索了5万元。他深感生命安全没有保障，便把工厂迁到了外地。

在县政法委，人们告诉他，江西一货车司机因路经博罗小罗线四角楼路段多次被车匪路霸勒索，愤而向国务院秘书长罗干写信投诉，称博罗小罗线四角楼路段是“鬼门关”。

在他的住处，几乎每周都接到有关治安问题的投诉电话。一名素不相识的群众从医院来电，劈头就说，你想当共产党的书记，就该狠抓仍图镇与惠城区汝湖镇交接路段多年未解决的拦路抢劫勒索问题。

……

刘耀辉感到社会治安问题不仅是当前群众反映的热点问题，而且已构成了制约博罗经济发展的最突出因素。他多次召开常委会和五套班子会议，就如何解决这个问题展开讨论。大家认为，在改革、发展和稳定三者关系上，改革是动力，发展是目的，稳定是前提。必须在发展中求稳定，在稳定中求发展。只有发展没有稳定是徒劳的发展；只有稳定没有发展是危险的稳定。如果不在博罗采取坚决有力措施，整治社会治安，维护社会稳定，改革就难以顺利进行，更谈不上快速发展全面推进了。为此，县委毅然决定：从4月份开始，实行全县总动员，用3个月的时间，集中力量，主动出击，开展一次规模宏大的综合整治社会治安的统一行动，严厉打击各种违法犯罪分子，并以此作为突破口，实现两个文明建设整体推进的目标。

此策一出，群情振奋。

309名人民代表，在县人大会上一齐举手通过了《关于加强社会治安综合治理的决定》。

上千名机关和基层干部，在全县整治社会治安的动员大会上自动起立，对刘耀辉的动员讲话报以长时间的雷鸣般的掌声。

东江纵队粤赣湘边纵队博罗老战士联谊会的老战士，联名给县委书记、县长写信，热烈拥护和坚决支持县委、县政府搞好农村社会治安的举措。

数十万参加各级动员会的群众义愤填膺，发誓要高举法律的利剑，让博罗 2982 平方公里土地成为一片净土。

剑起妖慑

为了保证剑无虚发，博罗县委、县政府做了周密的部署。他们制订了《博罗县整治社会治安统一行动整体方案》，组成了以公安干警为主体的县、镇机动分队，还从县、镇抽调 735 名干部组成工作队进驻 147 个治安问题比较多的管理区。法律之剑直指各种严重刑事犯罪分子、地霸、村霸、“七害”犯罪团伙和犯罪分子。

罗阳镇带黑社会性质组织的首要分子张德新，长期在县城一带持枪敲诈勒索、强奸妇女、抢劫钱财，无恶不作，犯罪气焰极为嚣张，人称“烂仔大哥大”。这次行动开始后，县公安局经过缜密侦察，将两名被他腐蚀、经常向他通风报信的派出所民警关押起来，并在他经常出没的地方撒下一张大网。6 月 13 日（端午节）的中午，藏匿在舅舅家的张德新被公安干警包围，他跳楼逃跑拒捕，持枪劫持并打伤一名干警。在危急关头，干警们毅然开枪，将作恶多端的张犯击毙。

这一击不同凡响。人民群众奔走相告，拍手称快；犯罪分子则胆战心惊。一时间，全面整治行动捷报频传。全县共查获各类违法犯罪分子 1259 名，打掉犯罪团伙 185 个，破获刑事案件 435 宗，其中重大案件 12 宗，缴获大批作案工具及赃款赃物，价值人民币 513. 63 万元。

如果说击毙张德新显示了打击现行犯罪的威力，那么“黎村事件”等一批历史遗留问题的顺利解决，则体现了整治社会治安统一行动在向更深层次发展。

“黎村事件”发生于 1991 年。当时，县糖烟酒公司与一外商签订合同，合作办一间织染厂，向罗阳镇购买了一块黎村附近的土地。黎村村民黎来添、黎玉祥等几个人硬说那块地是黎村的，煽动村民无理取闹，索要高额土地赔偿费。目的没有达到，他们又疯狂进行打、砸、抢，致使外商不得不撤走项目，造成直接、间接经济损失 600 多万元。这次行动开始后，该县一方面向黎村派驻得力的工作组，广泛开展法制宣传教育和政治攻势；一方面向参加黎村事件的违法犯罪人员施加强大压力。慑于法律的强大威力，该村16名违法犯罪人员相继到检察机关投案自首。遗留3年的历史积案，不费一兵一卒、一枪一弹，就顺利解决了。

剑起妖邪慑。1994年4月至6月，该县共有146名违法犯罪人员投案自首，甚至有人从香港回来投案。

剑舞春回

扫除了歪风，正气就上升了；惩治了坏人，好人胆就大了。博罗县委、县政府带领人民群众挥舞法律之剑，有如春风解冻，使博罗大地正气腾升，民风好转。

泰美镇雷公路段可以作证。1993年3月2日，一辆中巴上的乘客在这里遭车匪洗劫，全车13人竟束手被劫，无一人敢于挺身而出。然而，1994年5月20日中午，在这里发生的事情，却形成强烈的对比。当时，杨村柑橘场的待业青年黄德兴，乘一辆中巴从杨村前往博罗县城，中巴行经这条路段时，他看到车上5名歹徒持刀对乘客进行抢劫，便不顾个人安危，挺身而出，赤手空拳与车匪进行殊死搏斗，结果在车上其他乘客和司乘人员的协助下，当场将3名车匪抓获，扭送到泰美派出所。接着，他又带领公安干警追捕另两名逃犯。此时，附近60多名农民闻讯赶来，高举锄头棍棒，加入了追捕行列。警民协力大显神威，迅速将一名逃犯抓获，当场击毙另一名拒捕逃犯。

类似黄德兴这样见义勇为的群众，在博罗县可说是数不胜数。如今，在全县已形成了人人关心社会治安、人人自觉维护社会治安的良好风气。1994年3月以来，仅群众主动举报并协助公安机关破获的刑事案件就达147宗，由群众扭送到公安机关的犯罪分子63人。

在外地人的心目中，博罗的形象也大为改观。深圳市中南小汽车公司，拥有700多辆大小型汽车，过去曾有几个司机在博罗路段被人打伤，几辆汽车被砸烂。为此，该公司召开经理办公会议，宣布该公司所有车辆不准进入博罗县。如今，得知博罗治安形势好转，道路畅通，而且省委、省政府还要在该县召开农村社会治安综合治理工作会议，该公司提出，愿意提供10多辆中巴，免费为大会服务。

难能可贵的是，博罗人民挥舞法律之剑所唤回的东风，不仅是社会治安的好转，而且是两个文明建设的整体推进、同步发展。

一批多年来想解决而又解决不了的老大难问题，在这次全面整治统一行动中得到了解决。如县城乱搭乱建、乱堆乱放现象和广汕公路、广梅公路沿线的违章建筑，已被彻底清理或拆除，面积达2.18万平方米，其中八成是群众自愿拆除的。

全县政令畅通，工作得心应手，1994年上半年的建立“三高”农业基地，查荒灭荒，夏粮征购，机关作风整顿等工作一经布置，各级闻风而动，狠抓落实，完成得又快又好。

投资环境得到改善，1994年一次招商引资会上，就与外商签订合约90宗，协议投资达33亿港元。

经济建设保持持续、快速、健康发展势头。今年1—8月，工业总产值和县财政收入分别比去年同期增长66.6%和68.7%。

群众法制观念普遍提高，村风民风大为好转。过去凡发生交通事故，群众或哄抢物资，或扣车扣人，要金要银；现在发生交通事故，群众则自觉维护现场，保护物资，抢救伤员，一切服从交警部门安排处理。

人们有理由相信，随着社会治安综合治理的深入开展，博罗大地上必然是东风劲吹，社会安定祥和，百业更加兴旺。

（原文载于《南方日报》1994年9月20日。合作者为李长虹、钟楚荣）

历史的定位：从“小三角”到“大三角”

采写背景：1994年秋，广东省委书记谢非在省党代会上代表省委提出建设珠江三角洲经济区的重大决策。这是广东省委为了落实邓小平关于广东20年赶上亚洲“四小龙”、基本实现现代化要求而做出的重大战略部署。作为省委机关报，《南方日报》决定组织一组系列报道，系统宣传省委的这一战略决策，并将任务交给了我。

为了寻求报道上的突破，我在报社点了王垂林、陈广腾、王进江、朱德付、张纯青5将，组成采访组，先在广州召开专家座谈会，再到珠三角各市深入采访了1个多月。到中山市时采访已近尾声，我们入住门牌号码为“369”的市政府招待所，我和陈广腾同住一屋，就这组报道如何突破聊了很久，越聊越兴奋，直至三更。次日召开的采访组小结会上，我提出：这组报道，在思维视角上，要变平面视角为以宏观时空为经纬，把省委决策置于国际经济的大格局和改革开放发展的路向中加以审视；在写作手法上，要虚实结合、夹叙夹议、思辨与论析并重、文采与激情交融；在报道形式上，要借鉴电视政论片写成政论性通讯，并自觉运用美学原理，使文字形象化，充满跳跃感。

这组报道最终成稿的是《珠江三角洲经济区走笔》系列政论通讯，3篇作品的题目分别是《历史的定位：从“小三角”到“大三角”》《自我的超越：从昨天到今天》《希望的飞跃：从“单打冠军”到“团体冠军”》。报道在当时引起了强烈反响，好评如潮，广东新闻界有人撰文给予高度评价，称这是“近年来广东报纸上难得的佳作”。

1994年秋，在南中国海，一轮新的改革开放的大潮汹涌而来，惊涛拍岸。广东，这块曾经开风气之先、踞大潮之巅的前沿阵地，一个不同寻常的决策横空出世。广东省委、省政府提出：建立珠江三角洲经济区，让这一地区在广东率先实现现代化。

经济学家的反应似乎更敏锐一些。正在广东考察的著名经济学家童大林，把这一决策的提出喻为“广东又摸到了石头”。显然，他是借用总设计师邓小平“摸着石头过河”的比喻来观照这一举措的。

一石激起千重浪。建立珠江三角洲经济区，成了新近一个最热门的话题。兴奋与担忧、希望与犹豫，从区内到区外，从省内到省外，乃至国际社会，都向珠三角投出关注和探询的目光。

这个关乎广东20年基本实现现代化的重要战略部署，是怎样酝酿形成的，又意味着什么呢？

珠三角变“小”了

珠三角，横看成岭侧成峰。

人们可以用美丽的辞藻去讴歌她，也可以用善意的眼光去挑剔她——皆因所处远近高低的不同。

打开地图，在广东的中部，分别发源于云南、湖南、江西的西江、北江、东江，奔流而至，合而为一，决然投向南中国海。大山的灵气和大海的胸怀，孕育出河网密布的珠江三角洲。此地物华天宝，人杰地灵。

整个80年代和90年代初，珠江三角洲的辉煌有目共睹，珠江三角洲的盛名遐迩皆闻。国内的学者称其创造了一个又一个“神话”，把它的发展之路誉为“珠江模式”。国际经济学家认为它是亚太地区乃至世界经济最活跃的地区之一。香港的一家大学还为珠江三角洲经济设置了一个博士学位。

然而，进入90年代中期，当人们把眼光投向21世纪，投向世界，投向现代化的时候，人们发现，珠三角的发展并非尽善尽美，已经暴露出一些不容忽视的矛盾和问题。

在珠三角，人们常常感叹于交通、通信的发达使彼此的联系变得十分便捷，整个珠三角越变越“小”。如今从广州通过广深高速公路至深圳，不过1小时20分钟；而在过去则不知要承受泥沙路上、轮渡口前的多少颠簸和等待。随着世界越来越像个地球村，国际市场也越来越趋向一体化，竞争越来越明显地倚重于区域和规模的优势。珠江三角洲，在经济战略家眼中，只不过是圈中之圈——亚太经济圈中的南中国海经济圈中的华南经济圈中的珠江三角洲地区。珠江三角洲，无可置疑地应是一个密不可分、互相补充的“经济共同体”。

而实际的情形并不如人们想象中的那么乐观。

若问：珠江三角洲已经形成物资流、资金流、信息流等生产要素畅通的大市场了吗？答曰：否。她的弊端正在于运输没有形成主骨架，信息缺乏互联，资金流通阻塞。东莞市委一位从事调研的干部对此感触良深。

若问：珠江三角洲已经形成在国际上有竞争力的企业集团了吗？答曰：否。珠江三角洲虽然涌现了像“健力宝”“科龙”“美雅”这样的企业集团，但与世界上那些实力雄厚的大财团、跨国公司相比，还是个“小不点”，更未出现跨市跨县联合的“大件”。一位曾参与珠三角发展战略研究的专家如是说。

若问：珠江三角洲已经形成一个协调发展、互为犄角的大都会、城市群了吗？答曰：否。“珠江三角洲一些城市做规划，不是将自己置于整个地区的背景下来寻找坐标，与其他城市互为补充，而是互不相关，各搞各的，你搞200万人口，我搞300万人口，都要成为国际化大都市，其结果是互为掣肘、互相削弱。”曾参与珠三角几个市县规划的中山大学一位副教授感叹道。

……

概而言之，行政分割，各自为政，恶性竞争，以邻为壑，造成了资源的浪费，削弱了区域和规模的优势，限制了最大效益的发挥。其结果是，珠江三角洲只有“小而全”“大而全”的零零碎碎的“诸侯经济”“庄园经济”。这种以“单打冠军”为主的竞争，在大生产、大流通、大市场的世界经济格局中，当然打不出响亮的“珠江牌”。

珠江三角洲，到底只是一块龙争虎斗的天然战场。

而在它的面前身后，闽南三角洲、长江三角洲、环渤海地区、图们江三角洲以及东盟四国，正以区域的优势群雄并起，形成了与珠三角比肩争大的态势。珠三角的往昔地位正受到严峻挑战。

不仅如此，当我们以发展学的观点着眼未来、用以人为中心的经济和社会协调发展的现代化标准去度量珠三角时，我们便发现，生态环境保护、社会文明与经济发展并不同步，这种“偏食”现象抑制了珠三角的良好发育和成长，使珠三角在世界发达国家和地区面前，变得“矮小”了。

珠三角，该怎么办？

关心珠三角发展的人们在思索。连1993年在世界名列前茅的巨富、瑞典利乐集团的名誉主席，在香港的一次晚宴中也向佛山市市长钟光超提出这样的问题。

让珠三角变“大”

逆水行舟，不进则退。

珠三角的进退，关系到广东现代化事业的进退，牵动着广东决策者的思绪。

小平同志视察南方，给中国的改革开放事业带来满园春色，也给广东提出了振奋人心、艰巨卓绝的任务，这就是力争20年赶上亚洲“四小龙”，基本实现现代化。

于是，如何完成这一具有历史意义的重任，就成了广东人民尤其是决策者为之殚精竭虑的问题。一场围绕着再创广东新优势的调查研究和谋划随之展开了。

呈现在他们面前的是这样一张广东形势图：中部、东西两翼和广大山区的经济社会发展，形成了梯度级差的不平衡局面。要在这样一个发展不平衡的地区实现整体的推动，靠平衡发展是行不通、办不到的，必须寻找突破口、培育龙头，以局部的先行带动全局的发展。

总设计师的梯度推进发展战略思想给广东决策者以这样的启示，世界上的经济理论和成功先例也给他们以这样的启示。

世界经济学家告诉人们：地区的不平衡发展是绝对的，以不平衡发展推动整体的发展是绝对的。

世界经济地理告诉人们：世界上2/3以上的人口居住在离海岸480公里以内的区域，大部分工业分布在濒临海、河、湖泊的地区，绝大多数重要城市都位于海湾河口。美国的经济布局如是，日本的经济布局如是，韩国的经济布局也如是。

由此观之，南北交汇，河口、海湾交驻的珠江三角洲，必然会有人类为之骄傲的建树。

按照大三角计算，这一地区包括广州、深圳、珠海、东莞、中山、江门、佛山和惠州市的惠城区、惠阳、惠东、博罗，肇庆市的端州区、鼎湖区、高要、四会，面积41596平方公里，1993年底统计人口为2056万，国内生产总值为2265亿元，人均国内生产总值为11017元。也就是说，面积占全省23.4%、人口占31.2%，而国内生产总值却占70.2%。让这块在广东举足轻重的地区，追赶“四小龙”，率先实现现代化，并不是一件可望而不可即的事。珠江三角洲，成了广东决策者决胜的筹码。追“龙”，显然应从这里起步。

在历时 1 年多的酝酿中，一个重大的战略构想渐渐显现：

1993 年 5 月，广东省第七次党代会提出广东实现现代化要层次推进、梯度发展，对珠江三角洲与东西两翼、山区提出不同要求、分类指导的原则。

1994 年 7 月，谢非同志在省委工作会议中提出：珠江三角洲地区要成为广东首先实现现代化的一个大经济区。

9 月 12、13 日的省委常委学习会和 9 月 24 日的省委常委会会议两次研究这个问题，认为，珠江三角洲地区不但应该而且有条件实现这个目标。

10 月 8 日，谢非同志在省委七届三次全会上，代表省委正式提出建设珠江三角洲经济区的重大决策。此策一出，八方瞩目。“身在此山”的珠三角人，尤为振奋。从党政领导到企业家，从专家学者到普通群众，无不从各自的角度把这一决策与自身的实践联系起来。决策提出的和他们所思考的，决策要解决的和他们所困惑的，都从这里找到了最佳的契合点。广州市市长黎子流表示，决策的实施将有力地推动广州迈向国际化大都市的目标。深圳市市长厉有为说，两年前深圳市委、市政府就一直思考着如何与珠三角更好地衔接。曾经参与领导东莞向“农村工业化”进军的东莞市市长李近维，则顺势推出了他的从劳动密集型产业向资金技术密集型产业转变的“第二次工业革命”。佛山市市长钟光超兴奋不已：决策的提出与佛山最近工作的最大契合点，就是发展高新技术产业。正在珠海西区建设工地的珠海市委常委钟华生说，就应该这样搞，思路决定出路，出路决定道路。许多企业界人士一时若有所依：这样，我们就可以集中精力做“填空题”，而不必分神去面对那么多的“问答题”了。一直在珠海强调经济与城市建设、环境保护协调发展的梁广大一触即发：珠三角发展到今天，环境保护要放在重要地位，要吸取发达国家发展前期忽视环保的教训。

珠三角要在产业上升级转型，珠三角要加强规划、协调，珠三角要实现以人为中心的经济、生态环境保护和社会文明的同步发展，成了人们的共识，成了珠江的合鸣。

“大三角”的意义

10 月 15 日，离省委这一重大决策公开发表不到半月，第一次珠江三角洲经济区规划工作会议便在广州拉开了帷幕。群情激昂的会议，高起点、高标准地向人们描绘了珠三角经济区的美好蓝图：经济快速发展、科学技术先进、产业结构优化、社会分工合理、基础设施配套、服务设施完善、生态环境优美、城乡融为一体，具有高度文明的经济区、大都会、城市群，在全省率先实现现代化，达到世界中等发达国家的水平，成为全国外向型经济的重要基地，成为建设有中国特色社会主义的示范区。

按照规划，珠江三角洲经济区将拥有发达的高速公路、铁路、港口、机场运输网络和信息高速公路，高速公路将通达各县，外贸商情、企业产品、市场物价、购物、股票、证券、旅游、医疗保健、文化娱乐等公共信息将通过光纤通信、多媒体计算机进入家庭，将拥有自己的“通用”“三菱”集团，国内生产总值至2010年将达11500亿元，5倍于1993年底的珠三角……

这是怎样的跨越和辉煌！这是怎样的鼓舞人心！

珠江三角洲的辉煌，正是广东实现现代化的希望所在。

因为，珠三角日渐积聚、膨胀的生产力必然形成前所未有的经济势能，对东西两翼和广大山区产生强烈的辐射和有力的拉动。以此实现“中部地区领先，东西两翼齐飞，广大山区崛起”的梯度推进发展战略，实现广东力争20年赶上亚洲“四小龙”、基本实现现代化的宏愿。

珠江三角洲经济区规划的实施，对广东经济与亚太地区以及世界经济的接轨；对港澳地区顺利回归，保持繁荣稳定；对全国乃至对世界的社会主义、共产主义事业，都具有重大的经济和政治意义。

15年前，历史选择了珠三角；

15年间，珠三角无愧于那一次伟大的机遇；

15年后的今天，从“小三角”到“大三角”，是珠三角站在21世纪、站在世界、站在现代化的高度上对历史的主动出击！

（原文载于《南方日报》1994年12月1日。获广东新闻奖特别奖。合作者为陈广腾）

资本市场上的“博士军团”

采写背景：1995 年 9 月，按照组织的安排，我来到中共广东省委党校，参加为期 4 个月的中青班学习。

进党校没几天，班主任伍老师对我说，你是搞新闻的，给你提供一个新闻线索。上一期中青班有个学员，名叫陈云贤，是广发证券公司总裁，他很不简单，利用在党校学习的几个月时间，就写出了一本《投资银行论》。

党校学习结束之后，我回到报社，以副总编辑的身份分管经济部等采编部门。有一天，在讨论证券版如何提升办版质量时，我突然想起了伍老师几个月前的报料，便同机动记者组组长陈广腾、证券版编辑周铭武一起来到广发证券采访。我们惊讶地发现，来接受访谈的多是博士，一打听，在这家 800 多人的公司中，竟然有 17 名博士。当时，国内证券市场兴起不久，广发拥有这样密集的高学位人才，其实就是他们独有的竞争优势，值得一写。《广发证券创业史》一书写道，《南方日报》的报道发表后，“广发证券博士军团”的名号在国内证券业界迅速打响，成为多年来广发证券最具标志性的专有名片。

从中世纪古罗马人开始以股票投资经营生产以来，有价证券作为融资的媒介和工具，在经济生活中扮演着越来越重要的角色。当今国际资本投资、区域经济建设及国家政策的实施工具，正日趋证券化。

新兴的中国证券市场，只用数年的时间便走过了西方国家走了几十年的路子，为社会主义市场经济建设注入了勃勃生机。

5 年前应运而生的广发证券公司，在中国 1000 多家证券机构中脱颖而出，连续数年稳坐在全国十大券商的席位上。日前，该公司总裁陈云贤博士在接受我们采访时，那张学究味十足的脸上毫无小胜即喜的沾沾自足，却把目光放得更远——他们的目标是以一个规范化的证券公司走向世界。

陈博士那份谦谨中的自信，大概来自他手中握着的一支精锐队伍——广发证券800多名员工中就有17名博士。有人说，这样密集的高学位人才，对于一家证券公司来说，简直是个奇观。“广发”的财富不在于它拥有巨额的资产和庞大的网络机构，而在于它拥有一批人才。“广发”未来的竞争优势，也在于人才的优势。

“广发”来了一群“傻”博士

陈博士和我们谈起“广发”的博士群之前，一再强调，“广发”能有今天的成就，除了这一群博士的努力，离不开一批在前线冲锋陷阵的硕士、学士，离不开许多勤勤恳恳、经验丰富的员工。

“广发”最早的一位博士，就是现任公司总裁陈云贤。1991年，他从北京大学经济学院取得博士学位，毕业论文选题正是当时方兴未艾的证券业。毕业之后，陈博士负笈南下，投身于组建不久的广东发展银行，并一手创建了广发证券公司。在这群博士中，他是个运筹帷幄、招贤纳能的帅才。

接着，研究宏观经济的马庆泉博士和研究中国经济思想史的张鸿翼博士，相继而至。马博士原是中央党校教授，他在对一些理论问题进行苦苦探索之后，蓦然回首，发现其实许多问题在理论上已经解决，剩下的就是去实践，去探索具体的做法。于是，他选择了证券这一新兴的却与宏观经济密切相关的行业。

不久前才从南方某省调过来的公司副总裁方加春博士，称自己是“北雁南飞再南飞”。他1990年从中央党校取得博士学位，曾在政府部门工作。他说，做研究久了，觉得根基不足，原因就在于材料来源的缺乏。他加盟广发证券公司，为的是要用理论去参与在目前仍然很不规范的证券业的实践。

在广发证券公司这一群博士中，不但有学经济学的，还有研究思想史的，更有研究地球物理、地球化学的。他们有的还是从国外回来的博士后。尽管他们专业不同，有着各自的生活道路，但他们加盟广发证券公司的理由却是相同的，都想趁年轻时把理论转化成有益于社会的实践，为中国的证券业和经济改革做出一番成就。

社会上曾流行过一句话：“傻得像博士。”广发证券公司虽然效益良好、名声在外，但博士们的待遇并不很好，那位写过《新短缺经济学》一书、现为公司副总裁的马庆泉博士，至今连续3年睡在办公室而仍然乐滋滋。对此，憨厚的马博士说：“反正家属尚在北京，睡在办公室也挺方便的。”

总比别人快两三步

说起广发证券公司，行内人称道不已：“广发”总比别人快两三步——在广州，首家开办深圳、上海股票异地代理买卖；在广东，首家开办投资基金业务；在全国，首家开办全国证券交易系统上市法人股代理买卖业务，首家开办期货清算业务……短短5年，它由原来注册资本1000万元、员工仅10人的广东发展银行证券部，滚成了一家拥有10多亿元资产，集股票、债券、基金、期货、清算、咨询、托管等业务于一体的综合金融企业集团，成为国内业务品种最齐全的券商。

在证券业的一、二级市场及其相关领域，许多业务是先由“广发”创造出来，然后逐渐在同业中推开的。如在一级市场，作为主承销商，“广发”在“星湖味精”公众股的发行过程中，在全国首创了“全额预缴、比例配售”的发行方法；在“中山火炬”的发行过程中，首创了“免费预约、限量申购、抽签分配”的发行方法。值得一提的是，“广发”去年首家拓展的企业托管业务，为探索经营不善的困难企业的出路进行了有益的尝试，成为传媒的一大新闻，引起中央管理部门的关注。

那么多的“首家”“首创”，令许多人觉得不可思议：为什么总是他们首先想到，首先做到？其实，答案很简单，因为这帮人理解证券业的深刻含义，也就是说，作为一家证券公司，该做什么、该如何做，他们了然于胸。

就拿发行基金来说吧。当许多人把证券公司只理解为买卖股票的机构的时候，广发证券公司却认定，证券公司实质上就是投资银行，是国家和企业直接融资的机构。因此，他们先后发行了1.03亿基金单位（每单位1元）的广发投资基金，把社会上零散的闲置资金集中为整体的建设资金，把社会上的短期资金能化为长期的生产资金，为募资者和投资者都带来了很大的好处。

在博士们所负责的部门，开拓的精神和稳健的作风，为“广发”带来了业绩，增添了光彩。张鸿翼博士主持的广发海南分部，靠着开发一个新的金融品种，就盈利千万元，最近还兼并了浙江一家证券公司在海口的一个营业部；广发上海分部在肖成博士的领导下，首创的“隔夜委托”业务方式，在当地颇有影响；1995 年，“广发”在全国券商中较早地成立了以姚汝信博士为首的电脑中心，他们要开发出证券业的“广发”软件系统。

“博士军团”的优胜之道

当国内一些证券公司因大量拆入资金等问题而陷入困境的时候，“广发”这艘巨轮却依然昂首向前。到底，这个“博士军团”有何过人之处？

陈博士在许多场合里，常常爱说这样一句话：“务虚，要脚踏实地；务实，要高屋建瓴。”也许，这道出了这个“博士军团”的优胜之道。

证券业，是一项投机性强、风险高的行业。它的高风险，除了操作上的风险外，也表现为管理上的风险，如资金的运用、财务的监督、电脑系统的管理以及从业人员违法犯罪行为的防范等等。因此，广发证券公司在坚持大胆开拓和稳健经营的同时，在内部管理上也下足功夫。从 1993 年下半年开始至今，他们已先后制订了 126 项管理制度，形成了一套完整严密的《广发证券管理制度》，确保公司安全、高效、规范地运作。为避免因决策不当造成高风险，他们实行 3 个层次决策程序，制约第一把手的权力；为防范资金管理上的风险，他们实行资本金、保证金、拆入资金分账管理制度；为调动各分支机构积极性，他们推行分级管理制度。

脚踏实地的广发证券公司，在业务发展上摒弃“走一步看一步”的短期行为，而要求做到“心明眼亮方向清”，以超前的眼光、全局的观念和明确的目标去把握广发证券的发展方向。公司专门成立了发展研究中心，并把它比喻为公司的“脑袋”。由怯来法博士主持的这个中心，刚刚完成了《广发证券公司 1996—2000 年发展战略》的起草。在这份《战略》中，他们预言，中国证券业的分化与重组局面已展开，至 2000 年前后，将进入由少数大券商居垄断地位的“战国时代”。

做惯学问、热爱思考的博士们，在参与证券业的实践过程中，从各自的角度，写出了一批填补证券理论研究空白的论文和专著，引起了国内外证券理论专家的瞩目。尽管他们中的不少人已挂上了“总裁”“总经理”之类的头衔，但他们仍然宁愿以“博士”相称。

面对中国证券业第二次浪潮的来临，陈云贤博士感慨地说：“我们的目标是明确的，头脑是清晰的，但心态却很累……”说这话时，他欲言又止。

（原文载于《南方日报》1996年5月27日。合作者为陈广腾、周铭武）

登山望海探寻奔康路

采写背景：从 1998 年 8 月起至 2001 年底止，我跟随省委书记李长春下基层考察并撰写通稿，除在《南方日报》刊登外，还提供给广东各主流媒体使用。由于省委所在地是珠岛，所以有些同行笑称我为“珠岛记者”。

跟随李长春写通稿 4 年，印象最深的是他对“三农”工作的上心，对山区及经济欠发达地区的牵挂。第一次跟他下乡，是到番禺、从化调研农业龙头企业。第二次跟他下乡，是到河源调研扶贫开发思路。第三次跟他下乡是到揭阳，目光还是投在农业农村工作上。在前往云浮考察途中，他看到路边有个村庄，立即叫司机停车，随意走近农舍与农民攀谈，了解农村电价情况。发现新兴温氏集团采取“公司 + 农户”办法发展养鸡业的经验，他立即要求在全省推广，并让该集团在省内外开设分公司，带动更多农户脱贫致富。他还带领广东考察团到广西学习组织大会战的经验，回来后就用此法解决广东部分农村“四不通”（不通电、不通车、不通水、不通广播）的问题。尤其值得一提的是，当他发现雷州半岛地区干旱问题尚未解决时，便深入调研，提出了“扩库硬渠上井群，改善生态调结构”的治旱方略，使雷州半岛的农业生产、农民生活发生了很大变化，不少农户主动贴出春联，发自肺腑地感谢党和政府。

立春时节，岭南大地生机勃勃，处处洋溢着早春的气息。中共中央政治局委员、省委书记李长春，在广东省九届人大二次会议闭幕的第二天就离开广州，前往梅州、汕尾作为期 5 天的考察，与两市干部群众一起探讨如何发挥各自优势，加快发展步伐的有关问题。

2 月 3 日，离我国的传统节日春节仅 13 天。李长春此次出行，是从慰问干部群众开始的。当天早上，他刚下飞机，就与省委常委、组织部部长刘凤仪作为正、副团长，率领我省“送温暖”慰问团第一团，迎着和煦的阳光，从机场径奔梅州市钢铁厂、汽车配件厂等特困企业慰问，与企业负责人和职工亲切交谈，并走进下岗特困职工高立忠、朱木辉家里嘘寒问暖，详细了解他们的家庭生活情况，亲手送上慰问金。当天下午，他在与劳动模范座谈时，代表省委、省政府向全市国企广大干部和职工致以节日的问候和崇高的敬意，并庄重地向劳动模范鞠了一躬。他要求各级党委政府和主管部门充分发挥工人阶级的作用，切实抓好国有企业的转制工作和下岗职工基本生活保障及再就业，确保离退休人员养老金按时足额发放。他指出，要办好国有企业，必须做到“三个一”：要有一个适销对路、竞争力强的好产品；要有一个能加强管理、带好队伍、科学决策的好班子；要有一个好机制，包括国有资产保值增值机制、企业自我发展机制、干部能上能下机制、职工能进能出机制、分配能升能降机制、企业能生能灭机制。

怎样加快山区开发的步伐，是摆在梅州以及我省其他山区市县面前的一道重大课题。为了从干部群众的实践中寻找答案，李长春花了 1 天半时间深入调查研究，他登上一座又一座茶山，察看一块又一块柚田，走访一家又一家农户，接连考察了 12 个点，边走边看边问边琢磨，还不时与基层干部和专业户开展讨论。在开发水平较高的梅县华银垦殖场、梅县雁南飞茶田、蕉岭县徐溪镇昂天堂茶叶基地、梅县梅雁蓝藻有限公司、兴宁市径南镇黄蜂窝茶叶基地，映入眼帘的是一幅幅如水彩画般的山区开发新貌。李长春被深深吸引，他驻足良久，频频点头赞许，给予了高度评价。他在与梅州市几套班子领导和各县（市、区）主要领导座谈时高兴地说，梅州的山区开发，思路对头，措施得力，成效明显，山区面貌发生了很大变化，梅州已初步走出了一条加快山区开发、加快脱贫奔康的好路子，为全省山区开发提供了新鲜经验，具有重要的指导意义和借鉴作用。

那么，梅州山区开发的实践对我们有什么启示呢？善于总结群众实践经验并将其升华的李长春，深思熟虑后说，梅州的实践有三点启示：启示之一，是增强了对山区脱贫奔康的信心。全省广大山区包括 16 个贫困县，如果都能像梅州那样扎扎实实搞山区开发和建设，完全有可能在三五年内实现脱贫奔康的目标。启示之二，各级领导班子要把绘制的蓝图一届接一届地实施，一张蓝图绘到底，“任尔东西南北风，咬定青山不放松”，这样才能将美好的蓝图变为现实。启示之三，要有一个好班子，率领广大干部群众坚定不移地搞山区开发。

为了加快梅州的发展，李长春提出了 4 点希望：通过走“公司 + 基地 + 农户”的产业化经营路子，提高山区开发水平；围绕“农”字上工业，进一步加快工业化进程；发挥侨乡优势，提高对外开放水平，掀起新一轮招商引资热潮；加大扶贫开发的力度，加快脱贫奔康的步伐。

从梅州风尘仆仆地赶到汕尾，李长春又把目光从山区转向海洋，思考着作为沿海新建市和革命老区的汕尾怎样加快发展的问题。听说汕尾近年来办起28座养鲍场，已成为全国规模最大的鲍鱼工厂化养殖基地，李长春非常高兴，接连考察了粤水养鲍场和永生养鲍场，详细了解鲍鱼的人工养殖技术及市场前景，鼓励他们发挥辐射示范作用，带动更多农户养鲍致富。听说汕尾近年来积极发展外向型经济，仅去年就引进了103个外商投资项目，李长春不顾疲劳，从信利电子有限公司，到顺和成林纸综合开发有限公司，再到敏兴针织厂、德昌电子厂，一家一家地察看，认真听取外商和私营企业家对投资环境的意见，勉励他们继续扩大在汕尾的投资。经过一番调查研究，李长春认为汕尾虽然建市仅10年时间，但经过艰苦创业，已经打下了宝贵的基础，具备了加快发展的条件。他同汕尾市几套班子领导和各县（市、区）主要负责人谈了对汕尾发展的指导性意见。

汕尾要加快发展，首先要从实际出发，努力探索能够充分发挥自己优势的发展路子。李长春说，汕尾是大有希望的地方。第一是希望在外。汕尾是侨乡，对外开放的条件很好，现在要针对亚洲金融危机的影响出现的新情况，把握难得的机遇，以积极进取的姿态主动出击，利用各种渠道和关系，掀起招商引资热潮。第二是希望在民。汕尾民间游资比较多，民营经济有基础，要充分利用这一点大力发展民营企业，尤其是发展外向型的民营经济。第三是希望在海。要发挥海岸线长的优势，在“海”字上做文章，全方位发展海洋经济。第四是希望在山。要发挥山区潜力巨大的优势，大规模高水平地开发山区。

作为革命老区，汕尾要加快发展，必须弘扬老区革命传统，加快改革开放的步伐。李长春认为，老区的革命传统，概括起来有3条：对党的感情最深，一心一意跟党走；敢为人先，敢于实践，敢于胜利；具有艰苦创业的精神。他语重心长地说，汕尾要把弘扬老区的革命传统作为自己最大的政治优势，把广大干部群众的精神凝聚起来，振奋起来，化为贯彻党的基本路线的强大动力，在改革开放和现代化建设方面走在全国革命老区的前头。老区人民要自觉维护老区形象，清除一切影响老区形象的污泥浊水。

怎样保证汕尾的健康快速发展？李长春强调，关键在于加强班子建设、加强环境建设。在领导班子的团结上，党政一把手的团结尤为重要。人大、政府、政协要在党委的领导下，围绕着党的中心任务，按照法律和章程赋予的职责，积极主动地开展工作，齐心协力，互相支持，形成干事创业的大环境，以党风促民风和社会风气的转变。与此同时，要始终注意社会环境建设，通过打击走私、惩治腐败、扫除黄赌毒，净化社会环境，创造良好的投资环境。

李长春此行还考察了民营企业、市政工程项目和基础设施，瞻仰了叶剑英元帅纪念馆和海丰红宫红场旧址纪念馆。他的此次考察，使梅州、汕尾两市干部群众深受鼓舞，倍增信心，纷纷表示要认真贯彻落实李长春提出的指导性意见，发挥各自优势，加快发展步伐，以新的业绩迎接建国50周年、迎接新的世纪。

（原文载于《南方日报》1999年2月8日）

高寒瑶寨幸福梦

采写背景：这是我参加新闻战线“走转改”活动采写的一篇报道。

2011年，中宣部等部门发出通知，要求全国新闻战线组织开展“走基层、转作风、改文风”活动，推动新闻工作者切实将群众观点、群众路线体现在新闻宣传实践中，增强新闻宣传的吸引力感染力。

为了彻底摘掉“最穷的地方在广东”这顶帽子，省委、省政府决定从2011年起至2015年止，对居住在高寒山区不具备生产生活条件的3000个自然村6万户30万群众实行搬迁安置。我便把“走转改”的点选在连南瑶族自治县的高寒瑶寨。2011年9月13日，中秋刚过，秋阳依然火辣，我和几位年轻记者来到距离广州200多公里的粤北山区连南，先到屋子挂在悬崖峭壁上的高寒瑶寨走访农户，又到被移民群众称为“走下大山，走向幸福”的移民新村采访，两天时间走访了3个镇、5条村、10多个农户，行程逾800多公里。通过扎实的采访，深感省委、省政府“规划到户、责任到人”的扶贫开发决策是正确的、得民心的，也写出了有泥土味的报道。

这几天，连南瑶族自治县三江镇泥楼村的村民们在紧张、忙碌地准备乔迁新居。

为彻底摘掉“最穷的地方在广东”这顶帽子，广东从2011年起至2015年，将对居住在高寒山区不具备生产生活条件的3000个自然村6万户30万群众实行搬迁安置。

从屋子挂在悬崖峭壁的高寒瑶寨搬到房屋宽敞明亮、安全洁净的幸福新村，从卷着泥裤腿下田的农民变为穿着锃亮皮鞋进厂的产业工人，泥楼村人笑称这是“一步登天”。

也许这一步跨得太大了，在迎接新生活的前夕，村民们显得迷茫、焦虑和不安。

是的，由自给自足的小农经济一下迈进竞争激烈的市场经济，对长期锁在深山的村民们来说，压力可想而知。高寒瑶寨幸福梦，那么近，那么远。

峭岩壁，危泥楼，夜难眠

从连南县城驱车前往泥楼村，很快就进入九曲十八弯的狭小山路，一边是悬崖，一边是峭壁，转得让人头晕。突然一个拐弯处，只见两辆摩托车迎面冲下山来，鸣着长长的喇叭声……

泥楼村海拔700多米，地处石灰岩高寒山区，难以开垦。自祖辈从湖南迁至此地后，代代开荒种树，以卖木材为生。村民们基本没农副业，有养几只鸡的，也只是吃鸡蛋，过年就把鸡杀了过节。

下车走村路，崎岖难行，脚底打滑，极易摔倒，我们怎么也跟不上引路村民的步伐。

53岁的唐金海坐在到处都是裂缝的泥屋里看电视。他的屋子是祖辈留下的，有上百年历史。漆黑的屋子，只有一扇窗。空荡荡的厨房里垒着一个大土灶，上面放着3个黑乎乎的铁锅，过年挂猪肉的铁丝已结了蜘蛛网。门上写着清代石立甫的诗："开门日日见青山，青山日日不改颜。我问青山何日老，青山问我几时闲。"读来令人忍俊不禁，字迹虽已斑驳不清，但足见村民走出大山的心情是多么急切。

唐金海告诉我们，2006年他被村委会任命为地质监测员，在他家老屋的横木梁上装了个报警器，如果刮大风下暴雨，山体摇动，木椽下沉，报警器自动拉响，他立即通知村民们逃到安置点。后来电线被老鼠咬断了，警铃再没响了。

2011年5月，连续几天大暴雨，泥楼村村民们就"跑"了一次，到连南县城住了一晚，等雨停了才敢回来。"不能再住了。天天都提心吊胆。雨下得猛的时候就要跑!"

盼乔迁，愁生计，想回山

泥楼村将迁至红星移民新村，距离县城仅4公里。

一眼望去，阶梯式的六排新房成环形排列，瑶式屋顶和蓝天白云交相辉映。

从2009年开始，连南县就在全省率先试点，以整村搬迁、集中安置为主的方式，将高寒山区及居住在不具备生活条件地区的3278户自愿移民群众3年内分批搬迁到全县8个移民新村。村民付3万元可购买造价约11万元的一层半三房一厅149平方米安居房，付8万元可购买造价约20万元的二层半六房两厅243平方米安居房。

我们看到，新屋的水电、防火设施均已安装完备。两条绿化带正在加速修建，把新村从两端围起。

按照规划，新村将建篝火广场、公共服务中心、观景台。村干部房永和介绍，不久的将来，二广高速将在附近通过，这里有望发展成旅游区。

房永和指着新村背后郁郁葱葱的大山说，将来村里会办一个家畜圈养场，让村民们集中养鸡、养猪，开始新生活。

然而，告别大山，就能稳定脱贫、致富奔康吗？面对未来生活的种种不确定，村民们对未来并没有我们想象中的那么乐观——

不能自个种菜吃，要花钱去市场买？

煮饭不烧柴火改烧煤气？

水电费是不是要翻倍了？

四五十岁了，没文化没技术，去城里打工，老板能要我们吗？

买房的贷款还不上，被追债怎么办？

于是，有村民甚至提议，搬下山来住，但还要回去耕山、砍树。

新移民，新生活，新希望

移民们的担心不无道理。如果不能实现“搬得出，稳得住，逐步能致富”，搬迁必定功亏一篑。

连南县委书记崔建军说，离开祖祖辈辈赖以生存的土地，移民就像是突然被扔到大海里，心里充满恐惧。必须给他们每人都配上“救生圈”。

为此，连南积极构建了“后双到”机制，从移民就业、子女教育、医疗卫生、生活保障、创业贷款、社会保险、基层党建等方面，对走出大山的移民进行全方位帮扶。

每一户移民都有一位机关干部与他们一一结对，大大缩短了下山后融入社会的时间。大掌村移民唐买机六是连南县扶贫办主任黄火兴的帮扶对象。黄火兴正在帮他两个孩子联系工作。“如果单靠移民自己，连企业的门都摸不到。必须创新社会管理，否则移民会对城镇生活无所适从。”

产业扶贫也是一把利器。连南县与中国扶贫基金会合作成立农户自立服务社，给移民贷款创业，目前全县已有60户移民贷了140多万元。

大古坳村干部邓五介晚带头搬下山后，种植高山有机茶，年收入达到七八万元。采访那天，邓五介晚还专门跑来邀请县领导到他新开的茶厂喝酒庆祝呢。

大古坳村移民唐马七四尔被大家视为成功融入城镇的佼佼者。她穿着民族医药种植基地的工作服，坐在南北对流、三房一厅的新居里兴奋地谈论新生活："现在夫妇俩打工月收入3000多元，相当于原来全年的收入。村里的姐妹见了我，都说'老板来了！'"

这位走出大山的瑶族妇女比别人更早更快地看到了未来："搬出来，不仅住房改善了，更重要的是自家孩子学习成绩提高了，下一代有希望了！"欢笑声中，唐马七四尔向我们透露，她正打算和亲戚合资办厂酿酒。"真当回老板试试吧！只要敢想敢干，好酒不怕没销路，好生活更不用愁！"

在县城移民新村管理处翻阅登记本，我们发现，与一年前刚搬下山时的情况相比，首批110户移民群众中，本地务工人数从31人增加到148人，外地务工人数从63人增加到96人，到企事业单位工作的从16人增加到49人，而待业的则从144人减少为8人。

在连南采访时，当地正在举行广东扶贫"双到"模式连南实践与探索研讨会。中外学者普遍认为，广东在扶贫"双到"中推进整村搬迁，解放了思想、整合了资源，有效地破解了高寒山区贫困人口脱贫致富这个世界性难题。

（原文载于《南方日报》2011年9月19日。合作者为陈小瑾、胡念飞）

天津广东会馆去来

采写背景：2017年冬，我参加了广东省人民政府文史研究馆“从广东出发的文化名人”调研组，来到了天津，调研的首站选在天津广东会馆。

我是2014年成为文史馆馆员的，此前已参加了馆里组织的几次文化专题调研，对弘扬岭南文化精神、保护利用文化遗址的意识愈发增强。

在天津广东会馆，我发现该馆的保护利用很有特点。他们利用会馆内古戏楼的独特性，争取各方支持，建成了我国第一座专门以戏剧为主要内容的专题性博物馆——天津戏剧博物馆。此举也使天津广东会馆成功晋升为国家级文物保护单位。我觉得，他们的实践对文物遗址如何保护利用很有启发，便写成了这篇小文，在《南方日报》“海风”版上发表。

天津旧城鼓楼南（在古文化街内），矗立着一幢极具特色的清代会馆建筑，它就是天津广东会馆。

2017年冬，广东省人民政府文史研究馆“从广东出发的文化名人”调研组一行5人，在凛冽的寒风中抵达津门，专程造访了这座会馆。

唐绍仪、梁炎卿等人倡议修建

广东会馆是天津保存最完整、规模最大的清代会馆建筑，其正门为一座高大门厅，砖石结构，面阔三间，进深二间，作敞开式前廊，石筑边框，门枕石为蹲狮一对，门额镌刻“广东会馆”4字。次间墙正中做六角砖雕假窗。后檐明间设木质可敞开式屏门，上方高悬“岭海珠辉”4字木匾。门厅两侧为耳房，山墙砌成岭南常见的阶梯状，上下5级，意为“五岳朝天”。四合院分正房和东西配房，作为祭祀、议事的场所。正房门置

"岭渤凝和"匾额，表达了岭南文化与当地文化融合的期望。正房以北是一独立的小天井，再北便是戏楼。连接戏楼的是正房东西两侧的天井和半回廊，廊壁镶嵌着民国元年（1912）刻制的《创建广东会馆碑记》和《谨将创造会馆捐款胪列》，包括每一位筹款人的姓名、捐款金额。

天津的广东会馆是怎么建起来的呢？这得从清代粤商进津说起。

据记载，广东人至迟于清康熙年间就已进入天津从事商业活动。乾隆年间开放海禁后，广东和福建的商船连绵不断地从渤海大沽口进入天津。乾隆《澄海县志》卷二《埠市》记载，潮州一带商人"自展复以来，海不扬波，富商巨贾卒操奇赢，兴贩他省，上溯津门，下通台厦……千艘万舶，悉由澄分达诸邑"。当时粤商主要是潮州帮商人联合组成的商船队，每船配有土炮、弓箭、刀矛等武器，以御海寇，船头涂红色为记号，时称"红头船"，由海路从渤海大沽口进海河到今天津北大关的南运河边停泊。天津地方政府对粤商进津高度重视，每当闽粤商船抵津时，知县官服率属，鸣鞭炮，奏鼓乐，到海河沿岸举行隆重的欢迎仪式，同时对粤闽商人施行优惠宽税政策，并想方设法为粤闽商人解决实际困难。这就吸引了众多粤闽商人北上天津，粤商的海运北上因此盛极一时。到光绪年间，聚集于天津的广东人已超过 1 万人，广帮的大小商号达 200 多家。

为了联络乡情，敦睦桑梓，实现抱团发展，在津粤商起初与福建商人一起集资在天津城北北门外的针市街共建闽粤会馆。1903 年，时任天津海关道的广东人唐绍仪、时任怡和洋行买办的广东人梁炎卿等倡议，在城内鼓楼南大街成立天津广东会馆，占地 23 亩余，1907 年落成，工程设计凸显岭南特色。现仅保留的会馆主体建筑占地 2000 多平方米，由四合院和戏楼组成。从碑刻捐款情况看，梁炎卿捐 6000 两，唐绍仪为 4000 两，北京广东会馆捐 957 两 8 钱 8 分，多数人的捐款额为 1 两，共得捐资白银 9 万两，足以显示广帮内聚力及财力的强大。

孙中山在此发表著名演讲

广东会馆建立后，为粤商在津祭祀、集会、娱乐提供了一处固定的场所。在津广东商人也以此为中心，积极开展各类社会活动，既显示了粤商的经济实力，也反映了粤商将自己的命运与社会联系在一起的价值取向。

1912 年，天津数家报馆在广东会馆召开庆祝民国成立大会，粤人到会者达 6000 余人。

1915 年 5 月，天津绅商学报工各界发起成立直隶救国储金团，并在广东会馆内召开成立大会，到会者1万余人，当场认捐20余万元。

1919年，天津洋广货各商号出于爱国热情，针对日本强迫袁世凯签订丧权辱国的《二十一条》、攫取青岛及附近一切权利，议决抵制日货之办法。广东会馆属下的旅津学生也投身反日浪潮之中，散发“国耻毋忘”传单，并用《强国歌》《爱国歌》等歌曲形式启发民众。

当然，影响最大的活动要数孙中山先生在这里发表的演讲。1912年9月20日，资产阶级民主革命的先驱孙中山先生北上天津，在广东会馆戏楼发表著名演讲，激情呐喊：尤望吾四万万同胞共同致力，使我中华民国数年后在地球上成一头等强国。且欧美有数百万人民之强国，我中国四万万同胞同心协力，何难称雄世界。当时，会馆内人山人海，群情振奋。

在孙中山先生的影响下，广东会馆发扬立志报国的精神，积极支持民主革命，许多革命志士和共产党人借助会馆场地开展革命活动，广东会馆正门前的广场成为天津三大革命广场之一，许多革命集会都由此发起。1918年8月13日，邓颖超在这里为难童做募捐义演，在剧中女扮男装，演出话剧《安重根刺杀伊藤博文》。1925年，在天津地下党领导下，汇集印刷、纺织等二十几个行业的工人在广东会馆成立总工会。同年7月30日，支持夔州等地罢工，罢工海员住宿广东会馆。

晋升为国家级文物保护单位

天津广东会馆的大门右侧，挂着一个由邓颖超题字的招牌，上书“天津戏剧博物馆”。这究竟是怎么回事呢？

原来，广东会馆的戏楼很有特色，它是目前我国规模最大、保存最为完好的古典式戏楼，戏楼内完全采用木结构，其建筑特点有三：一是空间跨度大。戏楼采用罩棚顶式结构，使用3根主梁，观众席间设有殿堂金柱，这在我国古代建筑梁柱用材和殿堂空间跨度方面都是罕见的。二是结构巧妙。戏楼的舞台设计充分融入了我国古代建筑中力学和声学的原理，舞台顶部藻井是一个玲珑剔透、金碧辉煌的回音罩，既吸音又传声。同时将回音罩设计成垂花门楼式，采用悬臂式结构吊挂在额枋上，舞台台口不设角柱，这在我国古典式戏台设计中独一无二。三是装饰精美。内檐装修突出了广东潮州的特色，以木雕为主，辅以砖雕、石雕，尤以舞台为整个建筑装饰精华之所在。戏楼的舞台是伸出式的，它继承并发扬了我国古典舞台的优点，三面接触观众，观众的视线不受阻碍，观众与演员达到充分的感情交流。大家比较熟知的孙菊仙、杨小楼、梅兰芳、尚小云、荀慧生等著名表演艺术家都曾在此献艺。20 世纪 60 年代，著名粤剧表演艺术家红线女也曾专门到此献艺。

这个古戏楼的独特性，引起了时任天津市市文化局艺术处专家型艺术干部黄殿祺先生的关注。1984 年，他给局领导提交了一个方案：让天津市第九中学从所占用的古戏楼搬出，设立天津戏剧博物馆，同时恢复广东会馆原貌。天津市文化局领导班子几经研究，觉得此方案可行，便上报市领导，得到了时任天津市市长李瑞环的高度重视，并争取到了国家文物局的大力支持。

1985 年，在天津市政府和国家文物局的共同推动下，广东会馆得以重新修复，我国第一座专门以戏剧为主要内容的专题性博物馆——天津戏剧博物馆也在此成立，于次年正式对外开放。广东会馆四合院的正房、东西配房和耳房开辟为展室，展出《中国戏曲发展简史》《中国京剧发展简史》等，戏楼则成为精品戏曲的演出场所。独特的建筑特色和浓厚的人文背景，使这个博物馆吸引了国内外各界人士的关注。作为修复广东会馆的建议者和参与者，黄殿祺先生也自然而然地成了修复后的广东会馆的首任馆长。

2001 年 7 月，广东会馆晋升为国家级文物保护单位。这一古老的建筑，逐渐展现出昔日的辉煌。

（原文载于《南方日报》2018 年 4 月 1 日）

调研报告：思睿观通　运思成策

关于加快广东文化创意产业园建设的调研报告

十七届六中全会通过的《中共中央关于深化文化体制改革推动文化大发展大繁荣若干重大问题的决定》指出：要加快发展文化产业，推动文化产业成为国民经济支柱性产业，为推动科学发展提供重要支撑；要构建现代文化产业体系，形成公有制为主体、多种所有制共同发展的文化产业格局。作为改革开放的前沿阵地，广东拥有观念优势、产业基础和经济实力，成为中国文化创意产业的先行者。2010 年，广东文化产业增加值为 2524 亿元，占全省 GDP 比重 5.6%，占全国文化产业比重超过 1/4，已连续 8 年位居各省、市首位，文化产业已经成为广东支柱产业；而文化创意产业是广东文化产业的主体，所占比重达到 48% 以上。

早在 1986 年，著名经济学家罗默（Paul M. Romer）就曾撰文指出，新创意会衍生出无穷的新产品、新市场和财富创造的新机会，所以新创意才是推动一国经济成长的原动力。加快发展文化创意产业，是广东提升产品、企业、产业乃至地区经济内在价值和综合竞争力的重要手段，是优化广东产业结构、加快转型升级、促进社会全面和谐发展的重要途径。加快发展文化创意产业，需要规模效应、产业基础、人才集聚、政策规划、配套服务等多种力量的聚合。文化创意产业园区，正是将以上力量合而为一的重要平台。因此，扶持发展文化创意产业集群和园区，是文化创意产业发展的重要阶段和可行路径。

目前，广东全省有 129 个文化创意产业园，入驻企业 19000 多家，形成了比较合理的创意产业园布局构想：重点发展以建设全国文化产业示范区的核心区为目标的珠江两岸文化创意产业圈；积极扶持各地市结合自身产业结构升级和优势资源的文化产业集群和园区，推进粤港澳台文化创意产业合作。

和北京、上海一起，广东文化创意产业园区位列全国三甲，尤其是工业设计、动漫设计、文化传媒、网络科技、数字音乐和网络游戏等走在全国前列。但和我国文化创意类产业园区近70%亏损、20%持平、只有10%盈利的总体情况类似，大部分产业园区没有走出良性发展的盈利路径，在产业定位、发展规划、园区管理等方面存在不可忽视的问题。

为对广东文化创意产业园区发展提供有价值的观察和思考，1月9—12日，我们组织调研小组，对佛山广东工业设计城、深圳国家动漫画产业基地、深圳国家音乐创意产业基地梅沙园区、深圳中国丝绸文化产业创意园、广州越秀创意产业园区、肇庆中巴软件园文化创意产业园、南方传媒文化创意产业园等代表性园区进行调研。现根据调研情况，就如何加快发展、做大做强文化创意产业园，提出以下建议。

一、产业定位：以当地优势资源和产业基础为依托

调研发现，广东工业设计城和广州越秀创意产业园区，充分依托当地不可替代的优势资源和与之相适应的产业基础，形成了差异化的核心竞争力，呈现出良好的发展态势。如广东工业设计城依托顺德乃至珠三角深厚的制造业产业优势，建设3年来，已有60家工业设计公司、近700人的设计师团队入驻，屡获国内外设计大奖，2011年园区设计收入已突破2亿元，申请专利509项，创新设计产品超过3500个，初步形成了工业设计高端化、专业化、国际化的创意产业集群，成为带动周边传统制造业转型升级的强大引擎。据有关测算，工业设计每1美金产值可带动2000美金的工业产值。

1969年，杰克·特劳特首次提出商业中的“定位”概念，2001年，“定位理论”被美国营销学会评选为有史以来对美国营销影响最大的理念。对文化创意产业园区来说，成败的关键，首先也在于定位，即通过对细分市场的战略性分析和竞争性分析，找准园区产业方向，确立自身市场定位。定位的依据，是地区优势资源和产业基础，在此基础上确定资源配置的方向和策略，包括优惠政策设计。明确比较优势是精准定位的前提。否则，园区定位很容易陷入“大杂烩”的局面，出现重复建设和同业之间低水平恶性竞争，园区产业赖以生存的市场空间不足。

无数事实证明，地区经济发展水平高低，并非完全取决于资源禀赋的程度，而往往取决于资源配置的效率，因而常常是“富裕的贫困”和

"贫困的富裕"现象并存。从这个角度看，一个地区即便拥有交通枢纽、商务区辐射和历史文化资源积淀等优势，也只是一种潜在优势，要将这种潜在优势转化成为现实的优势，尚有一个资源的市场化配置过程。以现有资源和产业优势为基础、以市场为导向进行自身产业定位，是文化创意产业园区立园之本。

二、政策定位：扶优扶强避免平均用力

广东文化创意产业在工业设计、动漫设计、文化传媒、网络科技等领域具有其他省份难以比拟的优势，按照"扶优扶强，支持体制改革创新，向重点项目倾斜"的原则，广东产业扶持政策理应向上述重点行业的重点企业倾斜，以有针对性地打造创意产业龙头、进一步夺取行业高地。但我们在调研中还是听到不少园区和企业反映，当前对文化创意产业的扶持依然存在"撒胡椒面"的问题。如何从制度设计、流程控制上解决这一问题，是政府层面需要着力考虑的。就此提出两点建议：

1. 动漫、工业设计企业享受高新技术企业同等优惠政策

广东拥有深厚的动漫制造和传统制造业基础，动漫设计和工业设计正处于"力争上游"的上升期。但长三角和京津唐也在这两个领域投入巨大扶持。比如天津和杭州都以十分优惠的条件，吸引湖南著名动漫企业"蓝猫"公司在当地成立了设计公司。动漫设计、工业设计企业在技术内涵上与高新技术企业具有可比性，应给予享受高新技术企业同等待遇，体现产业扶持和发展导向，助力广东动漫设计和工业设计产业更快更好发展。

2. 大力扶持传媒创意产业园

胡锦涛同志在十七大报告中指出："推进文化创新，增强文化发展活力……运用高新技术创新文化生产方式，培育新的文化业态，加快构建传输快捷、覆盖广泛的文化传播体系。"媒体在传播社会主义核心价值、推动社会文化思想道德建设方面具有特殊重要的意义。广东媒体尤其是平面媒体集团的品牌形象、社会影响力和产业实力有目共睹，发展文化传媒创意产业具备产业、人才和受众市场基础。随着信息传播技术的迅猛发展，社会舆情环境和传播格局的急剧变化，传统媒体集团加快向全媒体转型，加快发掘传媒产业新业态，促进文化传媒产业大发展，对于我党牢牢掌握舆论主导权、建设社会主义核心价值体系意义重大。目前，广东媒体主导的创意产业园有南方传媒文化创意产业园、羊城创意产业园、南方广播影视创意基地等，建议择优给予政策、资金等方面的大力扶持，比如在租金

补贴、税收优惠等方面制定具体可操作的规定，为入驻企业办理工商注册等相关手续开通绿色通道，大力扶持园区公共服务平台建设等。

三、突围重点：加快培养复合型优秀创意人才

从根本上说，创意产业就是靠人的想象力挣钱。我国创意产业发展的瓶颈是创意人才匮乏。培养大批量优秀创意人才是我国文化创意产业获得大发展的前提。各国创意产业的发展无不得益于此。以游戏产业为例，到2003 年，美国有 540 所大学（学院）设有游戏专业；日本有 200 所大学设有游戏开发、设计、管理、运营专业；韩国有 288 所大学（学院）设有相关专业，其中政府指定赞助的大学研究院游戏专业就有 106 个。韩国1999—2000 年遇到第二次经济危机，正是文化创意产业的高速发展拯救了韩国经济，而其游戏业在短短几年中之所以获得高速发展，与其强大的人才资源支持分不开。

创意产业需要既有想象力又熟悉行业生产、市场需求情况的复合型人才。比如工业设计人才，必须既了解某方面产品性能、制造工艺，又了解市场需求和人们的潜在需求，并拥有一定的思想文化积淀，能放飞想象的翅膀去创新产品设计。目前高校培养的人才往往是理论与实践脱节，而创意产业恰恰需要能将创意的火花务实地体现到产品设计、制造中去，这正是创意能否获得经济效益的关键。创意产业发展难就难在解决盈利模式问题，其突破点正是复合型优秀创意人才的培养。

从调研情况出发，建议从以下 3 方面解决广东创意产业人才瓶颈问题：

1. 大力培养和引进领军人才。如乔布斯、宫崎峻这样的创意大师，一个人就能带动一个产业。

2. 创新人才培养机制。培养复合型创意人才必须实现理论和实践相结合，要鼓励突破传统教育体制束缚的办学模式。如广东工业设计城为了给园区发展提供人才支撑，正在努力开办广东工业设计研究生院，探索由实践和市场需求推动工业设计教学的高端工业设计人才培养模式。

3. 重视全民文化素质提升。创意产业的发展依托于国民素质的普遍提高和国民创造力的激励发扬。1998 年英国国会报告中有这样一段话："人民的想象力是国家的最大资源。想象力孕育着发明、经济效益、科学发现、科技改良、优越的管理、就业机会、社群与更安稳的社会。想象力主要源于文学熏陶。文艺可以使数学、科学与技术更加多彩，而不会取代

它。整个社会的兴旺繁荣也因此应运而生。”重视提升全民素质尤其是儿童想象力和创造力的培育，是广东未来创意产业可持续发展的深厚根基。

最后需要指出，文化创意产业的发展需要相关建设的配套保障。比如，要加快以市场为导向的社会化投融资体系建设，为文化创意产业的孵化培育提供资金依托；要加快城市化进程和公共服务配套建设，为吸引和留住创意人才提供良好的工作生活环境；要加大政策执行的公开、公平，为扶持文化创意产业发展提供良好的政策环境。

（这是作者2012年1月30日向中共广东省委提交的调研报告）

关于开展“农家书屋周末辅导员计划”的建议

党的十八大报告和2013年国务院政府工作报告均强调要促进教育公平。政府工作报告指出，教育资源重点向农村、边远、民族、贫困地区倾斜。广东省经济总量虽然连续多年居全国首位，但农村地区留守儿童的教育情况却不容乐观。据省妇联2011年公布的数据显示，广东的留守儿童人数已达431.26万，主要分布在茂名、梅州、肇庆、汕尾、清远、韶关、云浮、湛江、揭阳、阳江、河源等经济欠发达地区。农村留守儿童普遍面临亲情缺失、家庭教育缺位，学习教育和健康成长受到巨大的负面影响，由此衍生的问题也给广东省的社会管理和长远发展带来了新的难题和挑战。

针对全省农村留守儿童的教育现状，我们经过认真调研后，建议在全社会范围倡导发起“农家书屋周末辅导员计划”。该计划的主要设想为：以农村留守儿童为关怀服务对象，通过搭建互联网社会教育平台，在全社会征集志愿者为留守儿童群体系统有效地提供社会教育资源课程。通过该计划的开展，可以整合广东省农家书屋工程、“村村通”工程和农村信息化建设等政府民心工程的资源成果，既极大提高上述建设工程的使用效率，又能搭建起政府、社会资源、志愿者、媒体四位一体的社会教育资源网络。我们建议该计划的相关活动经费由政府启动、社会募集，最终形成良性循环。

“农家书屋周末辅导员计划”若能贯彻落实，将有助于改善当前农村留守儿童教育的现状，有助于以社会教育弥补当下学校教育的某些不足，促进广东省义务教育阶段的教育公平和科学发展，在留守儿童群体这座“孤岛”和社会之间搭建起一座沟通融合的桥梁。

一、农村留守儿童目前面临的问题

1. 农村留守儿童绝大多数分布在广东省经济欠发达地区，“隔代监护”的情况非常普遍，家长（或监护人）的教育能力和留守儿童之间落差较大。监护人和留守儿童之间的年龄差距较大，因此不仅无法提供切实有效的学习辅导，还时常因为思想观念差距较大而形成沟通障碍和教育管理的困难和矛盾。

2. 对于经济欠发达地区而言，完成义务教育阶段的既定任务已经非常吃力，往往无力再针对留守儿童群体进行专门规划和投入资源。而作为教育主体的学校，在教育理念、办学条件、师资力量等方面的制约下，在留守儿童的教育问题上也很难再有所作为。

3. 由于家庭和学校教育的缺失和不足，留守儿童厌学、退学、辍学的情况时有发生，不少人沉迷网吧甚至赌博场所。带着不健全的成长背景进入社会的孩子，往往缺乏基本的判断力和自制能力，价值取向模糊不清，人生发展方向不明朗，容易走上违法犯罪的道路，成为影响社会稳定的不安因素。

二、对策建议

1. 以“农家书屋周末辅导员”计划为抓手，面向全社会招募有特长、有热情的志愿者，以农村留守儿童为重点服务对象，采取自荐和推荐相结合的方法，选择条件具备的地区开设辅导课。本计划将联合乡村读书带头人和城市志愿者，以农家书屋为依托，利用公众假期或周末时间进行。本计划将建设完善的互联网社会教育平台，主办方将课程资源整合完毕后在网上开列详细“菜单”，以网上点菜的“配餐式”供给制来满足各地不同的课程资源需求，开设满足当地留守儿童需求的课程。主要由两大类课程构成，一类为常规的课程辅导，如语数英等；一类为专门针对留守儿童设置的特色课程，如心理辅导、科技教育、体育活动等。

（1）选择地点：经济欠发达、对公益文化资源需求强烈的非珠三角农村地区，初定河源、汕尾、肇庆。由各地自主申报和主办单位选点相结合，适时公布计划的覆盖范围和选点详细情况，同时公布对应征志愿者的详细要求。

（2）课程构想：常规学校课程辅导（如语文、数学、英语等），特色课程辅导，如心理辅导、科技教育、体育教育、品德教育、阅读课（诗歌、散文、小说等赏析）、美术课（画画、陶艺、其他手工艺）、音乐课（声乐、舞蹈、乐器等）、书法课等。

（3）招募程序：依托现代技术手段和农村信息化建设等资源，建设一个互联网社会教育平台，面向全社会招募有特长、有热情的志愿者，采取自荐和推荐相结合的方法，选择条件具备的农家书屋开设特色辅导课，探索该活动的可持续发展机制。具体程序如下：第一步，志愿者向主办单位书面提交简历、详细辅导课程设想、课程提纲、工具书目，接受主办单位的材料初审。第二步，材料初审通过后，主办单位将视实际情况邀请专家顾问团进行材料复审或面试考核，择优录取。第三步，被录取志愿者与主办单位签订协议，相互承诺应承担的责任和义务，并结合种书点的实际情况定时定期开课。第四步，课程结束后，志愿者根据主办单位的指导撰写提交书面工作总结报告。

2. 创新手段，寓教于乐，利用农村信息化建设和村村通宽带的资源成果，将远程教育和地面活动有机结合，扩大“周末辅导员”计划的影响和规模。以质量评估和总结座谈会等后续手段形成参考数据和理论成果，对该活动的效果进行巩固提高。

三、有利条件

1. 广东省通信管理局公开数据显示，2008 年 3 月，全省提前实现了所有行政村的 100% 通宽带的目标，并具备了视频传送能力。“十一五”期末，广东 100% 的行政村已经通上了光纤，目前正在全部升级至 4M 光纤。省内全部乡镇、行政村和 138051 个自然村已实现无线覆盖。科技部公开资料显示，广东信息高速公路已经覆盖全省，移动通信网络人口覆盖率是 99. 24%，国际互联网已覆盖全省市、县、乡镇。这为“周末辅导员”活动的开展提供了坚实的技术基础。

2. 广东省新闻出版局的公开资料显示，截至 2011 年 12 月初，全省“十二五”时期剩余 7815 家农家书屋全覆盖建设任务已全面完成，提前实现农家书屋覆盖全省 20106 个行政村的总目标。目前，农家书屋正在努力实现从建设书屋、管理书屋到使用书屋的升级，此举既保障了农民基本的文化权益，也为进一步开展“周末辅导员”活动提供了理想场所。

3. 2011 年，作为广东省全民阅读活动的重要组成部分，广东省新闻出版局、南方报业传媒集团联合主办了“寻找乡村读书带头人”的系列报道和地面活动，募集了大批有学识、有热情、有号召力的读书带头人，积聚了一大批有志于改变农村留守儿童教育现状、愿意为教育建设贡献出力的各地乡贤及社会志愿者。

4. 除“寻找乡村读书带头人”活动以外，南方报业传媒集团还联合省文联、省文化厅、广东画院、广州大剧院等单位机构，共同发起了“南方艺术教育公益行动”，团结了一批有艺术素养、同时对文化公益抱有热情的艺术家、教育家和社会工作者，为“周末辅导员”活动的开展积累了深厚的文化资源。

四、工作建议

1. 尽快组织有良好经验和实操能力的执行队伍，以保证活动能够快速、高效、稳妥地开展。目前，农家书屋、村村通宽带和农村信息化建设等工程取得的成就，已经为计划的开展奠定了硬件基础。当务之急，是组织力量，集中精力建设好互联网社会教育平台，为本计划顺利开展开好头，为此后的课程设置、活动开展、质量评估奠定坚实基础。

2. 组建有公信力的主流媒体传播网络，借助新闻媒体的力量为计划的蓬勃开展打造“传播网”和“扩音器”。本计划由政府主导启动，全社会共同参与，要求实现自我循环，就必然要求在全社会形成群策群力、共同参与的社会氛围。主流媒体的提前介入和全程参与，将对计划的开展做出“吹氧助燃”的贡献。

3. 通过进一步调研论证，制订好本计划的实施细则以及事后质量评估制度，做好实施计划的“顶层设计”，在计划推进过程中坚持按此执行。并办好总结座谈会，以座谈会的理论成果和实际案例为依据，探索形成为农村留守儿童服务的可持续发展机制和制度合力。

（原文被评为广东省政协2013年优秀提案）

关于设立基本公共卫生服务经费专户的提案

实施基本公共卫生服务项目，是一项以儿童、孕产妇、老年人、慢性疾病患者等为重点人群，覆盖全民的民生工程，目的在于通过政府支持，加强对城乡群众疾病的防治和管理。国家对基本公共卫生服务非常重视，人均基本公共卫生服务经费补助已由2009年的15元提高到2013年的30元。广东省对基本公共卫生服务也很重视，省长朱小丹在2014年的《政府工作报告》中将其列入要办好的十件民生实事，将人均基本公共卫生服务经费标准提高到35元以上。

一、存在问题

然而，随着经济社会的发展和人民群众对医疗卫生水平要求的不断提高，广东省公共卫生发展任务越来越重，压力越来越大：

一是人口基数较大，流动人口多，公共卫生任务日益加重，各级财政保障压力不断加大。据统计，2010年，全省常住人口1.04亿人，其中农业人口超过5000万人；跨乡镇流动半年以上人口3667万人，非常住流动人口907万人。人口基数这么大，流动人口这么多，承担的免疫规划、艾滋病防治、结核病防治以及卫生应急等公共卫生任务非常繁重。特别是近年来国家加快提高城乡医疗保障水平和基本公共卫生服务项目标准，公共卫生经费缺口较大，各级财政承担的压力日益增大。

二是区域发展不平衡，不少市县难以落实基本公共卫生服务项目补助资金。在公共卫生服务项目方面，中央财政给广东的补助一直很低，2013年的补助金额仅达到标准金额的15%，有些项目甚至没有列入补助范围。粤东西北地区财政基础差、底子薄、总量小，县域财力薄弱的问题十分突出，一些基本公共卫生服务项目，由于一些市、县分担部分的资金无法到位，严重影响了完成进度和完成质量。据南方报业传媒集团属下的《南方农村报》2013年开展的一次问卷调查和在一些市、县的实地调查显示：粤东西北地区许多镇级卫生院实际到位的基本公共卫生服务项目经费并非足额，超过6成的村医表示没有领过基本公共卫生服务项目经费补贴。梅县、信宜、高州、南雄等地的村医平均每个月要花3—10天的完整时间开展公共卫生服务，但多数人从未领过基本公共卫生服务经费补贴。

三是专款他用，影响了基本公共卫生服务项目的落实。《南方农村报》记者在平远县的实地调查时发现，基本公共卫生服务经费出现了专款他用的现象。部分镇卫生院领取基本公共卫生服务经费后，用来为职工购买社保或支付工资等。

二、对策建议

1. 设置基本公共卫生服务经费专户，确保专款专用。财政将基本公共卫生服务经费列为专款单独下拨，并保证足额到位。基层卫生院要公开专款的每一项开支，随时接受检查。卫生、审计、财政等部门要形成合力，监督基本公共卫生服务经费的使用，确保用在实处。

2. 科学制定公共卫生工作计划，明确公共卫生阶段目标，既要积极进取，又要避免冒进，确保公共卫生服务工作取得实效。

3. 加强对公共卫生人员的培训及考核，制定统一规范的考核制度。

4. 加大公共卫生工作宣传力度，增强人民群众的健康预防意识，以更好地配合基层医务人员开展公共卫生服务工作。

（原文被评为广东省政协2014年优秀提案）

落实创新驱动发展战略，加快发展我省创新型经济

发展创新型经济，是实施创新驱动发展战略的重要目标，是广东转型升级、加快发展的内在要求，也是实现“三个定位、两个率先”总目标的重要抓手。2014 年，广东省全社会研究与试验发展（R&D）经费占地区国民生产总值（GDP）比重达到 2.4%，已经进入创新驱动发展阶段，具备创新型经济特征的一批高新技术园区、产业和企业实现逆势增长，展现了创新型经济的发展活力和潜力。但是，广东省发展创新型经济还存在一些问题需要认真研究，采取切实有效的措施予以解决。

一、当前广东省发展创新型经济存在的问题

1. 创新投入的力度需要加大。创新投入规模和强度反映一个地区的科技实力和核心竞争力，与创新型经济发展密切相关。近几年，广东省研发投入虽然增长较快，但研发投入强度与北京、上海、天津、江苏等地相比还有一定的差距。仅深圳市研发投入强度达到 4%，比肩发达国家的水平，占全省 40% 的规模。但是，除深圳外，其他各地的创新投入均相对乏力，粤东西北的投入更少。

2. 创新服务能力需要进一步提高。各地已建的公共创新服务平台，有的名不符实，难以有效开展创新服务。大多数产业技术联盟组织松散、功能单一、效果微弱。企业建立的国家和省级技术中心、工程中心和重点实验室等平台，囿于企业自身竞争考虑，很少为其他企业提供服务。像小榄镇生产力促进中心那样以自身服务升级推进专业镇转型升级的典型在全省还不多，高新区、专业镇等产业集聚度较高的区域创新平台建设和服务层次有待进一步提升。金融与科技、产业的融合深度有待加强，科技金融

难以为创新活动和成果转化提供应有的服务，科技支行建设寥寥无几，知识产权质押、科技保险等金融服务并没有实质性进展，风险投资、天使基金除深圳外数量不多、规模很小。科技中介服务机构仍然未能真正担当起创新媒介和创新催化剂角色。

3. 创新环境有待进一步改善。在广东省，有利于创新的制度环境和人文环境除深圳外尚未形成。就拿政策环境来说，尽管广东省出台了《自主创新促进条例》《加快吸引培养高层次人才的实施意见》等政策措施，但由于相关细则尚未出台，一些好政策无法落地。在引进高层次人才过程中，携带高水平研究成果回国创业的人才极其重要，由于相关奖励政策无法实施，对优秀人才的吸引力大打折扣。研发费用、创新投入的税前抵扣，以及其他有关税收优惠政策宣传不足，有些企业因不知道而无法享受。知识产权保护程序复杂、周期较长、力度不够，导致企业疲于应付，甚至放弃维权。

二、加快广东省创新型经济发展的建议

1. 创新投入机制，加大对创新的投资力度。一是创新政府科技投入机制。加快科技项目评审机制改革，探索公开透明的项目形成机制以及专业机构管理具体项目机制，优化科技专项资金配套结构和方式。改变政府科技资源配置多头管理、部门分割、资源分散、交叉重复等现象，建立科技创新资源优化配置机制。在主要面向市场的技术创新领域，加快建立由市场决定技术创新项目的经费分配、评价成果的有效机制。创新财政资金支持方式，形成多元投入、循环使用、持续放大的有效机制。二是完善科技创新投入激励政策。要进一步落实企业研究开发费用税前扣除政策，进一步落实和完善各种普惠性政策措施，采取专利申请补助、以奖代补、专项补助等政策，激励各类企业加大创新投入；要全面落实国有企业研发投入视同利润的考核措施，推动国有企业逐年增加自主创新投入；要落实重大装备进口免税和技改项目设备进口免税政策，推动企业加大技改投资力度。通过调动企业投入创新研发的积极性，使企业真正成为创新活动的投入主体。三是发挥金融的杠杆作用。要抓好金融服务体系和市场平台建设，大力推进科技、金融、产业深度融合发展，放大对科技创新的资金投入。要大力发展创业和股权投资市场，探索设立政府创业投资引导基金，培育私募创投行业，撬动更多社会资本投向种子期、初创期和成长期的科技企业。要加快发展知识产权质押投资、科技银行、科技保险等金融服务

新业态，健全产权交易市场，发展科技小额贷款公司和融资性担保机构，促进科技型企业与资本市场的对接。

2. 从产业、区域、大企业三个层面培育创新载体，提高创新型经济的活力。在产业建设方面。建议对互联网为代表的信息技术同传统产业和新兴产业相结合形成的新兴业态予以高度关注，这些业态包括互联网、物联网、云计算、大数据、导航与位置服务、高端数控产品、智能机器人、文化创意、绿色节能等产业，新业态产业科技含量高，投入产出比例大，辐射带动效应明显，是广东省实施创新驱动发展的主力军。对这类成长性强的产业，建议制定专项政策予以大力支持，促使其尽快形成规模。在区域建设方面。一是加快推进珠三角自主创新示范区建设和推动形成珠三角各市错位发展、一体化联动的创新驱动发展格局。二是粤东西北各市要结合自身实际，形成创新驱动发展的特色。三是分类指导高新区和专业镇的发展，高新区要以发展战略性新兴产业和现代服务业为重点，形成创新型经济的高端区；以高新技术为支撑的专业镇重点在扩大规模，以传统产业为主的专业镇重点在提升科技含量和产品竞争力。在培育大企业方面，培育一大批成长性明显、带动效应较强的行业骨干创新型企业，支持其发挥技术、人才溢出效应，构造广东省创新型经济增长极。

3. 集聚国内外创新资源，增强创新型经济的动力。一是进一步完善产学研合作创新机制。建议认真总结实施合作以来的经验与不足，解决诸如合作双方关注重点不一致、利益共享与风险分担机制不健全等问题，落实相关的政策，以合作的实效作为考核与加大投资的依据。二是大力发展新型科研机构。积极推广新型研发机构“无级别、无编制、无运行经费”及“有政府支持、有市场能力、有激励机制”的“三无三有”模式，发挥好现有新型研发机构的作用，催生更多新型研发机构。三是进一步发挥留交会、高交会等品牌会展的作用。建议进一步发挥留交会、高交会的优势，在创业条件、发展平台、生活环境、社会保障、出入境自由等方面采取有效措施，更好地吸引海归人才，形成高端人才聚集的洼地。四是加强与发达国家和地区的合作。广东可与港澳地区开展合作，推动建立粤港澳大湾区创新联盟，构建更加开放的区域创新体系。鼓励有条件的地区大力引进美、日、欧等国家和地区的创新载体资源，引进共建创新园区和重大科技产业化项目，建设一批国际科技合作基地和联合研究中心。

4. 完善公共创新服务平台，进一步提高创新服务能力。建议推动东莞市与高校、科研院所合作建设公共创新服务平台，以及中科院佛山育成中心“科技超市”的有益经验，加强规划布局，通过建设公共创新服务平台，实现从“青苹果”（院校初步成果）到“红苹果”（通过创新平台转化成熟的成果），再到“苹果树”（服务能力强的创新平台），最后到“苹果林”（遍布区域各地的创新平台）的转变。

5. 抓好体制机制创新、商业模式创新、政府治理模式创新等，形成发展创新型经济的协同效应。一是体制机制创新。认真研究解决创新联盟的体制机制问题，充分调动创新联盟成员的积极性；探索建立对中小微科技企业的投融资退出机制和临时救助制度，为创新者和支持创新者解除后顾之忧。二是商业模式创新。很多科技型企业有成果也有资金，但缺乏好的商业模式，导致市场开发不利。有的企业在商业模式调整后则如虎添翼。建议政府的引导与媒体的宣传更多地关注商业模式创新的典型。三是政府治理模式的创新。正确处理好政府和市场的关系，要通过政府与市场的互动，更好地发挥市场机制的作用，使企业在完善的市场环境下公平竞争，政府的监管应该集中在规划与政策指引、知识产权保护和服务、共性技术攻关与关键环节支持。

6. 完善制度环境和人文环境，为发展创新型经济营造良好的社会氛围。一是认真梳理和完善相关政策法规。认真贯彻依法治省的方针，对广东省出台的科技创新政策和法规实施情况进行一次专项调研，在此基础上，对相关政策法规进行立、改、废，完善科技创新政策法规体系。二是充分调动科技人员的积极性创造性。完善创新人才激励评价机制，落实科技成果收益分配、股权期权激励等政策，推进科技成果处置权改革，最大限度调动科研人员的创新积极性。三是培育创新文化。发扬岭南文化开放兼容、兼收并蓄的传统，鼓励探索、激励成功、崇尚创新、宽容失败，以海纳百川的胸怀吸引各方精英，以先行一步的优势提供创新平台。倡导诚信守法，尊重市场法则，遵守创新游戏规则，使创新文化深入人心，在全社会营造鼓励支持自主创新的良好氛围，使创新精神渗透到经济社会发展的方方面面，以创新成果推动广东省创新型经济迅速发展壮大。

（原文被评为广东省政协2015年优秀提案。合作者为王卫红）

广东实施创新驱动发展战略面临的问题与对策

实施创新驱动发展战略，是党的十八大作出的重大决策部署。习近平总书记要求广东大力实施创新驱动发展战略，做创新驱动发展的排头兵。为此，省政协党组把“我省实施创新驱动发展战略面临的问题与对策”确定为十一届十二次常委会议政专题，组成以副主席姚志彬为顾问、科教卫体委员会主任杨兴锋为组长的专题调研组，于6月至8月开展了专题调研。调研组赴广州、深圳、佛山、东莞等市调研，对珠海、中山、江门、云浮等市进行书面调研，分别召开了省直职能部门、科研院所座谈会和专家座谈会，并委托中山图书馆收集了专题资料。此前，调研组还组织委员赴浙江、江苏进行学习考察。现将调研情况报告如下：

一、广东实施创新驱动发展战略的优势

省委、省政府高度重视实施创新驱动发展战略。2014年6月就在全国率先推出《关于全面深化科技体制改革加快创新驱动发展的决定》。2015年初召开的省委十一届四次全会提出，要把创新驱动发展作为推动经济结构战略性调整和产业转型升级的总抓手和核心战略抓好抓实。春节刚过又在深圳召开具有现场会性质的全省科技创新大会，总结推广深圳创新驱动发展的成功经验，对大力实施创新驱动发展战略作了总动员、总部署。深圳把创新作为立市之本，发挥创新对发展的驱动作用，出台了创新驱动发展“1+10”文件等，形成覆盖创新全过程的政策链，打造创新“生态体系”，从一个科技资源并不富集的城市变成了创新活动最为密集的城市，为广东省探索出一条创新驱动发展的新路子，成为全国创新驱动发展的标杆。各市以深圳经验为范本，纷纷出台创新发展的行动方案和政策措施，

努力实现从要素驱动发展向创新驱动发展转变。东莞把创新驱动发展列为“一把手工程”，创办了“创新驱动讲习所”，制定了创新驱动“1＋N”等系列政策，出现了创新资源加快集聚，创新载体建设和科技金融结合有效突破，研发投入、发明专利、高新技术企业大幅增长的喜人局面。

经过改革开放以来的快速发展，广东省积累了6.8万亿元规模的经济体量，科技综合实力和自主创新能力大幅提升，区域创新能力综合排名连续7年全国第二，创新经济绩效和技术创新环境等多项指标位居全国第一。截至2014年底，全省有效发明专利占全国近17%，连续6年居全国首位；专利合作条约（PCT）国际专利申请量占全国一半以上，连续13年保持全国第一。2014年全社会研究与试验发展（R&D）经费投入1627亿元，占国内生产总值（GDP）比重2.4%，技术自给率达71%，接近世界创新型国家和地区水平，为实施创新驱动发展战略打下了良好的基础，并形成了4方面的优势：

（一）发挥市场化程度较高的优势，坚持以市场为导向集聚创新资源

与“三部两院”开展产学研合作，吸引了一大批科研成果成功入粤转移转化。实施“珠江人才计划”“广东特支计划”等，加快创新人才汇聚，“十二五”期间引进4批共91个高水平创新科研团队，集聚高层次人才750多人和各类人才5000多人。

（二）发挥产业规模较大的优势，坚持以企业为主体打造创新体系

全省90%以上的研发经费来源于企业，70%以上的省级重大和重点科技计划项目由企业牵头或参与，科技型企业超过5万家。全省建立23家国家工程技术研究中心、1425家省级工程技术研究中心、44家省企业重点实验室、10个大型企业研究开发院，国家、省、市企业技术中心分别达79家、835家和1000多家，10家企业入选国家技术创新示范企业，广晟数码、中兴通讯、华为公司的3项成果入选第十届全国五大“信息产业重大技术发明”。

（三）发挥先行先试的优势，坚持以改革为动力建设创新平台

率先创新培育了以深圳华大基因、深圳清华大学研究院、东莞华中科

技大学研究院等为代表的122家新型科研机构，这些创新平台通过技术改造、合作研发、成果转化、企业孵化、创业投资等方式，成功孵化企业1000多家，为3万多家企业提供专业服务。此外，建成各类孵化器233家，在孵企业超过2万家，已孵化企业5000多家。172家专业镇中小微企业公共服务平台也在服务中小微企业方面发挥了重要作用。

（四）发挥开放程度较高的优势，坚持以开放促合作提高创新水平

与德国、乌克兰、以色列、古巴、新加坡等多个国家及港澳地区深入开展创新合作。中新（广州）知识城、中以（东莞）产业园、中德（佛山）工业服务区、中德（揭阳）金属生态城、中乌焊接研究院等开放合作平台和项目初显成效。广州南沙、深圳前海、珠海横琴与港澳共建的粤港澳人才合作示范区被列为全国人才管理改革试验区。留交会、高交会成为吸引海归人才的重要品牌。

二、广东实施创新驱动发展战略面临的问题

（一）原始创新能力偏弱

这是制约广东省创新驱动发展的突出短板。一是科技创新基础设施建设滞后。目前广东省重大科学工程建成的只有1个，全省没有一家国家实验室，国家重点实验室和工程中心数量也少于江苏。广东省是全国电子产业第一大省，但信息科学领域的33个国家重点实验室没有一家落户广东。二是高校、科研院所综合实力不强。中科院广州分院（省科学院）学科布局与全省前40位支柱产业的匹配率不足20%。广东省高校数量虽然已居全国第二位，但高水平大学不多。高层次人才匮乏，除去双聘院士，广东省有院士36人，不到清华大学院士数量的一半，仅占全国院士总数的2.29%。国家重点基础研究发展计划（“973计划”）首席科学家项目广东省仅有65项，而北京是563项、上海是208项、江苏是92项。三是基础研究投入不足。创新型国家或地区基础研究经费占R&D经费比例一般为15%以上，2013年全国平均水平是4.7%，北京是11.6%、上海是7.1%、天津是4.2%，而广东省仅为2.3%。四是科研机构资源分散。广东省科研资源多头管理、部门分割、资源分散、规模较小、实力较弱，来自科研单位的发明专利仅占全省总量不到3%。为改变智能机器人关键核心技术

掌握在境外企业手中的状况，广东省分别在广州、佛山、东莞成立了智能机器人（智能装备）研究院，但这些研究院分工尚不明确，没有形成合力，还只是停留在低端的模仿阶段。

（二）企业创新动力和创新能力不足

创新有风险，因此只要传统产业还有利润，大多数企业都会满足现状、被动求稳，奉行“拿来主义”，缺乏创新热情。目前，广东省产业总体处于价值链中低端，拥有自主核心技术的企业不足10%。规模以上工业企业建立研发机构的只有1/4，研发投入仅占主营业务收入1.16%。2013年，广东省企业办研发机构数量只相当于江苏的1/5、浙江的1/2。广东高新技术产业增加值增长速度在2010年后已落后于全国平均水平。

（三）科研成果转化机制不完善

一是科技成果转化激励机制不健全。高校、科研机构对无形资产处置权限较低，严重制约职务创新成果转化与产业化。科技成果收益分配、股权期权分红激励等政策难以落实。科研院所各级领导干部中，担任科研团队带头人和核心技术人员的，本来应该享有科技成果股权期权等收益，但因与党政领导干部管理相关规定存在矛盾，无法落实。对科研机构和科研人员的考核也不够科学合理，往往比较注重学术论文发表得奖、专利申请及授予等，缺少科研成果转化、提供技术服务对地方经济社会发展的贡献等方面的量化指标。二是科技成果转化通道不顺畅。高校、科研院所产出的一些科技成果与市场需求脱节，一些科技成果则缺乏应用开发条件，成熟度较低。科技中介服务机构本来就比较少，现有的机构由于缺乏既懂金融又懂产业、熟悉营销的复合型人才，也未能真正发挥创新主体媒介和创新活动催化剂作用。据不完全统计，广东省科研机构成果整体转化率不到30%，高校的专利实施率仅有36%，已实施专利中许可和转让的仅有24.3%。三是科技成果转化立法进展不够快。当前，广东省对科技成果的价值评估界定模糊，对侵权行为惩罚力度不足，对职务发明权属政策不清晰，亟须加快科技成果转化的相关立法。四是科技成果孵化平台建设有待加强。广东省建成的各类孵化器，孵化面积、国家级孵化器数量仅为江苏的2/5，孵化成的企业数仅为江苏的2/3，数量和质量均差距较大。

（四）不少创新政策难以落地

一是政策执行落实力度有待加强。尽管近年来广东省先后出台了一系列推动创新驱动发展的政策措施，多项改革举措属于国内领先，但在调研过程中，高校、科研单位和企业反映，不少创新政策落不了地。由于部门利益分割和地方政府短视行为，企业研发费用税前加计扣除、高新技术企业减免所得税等政策在不少地方落实不到位。二是政策协同性有待增强。政府部门间职能、事权分散，相关政策缺乏统筹和协同，扶持创新的政策缺乏有机统一，呈现碎片化、补丁化。例如对科技人员创办企业本来是有政策鼓励的，但由于部门之间没有建立很好的协调机制，导致政策尚未落实。同时，由于政府做创新决策时，企业的参与度不够，调研中有企业反映，有些创新决策"好看不好用"。

（五）科技、金融、产业的融合发展面临不少瓶颈

一是创业投资发展不快。广东省除深圳外，其他地区的创业投资发展缓慢，截至 2014 年，全省（含深圳）创投企业累计 109 家，实收资本 224.3 亿元，远低于江苏等省市。二是知识产权质押面临难题。由于缺乏权威机构对知识产权价值进行科学合理的评估，银行难以开展纯粹的知识产权质押贷款业务，只能以实物抵押为主，知识产权质押为辅，导致缺乏实物抵押的小微科技企业贷款难。三是各类金融机构不能形成合力。广东省缺少由省政府直接控制并具有银行、保险、证券、投资完整牌照的综合性金融集团，难以用资本打通各金融板块，形成各种金融机构共同推进科技、金融、产业融合发展的合力。

（六）知识产权环境不甚理想

一是知识产权保护水平尚待提高。知识产权侵权行为时有发生，专利维权存在"时间长、举证难、成本高、赔偿低"难题，即使胜诉，判决执行难度也很大，维权企业往往"赢了官司、丢了市场"。尤其是随着电子商务和现代物流的发展，侵权行为呈现链条化、网络化、复杂化的特点，亟须有关部门拿出新的对策。二是知识产权转化运用不足。专利许可转让市场化水平低，在上市、并购、作价入股、质押融资等过程中，无形资产的价值难以得到应有的评估、认可。"重扶持专利申请、轻促进转化运用"问题较为突出，专利"沉睡"与"流失"现象并存。相当部分企业不能有效运用知识产权游戏规则，一旦遭遇知识产权诉讼，只能被动应付，败诉在所难免。三是知识产权服务能力较弱。广东省知识产权服务机构整体数量少、规模小，专利代理机构能为企业提供专利战略规划、分析评估、技术转化实施、维权等服务的不多。专利信息平台建设滞后，不能有效实

现大数据时代专利基础信息资源开放、利用和共享的要求。

（七）区域科技发展不平衡

一是珠三角与粤东西北地区之间科技发展不平衡。全省68%的工程中心、86%的高校、90%以上的发明专利、93%的国家级高新技术企业、94%的研发投入集中在珠三角，粤东西北的R&D经费投入只占GDP比重的0.7%。二是珠三角各市之间发展也不平衡。广东省2014年1600亿元的研发投入中，深圳就占了40%。珠三角除深圳、珠海、佛山外，其余6市R&D经费投入占GDP比重都低于全省平均水平。三是基层县市科技基础与兄弟省市差异较大。最近一次县市科技进步考核，广东通过率为75%，排全国第15位，处于中等水平，与上海100%、浙江99%、江苏94%等存在较大差距。

三、扬长“补”短，扬长避短，闯出具有广东特色的创新驱动发展之路

（一）在发挥市场“无形之手”决定性作用的同时，注重发挥政府“有形之手”的引领作用，有效配置创新资源推动经济社会发展

以市场为导向配置创新资源，是广东的突出优势，这方面应继续坚持，并不断完善机制，充分发挥市场对技术研发方向、路线选择、要素价格、各类创新要素配置的决定性作用。与此同时，政府这只“有形之手”也不可或缺，应该积极引领创新，在统筹协调、宏观管理、政策扶持、环境营造等方面发挥引导和服务功能：

一是建立坚强有效的创新统筹协调机制。各级党委政府在实现发展动力转换方面形成共识，把创新驱动发展作为“一把手工程”，成立由党政一把手牵头的创新驱动发展领导小组，负责科学决策、组织统筹、督查落实和评估考核等，使创新驱动落实到发展上，加快形成以创新为主要引领和支撑的经济体系和发展模式。发改、经信、科技、教育、财政、知识产权、金融、工商、税务等相关部门建立联席会议制度，形成部门之间和系统内部顺畅的信息沟通和对接机制，共同推进创新驱动发展。

二是加快转变政府职能，实现管理服务创新。在科研项目管理上，要转变政府科技管理职能，建立由政府统筹、专业机构运作、社会公众监督

的科研项目管理机制，科技部门不再直接管理具体科研项目，而将主要精力放在制订战略、规划、政策和进行评估、监管等方面。完善科研项目立项与结项公示制度，接受社会各界尤其是同行的监督，用对成果质量的要求反向约束科研人员的科研行为，限制有问题的项目责任人今后申请科研项目的资格；推广首席科学家制度，发挥首席科学家在重要合作项目的确定、指导、监督、验收等方面的重要作用。在科研经费管理上，要对重大科技创新和产业化项目探索开展科研经费使用自主权试点，给予科研团队、学术带头人更多的人、财、物的资源调度权，建立以科研信用评价为基础、以需求为导向的科研经费管理制度。在科研院所管理上，要尊重不同性质科技创新活动的特点和规律，对科研院所进行分类定位、分类管理、分类考核，进一步扩大科研院所的自主权。

三是创新财政资金支持方式。有效提高财政资金使用效率，在切实加大对基础研究稳定性财政支持的同时，对一般性基础研究和一般性应用研究以事前无偿资助方式为主；对重大研究项目，可根据项目的特性和过程需要，综合运用多种资助方式；对以企业为主体开展的核心技术项目，建议采取奖励性后补助等方式；对具有探索性的科研项目，则采取奖励式资助的方式；对科技成果产业化项目试行事前备案制度，在创新产品推向市场后，以销售纳税额为依据进行事后奖补。加大以政府采购方式支持自主创新的力度，探索试行创新产品与服务远期约定政府采购制度，积极建立面向创新企业的政府采购预算份额预留制度、创新产品和服务政府采购需求标准和评审制度、激励创新驱动发展的政府首购和订购制度。

四是进一步整合科技资源。新的广东省科学院已组建，关键在于尽快让它发挥作用，建成广东高层次人才集聚高地、产学研合作与科研成果转化应用的组织载体、创新驱动发展的枢纽型高端平台。建议参照组建新的广东省科学院的模式，以广东省农科院为基础，整合全省农业创新资源，组建新的广东省农科院，全面提升全省农业科技创新能力、成果转化能力和服务“三农”能力。建议政府在大力支持中国（广州）智能装备研究院、华南（佛山）智能机器人创新研究院、广东（东莞）智能机器人协同创新研究院建设的同时，有意识引导它们分别针对机器人的智能技术、集成技术、实时技术和交互技术进行错位研究，真正形成合力，避免重复建设、浪费资源。建议整合政府部门和其他机构、组织掌握的相关创新信息资源，建立统一的创新信息资源共享平台，向全社会开放，发挥大数据对创新驱动发展的助推作用。

五是下大功夫营造创新环境。不断总结推广产品创新、品牌创新、产业组织创新、商业模式创新、体制机制创新等方面的典型经验，引导社会各界以科技创新为核心推动全面创新，把创新驱动发展战略落实到经济社会发展的各个环节和各个层面，形成全省上下方方面面合力推动创新驱动发展的生动局面。要加强依法行政，营造公平公正的法治化、市场化、国际化创新创业环境；加强地方立法，加快推进《广东省自主创新促进条例》修订工作和《广东省促进科技成果转化条例》立法进程，尽快出台一部覆盖创新驱动发展全过程的地方性法规，强化创新驱动发展法律法规保障；加强舆论引导，培育创新文化，推动形成“鼓励创新、宽容失败”，“尊重人才、尊重创造”的人文环境和良好氛围。

（二）在组织科研院所和高等院校科研力量投入攻关的同时，注重强化企业的创新主体地位，以自主创新能力的提高促进产业转型升级

提高自主创新能力，离不开科研院所和高等院校。当前应抓住深入推进高水平大学建设和组建新的省科学院的契机，加大基础设施建设和基础研究投入力度，以市场为导向积极推进科研重大专项和重大攻关，引进国家重点实验室和国家级工程中心来粤设立分支机构（分中心），积极争取更多大科学工程、重大科学装置落户广东，打造名副其实的珠三角国家大科学中心。与此同时，要坚定不移地强化企业的创新主体地位，鼓励更多企业牵头或参与重大科技计划项目，为产业转型升级提供源源不断的核心技术。

一是激发企业投入创新的热情。健全企业创新激励机制，明确企业负责人的创新责任，切实落实企业研发费用税前扣除、高新技术企业减免所得税、国有企业研发投入视同利润考核等政策，测算并合理设立不同类型企业研发投入占销售收入比例指标，落实企业研发准备金制度，鼓励企业不断加大研发投入力度，提高创新能力和核心竞争力。落实以奖代补扶持政策，切实调动企业开展技术改造的主动性和积极性，引导更多社会资金投入技术改造。出台相关政策推动各类技术创新服务平台向企业提供开放共享服务，降低中小企业创新成本。对有突出贡献的企业科技人员和经营管理人员实行期权、技术入股、股权奖励、分红等激励措施，有效激发他们的创新活力。

二是推动形成创新型企业协同发展新格局。首先，实施大型骨干企业研发机构全覆盖行动，推动它们建设工程研究中心、企业技术中心、重点实验室、企业研究院等，开展产业重大科技专项和关键技术攻关，尽快成

长为带动效应明显的大型龙头创新型企业。其次，抓紧出台支持高新技术企业发展的实施方案，培育一大批具有竞争力的高新技术企业，使高新技术企业无论在数量还是质量上都居全国前列。第三，落实创业孵化基地奖补制度，鼓励创业孵化基地培育更多创新型中小企业，增强广东省创新驱动发展的后劲。

三是完善协同创新机制。第一，鼓励企业积极联合科研院所和高等院校，围绕市场需求打造一大批重大协同创新平台，争取在关键领域取得重大突破。第二，推动“三部两院一省”产学研合作向纵深发展，解决诸如合作双方关注重点不一致、风险资金投入缺乏、利益共享与风险分担机制不健全等问题，落实相关政策，以合作的实效作为考核与加大投资的依据。加大力度引入国防科工系统创新资源，深化与央企及所属科研院所的创新合作。第三，推进高新区、专业镇创新升级。加快落实高新区升级行动计划，积极探索从高新区向新城发展的路径，以发展战略性新兴产业和新业态为重点，吸引更多的创新资源，并着力培育一批新型研发机构、高新技术企业孵化器、技术创新公共平台、科技金融服务平台，把高新区提升成为创新驱动发展的重要高地。大力实施专业镇转型升级示范建设，对专业镇实行分类指导，以高新技术为支撑的专业镇重点在扩大规模，以传统产业为主的专业镇重点在提升其科技含量和产品竞争力。支持各地级以上市建设一批镇校（院、所）产学研合作平台，建设、提升一批技术研发服务平台，鼓励支持专业镇内的企业联合高校、科研院所和商会、协会等成立基于产业链的技术创新战略合作联盟。

（三）在抓好珠三角自主创新示范区建设的同时，注重推动粤东西北地区主动接受珠三角的创新辐射，以创新驱动区域协调发展

广东省对珠三角自主创新示范区建设已有部署，目标明确，接下来是如何抓落实的问题。对于粤东西北地区来说，关键在于如何将创新驱动发展战略与粤东西北振兴发展战略有机结合起来，主动接受珠三角的创新辐射，依靠创新实现振兴发展。

一是支持珠三角科研机构和粤东西北开展协同创新。鼓励珠三角的重点高校、优势科研机构在粤东西北地区设立分支机构和研发机构。鼓励大学、科研机构与粤东西北地区骨干企业、特色产业开展产学研合作。加强省科技资金的倾斜支持力度，将珠三角与粤东西北地区联合申报的科技计划项目、共建的科技园区列为优先资助对象，推动珠三角与粤东西北地区

高新区对口帮扶，力促清远、湛江、汕头、茂名、韶关等省级高新区加快创建国家级高新区的步伐，进一步促进产业转移园区扩能增效。

二是提升粤东西北地区特色产业集群创新能力。支持和扶持各市根据主体功能区规划和产业结构指导目录，大力培育特色主导产业，培育和引进龙头企业，依托龙头企业延伸上下游产业链，加快产业集聚；支持和扶持各市将信息化与工业化深度融合，用信息技术改造和提升传统产业；加强与珠三角同类产业企业的技术对接与合作，打造产业集群公共技术平台与创新平台，联合开展重大产业共性关键技术攻关，争取在优势领域取得新的突破，促进产业链的协同创新。

三是加大对粤东西北地区培育创新能力的政策支持力度。第一，对粤东西北地区申报的科技项目区别对待，在政策允许范围内尽量予以支持。第二，降低粤东西北地区创新平台建设配套资金的门槛与标准，支持该地区建设一批公共创新平台和技术交流交易平台，为企业技术攻关和引进关键技术提供便利。第三，加大该地区对吸引人才的支持力度，探索个性化的公共服务捆绑模式，允许流入粤东西北地区的高层次人才享受珠三角地区同等的医疗、教育等公共服务和社会福利，解除创新人才后顾之忧。

（四）在完善创新政策体系的同时，注重建立健全创新政策督查落实机制，激发全社会的创新活力

根据省政府关于加快科技创新的若干政策意见，省里相关部门认真梳理现行政策与最新出台的扶持创新政策相冲突、不衔接、不协调的地方，提升政策的协同性，构建覆盖自主创新全过程的政策体系，形成支持创新驱动发展的政策合力。各地也应抓紧制订符合本市实际的实施细则，强化政策的可操作性，真正将鼓励创新的各项优惠政策落到实处。下一步的重点是建立健全政策督查落实机制。

一是建立科学的创新驱动发展评价指标体系。建议由省发展和改革委牵头，研究建立一套操作性强、可量化的科技创新、知识产权与产业发展相结合的创新驱动发展评价指标体系，对创新驱动发展全链条进行监测评估，并把推动创新驱动发展成效作为领导干部考核的重要内容。

二是形成绩效评估评价制度。成立由企业、创投机构、金融机构、科研机构、政府部门及社会组织等组成的专家评审委员会，加强对各地区创新驱动发展实施情况及效果进行监测评估，特别是加大企业代表在创新绩效评价中的权重，形成鼓励创新、激励先进的评估评价机制。

三是强化政策督查落实。把创新驱动发展政策执行情况列入省委、省

政府的重点督查事项，每年开展专项督查。浙江省四套班子领导带队赴全省各市对省委全会部署的创新驱动发展贯彻落实情况开展专项督查的经验，值得借鉴。科技、经贸、税务等部门要坚持问题导向、需求导向和基层导向，组建庞大的创新政策辅导员、助理员、宣讲团、咨询团队伍，深入企业开展服务活动，现场解决企业难题，帮助企业享受普惠性创新政策，调动企业推进创新发展的积极性。尽快研究出台《关于建立健全创新政策落实长效工作机制的意见》。

（五）在打造高层次人才引进机制的同时，注重完善对各类创新人才的培养、考核、评价、激励机制，为创新驱动发展提供智力支撑和人才保障

广东省近年来吸引人才与人才团队工作卓有成效，初步形成了“以才引才、以才聚才”的良好效应。建议进一步完善相关配套政策，多渠道解决引进高层次人才在住房、户口、计生等方面碰到的瓶颈问题，保持对高端人才的持续吸引力。下一步人才工作的重点在于：

一是优化人才培养结构。要改变广东省一级学科工科类博士点、硕士点和在校研究生比例低于全国平均水平的状况，围绕广东省优势产业发展需求，进一步提高工科博士、硕士点比例，调整设置一批优势工科本科专业，培养更多工科人才，重点培养一批院士后备人才、青年科技领军人才和拔尖创新人才，为产业转型升级提供充足的人才供给。要创新人才培养模式，吸收企业技术带头人和优秀科技型企业家担任高校研究生“产业导师”，与高校导师共同承担研究生培养任务，形成“双导师”人才培养模式。

二是大力支持众创空间建设。推广深圳经验，制定全省关于发展众创空间的行动方案，充分利用高新区、科技企业孵化器和高校、科研院所的有利条件，加快建设一批众创空间，给予一定的创业培训补贴、租金补贴和优秀项目资助，建立个人发明创造交易平台，鼓励更多青年人才创新创业。

三是健全创新人才考核评价体系。改变高校教师、科研机构科研人员的考核评价办法，对于基础研究类科研人员，以学术水平和重大原创成果为主要指标；对于应用研究类科研人员，以解决重大科技问题和满足市场需求为主要指标；将科技成果转化工作绩效纳入科技人员考评体系，建立符合科技成果转化特点的岗位管理、考核评价和奖励制度，评选一批科技成果转化大师。

四是完善创新人才激励政策。明确高校、科研院所的科技成果处置权和成果转化收益自主分配权，提高转化收益中对重要贡献人的奖励比例，充分调动科研人员的积极性。放宽对科研人员因公临时出国批次限量管理政策，允许科研人员在岗或离岗进行科技成果转化，进一步宽容和鼓励科研人员在与本职工作不冲突的前提下，与企业加强合作、到企业兼职甚至是创办企业。

（六）在深化科技体制改革的同时，注重深入推进全面创新改革试验，为率先建成创新驱动发展先行省构建良好的制度环境

广东省科技体制改革的一大亮点，是率先培育了一批新型科研机构，今后要在项目承担、职称评定、建设用地、投融资、财税等方面给予大力扶持，催生更多明星新型研发机构，将其打造成为广东省创建创新驱动发展先行省的一支奇兵。与此同时，建议广东省积极争取国家授权，推进全面创新改革试验，在制约创新驱动发展重点领域率先深化体制机制改革。当前宜突出抓好几方面：

一是推动科技金融改革。第一，在国家支持下先行先试，组建科技银行、专利典当行和更多科技小额贷款公司、互联网金融平台等新型金融机构，增加对科技型中小微企业的金融服务供给。大力发展风险投资，以一定的政府资金引导民间资金，支持风险投资企业加快发展，鼓励骨干企业吸纳社会资金组建股份制风险投资公司。第二，大力发展多层次的资本市场。支持区域性股权交易市场做大做强，支持和引导符合条件的科技企业在主板、中小板、创业板、新三板等资本市场和境外资本市场上市，接受市场检验。加快发展场外交易（OTC）市场。建议省里深化地方金融改革，组建一个综合性金融集团，以资本打通各金融板块，促进创新链、资金链、产业链三链深度融合发展。第三，积极扶持融资租赁发展。佛山南海区鼓励企业率先开展智能机器人的融资租赁业务，做出了有益的尝试。建议出台鼓励融资租赁业发展的政策文件，促进融资租赁的健康发展，以服务于产业转型升级。

二是推进知识产权保护、服务与运用的创新。第一，完善相关法律法规。抓住国家《专利法》修改的契机，积极向国家立法机构建议，在知识产权领域实行举证责任倒置制度，“谁侵权谁举证”，即由被告举证的方法，解决知识产权维权中遇到的维权难、举证难、举证成本高的问题。利用《广东省专利条例》修订和制定《广东省知识产权保护条例》的时机，

推广深圳市专利、版权、商标“三合一”的知识产权管理经验，争取将各类知识产权纳入综合保护范围。开展电商领域知识产权地方立法研究，出台推进电子商务领域知识产权保护工作指导意见，制定电子商务平台知识产权维权援助与诚信档案管理规范。第二，推进知识产权服务创新。建立知识产权综合行政管理体制，加快构建跨行业、跨区域的广东重点产业知识产权快速授权、确权、维权中心，提升知识产权管理效率和服务创新驱动发展的能力。试点“重大专项专利信息贴身服务护航计划”，形成知识产权服务业集聚发展格局。第三，借鉴中国彩电知识产权产业联盟、顺德电压力锅专利联盟的做法，在已有产业创新联盟的基础上，组建专利联盟，把原有的专利技术与新突破的专利技术整合起来，形成专利池，在联盟内共享的同时，增加与国外大公司谈判的筹码。

三是深化开放创新合作机制改革。第一，进一步发挥广东毗邻港澳的区域优势，通过粤港、粤澳合作政府联席会议机制，紧密结合粤港澳实际，协调和整合各方面创新资源，构建粤港澳区域创新联盟，形成可吸纳全球优质创新要素的深度开放创新合作机制。第二，充分发挥南沙、前海、横琴三大自贸片区等对外开放合作平台作用，把一些可推广、可复制的政策在广东省有条件的地方试行，强化自贸区的创新辐射和引领作用。加快推进广州中新知识城、佛山中德工业服务区、东莞中以国际科技合作产业园等重大平台建设。第三，抓住建设“21 世纪海上丝绸之路”的有利契机，支持更多的高校和科研机构利用“中国—东盟海上合作基金”，在海洋科技等广东省优势领域与东盟国家开展合作。第四，像深圳那样积极引入港澳台及国外著名、特色高等院校资源，合作建设更多研究型大学和专业化、开放式、国际化特色学院。积极参与和发起国际联合科研计划和项目，鼓励有条件的地区大力引进欧美等地的创新载体资源，共建创新园区和重大科技产业化项目，建设更多国际科技合作基地、联合研究中心和国际创新联盟。

（原文是 2015 年 9 月广东省政协科教卫体委员会调研组为政协常委会提供的专题议政报告。合作者为王卫红、王光飞）

关于建立大湾区文史研究交流合作机制的建议

习近平总书记在纪念孔子诞辰2565周年国际学术研讨会上的讲话指出："优秀传统文化是一个国家、一个民族传承和发展的根本，如果丢掉了，就割断了精神命脉。我们要善于把弘扬优秀传统文化和发展现实文化有机统一起来，紧密结合起来，在继承中发展，在发展中继承。"

粤港澳三地地域相邻，文脉相亲。作为中华优秀传统文化重要组成部分的岭南文化，是湾区之根、湾区之魂。它既能赋予大湾区全面发展的强劲动力，也是凝聚粤港澳三地民心的最佳、最重要载体。建立大湾区文史研究交流合作机制，促进粤港澳三地文史研究的深入开展，挖掘和阐发大湾区人文精神，传承和创新岭南文化，就能落实习近平总书记的要求，以史为鉴，以文化人，促进港澳民心回归，实现湾区"民心相通"，为人文湾区建设奠定厚重而坚实的基础。

一、粤港澳三地文史研究交流合作现状

粤港澳三地同属岭南，文化同源。近代以来，涌现出一大批影响深远、三地同仰的人文巨擘，如民主革命的伟大先行者孙中山，戊戌维新的康有为、梁启超，中国留学生之父容闳，中国电影之父郑正秋，功夫巨星李小龙等，人文精神非常深厚，历史文化资源丰富，在文史研究领域具有良好的合作基础。同时，粤港澳三地文史研究力量也是比较强的，拥有不少文史研究名家，具有良好的合作条件。广东省文史馆的143名馆员中，从事文史研究的就有68人。香港方面，仅香港大学、香港中文大学、香港浸会大学等8所高校，就拥有文史研究学者55人。澳门方面，仅澳门大学从事文史研究的学者就有42人。

（一）聘请港澳学者到广东任职

为了推动粤港澳三地文史研究的交流合作，广东省政府聘请了 3 位港澳学者为省文史馆馆员。其中，香港的李焯芬是香港大学原副校长、中国工程院院士、饶宗颐研究馆馆长，丁新豹是香港大学博士、香港历史博物馆馆长，他们牵头完成了今年参事决策咨询会的一个调研课题。广州市文史馆也聘请了 2 位香港学者为馆员。与此同时，省文联所属的 12 个省级文艺家协会均设立了港澳副主席，省文联全委会还设有一定比例的港澳委员。这些创新性举措，有利于发挥港澳学者在三地文化交流、文史研究合作方面的智慧和力量。

（二）三地文史研究合作陆续展开

近年来，粤港澳三地文史研究合作陆续展开。省社科联与香港大公传媒集团、澳门社会科学学会等单位持续多年联办粤港澳学术研讨会，并出版论文集。澳门大学历史系联合香港理工大学、中山大学、广东省社科院等相关单位组成粤港澳大湾区中华传统文化教育大联盟，目前正在编辑出版《中国历史文化丛书》。中山大学历史人类学研究中心每年与香港大学、香港中文大学和香港科技大学合作主办的“历史人类学高级研修班”，已成为历史人类学领域开展国际交流与合作的有效平台；该中心与香港科技大学华南研究中心联合主办的两份学术期刊，已成为海内外历史人类学研究领域著名的学术期刊。暨南大学文学院在“港澳历史文化研究中心”的基础上专门成立澳门研究院，与澳门大学、澳门基金会等单位联办“澳门学国际学术研讨会”，该院院长叶农教授还承担了国家社科重大项目“鸦片战争后港澳对外贸易文献整理与研究”。

（三）三地学者互邀参加文史研究交流活动

广东省文史馆近年开展的文史研究活动，均邀请港澳文史专家参加。如 2011 年，由中央文史研究馆和广东省政府共同主办、广东省文史馆承办的“纪念辛亥革命 100 周年学术研讨会”，邀请了内地及港澳文史专家出席。2018 年，广东省文史馆与中山市政协共同举办“粤港澳大湾区文化交流合作座谈会”，邀请了中央文史馆馆员、广东省文史馆馆员和港澳文史学者参加。广州市文史馆近几年以举办广府文化周活动的形式，先后组织了“广府语言艺术交流会”“近当代广府童谣文化交流会”等，邀请港澳的文史专家与广州地区的专家学者互动交流。省社科联与江门市政府联合举办了海峡两岸暨香港、澳门地区“陈白沙与明代心学学术研讨会”，邀请港澳台学者参加，会后还出版了论文集。与此同时，广东部分文史研究学者也应港澳方面的邀请参加有关文史研究交流活动。

二、存在问题

（一）三地文史研究交流渠道不畅

广东的文史研究，除省文史馆外，省文联、省社科联、省侨联、省社科院及高等院校等，也有较强的研究队伍。香港方面虽然没有政府层面的文史研究机构，但从事文史研究的高校和民间社团数量不少。澳门从事文史研究的，政府层面以澳门特别行政区文化局和澳门基金会为主，高校以澳门大学和澳门科技大学为主，还有部分民间社团。截至目前，三地的文史研究机构尚未建立起相对固定的联系渠道。高校之间虽然有些联系，但交流渠道也不大顺畅。

（二）三地文史研究合作零星分散

就政府层面来说，三地文史研究领域基本上没有合作项目。即使是高校层面的合作，也是零星、分散的，且限于历史专业层面。深圳、珠海、东莞、江门等地通过同乡会与港澳部分民间社团开展一些文史研究方面的合作，但层次不高。总的来说，这些合作还停留在初级阶段，缺乏统筹规划，没有形成合力，没有从粤港澳大湾区的维度系统梳理湾区内的历史事件、历史人物及历史联系，让文史研究成果发挥应有的作用。

（三）三地文史研究学者往来难

一是邀请港澳文史研究学者进来难。重重的审查让他们望而却步，不能申报国家社科重大项目的规定也影响了他们参与合作的积极性。二是广东省文史馆馆员出境难。文史馆馆员大多已经退休，他们只能以因私身份出境，但这样一来，开展文史研究交流合作的费用又不能报销。

（四）合作项目审批环节多周期长

涉港澳的研究合作从某种程度上说甚至比涉外研究合作还难：一是审批环节多，需要五六个部门审批；二是审批周期长，有的项目批下来时已错过了举办时间；三是合作项目的资金进出难，无论是广东方面的资金出境，还是港澳方面的资金入境，难度都很大。此外，科研资金的纳税问题，也是制约科研合作的一个因素。

三、对策建议

（一）建立粤港澳大湾区文史研究交流合作机制

首先，在广东建立粤港澳大湾区文史研究交流中心，明确三地联络机构、人员及联系方式，定期召开工作会议，讨论协商合作事宜，推动合作项目顺利开展。

其次，建立湾区重大文史研究项目信息通报机制，三地及时通报文史研究规划内容，互相借鉴，互相促进。

再次，建立湾区文史研究学者互访制度，组织他们探访文史遗迹，开展访学进修，举办学术讲座等，互相学习，共同进步。

（二）推进粤港澳大湾区文史研究合作工程

在建立湾区文史研究交流合作机制的基础上，统筹规划，整合资源，以湾区文史研究交流中心为平台，适时推进文史研究合作工程，以文化人，以文育人，凝聚湾区民心，弘扬人文精神，增强三地民众对国家的认同、民族的认同、文化的认同。

这些合作工程，概括来说是“八个一”：

一是撰写一份报告，即“粤港澳共同历史研究报告”。建议参照广东华侨史的运作模式，由广东省文史馆牵头，组织粤港澳三地史学家参与，共同编写这个报告，帮助港澳民众尤其是青少年认祖归宗，增强湾区民众对湾区的认同感。

二是出版一部大典，即“粤港澳大湾区文化大典”。建议由省宣传、文化部门牵头，组织三地专家学者系统搜集整理三地历史文化典籍，梳理杰出历史人物和重大历史事件，有计划、有系统地出版文史系列丛书，并在此基础上出版历史文化史料著作的集成——湾区文化大典，增强湾区人的文化自觉和文化自信。

三是举办一个论坛，即“岭南文史”论坛。借鉴福建省文史馆持续多年组织海峡两岸船政文化研讨会的做法，建议由广东、香港、澳门三地轮流举办，组织“岭南文史”论坛，每年举行一次，每次确定一个主题，发动国内外尤其是粤港澳三地文史研究学者参加，相关成果可以出书。同

时，在论坛上发动三地群众选出“年度汉字”，组织三地书法家当场挥毫书写，扩大中华传统文化影响力。

四是编写一批读物，即湾区文史通俗读物。落实习近平总书记关于“把我国历史文化和国情教育摆在青少年教育的突出位置”的要求，建议由省出版、教育部门牵头，组织文史名家担纲，三地合作或分别编写青少年喜闻乐见的大湾区通俗文史读物，包括地理、历史、风物、人文等，以读本、画本以及新媒体等形式呈现，争取作为大湾区中小学地方教材或教辅，收到潜移默化的效果。

五是打造一批基地，即粤港澳青少年文史游学基地。针对青少年尤其是港澳青少年喜欢游学的特点，在省内现有名人纪念馆、相关博物馆的基础上提升完善，打造一批历史文化游学基地，如孙中山历史文化游学基地、鸦片战争历史文化游学基地、华侨华人历史文化游学基地等，与当前正在推进的历史文化遗产游径有机结合起来。可由香港国史教育中心、澳门中华海外联谊会等港澳社团出面组织，省港澳合作促进会、省侨联、省青联等协助落实，组织粤港澳青少年参加文史游学，加深他们对中国历史、湾区历史的了解，加深他们的民族自豪感和爱国爱港、爱国爱澳情怀。

六是建立一个体验馆，即湾区缘体验馆。借鉴福建泉州闽台缘博物馆（国家级）的经验，建议以文字、图片、实物、影像等载体，运用 AR、VR 等新技术建立湾区缘体验馆，充分形象地展示粤港澳历史文化的渊源和联系，增强三地民众对湾区的认同感。可考虑以同样的内容，分别在广州、香港、澳门设立湾区缘体验馆。

七是申报一批项目，即联合申报一批国家社科重大和重点项目。根据三地特点和优势，由三地文史专家积极策划一批文史研究项目，联合申报国家社科重大和重点项目，努力推动岭南文化的传承创新，做到古为今用、推陈出新。

八是经营一个矩阵，即“岭南文史”传播矩阵。广东省文史馆主办的《岭南文史》杂志，是省内唯一一份以研究、宣传岭南地区历史文化、弘扬中华传统文化的知识性、学术性杂志，建议在采取措施提高其质量和社会影响力的同时，在粤港澳大湾区网上开辟“岭南文史”频道，并联合相关单位开设“岭南文史”微信公众号和移动客户端等，打造互联网和移动互联网的“岭南文史”传播阵地，形成“岭南文史”传播矩阵。要创新传播方式，以短视频、H5、游戏、动画等通俗易懂、生动活泼的产品进行多对多、多语种传播，努力做到入眼、入脑、入心。

（三）为粤港澳大湾区文史研究交流合作创造良好环境

世界三大湾区推动文化合作的基本经验有三：一是文化政策推动；二是第三部门协调；三是文化资源共享。借鉴他们的经验，提出三点建议：

1. 制订相关政策促进粤港澳大湾区文史研究交流合作。在坚持意识形态原则、确保政治安全的前提下，拆除阻碍文史研究交流合作的篱笆。当前主要是解决审批环节多、周期长，文史研究学者往来难的问题。

2. 发挥民间社团组织在湾区文史研究交流合作方面的积极作用。努力探索和完善粤港澳民间文史研究机构在三地文史研究交流合作方面的新机制、新途径、新方法，拓展民间文史研究交流合作的空间。例如，鼓励支持广东文史名家与港澳民间文史研究机构合作等。

3. 采取措施推动湾区文史资源共享。建议通过已经或正在组建的大湾区图书馆联盟、博物馆联盟、高校联盟等，逐步实现各自文史资料库的开放。同时，在广东省立中山图书馆等具备条件的地方建立湾区文史资料数据库、湾区文史研究论文数据库等。

（原文为广东省人民政府文史研究馆调研组为2019年广东省参事决策咨询会提交的调研报告。作者为执笔人）

大革命时期广东农民运动对中国革命贡献研究

为庆祝中国共产党成立100周年，深入开展党史学习教育，广东省文史馆于近期组织了“大革命时期广东农民运动对中国革命的贡献”专题调研。调研组先后前往汕尾、惠州、河源、肇庆等地考察，与党史、社科、档案、文旅、地方志、博物馆、自然资源等部门的同志进行了座谈交流。

调研组认为，农运风暴起南粤，中国农运看广东。大革命时期广东的农民运动，开展较早，发展迅猛，规模宏大，影响深远。全国第一个县级农会在广东，全国第一个苏维埃政权在广东，全国第一个农讲所在广东，广东成为全国农民运动的中心，成为我党开展中国革命的“试验田”，受到毛泽东同志高度评价，是广东党史乃至全国党史的一大亮点，理应加强研究、深入发掘、充分运用、扩大宣传，让这一身边的宝贵资源服务于当前的党史学习教育活动，让红色基因得到更好的传承。

一、大革命时期广东农民运动对中国革命贡献巨大

广东的农民运动，始于1922年彭湃领导的海陆丰农民运动，其后迅猛发展，在顺德、花县、广宁和广州市郊搞得轰轰烈烈。高潮时全省90个县中有农会组织的县达到61个，农会会员有62万之众，占全国农会会员总数的六成以上。它有力地推动了全国农民运动，为我党开展中国革命带来诸多有益启示，在中国革命史上写下了光辉的篇章。

（一）广东农民运动为我党推进中国革命探索了新的道路

我党成立初期，以苏联为模式，热心于开展工人运动。彭湃却认为，

当时中国四万万人中有80%是农民，农民具有独特的优势，只要组织得当，就能成为中国革命的一支伟大力量。1922年7月29日，彭湃经过艰苦的宣传工作，在自己的家乡成立了只有6位会员的农会，迈出了海丰农民运动的第一步。随后，农民运动以燎原之势迅速发展。1923年1月，海丰总农会成立，这是全国第一个县级农会，会员2万户、10万多人，占全县人口的1/4。彭湃又先后到陆丰、惠阳两县从事农民运动，农会组织从海丰扩展到陆丰、惠阳、紫金、五华、潮安、潮阳、普宁、惠来等地。彭湃的实践引起了毛泽东同志的重视，在广州召开的中共三大上，毛泽东同志指出：任何革命，农民问题都是最重要的，中共应重视全国广大的农民。大会通过了毛泽东、谭平山起草的《农民问题决议案》，把开展农民运动作为党的重要工作之一。1926年5月，毛泽东同志担任第六届农讲所所长，系统讲授了《中国农民问题》，明确提出“中国国民革命是农民革命”“中国革命的中心问题是农民问题”。1926年11月，中共中央设立农民运动委员会，由毛泽东任书记、阮啸仙和彭湃等为委员，领导全国农民运动。此后，我党在领导全国人民武装夺取政权的斗争中，注意吸取大革命时期的经验，始终重视动员农民、依靠农民。正如毛泽东同志在延安会见美国作家斯诺时所说：“谁赢得了农民，谁就会赢得了中国。”

（二）广东农民运动为我党开展农民运动提供了实践经验

彭湃领导的海陆丰农民运动，阮啸仙指导开展的河源、顺德农民运动，彭湃和周其鉴领导的广宁农民运动，都具有一个比较完备的形态，不仅成立农会组织，开展减租运动，为广大农民争取合法权益，而且组建农民自卫军，开展武装斗争，为全国农民运动带了一个好头，起到了示范作用，提供了成熟的经验，得到毛泽东同志的高度评价。他认为东江的海陆丰和西江的广宁，同处中国南方革命运动的前列。他在任第六届农讲所所长时，让彭湃讲授《海丰及东江农运状况》，并指出“全中国各地都必须办到海丰这个样子，才可以算得革命的胜利”“县政治必须农民起来才能澄清，广东的海丰已经有了证明”；他又让周其鉴讲授《广宁高要曲江农运状况》，并将其编入《农民问题论丛》，评价其为“最精粹部分，它给了我们做农民运动的方法”。

（三）广东农民运动为我党开展武装斗争进行了尝试

广宁农民运动的一条成功经验，是将减租运动与武装斗争相结合，以农民的革命武装反抗反动地主武装。1924年10月，广宁县方兴未艾的农民运动遭到地主阶级反动武装疯狂扑杀，根据中共广东区执行委员会的指示，中国共产党实际掌握的第一支革命武装（叶挺独立团前身）从广州开赴广宁支援农民运动，他们在彭湃、周其鉴等人的领导下，在广宁农民自卫军的配合下，70多天时间中开展大小战斗数十次，打垮了广宁大部分地区的反动地主武装，用缴获的各种武器武装了广宁农军，支持广宁农民运动取得辉煌成果。这是我党实行党指挥枪、开展武装斗争的成功实践。周其鉴此后还组织带领北江农军北上武汉参加革命活动，又从武汉转战南昌，参加了“八一”南昌起义。毛泽东同志赞誉广宁组织农民武装反抗反动地主武装的首创做法，是我党独立自主领导农民运动的典范。周恩来同志评价说：“广东农民运动掌握领导者是彭湃，在农民武装斗争方面，开始领导人是周其鉴”。

（四）广东农民运动为我党建立人民政权开创了先例

1927年4月12日，蒋介石背叛革命，中共紫金特支根据上级指示，领导农军发动了“4·26”暴动，攻进了县署和县警署，活捉了县长郭民发，并于5月1日成立了县人民政府，率先在全国树起了武装反抗国民党反动派的旗帜。中共海陆丰地委也于5月1日举行了第一次武装起义，夺取了政权，分别成立了海丰、陆丰人民政府。同年11月，海丰和陆丰分别召开工农代表大会，宣告海陆丰工农兵苏维埃成立，这是中国第一个红色政权，海丰也被称为“东方小莫斯科”。1928年1月，广州起义部队抵达海陆丰，红色政权一度在海陆惠紫普边区连成一片，成为全国13个革命根据地之一。尽管在敌人的疯狂反扑下海陆丰苏维埃政权只坚持了4个月，但它为以后红色政权的建设在理论和实践上积累了宝贵经验。

（五）广东农民运动为我党开展农民运动培养了大批骨干

1924年，为适应农民运动发展的需要，林伯渠、彭湃等共产党人积极建议和推动以“国民党中央农民部”的名义开展工作，开办农民运动讲习所。国民党中央执委接受了中国共产党人的这一提议，在广州创办农民运动讲习所。农讲所一直是共产党人主持，彭湃是农讲所的创始人之一，担任了第一届和第五届农讲所的主任（后称所长），阮啸仙担任第三届农讲所主任，彭湃、阮啸仙、周其鉴等都在农讲所担任政治教员，彭湃的《海丰农民运动》和阮啸仙的《中国农民运动》，都是农讲所的重要教材。第六届农讲所所长是毛泽东。

农讲所前五届的454名学员中，以广东与南方邻省学员居多。第六届的327名学员则来自全国20多个省区，学习时间为4个月，毕业前夕还到海丰进行了为时2周的实习，毕业后分配回原籍，为组织全国各地的农运做出了重大贡献。在广州农讲所的影响下，全国各地相继开办了40多个农讲所和农训班，培养了大批革命干部，动员了900多万农民参加农民运动。

二、广东省在广东农运史研究和农运旧址保护利用方面存在的问题

近几年由于省委、省政府高度重视，实施《广东省红色革命资源保护利用三年提升行动计划》，广东农民运动的一批旧址得到了抢救、保护和修缮。但调研组在基层考察时，发现在广东农民运动史研究和农运旧址保护利用方面还存在一些不足和问题。

（一）对广东农民运动史缺乏深入系统的研究和宣传

一是对广东农民运动在中国革命中的历史贡献缺乏深入系统的研究，对广东农民运动的精神缺乏系统梳理和理论概括，对广东农民运动的历史事件和人物事迹宣传不够，对海陆丰农运历史尤其是广宁农运历史的高水平研究成果不多，没能形成有效的影响。二是由于有些市、县党史研究人才匮乏（有的县党史研究室只有1名工作人员），因此对包括农运旧址在内的革命旧址史料的收集、整理、发掘不足，再加上有些历史见证者已逝，大部分人对革命旧址背后的历史事件和人物事迹不了解，还造成革命旧址在普查时有所遗漏。如河源市委党史研究室初步测算全市的革命旧址起码在1000处以上，可报上来的只有683处，漏报现象令人担忧。

（二）对广东农民运动旧址利用不够

彭湃故居和全国第一个乡级农会——紫金县炮子乡总农会旧址光有保护修缮而没有得到有效利用。广宁县农民协会旧址刚刚完成修缮，目前尚处在布展阶段。有的农运旧址的展陈比较简陋，只有简单的文字、图片、资料的陈列，甚至存在不少错漏之处，缺乏吸引力和感染力，起不到多大的宣传教育作用。有的农运旧址修缮好后缺乏管理、维护和宣传，变得门可罗雀、杂草丛生，与农运旧址建设保护初衷相去甚远。

（三）对农运旧址管理缺乏统筹协调机制

目前的农运旧址管理，像其他革命旧址管理一样，存在多头管理、单打独斗的问题。如革命烈士纪念碑由退伍军人事务部管理，纳入文物保护单位的革命旧址由文广旅体部门管理，历史资料收集整理及研究由党史研究部门负责，日常维护管理由所在地党组织负责，在管理上难以形成稳定、持续、高效的配合。例如紫金革命烈士陵园把“4·26”暴动错写成“4·22”暴动，党史研究部门要求改正，却出现互相扯皮现象，迟迟改不过来。此外，农运旧址产权不一，很多是农民的房子，对这些旧址没有专门的管理机构，管理维护难度较大，对其改建、扩建行为也难以采取有效措施予以制止。处于乡村管辖区内的革命旧址、旧居，多数采取临时应急的管理方式，一旦旧址旧居失去为其使用的价值，便失去了保护管理，随时都可能遭受损毁。

（四）对农运旧址的保护利用经费投入仍然不足

尽管近几年省里明显加大了革命旧址保护利用资金的投入力度，但由于“粥少僧多”，对众多革命旧址的保护利用来说仍然是杯水车薪，再加上有些市、县因财力有限，未将革命旧址保护经费纳入当地财政预算，致使部分包括农运旧址在内的革命旧址破旧不堪，随时可能损毁倒塌。即使已经保护、修缮、利用的农运旧址，在发挥作用方面也受到较大局限。海丰红宫红场旧址纪念馆虽然是全国第一批全国重点文物保护单位，但免费开放补助偏低，远远比不上省内同类场馆免费开放的资金。由于投入不足，他们只能利用现有东西两配房、大成殿及五代祠作为展陈室，致使很多需要陈列布置的内容得不到展示，展陈的水平也不高，影响了宣传、教育效果。同时由于基础配套措施不足，该馆没有游客服务室，没有停车场，没有文物库房，接待参观的能力也打了折扣。经费投入不足，还导致不少农运旧址的讲解队伍数量不足、质量不高，讲解员多为半路出家，专业能力不足，只能按照展陈内容念读，如果问到相关知识，往往无法解答。有些镇村因为没有讲解员，参观团队到来时，只能安排村干部或知情人担任义务讲解，宣传效果很不理想。

三、建议将广东农民运动史研究作为党史亮点红色品牌精心打造

历史是最好的教科书。习近平总书记要求，必须把党的历史学习好、总结好，把党的成功经验传承好，发扬好。广东农民运动的历史，是我党百年历史上显赫的一页、耀眼的亮点，建议将其作为我省的党史亮点、红色品牌精心打造，把红色资源利用好，把红色传统发扬好，把红色基因传承好。

（一）建立广东农民运动纪念馆，更好地彰显广东农民运动对中国革命的历史贡献

在大革命时期，广东既是工人运动的中心，也是农民运动的中心。现在广东已经有了工人运动纪念馆，也应该建立农民运动纪念馆。建议有关部门在广州择地或在海丰红宫红场旧址纪念馆、广州农民运动讲习所旧址纪念馆的基础上建立广东农民运动纪念馆，以此为载体展示广东农民运动史的研究成果，以声、光、电多媒体传播手段提高展陈水平，全面立体地反映广东农民运动的全貌及成因、人物、事件、意义、影响及启示，使之成为党史学习教育、红色文化教育的重要阵地。纪念馆可同时加挂“广东农村干部培训学院”的牌子，发挥其对农民特别是农村干部现代素质提高方面的功能。在此基础上，设立若干分馆，着力打造海丰红宫红场旧址纪念馆、广州农民运动讲习所旧址纪念馆、广宁县农民协会旧址纪念馆三大名片。其余农民运动旧址，也应在保护修缮的基础上，抓紧提升改造，充实展示内容，提高展陈档次，真正发挥展示功能、宣教功能、党建功能。

（二）组织精干力量，加大对广东农民运动史的研究发掘力度

建议对大革命时期广东农民运动的历史进行深入系统的研究发掘，着重研究其与全国农民运动、武装斗争、红色政权、土地革命、统一战线、国共合作、农村革命根据地等重大问题的关系，推出高水平的研究成果，出版《广东农民运动史》，肯定其贡献，总结其经验，弘扬其价值，光大其精神，以庆祝中共建党百年、助力广东党史学习教育。相关市县也应组织力量，加强对农运旧址的普查、农运史料的收集、农运人物的研究、农

运故事的采写、农运价值的宣传。当前最重要的，是以开展口述史研究的形式，千方百计将广东农民运动的第一手史料抢救、保护下来。

（三）出台革命旧址保护条例，使包括农运旧址在内的革命旧址保护利用有法可依

目前广东省已有汕尾、梅州、河源、揭阳出台了革命旧址保护条例，建议其余各市和省里也要出台类似条例，进一步明确革命旧址的类型，强化政府责任，鼓励社会参与，切实加大对包括农运旧址在内的革命旧址的保护力度。要探索革命旧址、红色遗址评级和分级管理制度，分别认定为省级、市级、县级，分级负责保护好、管理好。要明确规定各级政府将革命旧址保护利用资金列入财政预算，安排专项资金对革命旧址进行有效的保护和利用。

（四）理顺革命旧址管理体制机制，对包括农运旧址在内的革命旧址管到位、管得好

建议建立由各级党委专职副书记负总责的革命旧址保护工作机制，成立由宣传、党史、档案、文旅、退役军人、民政、自然资源等相关部门组成的领导小组，指定牵头单位，明确主体责任，统一调配资源，形成管理合力，解决革命旧址多头管理、单打独斗等问题，逐步建立起革命旧址管理的长效机制。

（五）搞好统筹规划，加强对农运旧址的活化利用

农运旧址点多、面广、分散、偏僻，建议省、市搞好统筹规划，采取集中连片、串珠成链的方式，使这些红色资源得到充分利用。在确保农运旧址安全的前提下，创新利用方式，让农运旧址的活化利用与党史学习教育、研学考察、乡村振兴、红色旅游、体育赛事等有机结合起来，使之成为党史学习教育的定点、红色村庄的支点、红色旅游的景点、研学考察的节点等。

（六）加大培训力度，打造强有力的党史研究队伍和宣讲队伍

建议调整充实市、县党史研究队伍，在此基础上定期组织培训，提高思想和业务水平，让他们在党史研究、革命旧址保护利用方面发挥更大的作用。对包括农运旧址在内的革命旧址纪念馆、陈列室的讲解队伍，也要

重视从思想、组织、业务方面加强建设，分期分批组织培训，提高他们的宣讲水平，让他们成为党史学习教育、红色文化传播的生力军。

（原文载于《广东参事馆员建议》2021 年第 27 期，为广东省人民政府文史研究馆调研组研究成果。作者为执笔人）

关于加快广东数字乡村建设的对策建议

党的二十大报告提出全面推进乡村振兴，并把高质量发展明确作为全面建设社会主义现代化国家的首要任务。数字乡村建设是全面乡村振兴的战略方向，是建设数字广东的重要内容，也是乡村高质量发展的重要途径。加快推进数字乡村建设，是缩小城乡差距实现城乡融合、提高农业效率促进农民增收、提升乡村治理水平和治理能力的必经路径，是实现乡村振兴高质量发展的重要抓手。在深入调研基础上，广东省文史馆调研组提出我省数字乡村建设的问题与对策如下：

一、数字乡村建设不断取得新成效

广东省积极落实中央相关文件精神，出台了《广东省数字乡村发展试点实施方案》，在全省 10 个县、20 个镇开展以实现“生产智能化、经营网络化、管理数字化、服务在线化”为目标的数字乡村建设试点工作。2021 年 12 月，省委网信办联合省农业农村厅、省发展和改革委等部门召开全省数字乡村建设试点工作推进会。其他部门也积极参与，如政法、公安系统的“雪亮工程”“平安乡村”筑牢了乡镇治安防控“天眼”，“粤政易”移动协同办公平台已基本覆盖全省五级公职人员，“粤智助”政府服务自助机覆盖全省所有行政村，“粤省事”移动政务服务平台实名注册用户已达 1.75 亿，移动政务服务延伸到了乡村。各试点地区结合实际探索数字乡村发展新模式新路径，创造了好经验、好做法。由于三大电信运营商、相关部门以及科研、咨询、技术服务商的参与，广东省数字乡村建设规模得到了较大的拓展。

（一）乡村信息化基础设施建设成效显著

通过实施行政村光纤改造升级和20户以上自然村光纤接入工程，广东省在全国率先实现20户以上自然村全部通百兆光纤，4G网络覆盖率99.7%，乡村广播电视网络基本实现全覆盖。截至2021年9月底，智慧农业终端用户52.5万户。英德市连樟村成为全国首个5G村。珠海市斗门区建成5G基站1150座，打造出乡村4K/8K超高清视频+5G应用场景。各试点地区智慧物流设施更加完善，对农村地区电商服务支撑能力显著增强。

（二）数字农业释放农业农村生产力潜能

广东省出台了《广东数字农业农村发展行动计划》，通过数字化引领驱动农业、农村数字经济发展，推动现代农业产业园信息化平台建设，推动农业生产向数字化、智能化发展。茂名市“五化”果园是全国首个“五化”高标准智慧果园，荔枝生产全程机械化，农机作业过程智能化，打造出集智能农机、精准作业等多种功能于一体的智慧种植生产体系。新会陈皮产业大数据平台，实现了全链条“一张网”智能化管理。广东智慧农机装备管理应用平台，探索开展农机作业信息感知，创建无人作业农场。梅州市贡献了大埔蜜柚等5个智慧农业典型案例。潮安区凤凰镇单丛茶智慧茶园、翁源江尾镇兰花特色小镇等，走出了各具特色的数字乡村之路。

（三）电商让农产品插上翅膀走向大市场

农村电商是最能让农民感受到好处的数字乡村应用，广东省已有33个县获批国家级电子商务进农村综合示范县。省农业部门利用现代信息技术采集流通、销售等环节的数据资源，为企业提供实时市场信息，一大批广东特色农产品借助市场大数据、电商渠道走向大市场。曾因滞销经常烂在田头的徐闻菠萝搭上数字乡村“快车”后，田头收购价从2019年的0.2元/斤飙升到2020年的1.5元/斤，年销量从25万吨增加到75万吨，同期的菠萝年收入从1亿多元增加到20亿元以上。高州、电白的荔枝、龙眼，新会的陈皮，化州的化橘红，信宜的三华李等一大批地方特色农产品也都借助电商实现“量价双升”。

（四）数字化应用全面提升乡村治理水平

各试点地区积极探索乡村治理数字化转型，推动党务、村务、财务公开，完善农村网格化管理，“互联网 + 党建”在试点地区全面铺开，构建规范的数字化乡村治理体系，促进了乡村治理能力现代化。“粤政易”移动办公平台已基本覆盖全省五级公职人员，开通用户超过 230 万。“粤智助”政府服务自助机已实现全省行政村全覆盖，打通政务服务“最后一百米”，实现“办事不出村”。梅州市五华县华城镇的“数字华城”小程序中统揽了镇村日常管理工作。潮州市湘桥区官堂镇利用“钉钉”搭建起全镇 15 个行政村的管理平台。南雄、新会等多地规划建设集体资产管理电子台账，实现对农村“三资”高效、科学管理。通过高清视频监控、人工智能、图像识别等手段，对农村垃圾、污水、村容村貌的治理情况进行监测，为人居环境整治提供监管依据。

（五）数字惠民红利持续增强农民获得感

围绕农民所需、所盼，试点地区加速推动教育、医疗、健康、养老、文化、体育等公共服务在乡村的贯通共享，同时还围绕乡村生产、生活、生态打造不少接地气的应用场景，切实提升了农民的获得感、幸福感。“粤省事”平台开设了“三农”服务专区，提供惠农助农服务。省农业农村厅推出“广东百万农民线上免费培训工程”为农民提供免费培训。省卫生健康委的“互联网 + 医疗健康”省级远程医疗平台实现了 20 家省级远程医疗机构与市、县、镇、村医疗机构连接，群众在家门口就能享受远方专家的在线医疗服务。兴宁市径南镇陂蓬村以数字化赋能法治乡村建设，建设全国首个乡村互联网 + 公共法律服务平台，利用网络将百姓与律师、公证员、人民调解员连通，创新了市、镇、村三级矛盾纠纷调处方式。广州法通公司打造的数字乡村为农综合服务平台方案被中央网信办推广。

二、数字乡村建设存在的突出问题

广东省数字乡村建设试点工作虽取得一定成绩，但对标中央要求和国内先进省份，还存在明显的短板和差距。浙江省在数字乡村建设的诸多方面先行先试，目前已经走在全国前列。2021 年，浙江省县域数字农业农村总体发展水平为 68. 8%，全国第一，而广东省这一数据不但在东部地区平均水平 41. 3%之下，甚至还达不到全国平均水平 36%。同年全国数字乡村指数百强县中浙江有31个，广东仅有8席。

（一）顶层设计统筹不够

全省“一盘棋”抓数字乡村建设的工作机制尚未建立，数字乡村该谁来建、建什么、怎么建、建成什么样等问题没有规章可循。广东省近期才由省委网信办、省农业农村厅等部门联合印发了《广东省贯彻落实〈数字乡村发展行动计划（2022—2025年）〉实施方案》。之前一些试点地区表示，如不尽快出台发展规划、建设标准、评价指标体系等，数字乡村建设很可能重蹈当年各部门网站、信息化平台建设之覆辙，不仅导致大量重复建设，而且还容易对日后横向部门间、垂直层级间的数据流动和共享造成技术障碍。

（二）专项资金支持不足

目前省、市、县三级都没有数字乡村建设专项财政预算，试点地区也没有上级的资金支持。当前数字乡村建设资金主要来源于部门预算，是部门数字化工作在乡村的延伸，如“农村智慧课堂”是教育部门的预算，数字农业是农业部门的预算，“雪亮工程”“平安乡村”等则是公安、政法部门的预算。

（三）产品应用效果较差

数字乡村建设试点中普遍存在“重建设、轻使用”“重大屏展示、轻掌上应用”等现象。一些地方建成的所谓大数据中心，实际上只起到播放视频、演示表格的显示屏作用；一些应用简便化程度不足，使用操作过于复杂，具备“实用管用”“适农化”“适老化”等适合农村人群使用特点的应用场景不多。其主要原因是：财政投入的数字乡村项目普遍被三大电信运营商等大企业垄断，但这些大企业并没有细分行业的研发经验和产品能力，而是层层转包至专精特新类中小微企业，严重挤压了这类企业的生存空间，抑制了它们的研发、创新能力。加上片面强调建设服务商的IT技术背景，而忽略了咨询机构和行业、统计、大数据分析专家在沟通需求和建设方案设计中的作用，以致出现“不好用”、甚至“不能用”等情况。

（四）人才短缺培训缺乏

乡村数字化应用场景行业跨度大，对从业人员要求高，既懂“三农”、又熟悉信息化的跨界人才短缺，数字化平台的运营、维保等专业人才也严重不足。同时，乡村人员数字素养缺乏，农业劳动力老龄化严重，对科技和信息的需求不足，接纳意识和学习、理解能力差。各地普遍缺乏对农民、农业生产经营者等数字乡村平台使用者进行数字素养培训的安排。

三、加快数字乡村建设的对策建议

党的二十大报告突出了“高质量发展”和“全面推进乡村振兴”。乡村振兴战略是高质量发展的“压舱石”，而实现乡村振兴离不开农业的高质量发展。数字乡村建设以数字技术创新作为乡村振兴的核心驱动力，能够将高质量和乡村振兴的工作串联起来，有利于重构乡村经济社会发展模式，实现乡村全面振兴。为全面贯彻落实党的二十大精神，举全党全社会之力全面推进乡村振兴，推动乡村高质量发展，促进共同富裕目标实现，广东应从农村生产力变革的高度来认识数字乡村建设工作的重要性，坚持把数字化改革和建设贯穿乡村振兴全过程，推动全省乡村振兴工作尽早进入全国第一方阵。为此，本报告提出以下对策建议：

（一）构建高效务实的领导工作机制

数字乡村建设是跨部门、跨层级、跨区域、跨主体的复杂系统工程，建议由省委统领，将其纳入乡村振兴工作大局，在省委乡村振兴领导小组之下设数字乡村建设专项领导小组，领导小组办公室设在农业部门，实行由省委网信办、省农业农村厅“双牵头”的统筹协调机制。地级市、县区参照设置。进一步理顺数字乡村建设专项领导小组各成员单位的部门职责范围，将当前分散在各部门的数字乡村建设职能集中起来，统一布局，形成合力。

（二）全面统筹部署顶层设计工作

安排相关修法程序，将数字乡村建设纳入《广东省乡村振兴条例》法定工作范畴。借鉴浙江经验，在数字广东总框架下，编制出台数字乡村建设方面的中长期规划、实施方案、建设指南、技术标准等纲领性文件，科学构建规范统一的数字乡村建设技术框架体系、指标体系、工作体系、政策体系、评价体系等，明确省市县合理分工，因地制宜开展建设，确保全省步调一致；建设全省基础性、通用性的数字乡村应用，推进地方特色性应用，引导开发市场化应用，形成生产管理、流通营销、行业监管、公共服务、乡村治理五大领域业务应用体系。

（三）明确政策资金支持和保障

在数字乡村建设走在全国前列的浙江，其县均数字乡村建设的投入是全国平均水平的11倍。我们要转变涉农资金投入观念，充分认识数字化建设对推动农村全面发展的重要性和高杠杆作用。建议省里出台政策，将数字乡村建设资金纳入省、市、县三级财政预算，安排数字乡村建设专项资金，或将其纳入乡村振兴专项资金进行统筹安排。规定粤东西北纳入驻镇帮镇扶村机制帮扶的乡镇，其每年的专项资金应有一定比例用于数字乡村建设项目。

（四）营造良好环境

采取必要的政策措施，鼓励与数字乡村相关的中小微企业、科研机构、咨询机构、社会组织和广大农民参与到数字乡村建设中来，培育出一批充满活力、富于创造力的数字乡村建设创客团队，开展丰富多彩的数字乡村建设比武、应用开发竞赛等活动，为我省打造更多"实用管用"的数字化应用、衍生出更多的农村产业新业态创造条件。省和有条件的地级市设立专门用于鼓励农村数字产业、数字化农业发展的财政专项补贴或产业引导基金；优化和完善向中小微企业倾斜的数字乡村中小项目招投标政策，提高专门面向中小微企业招标的标的额度，鼓励扩大联合体投标，降低中小微企业参与门槛等。

（五）着力培养数字农民及品牌

培养数字乡村使用者的数字素养，加强数字乡村应用场景的宣传和示范，设计喜闻乐见的方式和内容，提升农民掌握数字技术的意愿，切实提高农民数字化应用能力和知识素养，使之成为"一手拿农具、一手拿手机"的"新农人"。推广柑橘妹妹、菠萝妹妹等农村网红的成功经验，培育广东省数字农业发展的"代言人"。与大中专院校共建数字乡村建设培训基地，加强对"农业+信息技术"复合型人才的培养培训力度，为加快农企数字化建设提供坚实人才支撑。

（六）总结推广先进经验

学习、借鉴外地先进经验，继续抓紧、抓实当前试点地区的工作，召开试点工作现场会，及时总结推广先进经验，形成全省数字乡村建设比学赶超、争先创优的局面。用好试点经验，像浙江那样做到“一地创新、全省共享”，让有广东特色的先进经验不断涌现。加强统计监测，将数字乡村建设纳入乡村振兴考评指标体系。

（原文是广东省政府文史研究馆调研组提交的调研报告。作者与林炜为执笔人）

“南海Ⅰ号”活化策略研究

“南海Ⅰ号”是800多年前的一艘沉船，经考古发现，它是南宋时期航行于海上丝绸之路主航道上的远洋贸易商船，到过广州，沉没于川岛海域。它的发掘，获评2019年度全国十大考古新发现，入选了全国百年百大考古发现，被誉为“海上敦煌”，成了广东乃至粤港澳大湾区的一张亮丽的文化名片。

一、价值厚重

经过专家学者30多年的考古发掘，“南海Ⅰ号”的神秘面纱已被慢慢揭开。人们发现，它具有独特的历史文化价值。

1. 海上丝绸之路的重要标志

“南海Ⅰ号”作为迄今为止我国发现的保存较好、体型巨大、发掘最成功的宋代远洋贸易商船，是保存在海上丝绸之路主航道上的珍贵文化遗产。沉船文物总数超18万件，是当今世界上海上丝绸之路文物数量较多、较完整、较集中的文化载体，为研究海上丝绸之路的历史，以及我国对外贸易史、陶瓷史、文化交流史等提供了极为难得的实物资料，具有重要的科研价值，足以成为海上丝绸之路的重要标志。

2. 水下考古的标杆

“南海Ⅰ号”持续30多年的考古发掘、中外考古合作的实施、水下考古人才的培养、整体打捞的实现等，见证了我国水下考古领域科学技术的高速发展，其首创的整体打捞和实验室考古，为我国相关标准的建立提供了经验，为世界水下文物文化遗产的保护提供了中国智慧和中国方案。

3. 古代造船工艺的典型标本

在中国古代造船史上，最具代表性的有沙船、广船和福船三大船型。

从“南海Ⅰ号”已发掘暴露的船体结构和船型判断，它属于福船类型。它的木质船体残长约22.15米，最大宽约9.35米，是迄今为止中国发现的年代较早、船体较大、保存较完整的宋代远洋贸易商船，对于研究中国近代造船史尤其是造船工艺，具有重要的意义。

4. 民心相通的文化方舟

“南海Ⅰ号”所载的大宗商品为陶瓷和铁器，绝大部分为外销产品，其中部分陶瓷器产自佛山南海奇石窑和文头岭窑。出水的德化窑方棱执壶和大碗等部分瓷器虽为民窑产品，却异常精美，其器型具有相当的异域特点。出水文物中有些器物造型奇特，图案复杂，图腾象征明显，例如长度172厘米的金腰带，风格粗犷大气的金虬龙纹环，各式精美的金链、金戒指以及璎珞胸饰等金器，都可以看出明显的异域风格，既显示船主的身份显赫和身价不菲，又说明船员可能来自不同的民族和地域，充分反映了东西方文化的交流和融合，是一艘推动海上丝绸之路沿线国家民心相通的文化方舟。

二、活化七招

习近平总书记指出：“让收藏在博物馆里的文物、陈列在广阔大地上的遗产、书写在古籍里的文字都活起来。”诚然，文物只有活化利用才能最大限度地彰显其价值。那么，对于具有厚重历史文化价值的“南海Ⅰ号”来说，这些年来在海洋文化遗产的活化利用方面，用的是什么招数呢？

1. 整体打捞，就地展示

“南海Ⅰ号”是1987年被意外发现的。当时国际水下考古领域流行布设水下探方，对沉船遗址进行逐区、逐层发掘，先发掘船内文物，再清理沉船本体。然而，从“南海Ⅰ号”的具体情况出发，实施上述方法会遇到一些难以克服的困难。经过反复权衡研究，我国考古界采用了世界首创的整体打捞法，并在阳江海陵岛十里银滩为沉船量身订做一座“水晶宫”。2007年沉船出水后，就入驻了这座名为“广东海上丝绸之路博物馆”（以下简称“广东海丝馆”）的“水晶宫”。该馆的基本陈列“丝路船说：南海Ⅰ号的前世今生”展出文物4000多件，展线长达15000米，有效阐述了海上丝绸之路的历史和意义，获得国内外的广泛好评。2009年以来，接待游客已逾千万。

2. 深入研究，科学阐释

“南海Ⅰ号”保护发掘工作分阶段出版的考古报告，分别入选全国2017、2018年度文化遗产十佳图书，为全社会参与“南海1号”海丝文化研究提供了基本支持。围绕“南海Ⅰ号”及其出土文物，广东海丝馆积极申报各级科研课题，全面推进文化遗产的阐释工作，近年来发表了《“南海Ⅰ号”沉船反映的宋代海上生活辨析》等研究论文近百篇。为了进一步加强“南海Ⅰ号”的研究阐释，阳江市政府与中山大学共建了海上丝绸之路“南海Ⅰ号”研究中心，构建新型校地合作平台。依托各类科研力量，广东海丝馆编辑出版有《南海Ⅰ号——历尽千帆归来新》《沧澜帆影——探秘“南海Ⅰ号”》《山海之聚——阳江海洋文化遗产》《沉舟格物——海上丝绸之路文化研究》等10多种图书，有力推进了海丝文化的研究和传播。

3. 研学课堂，科普基地

广东海丝馆重视面对中小学生开展研学、科普活动，成功申报为全国科普基地，并挂牌成立了广东人文社会科学普及基地、广东省中小学生研学实践教育基地等，年均接待中小学生研学旅行团超10万人次。他们研发的“昔日的贸易商船，今天的文化方舟——南海Ⅰ号主题研学旅游项目”入选全国文化遗产旅游项目评选活动百强案例、十佳案例。他们自主开发的“品读宋代经典，探寻海丝文化”“化学探索船”“中国古代航海造船技术与海上丝绸之路”等课程分别荣获广东省教育厅研学实践优质课程一、二、三等奖。

4. 对外交流，展现风采

为了在海外展现“南海Ⅰ号”的风采，广东海丝馆精选出水文物及有关素材，沿着马来西亚、沙特阿拉伯、德国等丝路沿线国家和地区，参与举办了数十场展览，被国内外上百家媒体争相报道。2021年12月，该馆邀请美国、加拿大、巴西等知名专家以线上线下相结合的方式，召开了“南海Ⅰ号”对话世界国际学术研讨会，为“南海Ⅰ号”打造世界级考古品牌广纳良言。2022年春节期间，广东海丝馆与马来西亚马六甲郑和文化馆联合举办“迎春接福船——南海Ⅰ号到大马活动”，通过馆内打卡、播放视频、线上展览、线上讲座等形式，为马来西亚观众和当地华人华侨带来海丝文化体验，受到热烈欢迎。此外，广东海丝馆还举办了“南海Ⅰ号”发现30周年国际学术研讨会等，积极推动“南海Ⅰ号”的国际传播。

5. 仿制古船，重展魅力

经阳江市发改局批复同意，广东海丝馆于2014年建成了“南海Ⅰ号”仿古船模。仿古船建成后，2014年参加了在湛江举行的中国海洋经济博览会，2015年参加了在珠海举行的“葡澳风情过大年”主题活动，2016年以来即停放在闸坡渔港码头对公众展示，并作为参观展示船参加了在海陵岛举办的历届南海开渔节活动，展示了“南海Ⅰ号”古船的风姿和魅力。

6. 多媒传播，立体推介

广东海丝馆积极利用多媒体传播“南海Ⅰ号”的形象与价值。仅2021年11月以来，“南海Ⅰ号”相关信息在新华社、央视、学习强国以及省、市媒体推出的报道就有100多篇次，点击量达320多万人次。此外，他们还通过“体感捕捉+融合摄影”技术设计海上丝绸之路历史主题的“AR互动航海墙”；推出“丝路船奇”VR体验；通过三维重建技术，数字化呈现馆藏出水珍宝，游客在与展品互动的同时，展品的故事就映入眼帘。

7. 文创开发，形象推广

文化创意产品是文化传播的重要载体，是博物馆文物的重要延伸。广东海丝馆作为广东省首批文创开发试点单位，建设了全国首条海丝文化创意街，建立了文创产品旗舰店，推出文创产品12大类1034种，参加中国文物报社主办的“牛转乾坤——辛丑（牛年）新春生肖文物图片联展”活动，荣获特色文创开发全国三等奖。2022年“5·18”国际博物馆日，该馆首推的两款数字文创产品，不到30分钟即销售一空，实现营业收入约16万元，有效满足了公众将“文物”带回家的需求，社会反响良好。

三、突破策略

上述活化利用的七大招数，使“南海Ⅰ号”的价值和风采得到了较好的展现，广东海丝馆也被评为国家一级博物馆、AAAAA级旅游景区，品牌影响力越来越大。然而，以世界一流博物馆的要求来衡量，“南海Ⅰ号”的活化利用还有很大的提升空间，亟须采取一些突破性的策略。

1. 打造“新南海Ⅰ号”，展现广东文化新形象

打造形象生动的呈现载体，是海洋文化遗址的活化利用最有效的方式。建议借鉴瑞典“哥德堡号”访华的模式，用原来的结构、形态加上现代造船技术，打造一艘能航行五大洋的安全性能良好的“新南海Ⅰ号”，

继续其海上丝绸之路的行程，并在这艘“新船”里，策划“粤海文明——广东海上丝绸之路风物展览”，呈现广东高质量发展和文化强省建设的成果。可设计4个展示舱：一是“汉唐遗韵舱”，展示传统丝绸之路的产品，如陶瓷、丝绸、茶叶等，以表明“新南海Ⅰ号”与古代、与中国、与海上丝绸之路的联系；二是“华夏古风舱”，展示广东的非物质文化遗产，以表明“新南海Ⅰ号”与岭南历史文化传统的联系；三是“岭南明珠舱”，展示广东最具特色、最有竞争力的产品，体现广东改革开放后经济强省的风貌；四是“创意南粤舱”，展示广东的文化创意产品，展现的是广东美好的未来。这4个舱，均以文物、图片、影像、实物以及AR、VR等综合手段予以展示，而且每到一地，皆举行拜祭、易货、约誓、巡展、贸洽等活动，既传播岭南文化、展示广东形象，又推动民心相通、促进经贸发展，惠及海上丝绸之路沿线国家及人民。此船作为展现广东形象、传播海丝文化的生动载体，应在省一级层面兴建，采取“政府支持，商业运营”的模式，沿着海上丝路到沿线国家和地区巡展。

2．建立水下考古活化研究院，打造世界级水下考古品牌

彰显品牌特色，是海洋文化遗址活化利用的优选策略。水下考古，是“南海Ⅰ号”的品牌优势，也是核心竞争力所在。广东海丝馆应依托“南海Ⅰ号”，立足广东水下文化遗产资源，采取“借船出海”的办法，与国家文物局考古研究中心合作，成立中国水下考古活化研究院，建立国家级水下考古科技创新中心、水下文化遗产研究中心等平台，加强水下考古与文物保护利用，打造世界级水下考古品牌。

3．牵头成立国际沉船博物馆学会，进一步扩大国际影响

发挥比较优势，是推进海洋文化遗产活化利用的有效途径。沉船博物馆，也是“南海Ⅰ号”的一大特色。“南海Ⅰ号”作为世界三大著名沉船博物馆之一，是整体打捞出水的，对比其他两个沉船博物馆来说，更具吸引力。广东海丝馆应发挥这一比较优势，积极加强与国际文博界的合作，争取牵头成立国际沉船博物馆学会，掌握沉船博物馆研究和展示的话语权，举办国际学术研讨会，开展文物展览、学术交流、人才培训等，扩大“南海Ⅰ号”的国际影响，并争取将永久会址落户海陵岛。

4．运用高新技术手段提升展陈水平，营造古代海上丝绸之路盛景

高新科学技术，是海洋文化遗产活化利用的最有力的武器。广东海丝馆应充分利用考古发掘最新成果和采集的数据，围绕木质船体保护要求，进一步改造场馆，让其更好地满足保护环境的要求，更加便利于群众的参观。积极运用新的展示、传播技术，全面提升博物馆展陈水平，打造数字化、知识化、品牌化相融合的展示平台，营造壮丽宏大的古代海上丝绸之路盛景，增加观众的参与感、互动性。

5. 推动文旅融合发展示范区建设，树立国际化岭南文化新地标

推进文旅相融，是海洋文化遗产活化利用的有效策略。建议支持和推动阳江以“南海Ⅰ号”为核心、以十里银滩为纽带、以海陵岛为依托，建设集水下考古、文物保护、海丝文化研究与开发、海丝风情展示、海丝文创产品展销、海丝文艺展演为一体的文旅融合发展示范区、文化产业示范园区、文化和旅游消费集聚区，助力将海陵岛打造成国际旅游岛和国际化岭南文化新地标。近期可考虑在现有海丝馆和在建的广东省水下文化遗产保护中心的基础上，规划建设沉浸式体验馆，并利用景区周边及大王山山体建设海丝文化公园，形成以“三馆一园”为主体、山海联动，集海丝文化的保护研究、展示利用、沉浸体验为一体的文化旅游结合体，充分彰显“南海Ⅰ号”的历史文化价值。

6. 构建全媒体传播矩阵，让海丝文化影响无处不在

海洋文化遗产的活化利用要想取得理想的社会效果，离不开精妙的传播策略。2003 年“南海Ⅰ号”之所以蜚声海内外，就是得益于《南方日报》的一次传播策划，当时该报用两个版 15000 字的篇幅，首次向外界披露了“南海Ⅰ号”的秘密，同时通过网络传播，引来了联合国教科文组织的官员前来考察。现在是全媒智媒时代，更要靠全媒体智媒体进行传播。建议广东海丝馆尽快构建全媒体传播矩阵，除自办网站、微博公众号、微信公众号、移动客户端外，积极与央媒、省媒开展合作，并入驻抖音号、今日头条号等社交媒体，经常开展传播策划活动，其内容在线上线下实现一体化传播，使“南海Ⅰ号”所承载的海丝文化影响无处不在。

（原文载于《岭南文史》2023 年第 1 期）

访谈杂忆：岭南的风 时代的题

龙凤战略打造特色媒体军团

广州的三大报业集团，比财力，广州日报财大气粗，一年有十几亿元的广告收入；论办报，在全国报纸为同质化伤透脑筋时，南方日报报业集团既计划生育，又多子多福，在这个各具特色的媒体军团里：有一纸风行20年的全国性周报《南方周末》，有密集覆盖珠三角、要做中国最好报纸的《南方都市报》，有杀入中国体育类报纸前三强的《南方体育》，有要做中国商业报纸领导者的《21世纪经济报道》。《21世纪环球报道》停刊后，《南方周末》迅速推出男性杂志《名牌》，《南方都市报》在与上海文新集团合作办《东方早报》遇挫后，又紧锣密鼓于2003年11月与光明日报报业集团跨集团跨地区在北京办了《新京报》。采访完《南方周末》《南方都市报》和《21世纪经济报道》的主编，中午的饭桌上记者临时动议采访南方日报报业集团的领导，不想电话过去，快人快语的集团总编辑杨兴锋马上敲定："就下午两点吧。"

品牌战略：龙生龙凤生凤

记者（以下简称"记"）：杨总，采访了南方报业集团几张子报的主编，我又和广州日报报业集团和羊城晚报报业集团的领导做了接触，在广州这个城市，其他两家报业集团的领导对南方日报报业集团的报业结构最为羡慕，有人开玩笑说，南方报业会生儿子，培育一个成才一个。有人统计过，一天一个读者愿意掏10块钱买同一个报业集团报纸的，全国只有南方报业集团一家，南方报业对子报是如何培育的？

杨兴锋（以下简称"杨"）：在传媒竞争发展的态势下，在市场相当成熟的广东报业市场，南方日报报业集团以一系列成功的报纸品牌覆盖了各种细分的专业化市场，南方日报是全国省报中第一个成立报业集团的，业内人士公认和看好南方日报报业集团属下的报纸品种最齐全、功能和构架的市场细分也最合理。

南方报系的几家报纸和刊物，主打全国市场和有着全国影响的，一是老牌的《南方周末》，它在全国知识分子和思想界的影响不用多说；二是创办不到两年就在全国打响的财经媒体《21 世纪经济报道》；三是与《体坛周报》《足球》并驾齐驱的《南方体育》；四是在城市新人类中影响深刻的《城市画报》。而在本地区域影响巨大的，一是有 50 多年历史的《南方日报》，它的发行量连续 16 年名列全国省级党报第一；二是在珠三角密集覆盖的《南方都市报》；三是《南方农村报》，在广东各地有 30 万固定读者，也是全国同类报纸第一。这应该归功于集团的多品牌战略，我们利用南方日报多年积累的人力资源和新闻资源，创办了《南方周末》，然后又利用《南方周末》的人才资源和发行网络创办了《21 世纪经济报道》。我们创办《南方都市报》成功后，又从它的体育部分流部分人员，办了《南方体育》。《南方都市报》的模式北上首都又有了《新京报》。这就是“龙生龙，凤生凤”的品牌化战略，而且这些龙子龙孙，定位明确，各有特色，互不冲突，从企业集团化经营角度看，这是多品牌战略的成功。

记：一家省级报业集团现在有 5 张以上的子报，在报业集团里，子报一旦同质化，就会“窝里斗”，子报办不好就会成为报业集团的包袱，办好了子报因为集团管理的体制不顺可能会想着另起山头，报业集团对母报和子报、子报和子报之间怎么管理和协调？

杨：各个报纸的读者定位、市场定位本身就体现了一种优势互补。《南方日报》围绕党和政府的中心工作，围绕读者关心的问题来做宣传。《南方都市报》从城市读者最关注的问题入手，用新闻的手段来表现。每个报纸的定位本身就使得它的选题、表现手段都是根据各个报纸的特点来展开，用各自不同的特点来反映读者关注的新闻。这种分工本身就是一种很好的互动和协调。《南方周末》是周报，《21 世纪经济报道》是周二报，和日报的特点不一样，《南方日报》和《南方都市报》都是日报。日报有很多资源是共享的，有一些新闻资源日报掌握了，都市报也需要，我们可以实现资源共享。这个题材在某个报纸做效果好，那就让某个报纸去做。我们一般是这样来实现新闻资源的共享。

对于子报的管理，南方报业集团实行二级核算制度。集团每年对子报提出一个创利指标，子报达到了这个数字以后集团跟子报进行利润分成，经营收入超过了，税由子报来付，超过 1000 万，交了 300 万的税，剩下来的由子报支配，当然不是分光吃光，还要有可持续发展的基金。子报和集团没有根本的利害冲突，集团是一棵大树，离开集团的投入和呵护，离开母报的品牌、政治优势、资本、人力，离开集团这把大伞，子报不是淹死就是晒死。

记：最近国家进行报刊整顿，肯定有不少行业报和小报想加盟背靠上南方报业这棵大树，你们对吸收外来报刊是个什么态度？

杨：我们的原则是要紧密型办报，不搞松散型的，办一个就一心一意办、全力以赴办。有家体育报，办不下去了，找到我们，但原来的人我们一个也不接受。《21世纪经济报道》前身是《广东物价报》，我们坚持不要人。《粤港信息报》原来由8家单位办，后来上级管理部门压着我们要，这个报纸的人员大学本科只占1/3，怎么要人？按照南方日报报业集团的人均年收入，一个人1年10万元，一个人干10年就是100万元，干完后还要养老退休，可是他到死也创造不了这个价值。吸收外来报纸不是为了面子好看，不能拿过来成了包袱，我们要的是有利润的报纸。

人才战略：东西南北中“杂交”

记：在2001年教育部组织全国百万学生参与投票的“新世纪中国大学生就业首选企业”调查中，南方报业名列35位，是唯一跻身50强的报业集团；2002年，由北京大学研究管理中心发起的“中国最受尊敬的企业”调查中，南方报业名列18名，是唯一跻身20强的报业集团，这说明南方报业对人才的吸纳上有独到之处，这具体又体现在什么地方？

杨：我们在市场上能够针对不同的需求、不同的市场空间来实现我们的发展。我们有各种人才，有做时政新闻的人才，有做经济新闻的人才，有做网站的人才，也有报业经营的人才，在人才储备上我们有优势。我们的媒体不停留在某一个层面上，我们既有打广州市场的能力，又有打全国市场的能力；有打城市精英阶层的能力，又有面向城市读者、农村读者的能力，我们的市场覆盖面比较宽。这几年我们去全国各地要人才，主要通过两条途径来招聘。一个是我们每年到年底的时候按照计划来招收应届大学毕业生，这几年都到名校要人，再就是根据各个系列报、各个部门实际发展的需要，不定期从社会招聘人才。

记：在省级报业集团中，用本省内的人才办省报是一个普遍的现象，这些曾经走南闯北的人才回到自己的故土后，时间一长，思维和思想变得本土化，反而放不开手脚了。据我所知，您是海南人，程益中是安徽人，向熹是四川人，全国东西南北中的人才在这里“杂交”的特点非常明显，你们这里有不少30岁上下的“少帅老总”，有人戏称他们是“娃娃老总”，你们按什么标准培养和选择人才？

杨：各种报纸的定位和读者不同，要办出不同的特色，对人才的要求也要多样化，要有办报的人才、经营的人才、管理的人才。从区域上说，本省的、外省的，“东西南北中”的人才都要。因为不同地域的人，由于地域文化的差异、风俗习惯的不同，大家走到一起各显所长，就有了“杂交”的优势，报纸的特色也就出来了。在集团内部，我们有集团内部人才流动机制，大学生上岗后觉得岗位不合适，可以调整，让每个人可以找到自己最佳的工作岗位。《南方周末》办起来，是因为在办《南方日报》的过程中有一批对做周末类的深度报道很有研究的记者、编辑，我们让他们去创办《南方周末》。《南方周末》办起来后达到很高的平台，需要再拓展另外一个平台，我们从《南方周末》原来搞经济报道很有办法的人中挑选一些，让他们去办《21世纪经济报道》。同样，《南方日报》原来培养的一批人，创办了《南方都市报》，《南方都市报》办起来之后，有几个年轻人搞体育报道很有办法，我们就兼并了一张报纸，让他们这几个人办起了《南方体育》。

在报业集团内部，通过劳动、人事、分配制度三项改革，尤其是人事制度的改革，我们建立了让优秀人才脱颖而出的用人机制。1999年3月份和2001年3月份实行了两次竞争上岗。通过竞争上岗，有50多名30岁左右的年轻人走上了中层领导岗位。这些年轻人在报业集团的大熔炉里面已经经过几年的熏陶，在思想上、业务上开始处于成熟阶段。我们通过竞争上岗，让他们走上中层领导岗位，给他们打造了一个比较好的平台，他们的积极性、主动性、创造性都发挥出来了。南方日报几个中心的执行主任都是30岁左右的年轻人，在南方都市报社、南方周末社、21世纪经济报道报社，也是30岁左右的年轻人在当骨干。有了舞台还要有待遇，没有高收入留不住人才。将来改革力度大的时候，可以搞股份制，让人才的名利与报纸紧紧捆住。好的人才要拢住他，我想一个是舞台，一个是股份制，能吸引各方面的人才。

龙头战略：高度决定影响力

记：《南方日报》是50多年历史的老牌机关报，连续多年是全国发行量最大、版数最多的省级机关报，大约从1993年开始，一直徘徊不前，全国机关报除省会城市机关报《广州日报》改版成功外，省级机关报还没有特别成功的先例。在报业集团党报作为母报是“龙头”，龙头如何高昂是所有党报老总很关心的问题，2002年8月6日，《南方日报》为什么启动新一轮的改版？

杨：改革开放二十几年来，我们年年搞改革，年年都有新突破。但对《南方日报》的改革也出现过摇摆和困惑：既进机关又进千家万户是不可调和的矛盾？让上级满意和让下边满意是不容易的？无论如何，现在报纸市场的格局正在变化，市场正在细分化，广告市场也在细分，再不改革党报就会进一步被边缘化。

记：市民化的报纸现在比的是发行量，但报纸的发行量不等于影响力，英国的《太阳报》发行100多万份，《泰晤士报》发行30多万份，但两张报纸的影响力不可同日而语，有人认为在目前中国还没有真正意义上的主流大报，《南方日报》向严肃大报目标靠近的效果如何？

杨：《南方日报》的这次改革要逐步走向市场，把它定位在哪里？根据调查，南方日报基本的读者是3类人：各级管理者、领导者、公务员；商人；知识分子。这3类人构成市场里面的高端读者。我们由此来确定《南方日报》的市场定位，应该定在整个报业市场的高端。我们要办高档次的报纸，吸引高端读者，吸纳高档的广告，这是我们的“三高”策略。这样定位后，我们提出一个办报理念叫作“高度决定影响力”。我们的目标是把《南方日报》办成一份在华南地区的主流政经媒体，突出时政新闻和经济新闻，办成很有影响力、很有权威性、很有公信力的主流政经媒体。根据这样的办报定位，我们把《南方日报》打造成3个板块：时政新闻板块、经济新闻板块、文体新闻板块。根据这3个板块，我们在内部机构上设置了4个中心，即要闻编辑中心、时政新闻中心、经济新闻中心、文体新闻中心。实现板块和部门对接的办报机制，这种办报机制体现了责、权、利的统一，对于新闻的捕捉、策划、反应非常快。再加上我们对内部的考评机制进行了调整，我们把报纸的劳动量化到人，量化到稿件，量化到版面，保证记者和编辑积极性的发挥。这样改了1年多，现在势头相当好，《南方日报》作为具有50多年历史的党委机关报焕发了青春和活力，在全国的省委机关报广告和发行普遍下滑的趋势下，我们的广告和发行都呈现了上升势头。

（原文载于《传媒观察》2004年第1期。访谈者为时任记者施爱春）

荣誉属于南方报人

——访第六届韬奋新闻奖获得者、《南方日报》总编辑杨兴锋

欣闻本报总编辑杨兴锋荣获中国新闻界最高荣誉——韬奋新闻奖，整个报社都沸腾了，不少编辑记者跑去老总办公室，想分享一下成功的喜悦，却只见大门紧闭。一打探，原来杨总上午刚开完采前会，就立马带队下乡采访去了。我们的电话采访也只能在他采访的间隙进行。

记者（以下简称“记”）：杨总，您获奖我们都感到很骄傲，大家都很想分享一下这份感受。

杨兴锋（以下简称“杨”）：荣誉并不属于我个人，它是全体南方报人共同努力的结果。我不会忘记，是省委领导和省委宣传部多年来给予了《南方日报》高度重视和亲切关怀，是集团社委会全体同志同心同德、锐意改革，特别是范以锦社长全力以赴支持我的工作，是我们的采编、经营队伍团结拼搏、敢打硬仗，才让我有机会代表大家获得今天的荣誉。

记：2001 年底您被正式任命为《南方日报》总编辑，半年后您就发动了《南方日报》力度空前的改革，响亮提出“高度决定影响力”的办报理念，致力于打造一张华南地区主流政经大报。两年多走过来，700 多个日日夜夜，有何感慨？

杨：这段经历终生难忘。我将丘吉尔的名言时刻牢记脑中：我没什么可以奉献，有的只是热血、辛劳、眼泪和汗水。不管遇到多大困难，我从不畏缩，从不后悔；不管取得多大的成绩，我从不满足，从不停步。我总在想，如果能够通过《南方日报》的改扩版实践，在激烈的报业竞争和舆论引导工作中牢牢掌握主动权，为我国党委机关报的发展壮大闯出一条新路，困难算得了什么，个人得失又算得了什么？

记：两年多来在您的带领下，我们参与、经历、见证了《南方日报》这张传统党报的巨大变化，现在，全报社上上下下更对未来充满期待。

杨：可以透露的是，今年10月23日《南方日报》55周年社庆后，我们还将再度改版，大家还得加把劲，大干一场。

记：杨总您总是一副生龙活虎的模样，哦，忘了您是属龙的。韬奋先生离开我们已60年了，您觉得“韬奋精神”在现代报业中的价值在哪里？

杨：60年过去了，但每一位新闻工作者都会牢记“韬奋精神”——热爱人民，真诚地为人民服务，鞠躬尽瘁，死而后已。不管过去多少年，“韬奋精神”将薪火相传，激励我们前行。他的“铁肩担道义，妙手著文章”，他的服务人民、重视群众呼声都给我留下了深刻印象，在新时期我们要大力弘扬“韬奋精神”，坚持政治家办报的原则，坚持“三贴近”的方针，服务大局，服务人民，敢于进行舆论监督，鞭挞不正之风，为党和人民的利益鼓与呼。我深知，对于党报的改革来说，现在只是万里长征走完第一步，前面的路还很长，我仍需兢兢业业，为党的新闻事业倾尽全力。我坚信，只要我们坚定前行，与时俱进，我们就会闯出一条在新的历史条件下办好党报的成功之路。

（原文载于《南方日报》2004年9月23日。访谈者为时任记者方楠）

推进文化体制改革　落实媒体聚合战略

——访南方报业传媒集团党委书记、管委会主任杨兴锋

“去年的体制改革是我们的亮点”

《中国记者》：南方报业传媒集团的转制改革很受关注，请介绍一下进展的情况。

杨兴锋：目前，公司的架构已经基本建立起来，母子公司的管理机构基本建成，各个二级公司也完成了工商登记、董事会的组成等步骤。与之相配套，我们陆续出台了一些基本制度。根据母子公司的管理架构，出台了一个财务审批制度、一个预算管理制度。

现在南方报业已经基本上实现采编和经营的两分开，采编人员留在事业单位，经营实行公司化运作。比如说，南都报系，它有一个南都报系控股公司，属下的各个媒体，《南方都市报》本身有一个经营公司，负责《南方都市报》这张报纸的经营事务，其他两个系列报刊《南都周刊》《风尚周报》，也组织了各自的公司，服务于自己媒体的经营运作。

《中国记者》：以前的哪些经验有利于改制呢？

杨兴锋：我们的几个子报市场化步伐走得非常好，他们的采编和经营两分开比较彻底，真正实现专业分工。我们也用这个成功经验来推动报业集团的体制改革，尤其是对《南方日报》的改革。

一是《南方日报》完全自负盈亏，是集团下面的一个报纸，不是报办集团，是集团办报。《南方日报》成立了自己的行政部、财务部和经营公司。它每年自负盈亏，单独成本核算。

二是基本实现采编和经营的两分开。采编人员能够专心致志地搞采编；经营人员专业化运作，开拓市场。

一般来讲，党委机关报的工商广告比较少。而《南方日报》的商业广告去年已经超过政府公告。《南方日报》这几年的广告增长比较快，2008年“寒流”那么厉害，还增长了26%，2009年的任务是力争增长10%以上。

在文化体制改革方面，现在就差人员分流这一块了。当然，现在还在不断做一些完善的工作，包括对一些子报子刊的股权管理、股权划分等。

《中国记者》：*改制的效果具体体现在哪些方面呢？*

杨兴锋：文化体制改革是我们2008年工作的一大亮点，而且开始显现效果，总的来讲有3点：

第一，改制从根本上确立了媒体经营单位的市场主体地位，使集团得以按照法人治理的要求建立和完善管理制度和运行机制，通过现代企业制度和子公司专业化经营的制度安排，更好地参与市场竞争。

第二，改制为集团进一步明确战略发展方向、科学选择和优化产业发展模式提供了保障，其中包括拓宽投资领域和方式选择、延伸价值链和竞争优势、创新产品、营销及管理模式等多方面内容；改制还促进了集团从报业集团向全媒体集团转型、报业规模的扩大和跨地域、跨媒体、跨行业发展；改制也推动了集团初步实现从裂变式发展模式向聚合式发展模式转型、从“规模经济”到“影响力经济”的转变。

第三，改制为集团带来了良好的社会效益和经济效益。2008年，中宣部、文化部、广电总局、新闻出版总署联合授予南方报业传媒集团“文化体制改革优秀企业”称号，我们是唯一获此殊荣的平面媒体集团；在2009年由世界品牌实验室和世界经济论坛联合发布的“中国500最具价值品牌”排行榜上，南方报业旗下的《南方日报》《南方都市报》《南方周末》《21世纪经济报道》4家报纸品牌价值共达158.63亿元，是品牌入围最多、价值总额最高的平面媒体集团；此外，作为唯一的平面媒体集团，南方报业已经第三次被北京大学企业管理案例研究中心评为“中国最受尊敬企业”。

集团的经济效益也呈连年上扬态势，广告收入和净资产每年以1.5亿元到2亿元的速度递增，整体盈利能力不断提升。目前，全集团年广告收入过亿元的报刊已达到5家。

改制的效果还体现在我们具体工作的方方面面。现在，我们几个主要领导已可以把主要精力放在宏观管理、战略管理上，日常的经营活动由各公司自己负责，调动了他们的积极性。责、权、利结合，才能发挥作用。

我们2009年的经济工作会议，出台了两个制度，一个是《预算管理制度》，就是整个集团实现全面的预算管理；第二个是《财务审批制度》，实现分权，集团公司有集团公司的权限，下属公司有下属公司的权限。

这两个制度出来以后，马上要推行的是激励制度。因为现在还不能实行管理层持股，所以要探索一个有效的激励制度。可以考虑采用虚拟股权，或者是虚拟分红权的办法，我们正在研究。如果这步走出去，整个集团的科学管理体系、科学管理制度、科学管理机制就基本健全了。

集团管委会是省政府授权的，有权批准属下一些意识形态色彩不强的媒体引进战略投资者。2007 年底，我们批准《名牌》杂志引进战略投资者，成立了股份公司，由管理层持股，运作 1 年就扭亏为盈了。

举一个具体的例子：没有改制、没引进战略投资者以前，我们给这家杂志分配了一大间办公室，他们打报告说办公用地不够，人员坐不下；改制以后，要收办公用地的房租了，他们就打报告说，只要原来的一半就行。这是最明显的一个例子，说明了改制的好处。

2008 年，我们还引进了一个战略投资者来合作开展《南都周刊》的经营。2009 年 3 月开始，《南都周刊》改版，现在发展得很好。这也是体制改革的成果。

体制改革的另一个成果，就是各个报刊的采编业务做得更加专业，品质更加提高，所以各个报刊的发行量都在上升。《南方日报》这 6 年改版发行量增加了 10 多万份；《南方农村报》2008 年年底决定要提价，结果 2009 年的发行量不但不降反而增加；《南方周末》2008 年第三季度从 2 块钱提到 3 块钱，发行量也在不断增加。

“我们在向全媒体的方向发展，但是要讲究步骤，讲究时机，讲究推进的节奏”

《中国记者》：*您怎么看待新媒体的挑战？*

杨兴锋：南方报业的媒体实行的是差异化战略。报纸本身很强，不能因为人家说一些网络媒体怎么强了，自己就乱了手脚，何况现在网络媒体的盈利模式也在不断变化，网站真正赚钱的没几家。

纸质媒体的优势在于它的读者，就是喜欢读报的人。有一些人知道《南方周末》影响力很大，但他又习惯从网络上去读报，那你就在网络上让他看到，这样就扩大了你的影响力，那些网民也是你的读者。

所以我们现在还是要突出报业，因为我们这几家报纸非常强，而且都在发展，还有很大的上升空间。如果不是 2008 年的金融危机，不是纸张涨价那么厉害，2008 年会发展得更好。2009 年集团的经济工作会议提出，别人在过冬，我们就要去进攻，而不是退缩。

《中国记者》：进攻是不是指南方报业传媒集团正在全省范围内进行的新一轮扩张，请谈谈这方面的情况。

杨兴锋：最近有一些动作。我们与《西江日报》马上要签深化合作的协议，将来要形成产权合作，双方要组建一个经营公司。

我们最近跟上海世博局签了一个上海世博会官方合作媒体的协议，是继新华社和新加坡一个媒体集团之后的第三家，在国内平面媒体集团里是第一家。又跟深圳大运会执行局签署合作协议，成为首家官方合作媒体。

另外我们还跟上海文广合作，先签了一个战略合作协议，下面有具体的项目支撑，现在具体的项目已开始在做。

《中国记者》：要往视频方面扩张吗？

杨兴锋：这是肯定的。南方报业集团已经拿到一个网络视频的许可证，整个集团的网站都可以用这个牌照。奥一网现在也做得风生水起。不过，平面媒体一下过渡到网络媒体不现实，一定要逐步演变，逐步改造，逐步推进，逐步完善。

作为平面媒体，我们的思路是先往广播电视发展。我们进入了中央人民广播电台“经济之声”，整个频道的经营由我们来负责，现在项目进展得非常好。《南方都市报》最近也与广东人民广播电台的新闻栏目开展合作，目的是使报纸听得见，使广播看得见，在这个基础上再进一步向网络媒体发展。即使是发展了全媒体，报纸还是要存在的。全媒体不等于网络媒体，而是各种媒体形式并存，打破媒体的界限，哪一种传播效果好就用哪一种。

《中国记者》：为了应对新媒体的挑战，许多传统媒体都在谈媒体融合，在谈利用新的技术平台整合资源，流程再造，架构重组，您怎么看待这个问题呢？

杨兴锋：这应该是一个发展的趋势，实际上我们集团也在思考这个问题，我们2008年提出媒体聚合战略，就是认为现在发展到了媒体聚合时代。这个聚合主要是不同的品牌、不同的业务单元、不同的媒体形态聚合在一起，共同发展。

如果要讲报网的融合、媒体的融合，对南方报业来讲，还没到这步。我们现在第一步已经做完了，就是每一个报纸都有自己相关的网站，实现了报网互动，还有滚动新闻，等等。第二步是整合网络平台。第三步是用公司制的办法来运作新媒体。第四步才是现在讲的媒体融合，就是新闻信息发到统一的编辑平台，加工以后，选择适合的、不同的平台发布和传播。

《中国记者》：这4个步骤具体要如何实施呢？

杨兴锋：南方报业这两年的发展，就是按照这个媒体聚合战略的思想去运作。首先要有战略才有行动，战略一定要先行，一定要知道往哪个方向走。

我们做的第一步是每家媒体、每家纸质媒体，都相应开办自己的网络移动媒体。现在这块发展非常好，《南方都市报》的手机媒体有35万用户，《南方日报》手机媒体光收费用户就有10万，1年100多万元利润。

第二步，是整合南方报业的网络平台。省委宣传部2008年已经批准南方网整体并入南方报业传媒集团，由省委宣传部主管、集团主办。我们要借这个机会，对集团的网络平台进行整合。现在整合的思路和方案已基本清晰。目前要做的工作，就是对南方网进行内容与经营分离，按照各家的投入，确定股权比例，成立一家股份公司，负责南方网的经营。

这一步做好以后，第三步就要在集团层面，把整个南方报业的网络资源、新媒体资源用公司制的名义整合起来，在一个新媒体的平台上发展。

第四步，是实现真正的媒体融合，平面媒体、网络媒体要实行流程再造。这一步为什么要放在最后呢？因为现在南方报业的几个报纸都非常强，有特色，有自己的市场。

《中国记者》：您觉得整合过程中最先要解决的是什么呢？

杨兴锋：如果要整合，一定要建立利益补偿机制，这非常重要。2009年初集团召开战略发展研讨会，大家对聚合战略非常赞同，但是认为一定要建立利益补偿机制，聚合战略才能向前推进，否则是做不成的。

《中国记者》：您比较关注哪类媒体的发展？

杨兴锋：除了平面媒体，还关注广播电视、网络媒体和移动媒体，但我更关注媒体的经营模式和成功之道。

我们在向全媒体方向发展，但要讲究步骤，讲究时机，讲究推进的节奏。全媒体肯定是发展方向，作为一个信息服务商、信息提供商，不重视这个趋势不行。我们要明确角色，不光是报纸产品的提供商，而且是信息服务提供商。明白角色以后，至于用什么传媒手段就好办了。

（原文载于《中国记者》2009年第7期。访谈者为时任记者周燕群、程征）

让“南方报业 LED 联播网”领跑行业

近一两年来，户外 LED 广告以其独特的优势进入到一个高速成长期，成为户外广告市场一个重要的增长点。而地处华南传媒重镇的南方报业 LED 联播网以其媒体化的特色，仅用 1 年多的时间就发展成为广东省内最大、全国领先的 LED 新媒体标杆。南方报业 LED 联播网缘何能在开办不久就领跑行业？近日，南方报业传媒集团管委会主任、董事长，南方日报社社长杨兴锋就这一话题接受了本刊记者的采访，畅谈南方报业 LED 联播网发展的战略布局、运营方略、制度设计等方面的情况。

三大背景促使南方报业大力发展户外 LED 产品线

《传媒》：南方报业传媒集团近年来加快推进全媒体发展战略，倾力打造了 6 条产品线，请问贵集团将“南方报业 LED 联播网”项目作为 6 条“产品线”之一是如何考虑的？

杨兴锋：集团顺应传媒行业的发展，提出了全媒体战略，并根据自身的实际情况，确定了平面媒体、互联网媒体、移动媒体、广播电视、户外 LED、电子阅报栏 6 条主要产品线。我们对于户外 LED 这条产品线的设计和实施，主要基于以下 3 点认识：

第一，近年来中国户外 LED 市场需求急剧膨胀，中国经济社会的发展为户外 LED 提供了持续的发展动力。具体表现为：户外广告业随着中国城市化的进程快速发展，为 LED 媒体提供了巨大的发展空间；人们的生活形态与出行方式的变迁为户外媒体发展创造了机会，目前 80% 的城市居民都有相对固定的出行路线，户外媒体可实现精准的传播；宜居城市成为城市化的目标之一，各地政府纷纷出台政策措施支持以户外 LED 屏替代传统的广告牌，传统单调的户外广告逐渐被轻松动感且可体现城市品位

的户外LED所代替并渐成趋势；科技的创新使LED媒体逐渐模糊了与传统媒体的边界，从有线到无线，从单向到互动，户外LED随着科技起舞，不断实现新的发展和突破，媒体平台作用越来越明显。

第二，户外LED将从单一广告形态走向“内容+广告”的传播模式。户外LED行业的规模化、资本化、品牌化成为不可逆转的趋势，在经历了前一阶段的“跑马圈地”之后，必将迎来整合的时代。户外LED公司从靠资源、价格优势维持转向拼资本和专业的阶段，市场竞争进入依赖品牌和深度营销时期。

这一时期，户外LED行业对内容的依存度将不断提高，公共场所的LED除了单一形态的广告，更应兼顾受众的信息需求与社会责任。内容的提升是提高户外LED媒体到达力的关键，内容将成为提升户外媒体品牌价值和广告吸附能力的关键因素。同时，为寻求传播效率和到达率最大程度的提高，户外LED行业渠道化和网络化经营成为趋势，渠道化和网络化将进一步凸显其公共媒体功能，拥有采编优势的国有传媒集团和拥有资本背景的传媒公司将成为这股渠道化和网络化潮流的主力军。

第三，二、三线城市将会成为户外LED行业新的增长点。当前，中心城市、一级城市的市场进入成本越来越高，随着城市化进程的加快，二、三线城市对户外媒体的需求将日益增加，进而成为新的增长点。

基于上述认识，2011年，我们将2008年就已开始运营的《南方日报》《南方都市报》户外LED业务整合，组建以广州、深圳为重点，覆盖广东省21个地级市中心商圈和交通圈的“南方报业LED联播网”，打造广东最具传播价值、最具影响力的户外综合信息传播平台。

南方报业LED联播网具有四大竞争优势

《传媒》：南方报业传媒集团将对“户外LED”和“电子阅报栏”这两个项目加速布局，占据户外新媒体的制高点。请问集团层面对“南方报业LED联播网”项目的投入和支持力度如何，并将如何进一步推动其发展？

杨兴锋：集团将这个项目作为实施“全媒体战略”的重点项目，给予全方位的支持。在集团的推动下，这两个项目前期进展良好，已经取得了一定的影响力和经济效益。

目前，这两个项目已经成为广东省文化产业专项资金重点扶持项目，并入选国家新闻出版改革发展项目库。我们的目标是，以南方报业的品牌影响力和强大的内容生产能力为支撑，打造华南地区最具影响力和运营能力最强的户外媒体，进而成为全国同行的领跑者。

《传媒》：在南方报业传媒集团介入户外 LED 领域之前，市场上已经有几家起步较早、发展较成熟的户外 LED 品牌，您认为“南方报业 LED 联播网”较其他户外 LED 品牌有何竞争优势？

杨兴锋：相比较而言，我们具有以下 4 个方面的优势：

一是品牌优势。南方报业传媒集团被誉为中国“定位最清晰、结构最合理、综合运营能力最强”的报业传媒集团。集团旗下《南方日报》《南方周末》《南方都市报》《21 世纪经济报道》4 个品牌处于全国领跑地位，并且具有国际影响力，在未计集团主品牌价值的情况下，上述 4 家媒体 2011 年品牌价值合计 270. 91 亿元，集团强大的品牌影响力将有力地带动户外 LED 媒体的发展。

二是运营优势。《南方日报》连续 27 年发行量、广告收入位居全国省委机关报第一位；《南方都市报》连续 3 年实现单报广告经营收入全国第一。《南方日报》和《南方都市报》的运营能力和客户资源将成为“南方报业 LED 联播网”项目的有力支撑。此外，集团在广东省各地设有分公司和办事处，为项目的渠道化、网络化运营奠定了良好的基础。

三是内容资源优势。南方报业传媒集团的核心竞争力就是强大的内容生产能力，集团优质的新闻产品都将为“南方报业 LED 联播网”所用。这一内容优势将发挥越来越大的作用。

四是全媒体资源优势。集团近年来以聚合战略为指导思想，全力推动全媒体转型，目前“全媒体生产、全介质传播、全方位运营”的全媒体格局已经初步形成。“南方报业 LED 联播网”在集团“聚合”内外资源的过程中，将会获得集团全媒体方阵的全面支持。

在全国率先形成 LED 媒体新传播模式

《传媒》：南方报业传媒集团在推进包括“南方报业 LED 联播网”在内的新媒体项目过程中，在建立符合全媒体转型所需的体制机制方面有何创新之处？

杨兴锋：随着集团全媒体转型的深入实施，我们清醒地认识到，体制机制的创新是集团能否实现可持续发展的根本，为此，我们将 2012 年集团的战略发展研讨会主题定为“体制机制创新”。接下来，集团将在 4 个方面深化体制机制创新。

一是进一步完善法人治理结构。具体内容包括继续推进公司化改造，有条件的公司要按IPO的要求规范运作；引进经理人制度、项目负责制等市场化运作机制；引进战略投资者，推动部分二、三级公司实现股权多元化；完善全面预算管理、绩效管理，强化“分之有序、控之有度”的集团管理体系。

二是进一步完善资源整合机制。在全媒体时代新的媒体竞争格局下，整合出生产力，聚合出高效益。集团将进一步完善聚合发展的规范性制度设计、组织架构设计、运作模式设计。

三是进一步完善激励机制。积极探索符合政策要求，适应集团发展需要的长短期激励相结合的激励制度，充分调动员工的积极性，提高凝聚力，提升创造力和生产力。

四是进一步强化资本运营。通过上市、引进战略投资者、发行企业债券和中期票据等多种途径、方式和手段推动资本运营工作开展，在引进资金的同时，也引进先进的管理方式、运营手段。

《传媒》：“南方报业LED联播网”项目目前发展情况如何？您认为目前存在哪些需要解决的问题和障碍？

杨兴锋：截至2012年5月，该项目已经在珠三角和附近城市的中心商圈及交通圈运营近40块LED屏，屏的总面积近6000平方米，初步实现了联网、联播，在全国率先形成了“公益信息+新闻资讯+广告信息”的LED媒体传播模式。经营情况也不错，2011年是项目公司运营第一年，不仅实现了盈利，还取得了较高的投资回报率。总的来说，项目的初步框架已经搭建起来了，发展前景已经很明朗了。但是，项目目前还是处在建设初期，在开发上，还需要进一步完善网络建设，完成在全省的布局；在内容建设上，考虑媒体的特点，需要进一步完善全媒体采编流程和内容的标准建设；在广告销售上，不仅要争取更多户外广告份额，还需要进一步探索行之有效的全媒体整合营销办法。

（原文载于《传媒》2012年第7期。访谈者为时任记者冉然）

南方报业全媒体转型的思路与做法

——专访南方报业传媒集团董事长杨兴锋

未来5年将是文化产业与信息产业的融合发展从概念走向具体实施的重要阶段，传统媒体应当如何借助新技术平台实现增长与跨越，探寻与新技术共享新传媒格局的路径？

转型："全媒体是南方报业转型的具体形式和载体"

《中国记者》：随着信息技术的进步和新媒介形态的涌现，网络媒体和移动媒体发展迅猛，传统媒体面临越来越大的挑战，南方报业是如何定位自身的转型之路的？

杨兴锋：新媒体依靠它庞大的用户群，这几年一直保持高速增长态势，对传统平面媒体冲击影响的程度，目前还难以估量，但新媒体的舆情影响力上升之快令人震惊。比如，温州动车追尾事件中，传统媒体几乎还来不及反应，"微博"早已主导前半段的信息传播和舆论焦点。

新媒体发展速度非常快，而传统的传媒业务发展在减速，即使是曾经强势的市场化媒体零售也已经开始下降，转型是传统媒体的必由之路。我国传媒业市场正逐步从传统的报刊、广电、户外"三分天下"的传媒业发展格局，转变为报刊、广电、户外和渠道、网络媒体以及移动互联网"五强竞争"的新格局。在这种情况下，作为国内领先的平面传媒集团，南方报业必须居安思危，充分利用时代机遇，实现自身的跨越式发展。

在深刻分析传媒业发展趋势以及南方报业自身特点的基础上，我们选择全媒体作为南方报业转型的具体形式和载体，大力发展新媒体，向全媒体集团转型，并做了一些思考和探索。

我们在两年前就提出向全媒体转型。刚开始大家心里还没有底，商业模式与盈利模式都还未定，只是思想上高度重视。我们在这两年的战略发展研讨会上，集中主题探讨战略转型。经过两年的实践，我们渐渐地心里有底了。

应该说，实现从传统平面媒体集团向全媒体集团的转型，是南方报业基于对传媒行业发展趋势的深刻把握，及在此趋势下对党报集团责任和使命进行深入思考后的必然之举。由于运作及时，南方报业在转型过程中没有出现拐点现象。

聚合："走出一条与裂变式发展模式相关但不同的新的发展道路"

《中国记者》：*在转型过程中，南方报业制定了哪些具体战略和目标？*

杨兴锋：在指导思想方面，我们提出转型的必要性，在探索如何转型的过程中，我们提出聚合战略，希望走出一条与裂变式发展模式相关但不同的新的发展道路，以获得更好更优的发展动能和效益。

自20世纪90年代以来，南方报业积极因应形势的发展，实施"龙生龙，凤生凤"的多品牌发展战略，打造了一系列成功的子品牌媒体。这种裂变式发展模式，是南方报业在相对单一、熟悉的平面媒体领域进行耕耘与拓展，对旗下媒体所拥有的核心资源与核心能力的复制与共享，是一种内生发展与差异性发展模式，是集团在激烈的市场竞争中多品牌发展的实践结晶和宝贵财富，今后还要继续坚持和进一步发扬光大。

但是不能不看到，这种模式主要依靠自身的积累滚动发展，存在盈利模式单一和盈利能力不强等问题，在利用外部资源加快自身发展方面相对不足。同时我们还面临如何在数字媒体蓬勃发展的新形势下，提高舆论引导覆盖面、巩固和扩大舆论阵地、继续掌控舆论主导权等问题。

要在数字化时代相对陌生的业务领域进行跨媒体、跨行业、跨地域拓展，南方报业旗下原有单个媒体往往显得捉襟见肘，原有的裂变式发展模式不能够保证南方报业在"大传媒时代"以比对手更快的速度实现跨越式发展，必须顺应形势转变战略理念，大力实施聚合战略，实现向全媒体的转型，构建舆论引导新格局。

媒体聚合战略，简言之，就是通过集团旗下不同媒体形态的聚合、不同媒体品牌的聚合以及不同业务单元的聚合，充分利用国际、国内两个市场，将南方报业打造成为数字化时代国内实力最强、成长性最好、最具影响力和国际竞争力的跨地区、跨行业、跨媒体、跨所有制、跨国界的传媒集团，更好地服务于国家的经济社会文化建设。

数字化时代的媒体拓展，既包括在原有平面媒体领域的继续拓展，目标是成为在本区域和国内拥有强大竞争力的平面媒体集团；也包括在网络媒体、移动媒体等新兴媒体领域的拓展，目标是成为拥有国内最具活力的新媒体的传媒集团；还包括在相关多元化领域的拓展，目标是成为中国最具成长性的传媒集团。

通过扩张和聚合，我们的目的是要在继续深耕平面媒体的同时，实现从规模经济向影响力经济的战略转型，通过发挥品牌传播优势，尝试多渠道跨行业的延伸业务，拓展信息、印务、物流、地产等相关多元化产业。在此基础上，我们提出了争当“世界一流、国内领先的全媒体信息服务集团”的长期战略目标，并提出了“用五到八年的时间，把南方报业传媒集团打造成资产超百亿、销售超百亿的国内一流、国际知名的大型传媒集团”的中期战略目标。

实践：“打造具有南方报业特色、具备独特竞争优势的6条产品线”

《中国记者》：*在操作阶段，南方报业是如何把握转型的着力点的？*

杨兴锋：转型就是要在充分发挥传统媒体内容生产优势、长期积累下来的品牌优势和公信力优势基础上，把传统媒体的内容制造与新技术、新渠道信息发布的速度和宽度优势相结合，通过流程重组，实现新闻信息统一采集、加工、编辑，跨媒介、跨媒体多次发布，实现多媒体融合发展。全媒体转型的关键在于要实现全媒体生产、全介质传播、全方位运营。全媒体之“全”，是产品之全、介质之全、终端之全。

实践证明，传统媒体可以利用好现代传播技术的渠道和平台，传播其核心竞争力、品牌影响力。以《南方都市报》为例，事实上，我们多年以来一直在珠三角之外限制它的发行量，而在报纸没有发行到的区域，它依然有巨大的影响力，这就有赖于它的全媒体转型。

传统媒体发展新媒体，要充分认识到我们在技术上不一定是最先进的，但是可以研究新的商业模式和新的盈利模式。发展全媒体可以有很多新的业态，但也不是越多越好。转型一定要在新的商业模式和盈利模式方面找到感觉，这是我们在转型中抓的重点之一。

《中国记者》：在实施过程中，如何具体体现这些构想呢？

杨兴锋：近年来我们向全媒体转型，成效卓著。在具体实践方面，我们做了许多尝试。经过几代南方报人的努力，南方日报社已经由一份省委机关报发展成一家拥有“12 报 9 刊 5 网站 1 出版社”的传媒军团，其中有多家处于全国领跑地位、有国际影响力的媒体品牌。除了在传统媒体领域的影响力不断巩固提升，我们在新兴媒体包括网络、户外、移动媒体的影响力也不断显现。在组建和完善复合媒体数字化平台的基础上，我们打造具有南方报业特色、具备独特竞争优势的 6 条产品线，分别是：平面媒体、互联网媒体、手机移动媒体、广播电视、户外 LED、电子阅报栏。

《南方日报》是集团的旗舰，经过 2002 年以来的连续 8 次改版，已经成长为一张新型党委机关报。2011 年 8 月第 8 次改版亮出了全媒体转型的旗帜，以全媒体转型为重点和突破口，在继续深耕平面媒体的同时，将传统媒体的高度、深度、信度，与新媒体的速度、宽度、互动度相结合。

具体举措包括：一是改版当天，南方报网同时改版，推出即时新闻栏目“南方播报”，强调做有南方特色的即时新闻；二是充分挖掘优势资源，开通政务手机报，力推政经类即时新闻；三是成立全媒体突击队，负责即时新闻的采写编发，探索全媒体流程再造的路径和模式，促进纸媒记者向全媒体记者转型；四是规范官方微博，整合报纸各个栏目板块的优势资源，扩大在微博世界的影响力。

互联网方面，在已有南方网、南方报网、奥一网的基础上，2010 年，我们成功控股凯迪社区网；2011 年，我们又与腾讯公司合作打造了广东城市生活门户网站——大粤网。大粤网充分利用南方报业的强大品牌优势和采编资源，以及腾讯在华南地区 5400 万的用户基础，上线以来流量突飞猛进，雄踞华南区域门户第一位。

我们的户外 LED 联播网、电子阅报栏项目等正在加快推进。其中，“南方报业户外 LED 联播网”是广东省文化产业基金重点扶持项目之一，将成为珠三角规模最大、实力最强、成长性最好的 LED 商业信息传播平台和广东新的文化品牌。

“南方报业电子阅报系统”是广东省建设公共文化服务体系的重要组成部分，我们规划首期在珠三角各城市建立 2000 台终端，用 3 年时间，在全省形成约 1 万台的覆盖规模，建成最贴近民众生活的新媒体。

《中国记者》：其他子报系在全媒体转型方面还做了哪些探索？

杨兴锋：集团旗下各媒体都开发了一系列适合网络媒体、移动媒体的新闻产品，有力提升了舆论引导的辐射力和传播力，拓展了舆论引导覆盖面。应该说，各子报系都有不同的转型路径和方式。

《南方周末》主攻智能移动平台，先后推出南周阅读器 Android 版、iPhone 版、iPad 版，是第一个跻身 iPad 全球新闻资讯应用前 10 名的中文媒体。目前《南方周末》的全媒体业务已覆盖超过 1200 万主流人群（含 130 万报纸读者、150 万网站注册会员、380 万移动终端用户和 600 万 SNS 平台受众），全媒体影响力在国内平面媒体中遥遥领先。由于在社会化应用方面表现出色，《南方周末》荣获了“2011 亚洲数字媒体大奖”最佳社会化媒体银奖，是内地媒体首次在这项评比中获奖。

《21 世纪经济报道》突出自身的专业特色，利用专业资讯优势，自主研发了全球首家移动互联网中文财经电台，创办 21 世纪网和俱乐部，提供类似美国企业会员制的个性化定制服务，特别增加周末的实用理财内容。

《南方都市报》形成了由南都报系数字化改造而延伸出的 3D 报纸、数字报精华版、邮件版《南都新闻》、彩信版《南都手机报》、iPhone + iPad 客户端、“南都视点 LED 联播网”、“南都视点 · 直播广东”广播节目、南都官方微博群等传播媒介群。2011 年，南都又在终端上取得新突破，结合显示器和电子纸屏，同时发布了社会化阅读形式的电子报纸——《南都 Daily》。在尚待重点开发的资讯产品方面，《南方都市报》与中国移动《12580 生活播报》合作，于 2010 年 8 月在广东区域推出南都生活资讯产品“南都视点 · 12580 生活播报”。2011 年底，美国苹果公司发布各国市场 2011 年的销量（下载量）排行榜，在中国区榜单，南都的新闻客户端排名 iPad 报纸杂志类应用第一位。因为苹果公司在业界的巨大影响力，这一排行榜被看作是移动互联网发展的风向标。

探索：“鼓励大家创新”

《中国记者》：*在集团层面，主要采取什么样的机制来保障转型中的创新和新项目的发展？*

杨兴锋：在新的媒体传播格局下，复合传播带来的将是复合运营，未来媒体的生存与竞争，最终也必然落到媒体综合运营能力和社会价值与商业价值的综合实现上。集团层面为全媒体转型做了这样几项工作：

1. 积极引导

两年来，从我们的年度战略研讨会，到平时的大会小会，不断强调战略转型的重要性与迫切性，强调全媒体是必由之路，强调在理念上从“内容提供商”转变为“全媒体信息服务商”。为了向读者和受众提供高质量、多层次与多渠道的信息服务，南方报业积极转型为“信息服务商”，不仅高度重视内容的采集和信息的加工，而且高度重视渠道的选择、建设，以及高效的信息服务。

2. 建立平台

我们提出要建设十项工程，打造全媒体一体化平台，为全媒体转型打下坚实的基础。包括建立多媒体数据库、资源库等等。

3. 推广典型

《南方都市报》由一张报纸成长为一个全媒体集群，这个实践告诉我们：由平面媒体向全媒体转型，应该做，可以做，也能做到。作为集团全媒体转型的试点，《南方都市报》较好地处理好了这几大关系：首先做强做大报系旗舰《南方都市报》，通过实施南都跨区域办报这个基础战略来确保南都在传统报刊行业的龙头地位；通过优先做好跨媒体集成这个核心战略、跨行业拓展这个升级战略，力图实现全媒体生产能力、全介质传播能力的跃升，最终构建起南都“全媒体集群”，真正做到“南都，无处不在”，继而实现全方位的运营能力。

4. 鼓励创新

集团设立了创新孵化基金，第一期先拿出500万元。如果有人提出新的业态项目，经过专家评价可行后，我们就拨出创新孵化基金扶持项目的启动，有眉目时就加大投入。

2011年已经扶持的四五个项目都不错，主要是靠媒体自身的品牌影响力和内容创造力，向不同的渠道拓展。这个创新孵化基金上不封顶。

思考：“谨慎观察、适度投入、探索模式”

《中国记者》：两年来的转型实践可以做一个什么样的总结呢？

杨兴锋：前些天我们将两年来转型的这些思考和探索总结为“谨慎观察、适度投入、探索模式”。

集团办公室最近牵头对集团的全媒体转型进行调研，将新媒体收入与总收入做了个比较。我们发现由于转型所带来的增值业务，仅南都就至少增加了5000万元的收入。还有户外LED的创收，形成规模以后，收入也是非常可观的。

《中国记者》：如何考核和评价这些新业态和拓展的影响力呢？

杨兴锋：我们现在也在思考怎样建立全媒体时代新的衡量标准、评估标准。过去我们只考核发行量、广告额，现在看一个媒体的影响力远不止这些。如何进行全媒体评价呢？怎样在新闻的采集、传输、处理的一体化数字平台上评价全媒体生产、全介质传播、全方位运营的成效呢？

可以肯定的是，将来评价一个纸媒的影响力不仅要看传统的发行和广告数据，还需要看其全媒体的评价指数。我们正在尝试建立一个这样的指数。将来评价一个纸媒的影响力，就看这个全媒体评价指数。

《中国记者》：转型走到目前阶段，最重要和最紧迫的是什么？

杨兴锋：向全媒体转型是一项系统工程，需要各个方面的环环配套，缺一不可。其中，最重要的是人才和机制。

必须高度重视人才队伍建设，队伍中既要有精通媒体内容生产、信息加工的人才，又要有了解日新月异的传播技术和传播领域最新发展趋势的复合型人才，还要有善于从传媒产业的新发展中寻找市场商机、探求新的盈利模式的人才。

必须高度重视向全媒体转型的体制机制建设，包括面向全媒体的业务流程、管理机制重建，利于聚合战略推进的利益分配和业绩考核机制创新，以及从传统事业体制转向以市场为导向的企业体制的薪酬激励机制的改革，等等。

为较好地发挥集团新媒体资源的聚合效应和协同效应，我们最近成立了广东南方报业新媒体有限公司，把它定位为集团新媒体资源整合和综合开发利用平台、新媒体业务投资控股平台、新媒体资产管理和技术研发平台、新媒体业务拓展和培育平台，将重点研究网站内容业务的整合以及电子商务的可行模式、户外电子媒体板块和移动互联网板块。

建立和完善有利于全媒体发展的领导机构和组织架构，这些是集团层面应该做的，也是我们目前着力在做的。

（原文载于《中国记者》2012 年第 3 期。访谈者为时任记者周燕群、王武彬）

政协三年忆三事

2013 年至 2015 年，我在广东省政协担任科教卫体委员会主任。3 年，在人生的旅途中不过如白驹过隙、弹指一瞬，但在这 3 年，有 3 件事却在我脑海里刻下深深的印记。

一、创新调研方法创出新思路，助力创新发展跑出“加速度”

一直以来，科教卫体委员会坚持“科”字当头，年年将助力推进科技创新作为主业。2013 年，科教卫体委员会关注的“我省创新型经济”，被列为广东省政协常委会议政专题；2014 年关注的“推进科技、金融、产业深度融合发展”，作为专题协商题目被列入省政协年度协商计划。

随着经济发展进入新常态，作为全国第一大经济实体，广东面临发达国家先进技术和发展中国家低成本劳动力的“双重挤压”，要素驱动、跟随式发展模式已经难以为继，向上突围，走创新驱动、引领新发展为广东唯一的路子。在 2014 年底的主任会议上，“创新驱动”成为会场的热词。主任们经过深入讨论，形成一致意见，专委会围绕中心履行职能，2015 年就“我省实施创新驱动发展战略面临的问题与对策”开展一次专题调研。这一工作设想，得到了当时联系我们委员会工作的时任省政协副秘书长马光瑜的高度赞同。在紧接着召开的专委会全体委员会议上，委员们一致赞成这一工作设想。我们把这一想法和委员意见向主席会议做了汇报，主席会议表示同意，并将其作为常委会议政专题列入 2015 年省政协党组工作要点，报请省委常委会得到批准。

为了向省政协常委会提供一份高质量的调研报告作为专题议政材料，科教卫体委员会从 4 月份开始就制定了详细的调研方案，调研组由时任省政协副主席姚志彬担任顾问，我担任组长，刘纪显、肖航夫同志担任副组长，抽调了科教卫体委员会中的科技、科协、教育、社科等界别的委员近30人，组成调研的基本队伍。

调研过程中，我们以创新方法调研创新驱动，用“三个结合”“三个改变”对以往的调研方法做了改进：一是把专题调研与出省学习考察相结合。省内调研开始前，先赴浙江、江苏等省学习借鉴先进经验。二是把调研与走访委员相结合。我们到委员所在单位华南理工大学、广州机械科学研究院、广东工业大学数控装备协同创新研究院，既走访委员，又进行调研。三是把实地调研与书面调研相结合。调研组赴广州、深圳、佛山、东莞等市调研，同时对珠海、中山、江门、云浮等市进行书面调研，尽可能收集和掌握全省各地创新驱动发展情况。四是在以往召开委员座谈会的基础上，召开委员和专家座谈交流会。我们邀请了省科协、省社科院、省发展研究中心、中山大学、省科技情报所的专家参加，让委员与专家深入交流。五是改进“知情明政”服务，商请广东省立中山图书馆收集编印专题资料，提供给委员参考。六是改变以往先召开省直部门座谈会的做法，提前函请省直有关部门和单位提供书面材料，让委员们在调研中消化，调研结束前再召开省直单位负责同志座谈会，便于调研组与省直单位的同志进行深入的交流。省政协领导听取汇报时认为，这些调研方法本身也是创新。

在调研总结会上，我归纳大家的意见，提出了调研报告的提纲。调研报告经过调研组成员和专家的多次审改，又分别通过了省政协秘书长办公会议、主席会议和调研组骨干座谈会，反复推敲、细细打磨，先后易稿20次。

2015年9月18日，《南方日报》在头版以《省政协调研发现：创新驱动发展　粤有四大优势》为题，提前报道了省政协专题调研报告的部分内容，为常委们议政营造了良好的舆论环境。

9月20日下午，省政协十一届十二次常委会会议如期举行，常委们围绕“我省实施创新驱动发展战略面临的问题与对策”进行专题议政。会上，王荣主席提出：省政协常委会开展这个专题的协商议政，就是要把省委、省政府关于实施创新驱动发展的一系列部署，通过政协层面进一步推动贯彻落实，继续营造良好的创新驱动发展环境。时任副省长陈云贤向大会通报了我省实施创新驱动发展战略的情况。我代表省政协调研组向大会简要汇报了调研报告的内容。

调研报告得到常委们的好评：调研报告对我省创新驱动发展的状况分

析判断清晰、准确、到位，意见建议全面、中肯，具有很强的现实性、针对性和可操作性。省政协此次紧紧围绕我省实施创新驱动发展战略进行常委会专题议政，议题选得准，时机恰当。常委们紧扣议题，提出了许多有建设性的意见和建议。

在送审调研报告时，王荣主席对报告提出的“扬长补短”创新思路充分肯定，批示“很好”。这大大鼓舞了我们完成这一重要任务的信心。常委会专题议政结束后，我们又在调研报告基础上认真撰写《政协广东省委员会常务委员会关于我省实施创新驱动发展战略的建议》，提出在抓好科技创新的同时，注重推进观念、管理、商业模式等全面创新，让创新真正成为新常态下驱动发展的新引擎等5条建议。

省领导朱小丹、徐少华、陈云贤等对常委会建议先后做出4次批示，要求省政府办公厅督促省直有关部门抓紧办理。省科技厅的办理意见中显示，省政协常委会所提建议，有力推动了广东实施创新驱动发展战略工作；将实施创新驱动发展战略整体纳入广东省“十三五”规划编制，并将其列为首要重点任务；推进了《广东省促进科技成果转化条例》等法规的立法工作和《广东省自主创新促进条例》的修订工作；加大投入力度，2015—2017年广东省财政将安排企业研究开发事后奖补资金、高新技术企业培育资金、重大科技成果产业化基金共250多亿元。

令人欣慰的是，经过艰辛的努力，省委、省政府落实创新驱动发展战略取得了巨大成效。据《中国区域创新能力评价报告2017》称，广东区域创新能力首次超过江苏，跃居全国首位。其中企业创新、创新环境、创新绩效三个指标均排名第一，全省专利授权量、PTC国际专利申请量均居全国首位。

二、聚焦民生实事难点堵点，履职成果当年见成效

2014年5月，我们通过相关渠道了解到，实行农村学生免学费政策后，我省中职教育面临不少新问题，便组织政协委员赴韶关、茂名开展了一次专题视察，履行政协的民主监督职能。

事情缘起于2012年，国家发布《关于扩大中等职业教育免学费政策范围进一步完善国家助学金制度的意见》，对农村和城市涉农专业及城市困难家庭接受中职教育（就读中职学校和技校）的学生实行免学费补助。2013年3月，为贯彻落实国家这一文件，省政府出台了配套的实施意见。

我和胡社军、肖航夫率领省政协第五视察团视察发现，免学费政策实施后，减轻了100多万名农村和城市困难家庭学生就读中职学校的负担，调动了初中毕业生报读中职学校的积极性，提升了新增劳动力的素质和创业就业能力，但也带来了一些新问题。由于免学费补助政策不够完善合理，现行补助标准与以往学费标准存在较大差距，导致全省尤其是粤东西北地区中职学校（含技校）收入大幅度减少，造成办学经费缺口大、办学难以为继的严峻局面。这些问题来自基层，反映强烈，严重影响到中职学校办学积极性和教育质量。

为了掌握全面、准确的情况，视察团除召开多场座谈会外，深入相关中职学校，与多所学校的领导和师生代表座谈，交换意见建议，并在学生中进行随机问卷调查，同时委托汕尾市政协就此专题在当地进行协助调研。在充分了解情况之后，视察团经过认真深入的讨论，提出了4条对策建议：以贯彻落实省委、省政府振兴粤东西北战略为契机，统筹解决粤东西北地区中职教育遇到的新问题；尽快提高免学费补助标准；解决因行政区划调整而无法享受免学费政策问题；提高城市困难家庭学生免学费人数比例等。

专题视察报告报送省委、省政府后，引起了省领导的高度重视，时任省委书记胡春华做了批示，时任副省长徐少华、陈云贤也做了相应的批示。针对视察报告中提出的对策建议，省直有关部门积极研究采纳，省财政厅立即着手研究将提高全省中职学校农村学生免学费补助标准纳入2015年全省十件民生实事予以落实。

三、重数量更重质量，优秀提案一年六响

鉴于提案对政协委员履职的重要性，2013年初，我在主持专委会召开本届第一次全体委员会议时，邀请了时任省政协副秘书长杜重年、省政协提案委员会专职副主任谢岳铭给大家做如何撰写政协提案的辅导报告，秦鉴委员也以书面发言的形式分享了自己撰写提案的体会。

此后，委员们撰写提案的积极性越来越高，提案的质量也逐年提升。2015年，本专委会的委员共提交了94件内容广泛的提案，涉及科技、教育、医卫、文化、经济、政法等领域。其中，由我和王卫红委员提交的《落实创新驱动发展战略，加快发展我省创新型经济》提案，被并入省政协“关于加快实施我省创新驱动发展战略的系列提案”，由省委书记督办；王卫红委员《关于抓住机遇加快发展我省自贸区建设的提案》，被列入省

长督办的“关于加快我省自贸试验区建设的系列提案”；黄兴委员提交的《关于加快发展智能制造，引领广东制造业转型升级的提案》，由省政协主席会议督办。

这些提案经省领导督办，都取得了良好的办理效果。省委书记督办的实施创新驱动发展战略的系列提案，9 个方面 33 项建议有近半数被不同程度采用，写进广东省出台的有关政策文件中。《南方日报》在报道中提到，这一提案的突出办理成效，助推广东省的创新发展跑出“加速度”，引来胡春华书记的“点赞”。他肯定提案办得好、办得实，对创新驱动发展战略的实施起到了积极的促进作用。

时任省长朱小丹督办的加快自贸区建设的系列提案，推动这项工作取得突破性进展，《中国（广东）自由贸易试验区条例》的制定工作被列入了省人大常委会立法工作计划，制定了交通运输、金融、教育、文化、旅游等领域配套实施细则、监管措施和办事指南等。

省政协主席会议督办的加快发展智能制造的提案，主办单位认为提案对加快我省智能产业发展、促进制造业升级有重要参考作用，随后出台了一系列支持智能制造发展的政策措施，公开发布了《智能机器人重大科技专项目录征集指南》等。

这一年，省领导督办的 3 件提案，加上邓静红委员《关于加快立法，尽早出台符合我省实际的校园安全工作条例的提案》、彭炜委员《关于我省肺结核病回潮，亟须加强防治应对的提案》、专委会《关于进一步推进科技、金融、产业深度融合发展，积极培育发展新增长点》的集体提案，均被省政协评为优秀提案，占了当年省政协优秀提案总数的 1/6。

3 年里，作为科教卫体委员会主任，我履职尽责，一方面鼓励委员们积极撰写提案，一方面身体力行带头提交提案。在委员们和以刘力强为主任的专委会办公室的共同努力下，本专委会的提案工作取得显著成效。而我在这 3 年提交的 3 件提案均被评为优秀提案，“连中三元”！这也算是一段美好的回忆吧。

（原文载于羊城晚报出版社 2020 年出版的《广东政协忆事》第二卷）

十年磨一剑

“十年磨一剑”，这是2012年《南方日报》纪念21世纪以来全新改版10周年前夕，广东省委老书记吴南生亲笔书写的条幅，特地托《南方日报》年轻记者陈枫带给我。这位德高望重的老领导，以这种方式表达他对我们长期致力于党报改革的勉励，对历经10年全新改版的《南方日报》的肯定。

改版是“逼”出来的。从20世纪90年代后期起，尤其是在中国加入WTO以后，我国报刊市场发生了很大变化，城市报纸风生水起，网络媒体悄然崛起，境外媒体伺机抢滩，省级党报面临着严峻挑战，发行和广告持续下滑，昔日的“龙头老大”日渐边缘化。多年居省级党报发行量之首的《南方日报》也不例外，其风头逐渐被《南方周末》《南方都市报》等子报盖过。为了改变这种状况，《南方日报》与全国各地省级党报一样，进行了一次次改版，试图走出困境。有的同行提出“软些软些再软些”，希望通过扩大副刊版面来打开市场；有的同行主张向都市类报纸学习，希望以社会新闻、娱乐新闻来吸引读者。但效果都不明显，反而显得不伦不类，进退失据。“社会主义市场经济条件下省级党报的振兴之路在哪？”我一遍又一遍地追问自己。

没有调查就没有发言权。2002年初，我担任《南方日报》总编辑的第一件事，就是成立一个调研小组，由曹轲同志负责，组员有尹连根、刘晓璐、郭滨、赵小星等，还请来暨南大学新闻系的张晋升老师帮忙。他们以各种方式向市场要数据，向读者要意见，向实践要答案。经过半年多的调查和摸索，他们拿出了全新改版的初步方案。

我与调研小组进行了深入的交流和探讨。我们发现，党报的基本读者，是我们这个社会的主流人群、高端读者，他们对经济社会的发展和政治文化走势具有高度的影响力。党报的优势不在别处，恰恰在于它的权威

性和公信力。这种优势来自主流新闻、权威发布和深度分析，来自政策传播、主流舆论和舆论监督。因此，必须对《南方日报》明确定位，扬己所长，走差异化竞争之路，将《南方日报》办成一张权威政经大报、主流严肃大报，以大时政、大经济、大文化的思路做好做活主流新闻，影响主流、高端读者，从而巩固和扩大党的舆论阵地。根据这个认识，我们逐渐完善了全新改版方案，并针对《南方日报》的新定位，提出了一个办报理念：高度决定影响力。

全新改版方案得到了范以锦社长的支持，报社领导班子成员在开会讨论时也一致赞同。2002 年 8 月 6 日，我们启动了《南方日报》21 世纪以来的第一次全新改版。这次改版，从新闻产品的角度来看，是一次从内容到形式的全新改进和包装；从精神内核的角度来说，是对党报办报理念的全新思考和定位；从组织运营的角度来讲，是对现代报业制度建设和市场营销的全新探索和实践。可以说，它几乎涵盖了党报改革涉及的所有问题，其起点之高、思路之新、力度之大、影响之深，按《中国记者》年度分析文章的说法，是新中国新闻史上的“第一次”，因此有人称之为“党报再造工程”。

这天一大早，一位与我相熟的厅级领导干部在读报之后兴奋地给我打来电话：“你们改得好！”当天，报社组织了 1500 名在读大学生，与编辑记者一道上街收集读者反馈的信息。对广州地区 2 万名读者所做的调查结果表明：六成以上读者对改版后的《南方日报》表示肯定，其中很多读者不吝赞美之辞。

那么，怎样理解“高度决定影响力”呢？改版前夕，我就以《高度，你我共同的追求》为题，在《南方日报》上发表了《总编辑致合作伙伴和广告客户的一封信》，吹了一些风。改版当月，广告公司老总邀请我到海南博鳌给合作伙伴和广告客户做专题演讲。2002 年 11 月，在暨南大学承办的“新闻改革研讨会”上，我也对它的内涵做过详尽的阐述。简而言之，我们说“高度决定影响力”，就是在新闻信息的选择、处理上，有自己的高度，有自己的独特见解，发出自己的权威声音，对社会舆论产生引导和主导作用，产生更大的影响力。

改版初期的那些日子里，我经常在编辑部与同事们讨论：如何提供一个又一个“隆中对”，为读者的思考和判断拓展更有方向感的空间？三国时刘备之所以能够“三分天下占其一”，是因为在听取了诸葛亮的“隆中对”后找到了正确的方向和答案。《南方日报》所追求的“高度”，就是要为社会各界人士提供大大小小的“隆中对”，成为他们手中必备的“智库”和“锦囊”。这就是“高度”，这就是影响力。

改版不到半年，一个严峻的考验伴随着一场危机突如其来。2003 年春节前后，“非典”病毒肆虐，患者和医护人员陆续倒下，可病原一时又难以找到，情势非常危急。2 月 18 日，国内一家权威媒体播发了北方专家经过研究后的推断——“非典型肺炎病原是衣原体”。这一权威机构发布的权威消息，让很多人以为找到了“非典”的“真凶”，可以松一口气了。可《南方日报》负责医疗战线报道的记者段功伟向钟南山等广东专家求证时，他们却对“衣原体”之说持保留意见，认为本次“非典型肺炎”是病毒性肺炎的可能性极大，提出了 4 点很有说服力的理由，并以广东行之有效的治疗方案予以证明。

怎么办？在权威机构已经发布权威消息之后，我们还要不要公开报道广东专家的质疑意见？那天晚上，我读着记者发来的新闻稿，心里很矛盾。在当时的情势下，按权威机构的口径报道无疑是最“安全”、也是最“省事”的，但正如广东专家所言，如果按衣原体肺炎的判断来治疗，会死很多人。我想，这已不是简单的学术之争，而是对事实是否尊重的问题。权衡再三之后，我决定实事求是，如实报道。第二天，《南方日报》以《非典型肺炎病原是衣原体?》为题，报道了广东专家的质疑和分析，在关键时刻发出了独特的声音。

由于得到省委机关报舆论上的有力支持，广东专家继续按照已经探索出来的治疗方案应对“非典”，使“非典”死亡率降到不足 5%，成为世界上治疗“非典”成绩最好的地区。事实证明，广东专家的意见是正确的。钟南山其后以《南方日报与我们打响“生命保卫战”》为题发表了文章，文章说，“感谢《南方日报》对事实的尊重，对生命、科学的尊重，让我们最终共同赢得了生命保卫战”。

后来在评选当年广东新闻奖和中国新闻奖时，这篇报道被一致认为是坚持真理，不唯上、不唯书、只唯实，体现了政治家办报与独立思考的统一，获得了一等奖。同行之间的议论更形象、更直接：“记者敢写，报纸敢发。”

为了表彰新闻界在抗击“非典”战斗中立下的汗马功劳，中宣部、中国记协在人民大会堂召开全国抗击“非典”宣传工作表彰大会。在此之前，广东已开过抗非宣传总结表彰大会，《南方日报》获先进单位奖，我在会上介绍了《南方日报》的经验。北京的这次表彰会规格很高，李长春、刘云山等中央领导出席大会。会议安排我代表南方报业传媒集团等 6 家广东新闻媒体领取“先进集体奖”。走上主席台时，我向曾在广东担任过省委书记的李长春打了一个招呼，他见到我，马上与我握手，那亲切的微笑，似乎在向南方报业获奖表示热烈的祝贺。拿着沉甸甸的奖牌回到座位上，我发现段功伟已经作为优秀地方记者的唯一代表上台做事迹发言。这样的安排，反映了中央有关部门对我们的“非典”报道的肯定。

“非典”报道的成功，是“高度决定影响力”的最好注脚。改版1年之后，2003年7月底，中国记协在北京主办“坚持三贴近　进一步提高党报质量”研讨会，以《南方日报》为例，着重探讨党报创新发展之路。中宣部、新闻出版总署、中国记协的领导，中国社会科学院、中国人民大学、新华社研究所的专家，以及首都、地方新闻单位负责人，出席了研讨会。我在会上汇报了《南方日报》全新改版的思路和体会，得到了与会者的高度评价。中国记协主办的《中华新闻报》，用4个版的篇幅刊登了《南方日报》的改版经验和与会者的评价，并在头版发表评论文章，阐述《南方日报》改版带来的启示。中央分管意识形态工作的政治局常委李长春也在我们的改版汇报上做出批示：“再接再厉，与时俱进。”由此开始，新一轮党报改革潮在全国掀起。

初战告捷，增强了我们的信心和勇气，但我们并未飘飘然，更没就此停步，10年中进行了9次改版。从2002年至2006年，我在担任总编辑期间，共主持了5次改版；从2007年至2012年，我在担任社长期间，又推动了4次改版。在采编创新方面，我们总结了以全新思路经营主流新闻的8条经验，同时注意处理好新闻与引导的关系、高度与贴近的关系、速度与深度的关系，等等。比如，在处理正面宣传与舆论监督的关系时，我们除经营好钟南山、赵广军、廖乐年等重大典型，经营好重大主题宣传、重大政策解读外，还以违反科学发展的现象作为靶子开展舆论监督，如《广东江河水忧思录》《企业注册磨难记》等，仅2010年一年就在报纸上发表了105篇舆论监督的报道，基本做到件件监督有结果，推动了科学发展观在广东的实践，受到省委领导的肯定和社会各界的好评。省政协在督查江河水治理情况时，还邀请《南方日报》派记者参加。

如果说从第一次改版到第六次改版，解决的是纸媒存在问题的话，那么，从2009年第七次改版开始，我们就根据新媒体迅猛发展的新形势，明确提出要向全媒体转型，此后又推行媒体“聚合战略”，处理好内容与渠道的关系、发展新媒体与深耕传统媒体的关系，向全媒体生产、全介质传播、全方位运营的方向迈进，形成了平面媒体、网络媒体、移动媒体、广电媒体、户外LED媒体和电子阅报栏等6条新闻产品生产线，使《南方日报》的影响力一年年提高和扩大。

也许是出于对《南方日报》改版成果的肯定，2004年，我被授予中国新闻界最高荣誉——韬奋新闻奖。我当时就对前来采访的记者说，荣誉并不属于我个人，荣誉属于团结拼搏、锐意进取的南方报人。《南方日报》改版的成功，是全体南方报人共同努力的结果。

我最难忘的是改版初期采编大楼那耀眼的灯光。我一直住在报社大院里，无论是工作日还是双休日、节假日，我发现采编部门的许多办公室都是夜夜灯火通明，不少记者、编辑对改版表现出了巨大的热情，他们或者放弃与亲人的团聚，或者推掉与朋友的聚会，殚精竭虑，孜孜以求，既坚持正确的舆论导向，又遵循新闻传播规律，以增强公信力、唱响主旋律为己任，源源不断地推出体现南方高度的新闻精品。要闻编辑中心发挥编辑主导作用，为经营新闻精品，落实办报理念起到了至关重要的作用。时政新闻中心精心打造《时政南方眼》《外眼探粤》等栏目，推出了“小平百年”“激流中的南山”“走马浙江探索广东教育大发展”“广东国投破产案”等佳作。经济新闻中心倾力打造《政经大视野》《南方经济圆桌》等栏目，推出了《广东又一个春天》《广东率先实践科学发展观》《科学发展曙光昭示广东前途》《广东工业产业竞争力研究报告》等力作。文体新闻中心着力经营《文化视点》等栏目，推出了文化大省建设、广东历史文化行、岭南记忆——走进广东非物质文化遗产、世纪广东学人等重大系列报道。机动记者部努力打造《南方调查》《南方深读》等栏目，先后推出了《“穷广东”调查》《“双到”扶贫AB面》等在社会上影响很大的系列报道。理论评论部用心经营获中国新闻奖名专栏的《热点话题》，先后推出了《广东亟需再来一次思想大解放》《论转轨》《再造珠三角的发展春天》等宏论。珠三角新闻中心和地方新闻中心除了精益求精编好几个地方观察外，还分别推出了《珠三角竞争力年度报告》和《粤东西北竞争力年度报告》等。视觉中心积极贯彻“图文并重，两翼齐飞”“大视觉”理念，源源不断地推出新闻摄影精品和版面设计精品。

对现代报业制度建设和营销组织的全新探索与实践，也是《南方日报》10年全新改版的重要内容。《南方日报》的管理、运营团队在这方面发挥了很大的作用。报社制订了11项管理制度，建立起一套符合现代报业生产的采编运作流程，建立起采编、发行、广告、品牌“四轮驱动”的现代报业运作模式。集团公共事务部与集团各报刊联手，整合相关资源和力量，使南方报业、《南方日报》成为北京奥运会、上海世博会、广州亚运会、深圳大运会的战略合作媒体，让人感叹“盛会有南方”。南方广告公司实行差异化竞争战略和阶梯配置的产品结构策略，策划了一系列高端品牌活动，着力吸引高端广告，使商业广告占总广告量的份额从原先约四成提升到六成以上，不仅广告额逐年上升，而且报相得到全面改观。南方发行总公司始终贯彻办报理念，紧贴目标读者实施有效发行，使《南方日报》不仅覆盖机关和企事业单位，还进入家庭和各类高端人群聚集的场所，实现了发行结构的优化和发行量的提升。此外，行政部、市场部、新闻研究所等，也为《南方日报》的全新改版做出了独特的贡献。

作为全新改版的发动者、推动者，我当然不能隔岸观火，而是全身心投入改版实践之中，天天如履薄冰，不敢有丝毫的懈怠。从担任总编辑那一天起，我从来没有在晚上 12 时前睡过觉。改版最初那几个月，我几乎天天晚上坐镇要闻编辑中心，与值班社委和带班主任研究稿件，策划版面。原来每天下午开一次编前会，改版后变成上午开一次采前会、下午开一次采编协调会、晚上开一次编前会。只要我在家，每天都会出面主持采前会和采编协调会，晚上只要新华社没关机，我的电脑就会一直开着，每逢重大报道总会守在夜班和同事们一起商量稿件处理和版面安排。我曾因为一个重大策划日夜奋战十几天而闹上了高血压，因为长期伏案工作落下了腰椎间盘突出。抗击“非典”期间，为了策划一篇重大报道，我连续奋战 19 个小时，仅仅休息了四五个小时，又带队下乡采访去了。

对于报业发展，我同样倾心尽力。我以“让新闻理想与产业抱负比翼齐飞”的愿景勉励各位同事，强力推行差异化发展战略和梯次发展战略，深耕珠三角，推出“广州观察”“深圳观察”“佛山观察”“东莞观察”等，还鼎力支持报社经营和品牌拓展工作，做到采编、发行、广告、品牌一起抓，被同事们戏称为“首席发行员”“首席广告业务员”“首席品牌宣讲员”。那段时间，我的脑海里只有一个念头：努力找到社会主义市场经济条件下省级党报发展壮大之路。

《南方日报》的全新改版，引起了国内同行的密切关注。根据时任《南方日报》夜班带班主任孙爱群的回忆，2002 年底赴沈阳参加全国省级党报总编辑夜班工作研讨会时，令他意想不到的是，“这次会议竟开成了《南方日报》的研讨会”；“在各报的要求下，大会要我详细介绍《南方日报》改版的情况，我这个小人物居然成了各报老总的采访对象”；“我惊奇地发现，《湖南日报》《广西日报》在会上提交的论文，竟然是专门研究《南方日报》改版的!”“《南方日报》全新改版之所以在全国报界引起如此强烈的反响，正是因为《南方日报》的改版直入命门，事关省报在激烈的市场竞争中如何立于不败之地、不断发展壮大的大问题”。

当时的情况确实如此。改版的那些年，《人民日报》《大众日报》《湖北日报》《新华日报》《重庆日报》《河北日报》《云南日报》等党报同行纷纷前来考察交流。有的派来庞大的考察阵容，有的直接把我们的改版方案拿回去“克隆”，有的在报社蹲点1周，扬言要把“真经”学到手。人民日报社社长许中田听我汇报改版体会后，意犹未尽，感叹交流的时间太短，表示再找机会专程前来共同探讨党报改革。兄弟单位的考察组来到广州时，只要我在家，都会出面介绍情况，对他们想要的改版方案，包括报社各种规章制度，一概原样奉送，毫无保留。我还把自己在采前会上的评报整理成文，加上相关编辑记者的体会文章和报社的规章制度，结集出版了《高度决定影响力》一书，成为不少新闻从业人员案头的读物，被业界称为“党报改革必读书”。我对同事们说，如果说《南方日报》有一点成功的经验，那绝不是我一个人的，也不是《南方日报》一家的，它应该变成促进我国党报发展的精神财富。

《南方日报》的全新改版，也激起了社会各界的热议。省委书记张德江，连续4年对《南方日报》做出表扬性的批示。2004年1月，他在《南方日报》的汇报材料上批示道：“《南方日报》坚持省委机关报的鲜明特色，围绕省委的中心工作，坚持正确的舆论导向，及时、生动地组织宣传报道，可以说是琳琅满目，硕果累累。其中，有许多精彩之笔和闪光之作，不但有阅读价值，还有欣赏价值和收藏价值。在2003年的全省工作成绩中，《南方日报》功不可没，应该记一大功。在新时期新形势下，如何办好党报，是个大课题，我认为《南方日报》正在进行积极的探索，并且积累了宝贵的经验。”国务院学位委员会学科评议组成员、中国社会科学院新闻研究所所长尹韵公很欣赏《南方日报》的办报理念，他说，“《南方日报》改版之所以成功，主要是真正把权威性和公信力的资源用足用活了。”时任中山大学政治与公共事务管理学院院长的任剑涛教授，对《南方日报》的改版有一番精辟的见解。他认为，改版后的《南方日报》在某种意义上开启了中国现代报纸转型的大门。搜狐公司CEO张朝阳说，作为一名关注《南方日报》的读者，同时也是网络媒体的经营者，我感觉，改版后的《南方日报》在内容和形式上更吸引读者、贴近受众，是实实在在的信息窗口，展示了相当的实力、激情和品位。我很欣赏《南方日报》的办报理念——高度决定影响力。

令我印象最深的，是省委书记汪洋2009年10月23日考察《南方日报》的情景。那天，是《南方日报》创刊60周年纪念日，汪洋在省委常委、秘书长徐少华陪同下前来报社考察。在参观报社60年发展历程图片展时，他充分肯定《南方日报》创刊60年来特别是改革开放以来，在广东改革开放和社会主义现代化建设中作出的重要贡献。在参观“《南方日报》60 年 60 名篇展览”时，他不时停下脚步，仔细观看，充满感慨地说：“好文章经得起历史和时间的考验。多年后，这些作品仍然站得住，说明了优秀新闻记者的远见卓识。”在出报的“总装车间”要闻编辑中心，他看到编辑正在为《南方日报》创刊 60 周年特刊做最后的修改时，便拿起新鲜出炉的版样兴致勃勃地观看，应编辑们的邀请，提笔签发了这个版面，编辑部里响起了热烈的掌声。在与报社领导班子成员和各部门、各系列报负责人及一线记者编辑座谈时，他说，《南方日报》是胸中有大局，工作有创新的集体，在坚持主旋律的同时积极创新，提高了主旋律报道的可读性，这一点我是非常肯定的。我很赞同你们提出的“高度决定影响力”的办报理念，希望《南方日报》成为全国省级党报的排头兵，成为全国新闻界的榜样。

十年磨一剑，新风起南方。2012 年 12 月 20 日，《新闻战线》杂志社在广州召开了“《南方日报》改版 10 周年研讨会”，来自新华社、《中国记者》《中国新闻出版报》等媒体的代表，中国传媒大学、暨南大学的负责人，《天津日报》《浙江日报》《河南日报》《四川日报》等 10 多家省级党报的负责人，参加了研讨。我在会上做了《社会主义市场经济条件下办好党报的南方实践》的主题报告。我说，《南方日报》的全新改版，是在社会主义市场经济条件下努力破解党报主流主导、可读悦读、做大做强三大命题的实践。我高兴地告诉各位同行，十年九改，使《南方日报》的采编、发行、广告、品牌实现了质的飞跃，发行量增加 20 多万份，高居全国省级党报榜首；广告收入从 8000 多万元增加到 3 亿多元；品牌价值从 20 亿元上升到 100 亿元，成为全国第一家品牌价值超百亿元的省级党报。比这些数字更有价值的，是《南方日报》以自己 10 年的创新实践，交出了一份在社会主义市场经济条件下办好党报的南方答卷。

“在我 40 年的新闻生涯中，最难忘的就是《南方日报》全新改版这 10 年。我与每个热爱新闻、热爱南方的南方报人一样，把自己的心血都放在了改版上。”2013 年的“南方之夜”上，即将告别新闻生涯的我，动情地说了上述那番话。那是 1 月 16 日的晚上，广州星河湾酒店宴会大厅喜气洋洋，热闹非常，《南方日报》的员工在这里总结 2012 年的改革发展成果，庆祝 10 年改版取得的成功。我谈了 3 个词：感谢、清醒、价值。我认为，“南方的价值，就是既追求导向正确，又坚持南方的特色”，而南方的特色，就是“社会责任 + 专业精神 + 改革创新”。我引用佛教《华严经》的名言“不忘初心，方得始终”，勉励同事们在媒体转型发展中，不要忘记为什么而当记者、编辑，不要忘记最初始的那一颗纯朴的心。同事们则用热烈的掌声，回应着他们心中的共鸣。

（原文载于华南理工大学出版社出版的《南方岁月》一书）

L

书评序跋：别人的书 自身的悟

愿更多人加入到新闻学术研究行列中来

作为第一读者，我几乎一口气读完了林如鹏同志送来的《新闻采访学》书稿。掩卷之际，喜从中来。

相对于其他社会科学来说，新闻学专著还是不多，而且其中一些不是因为学术性太强而流于晦涩，就是由于观念与材料陈旧而难以卒读。这本《新闻采访学》却令人耳目一新。作者在借鉴中外新闻采访学研究成果的基础上，精心构思，旁征博引，融会贯通，深入浅出，使其实现了学术性与可读性、系统性与操作性、理论性与实践性的较好结合，显示了较高的学术水准和实用价值。读者从中既可以吸取新闻理论素养，掌握新闻采访活动的普遍规律，又可以学到新闻采访的技巧，从而更自觉、更有效地采集和分析新闻事实。读者还能在书中聆听到中外"名记者"的采访经验之谈，借人之"古"，鉴己之"今"，并随着他们的笔锋，去领略一个个记者与采访对象"交锋"的生动场面：一代伟人邓小平如何巧妙化解著名记者法拉奇的凌厉提问攻势；鲁迅先生怎样从容应对著名记者斯诺单刀直入的提问；美国政治家基辛格如何中了女记者的激将法；伊朗前国王巴列维如何难抵著名记者华莱士的"穷追猛打"……开卷有益。相信无论是入行多年的老记者，还是刚刚入门的新手，都可以从中得到启迪。

放眼当今新闻传媒，不难发现两种很不协调的现象：新闻实践之树茂盛，而新闻业务的研究、新闻教材的编写，却呈滞后之态，此为一；新闻从业大军已达55万之众，而受过正规新闻专业教育者却只有寥寥3万余人，对比悬殊，此为二。究其原因，在于人们尚未走出"新闻无学"这一认识上的误区，轻视甚至鄙视新闻学术研究的倾向仍然存在。不走出这个误区，不纠正这些现象，则新闻质量的提高、新闻人才的成长，就只能是一句空话。没有理论的指导，难以登上新闻的制高点；没有扎实的业务根底，难以长成新闻事业的栋梁之材。唯其如此，有识之士才频频疾呼：新闻实践呼唤理论，让新闻理论之树常青。出版更多适应新时期要求的新闻学术专著或教材，已经成为繁荣新闻事业的迫切需要。从这个意义上说，此本《新闻采访学》的出版，称得上为我们增添了一位难得的“良师”，兴建了又一间“流动的学校”。

这样一本书出自一位青年教师之手，尤其令人高兴。作者林如鹏同志，是暨南大学新闻系培养出来的硕士。他既有年轻人的朝气与敏捷，又有学者的严谨与成熟。虽然没有经过系统的新闻实践的磨炼，但他能在潜心研究新闻理论之余，处处留心新闻从业者的成败得失，也不轻易放过任何一次接触实际、从事实践的机会。在撰写这本专著的过程中，他既坚持马克思主义的新闻观，又借鉴和引进了国内外新闻学及边缘科学研究中新的优秀成果，使该书具有鲜明的时代特色，闪耀着不少亮点。同为暨南大学新闻系培养出来的学生，我向林如鹏同志表示祝贺。

这本《新闻采访学》，是林如鹏的第一部专著，亦是暨南大学新闻系自己编写的“新闻学系列教材”的第一部。既然有第一，就会有第二、第三……但愿有更多的人，特别是年轻人，加入到新闻学术研究的行列中来。

（原文为暨南大学出版社1998年出版的《新闻采访学》一书的序）

新闻是历史的草稿

常有人说，新闻是易碎品；仿佛新闻作品的生命只有一天，今天的报纸一上街，昨天的内容即成明日黄花，没有了价值。如果仅就新闻唯新是求的时效性而言，光从此时此地的当下来观察，这种说法或许有一定道理。

但这不是事情的全部。报纸一天一天出版，一天一天被刷新，好像也一天一天地过去了；然而，与此同时，正在发生的历史，层出不穷、丰富多彩、五花八门的时代的信息，不也经由报纸，一天一天地被保留下来了吗？当新闻纷纷过去又一一留存，当新闻变成了旧闻，当新闻被置于绵延的时间维度获得重新检视，我们是不是可能饶有趣味地发现新闻的另一种形态、另一种品质和另一种价值？

眼前的这本书，具体而生动，向我们展现了这种可能性。

《南方日报》创刊于 1949 年 10 月 23 日。那一天，离这一年 10 月 1 日中华人民共和国成立，相隔不到 1 个月；离 10 月 14 日广州解放，相隔仅仅 9 天。除了“文革”期间停刊了十几天之外，《南方日报》的出版几乎从未间断；这种“几乎从未间断”，在新中国成立后的广东报纸中，是唯一的一家。

55 年来，作为省委机关报，《南方日报》一方面忠实、完整地记录了当代广东的历史进程，另一方面通过观察与思考，越来越强大地发挥着新闻媒体特有的影响力，一如既往地为广东的历史发展鼓与呼，营造了广东的历史发展所必需的舆论环境和思想空间，有力地参与了广东的历史发展。

本书选取了“《南方日报》与广东”这一视角，于浩浩的历史时空中，在茫茫的“旧闻”之海里，爬梳钩沉，披沙拣金，勾勒了一条关于《南方日报》与广东发展的清晰的历史线索，呈现了一幅《南方日报》眼中的当代广东恢宏、丰富的历史图景。在某种意义上，这是一部《南方日报》版的广东当代史。

历史眼光的烛照，激活了日渐发黄的新闻纸上的一条条旧闻。过往的历史，跃动着活生生的细节，弥漫着各个时代的气息，从尘封的故纸堆里走出，在当下的语境中，还原、呈现。

历史坐标的确立，凝固了曾经过去、一度易碎的一则则新闻作品，使他们在历史的链条里获得了应有的位置。这些新闻作品，成为了历史的载体、旁证和眉批，成了历史的一部分——或者干脆说，它们本身就是历史。

于是，《南方日报》55 年来的新闻，在今日的回眸中，被赋予了一种历史的形态、历史的品质和历史的价值。我们的新闻，原来并未随风飘逝，它日积月累，在历史的大格局中归位，叠加出一种历史的重量和文化的厚度，成了无法绕开、不可漠视的存在。

昨天的新闻，成为今日的历史。我们的新闻，成了当代广东历史的一份无可替代的草稿。我们南方报人的工作，也呈现出一种神圣的历史意义。一念及此，历史的激情能不油然而生？

在回眸中萌生的历史意识，应该成为我们的宝贵财富。高度决定影响力。真正的高度，就是历史的高度。怀着这样一种通过我们的实践、通过我们的作品点滴积累、一朝升华而成的历史意识，我们一定更具历史责任感，也一定更加自信和从容地继续记录、观察和思考当代中国、当代广东正在大幅度展开的更为辉煌的历史！

（原文为南方日报出版社2004 年出版的《55 · 南方日报与广东》一书的跋）

时代、使命与报人素质

2007年3月27日到9月18日，南方报业传媒集团与暨南大学新闻与传播学院联合举办了第一期“暨大准记者训练营”活动，先后组织集团系列报刊的名记者名编辑到暨大新闻与传播学院为同学们开办系列讲座，并从“训练营”中遴选30名学子到集团系列报刊实习。其间，集团为他们建立实习档案，统一跟踪管理。同学们普遍反映，经过这种“浸润式”并有资深记者、编辑指导的“训练营”训练，对于提高自身新闻专业的能力和素质产生了很好的效果，同时对南方报人的职业精神和风采，以及南方报业的组织文化，也有了切身感受，更坚定了从事新闻事业的决心和信心。

摆在读者面前的这本书，就是此次“暨大准记者训练营”活动成果的一部分，其初衷是针对“暨大准记者训练营”的系列讲座教案。书中的这些演讲者都是清一色的资深报人。他们讲授的内容，有的剖析当代中国社会特点及报人价值观，有的纵论当代中国报业现状与趋势，有的谈新闻理想，有的论新闻思维，有的说在采访中对社会权力的平视，有的讲对于文本之真的追求。后来这些教案在坊间传播，产生了出乎预料的广泛影响，以至北京、上海的一些高校学生“抗议”我们为什么给暨南大学开小灶，不把同样的训练营讲座也开到他们那里去。我想，这一系列讲座内容如今汇编成书、公开出版，也算是对这些热情学子们的一个交代和答复吧。同时，对于那些有志于投身新闻工作的同学来说，我相信，通过这本书，能帮助大家在理论和实践之间、理想和现实之间架设起一座桥梁，在最短的时间里获得对于新闻工作的直观而有深度的感觉和把握。

不过，该书的意义还不止于此。进一步来说，我以为这是那些投身现代报业的有志者们的必读热身教材。在此，结合这本书，我想就我们这个伟大时代、报人所肩负的使命与社会责任，以及这个时代对报人的素质要求等问题，谈谈我的粗浅看法，以跟大家交流。

我们首先要清醒认识所身处的这个时代，这是报人从事这个职业的一个基础。从世界范围来看，存在两个矛盾的现象：一是“地球村”现象，一是“部落化”现象。前者主要呈现为两大特点——信息化和经济全球化，而随着世界格局多极化的演进，国家、民族、经济、地缘政治、文化、宗教以及意识形态等方面的矛盾往错综复杂且难于调节的方向变迁，一个个“部落”在地球村的新的时代背景下隐然成形，导致国际竞争日趋激烈，这就是“部落化”现象；和平与发展本是“冷战”结束后的时代主题，但这两个问题都还未得到解决。从国内形势看，改革与发展进入了关键时期，经济社会生活发生了全面而又深刻的变化，经济规模接连超过意大利、法国、英国，居世界第四位，中国的崛起和中国特色社会主义发展模式引起世界各国的高度关注；另一方面，中国要在几十年的时间内走完发达国家几百年走过的发展历程，而且是在走一条和平发展的道路，还要解决城乡、地区、贫富差距等一系列问题，任务十分艰巨。然而，无论发展历程多么复杂艰难，从历史发展态势看，我们的国家正处在自鸦片战争以来最接近于实现伟大民族复兴的时代，这是100多年来几代中国人艰辛奋斗的结果；我们完全有理由相信，再经过几十年的奋斗，伟大复兴的梦想将在华夏的土地上完全成为现实。

在这个时代面前，中国现代报业将承担起它的历史使命，这就是要为“推动科学发展，促进社会和谐”鼓与呼，为维护国家和人民的根本利益、“谱写人民美好生活新篇章”鼓与呼，为实现国家的现代化和民族的伟大复兴鼓与呼。而要承担起这样的历史使命，就要切实履行好自身的社会与历史责任。10月底在苏州召开的中国企业社会责任同盟论坛上，我提出了一个观点：媒体践行企业社会责任，不仅要做一个合格的“企业公民”，更要做一个合格的“媒体公民”。也就是说，面向大众的新闻媒体所肩负的社会历史责任，包括新闻、政治、社会、文化和经济5个方面，即是说，媒体必须坚持真实性原则，要为自己报道的每一条新闻和传播的每一条信息的真实性负责；媒体掌握社会话语权，要对自己所传播的舆论、意见和观点等负起政治责任；媒体要坚持将社会效益放在第一位，对自身所传播的内容的社会影响负责；媒体要传承民族优秀文化和传统，构筑适应时代需要的社会价值核心体系，对引导先进文化的发展方向等方面负有责任；传媒的经济责任也是多元的，包括依法经营、建构企业文明、保护员工合法权益，取得良好的经济效益，推动媒体做大做强等。总之，一个合格的中国“媒体公民”，要站在时代的高度，在改革开放和全球化的历史背景下履行好这5个方面的社会与历史责任，才能承担起自身的历史使命。

“媒体公民”实际上是一个社会组织。要求这个社会组织承担使命、履行责任，从根本上来说是要求其组织成员即报人承担使命、履行责任。那么，报人应具备哪些素质才能承担起使命、履行好责任？我认为，从适应时代需要和现代报业发展需要看，要处理好3对关系。

第一，要处理“变”与“不变”的关系，也就是继承传统与开拓创新的关系。作为报人，在传统与现代之间，我们必须掌握好两者的平衡。也就是说，一方面，我们要继承老报人几十年办报实践所积累下来的经验、智慧与优良传统、作风等宝贵的精神财富，使之成为我们前行的巨大精神动力。比如，强烈的事业心、崇高的历史使命感与责任感，深入实际、深入群众的调查研究作风，反复核实、字斟句酌的写作态度，拒腐蚀、永不沾的良好职业操守，等等，这些都需要很好地继承。另一方面，我们又要立足于现实，与时俱进，不断地探索新思路，解决新问题。当前，信息、知识和技术更新的速度越来越快，受众对新闻传播的速度和质量的要求也越来越高。我们必须顺势而为，因时而变，转换思维方式，优化知识结构，提高职业素质，练就数字化时代里生存的本领，掌握全球化背景下竞争的要义。

第二，要处理好“博”与“专”的关系。这主要是针对认识能力而言的。大家都知道，一个被广泛接受的观点是：“记者必须是杂家。”意思大概是要求记者什么都要懂一些，但不要求“专”。然而，时代发展到今天，对“杂家”的理解需要深化。一方面，作为新闻工作者，应该见多识广，既要熟悉中国社会、熟悉天下事、熟悉自己分工领域的动态与趋势，又要熟悉新闻规律、熟悉市场经济条件下报业运作规律；另一方面，随着人们对信息质量的要求越来越高，各种新闻体裁如深度报道、分析性报道、解释性报道等的不断涌现，又要求新闻工作者必须“术业有专攻”，对自己负责的报道领域发生的事件能够给予有深度的报道，使自己成为“专家型记者”。只有“博”与“专”有机结合，才能适应时代发展的要求。我觉得，一个新闻工作者对所处社会的现实的理解与把握的深度与广度，决定了其认识和把握新闻事实的能力；只有对社会现实理解得越透、越深、越多，在面对一件具体事实时，才能够掂量出它的分量及其成为新闻的价值含金量，也才能够成为一个合格乃至优秀的报人。为此，我们必须处理好“博”与“专”的关系，提高我们认识社会的素养和能力。

第三，要处理好“全”与“精”的关系。这主要是着眼于操作能力而言的。这个“精”，是指精通新闻职业要求，拥有采访、写作、编辑新闻等方面的能力与素质。同时，随着传播技术不断更新，我们要达到“精”的要求，还必须善于利用新技术创新新闻传播手段，拓宽获取信息的视野，提高新闻采编的效率，以尽最大限度和可能满足各类各样受众对于信息的多层次需求。而这个“全”，既指具备政治、社会、经济、文化及新闻专业等方面的多领域的素养，也指“全天候”的新闻采集加工能力；随着事业的发展，“全媒体”记者也进入了我们的视野，这方面一些发达国家的媒体的实践走在我们前头。随着国家文化体制改革的深化，传统媒体分割经营的格局将被打破，跨媒体经营将成为现实，届时一部分新闻工作者将成为“全媒体”记者，他们既能够向报纸提供内容，也能够向广播、电视乃至网络媒体提供内容，只有这样才能适应新闻事业发展的需要。新闻学毕竟是一门实践性很强的学科，要成为一个称职的报人，并不是一件容易的事情。如果有志于投身新闻工作，就必须走出书斋，熟悉媒体的环境与结构，熟悉媒体的发展动态和运作规律，而不能使自己游离于丰富而生动的媒体实践之外；只有将理论和实践有机结合起来，只有从一线新闻实践中不断汲取新鲜养料，不断充实自己、武装自己、锻炼自己，才能使自己真正成为新闻业界的有用之才。

时光如白驹过隙，转眼就到年底了。经过1年的努力，南方报业传媒集团又增加了两名成员，达到了“11报6刊3网站1出版社”的规模，跨媒体经营和基础建设也有了长足发展。回想58年前的深秋，《南方日报》诞生于刚刚解放的广州，发展到今天，它被行内誉为“定位最准确、结构最合理，综合运营能力最强”的大型综合性传媒集团，这固然是几代南方报人奋斗的结果，但从另一个角度说，也是集团从20世纪90年代初开始，每年坚持从各高校招收大批优秀毕业生，使集团有源源不断的新鲜血液输入的结果。我希望有志于新闻事业的高校年轻才俊迈进南方报业的大门，与我们一起开创南方报业的美好明天。

（原文为南方日报出版社2007年出版的《准记者培训教程——南方周末采编精英演讲录》的序）

解放思潮大格局下的传媒责任与担当

30 年改革开放，30 年潮起潮落，中国式现代化建设事业又处在历史性的转折和决断时刻。中共中央政治局委员、省委书记汪洋初来广东，迅即掀起轰轰烈烈的思想解放运动。

春江水暖，民意涌动。

南方报业传媒集团旗下的《南方都市报》和奥一网借思想解放东风开通大型民意沟通栏目——“捎给汪洋书记的话”，至今累计有超过 500 万人次浏览，网民建言发帖近 2 万条。拳拳民意，谆谆厚望，2008 年春节前后，《南方都市报》和奥一网特邀 10 位知名网民和学者，汲取众多网民智慧草成 10 篇“拍砖”雄文，建言广东思想解放，同汪洋书记拉“政治家常”，反响热烈。《南方都市报》实时介入，编辑出版《岭南十拍》特刊，震动海内外，亦受汪洋书记高度评价和肯定。南方日报出版社在此基础上集纳相关网文和评论出版成书，意义无疑更进一步。

“岭南十拍”，官民同心，上下热议，在广东省新一轮思想大解放运动中成就一段佳话，成为南粤大地解放思想的一个符号和象征。因此在我看来，“岭南十拍”广受海内外关注，首先反映的是一种优秀的、健康的、有生命力的网络文化的勃兴。

互联网正以前所未有的方式和力度改变着现代社会的方方面面。在中国历经 30 年市场化改革将迈向新一轮科学发展的历史关口，网络的影响更显深邃。胡锦涛总书记在中共中央政治局第三十八次集体学习时强调：“我们必须以积极的态度、创新的精神，大力发展和传播健康向上的网络文化，把互联网建设好、利用好、管理好。”回望 2007 年，网络已经深刻介入中国的许多公共事件，近两亿中国网民正以他们自己的方式改写着时代进程，影响并参与公共决策。网络打造的平等、互动、多元、人性化的交流平台，越来越受到党委政府的重视。

古语说，官民同心，其利断金。广东网民已达3344万人，居全国各省（市、自治区）之首，不仅数量大，而且表达欲望强，水准高，《南方都市报》和奥一网在全国率先开辟的“有话问市长”百姓问政新渠道，在深圳和其他珠三角各城市两会期间成为最抢眼的报网互动栏目，并衍生出“有话问省长（部长）”“有话问总理”等广受网民追捧的问政新平台，而“捎给汪洋书记的话”和“岭南十拍”的崛起，既是网络公民崛起的初试啼声，更是广东官方和主流舆论高度重视网民集体智慧，并将之看作一种新兴重要社会力量的认同与肯定。

“岭南十拍”也是一种政治文明，开辟了一种谦逊的、宽容的、开明的政治风气。随着现代信息技术的发展，充分利用互联网渠道，构筑民意表达平台，创新政务公开载体，及时了解舆情，促进科学决策，已经成为各级政府的施政亮点和习惯。在“岭南十拍”推出之前，汪洋书记和黄华华省长通过省内主要网站发布了《致广东网民朋友的一封信》，向网民拜年。可以说正是有他们的热情邀约，才有10位网民和学者的大胆“拍砖”。网络的开放性便于大众直接参与，也更能真实而直接地反映民情民意。在中国政治民主化大趋势下，重视网络也是关注民生的重要方式，和下基层一样，容易听到真话，明察实情。从这个意义上讲，互联网打破了传统社会架构下的官民沟通壁垒，使官民之间的直接对话和平等沟通成为可能。

在南粤新一轮思想解放运动中，产业转型，区域协调发展，改善民生，增强文化软实力，以及推进社会主义民主政治，让广大人民群众充分享有知情权、表达权和监督权等，已渐成共识。而无论是报纸等传统媒体，还是网络等新兴媒体，都有责任和义务推动广东省继续在思想解放、改革开放和现代化建设中走在全国的前列。“岭南十拍”的“走红”，传递的是南方报人应有的担当和作为。从这个意义上讲，“岭南十拍”不是句号，只是万里征途上的一个逗号。

（原文为南方日报出版社2008年出版的《破局——第三次思想解放大潮初起》一书的序）

数字化时代南方报业聚合战略构想

经过改革开放以来30年的迅速发展，南方报业正处在数字化时代新一轮大发展的前夜。在这一新的历史起点上，深入、正确地分析自身的优势与不足，对集团今后的发展提出符合媒体市场实际与发展规律的战略构想，是十分必要的。

一、审视我们的发展历程：多品牌发展战略是集团市场实践的结晶

自20世纪90年代以来，南方报业积极因应形势的发展，实施“龙生龙，凤生凤”的多品牌发展战略，打造了一系列成功的子品牌媒体，并于1998年5月18日成立南方日报报业集团（2005年7月18日更名为南方报业传媒集团），目前达到“11报6刊3个网站1个出版社”的规模，被同行誉为中国报业“定位最清晰、结构最合理、综合运营能力最强、在国内最具影响力”的报业传媒集团。

在此过程中，南方报业通过实施多品牌发展战略，依托《南方日报》几十年办报过程中积累起来的办刊经验和人才队伍，先后创办了《南方周末》《南方都市报》等优秀子报；随着《南方周末》的日渐强大，又利用《南方周末》的人才和发行渠道等资源创办了《21世纪经济报道》《南方人物周刊》等报刊；《南方都市报》派生出《南都周刊》《风尚周报》等相关报刊，《21世纪经济报道》则孵化出《21世纪商业评论》《商务旅行》《理财周报》等系列报刊。这一战略的实施，使南方报业成功打造了在多个细分市场中处于领先地位的品牌媒体：《南方日报》在省级机关报中连续23年来其影响力、发行量和广告额都居于第一位；在周报方面，《南方周末》一纸风行20年，一直稳居周报的头把交椅；在都市类报纸方

面，《南方都市报》后来居上，2006 年和 2007 年被国家新闻出版总署评定为全国晚报都市类报纸综合竞争力排名第一；在财经类报纸方面，《21 世纪经济报道》稳居首位；在人物周刊类杂志方面，《南方人物周刊》居于前列；集团的其他报纸和杂志在各自的细分市场上也都有突出的表现。

这一战略的实施，使南方报业拥有抵御市场风险的强大动能。尽管从 2005 年以来传统媒体的发展速度出现了拐点，但南方报业依然保持了两位数的增长。在 2007 年激烈的市场竞争之中，南方报业依然保持了社会效益和经济效益双丰收的良好势头。一是集团的经营工作又上了一个新台阶。集团的总收入、广告收入以及净利润都保持了高速增长态势。二是集团大家族中又添了不少新成员，达到了“11 报 6 刊 3 个网站 1 个出版社”的规模。2007 年，21 世纪报系创办《理财周报》，与中央人民广播电台“经济之声”频道进行深度合作，集团和云南出版集团合作主办《云南信息报》，《南方都市报（数字报）》和南方周末网站 2007 年下半年以来陆续开通；同时，《南方日报》《南方周末》《南方都市报》均进行了新一轮改版，进一步贴近和占领了市场。三是积极推进文化体制改革。2007 年 10 月省政府正式下文批复同意集团的转制方案，推动集团的转制工作进入实操阶段；南方网整体并入集团的工作即将完成，集团的五年战略规划工作也在有条不紊地推进。四是集团的基础建设翻开了新的一页。集团南海基地第一期工程基本完工和集团新大楼的开工，以及集团和南方月刊在北京与广州购置办公楼，集团的基础建设得到扎实的推进。五是集团品牌影响力进一步扩大。在 2007 年度“中国 500 最具价值品牌”排行榜上，集团旗下的《南方日报》《南方都市报》《南方周末》《21 世纪经济报道》4 家报纸品牌价值，在未计“南方报业”主品牌价值的情况下达 96.99 亿元，比 2006 年增加约 10 亿元；2007 年，集团继 2002 年度后再次获得“全国最受尊敬企业”称号，期间 5 年每年都入选“全国最受尊敬企业”50 强。

回顾以往的发展实践，可以说，集团通过实施多品牌发展战略，走出了一条裂变式的发展道路。这种“龙生龙，凤生凤”的裂变式发展模式，对于南方报业在平面媒体上的多品牌发展起到了至关重要的作用。这种发展模式之所以能够取得成功，是因为那个时期的南方报业主要是在相对单一、熟悉的平面媒体领域进行耕耘与拓展；原有媒体与裂变出的子媒体在产品形态、产品定位以及运营模式等方面的相似性，使得南方报业旗下媒体能够驾轻就熟地将其拥有的核心资源与核心能力进行复制与共享。这种发展模式实际上就是内生发展与差异性发展模式，是集团在激烈市场竞争中的实践结晶和宝贵财富，今后还要坚持和进一步发扬光大。

但是我们不能不看到，这种模式主要是依靠自身的积累而滚动发展的，对如何利用外部的资源加快自身的发展相对较少，而目前南方报业面临着在数字化时代相对陌生的业务领域进行跨媒体、跨行业、跨地域拓展的艰巨任务，要满足这种复杂任务对资源的要求，南方报业旗下原有单个媒体往往就显得捉襟见肘，需要在整个集团范围内进行资源整合；跨媒体拓展所需要的组织能力和业务经验也需要在整个集团范围内进行有效的交融、复制和共享；在新媒体领域，技术发展与市场变革的规模和速度都远远超过平面媒体，特别是市场化的商业网站的快速发展，对传统媒体形成巨大的挑战，南方报业作为一个平面媒体集团在涉足新媒体时，也必将会在更大的范围内面对更多强劲的竞争对手。由此可见，集团原有的裂变式发展模式不能够保证南方报业以比对手更快的速度实现跨越式发展，只有顺应形势转变战略理念，探索新的发展模式，才能产生更加强劲的发展能量。如果把眼光投向国外，差距与挑战更加明显。如美国的甘尼特公司不仅是上市公司，而且在全国拥有 101 份日报、300 多份周报、17 家电视台，2002 年报纸发行总量 755. 4 万份，2003 年营业总收入 67. 11 亿美元，报业总收入 56. 10 亿美元。因此，在新的历史起点上，我们只有树立起强烈的忧患意识和长远的世界眼光，通过向国内外先进的传媒同行们学习，进一步解放思想、与时俱进，在战略和体制机制上不断创新，才能迎来新一轮的大发展。

二、实施媒体聚合战略：集团和旗下媒体将进一步释放强大发展动能

针对上述问题，为适应数字化时代和形势发展的需要，我们通过长时间认真系统的总结、调研与思考，提出了媒体聚合战略，就是要通过聚变式发展，走出一条与裂变式发展模式相关但不同的新的发展道路，以获得更好更优的发展动能和效益。

媒体聚合战略，简言之，就是通过集团旗下不同媒体形态、不同媒体品牌、不同业务单元的聚合，将南方报业打造成为数字化时代国内实力最强、成长性最好、最具影响力和国际竞争力的跨媒体、跨行业、跨地域的传媒集团，更好地服务于国家的经济社会建设。其中所指的拓展，是在数字化时代的媒体拓展，既包括在原有平面媒体领域的继续拓展，目标是成为在本区域和国内拥有强大竞争力的平面媒体集团；也包括在网络媒体、

移动媒体等新兴媒体领域的拓展，目标是成为拥有国内最具活力的新媒体的传媒集团；还包括在相关多元化领域的拓展，目标是成为中国最具成长性的传媒集团。

如果说，以往集团实施多媒体发展战略取得了良好成绩，就如同核裂变一样产生了强大的发展动能，那么在数字化时代和当前新的竞争形势与发展环境下，实施聚变式发展，必将为集团带来新的更大的发展活力与发展后劲，为集团整合资源、实现跨越式发展提供新的、更加广阔的舞台。

聚合战略作为一个复杂、艰巨、系统的工程，在实施过程中应处理好如下关系：一是处理好裂变与聚变的关系。我们必须清醒地认识到，“聚变”不是为了“聚变”而“聚变”，而是为了实现自身的科学发展和可持续发展而聚合。因此，要处理好裂变和聚变的关系。“裂变”是“聚变”的基础，“聚变”是“裂变”更高层次和境界的升华。目前，集团经过几十年的发展，已经完全具备了聚变的基础；同时，聚合战略应基于效率原则进行聚合，发挥好集团与旗下各系列报刊网社的两重积极性。二是处理好集团战略和各子报刊网社战略之间的关系。一方面，各子报刊网社的战略必须服从和符合集团的整体战略，集团各业务单元的子战略也要服从于集团的整体战略，集团人力资源战略、资本运营战略等各个职能战略也要服务于集团的整体战略；另一方面，集团的整体战略要考虑到旗下不同媒体的业务特点，必须能够包容各子报刊网社的战略，以实现集团战略和各子报刊网社战略的有机协调。三是集中资源于优势媒体，继续支持优势媒体做强做大做优，充分发挥市场机制的“优胜劣汰”作用，为集团的可持续发展打下坚实的微观基础。四是注意差异化定位和发展，避免内部同质竞争。

实施聚合战略要重点推进如下工作：一是要加强战略管理，建立起科学的业务沟通与协作机制、资源共享机制和利益协调与补偿机制。2007年我们在业务协作、报网互动上做了探索，取得了良好效果。2008 年要在总结经验的基础上，进一步在上述机制的建设上取得突破，使效益最大化。二是要根据数字化时代多媒介不断融合的发展态势，积极探索多种媒介式融合的具体路径和形式，逐步进入网络媒体、移动媒体和其他新兴媒体以及广电媒体。发挥我们的核心竞争力和基础优势，进一步深耕平面媒体，扩大与占领市场，通过全国市场和广东省市场两个维度上的跨地域发展，形成领先国内并在区域市场有压倒性优势的平面媒体群；要抓住南方网整体并入集团的契机，坚持统分结合的原则，通过整合集团旗下的南方网、奥一网和南方报业网等现有网络媒体资源，建立统一的技术实现平台；并将网络媒体与传统平面媒体有机融合，将在传统平面媒体上积累的核心能力迅速转移到网络媒体领域，做强做大旗下网络媒体，形成具有强大影响力的网络媒体集群；在集团核心竞争力的能力范围内适度进行相关多元化发展，在图书出版、商务印刷、信息服务等业务领域形成对集团新闻主业有效补充的相关产业集群；要进一步整合资源，构成富有张力和活力的完整的产业链和价值链，推动自身从平面媒体产品生产商向媒体内容提供商与信息服务商的转变，从报业集团向覆盖全媒体的传媒集团转变；释放集团和旗下媒体的强大生产力，推动集团实现又一轮大发展。三是要充分利用引进战略投资者和上市等多种融资手段以及建立战略协作伙伴等形式，逐步打通集团的资本通道，通过借力资本市场和外部资源，提升集团的核心竞争力。

三、理顺体制机制：聚合战略的实施和下一步新的大发展将获得良好的制度基础

理顺体制机制，是实施集团媒体聚合战略的关键性要素。目前，省政府已经批复同意南方报业传媒集团转制方案，这标志着集团的转制工作开始进入实操阶段。可以预见，通过改制等方式，建立起“产权清晰、权责明确、政企分开、管理科学”的现代企业制度和适应传媒业发展趋势与现代企业集团客观要求的“控之有序、分之有度”的母子公司体制，对于推动南方报业成为真正的市场主体，充分利用市场资源，提高管理效率，实施媒体聚合战略，更好地参与市场竞争和实现集团在数字化时代的发展壮大，具有重大意义。

改革开放以来，尤其是近10年来，南方报业传媒集团一直保持着高速健康发展态势。但是在发展过程中，政企不分、权责不明、管理不科学、重采编轻经营管理等体制性问题日渐突出，如不进行改革，将导致集团运转不畅、效益低下、市场化程度低与发展粗放、发展后劲不足等问题。可以说，目前采取的“事业单位企业化运作”方式已经不能很好地适应市场环境变化和自身发展的需要，这不仅在很大程度上制约着集团进一步做大做强做优，甚至会影响到集团的生存。因此，通过转制建立现代企业制度就成为我们的当务之急。

十六大以来，我国文化体制改革全面推开，相关政策不断出台，取得了显著成效。十七大报告中进一步提出了“深化文化体制改革，完善扶持公益性文化事业、发展文化产业、鼓励文化创新的政策，营造有利于出精

品、出人才、出效益的环境”。这不仅为我们的转制工作指明了方向，而且为我们的改革和转制提供了强有力的政策支持。我国20多年来的国有企业改革实践证明，企业只有建立起规范的现代企业制度才能实现可持续发展，这也从实践上为我们的改革指明了出路。国有企业在建立现代企业制度、加强管理以及实现集约化发展等方面业已取得的巨大成就与丰富的实践经验，也为我们的转制工作提供了很好的经验借鉴。

由于传媒业自身的特殊性以及传媒业改革的系统性、复杂性和艰巨性，集团转制必须坚持积极稳妥的渐进式改革的原则，既要体现改革的力度和魄力，也要考虑到传媒业改革的特殊性；既要坚持解放思想、实事求是、因地制宜的原则，也要坚持合法性原则，转制方案严格按照各项法律法规的规定程序执行，建立起规范健全的现代企业制度。在改制的过程中，要特别注意坚持党管舆论导向、党管媒体和党管干部的原则，牢牢掌握本集团重大事项的决策权、资产处置的控制权、宣传内容的终审权、主要领导干部的任免权等；坚持把社会效益放在首位，努力实现社会效益与经济效益的有机统一；坚持处理好改革、发展和稳定的关系，要以改革促发展，以稳定保障改革和发展，并以改革和发展的成果来巩固和强化稳定。这就要求转制方案既具有前瞻性，符合传媒业的发展趋势，有利于提高集团的效率和核心竞争力，同时又能很好地保护集体与员工的各项合法权益，保证集团各项工作的稳定和可持续发展。转制的总体思路要按照建立现代企业制度、采编经营两分开以及采取“一媒体一公司”的运营模式的指导原则来设计。通过转制，必将进一步释放制度的活力和生产力，并为南方报业的可持续发展和下一步的跨越式大发展打下坚实的制度基础。

解放思想是正确行动的先导。只要有利于集团的科学发展，有利于更好地坚持正确的舆论导向，有利于扩大与巩固党的新闻舆论阵地，我们都要深入探索。在南方报业处于数字化时代新一轮大发展前夜这个关键时期，我们尤其要坚持继续解放思想，不断学习，加强自主创新能力和意识，以科学发展的态度和方式，认真实施集团媒体聚合战略，在新一轮大发展中争当全国媒体领域科学发展的排头兵。

（原文为南方日报出版社2009年出版的《南方报业之路》一书的序）

用世界语言讲广东故事

广东是我国著名侨乡，粤籍海外侨胞和港澳同胞有3000多万，遍布五大洲160多个国家和地区，占全国6成以上；省内有23家华侨农场，归侨和侨眷人数亦为全国之最；全省华侨文物、史迹星罗棋布。丰富的“侨”资源，是广东的一大特色，更是广东的一大优势，对推动文化“走出去”、在海外传播广东和中国形象、拓展侨务公共外交裨益良多。

当前，从中央到广东，都非常重视文化“走出去”。党的十七届六中全会突出强调推动中华文化走向世界的重要意义，指出要“实施文化走出去工程”。文化“走出去”首先离不开传媒业的“走出去”。而在全球化的背景下，信息的流动和媒介的扩张与国家利益密切相连，带有明显的政治倾向性和意识形态色彩。毋庸讳言，尽管中国政府近年来持续加大对外传播力度，但总体来说，“西强东弱”的国际舆论格局还没有改变。在国际上，我们的媒体还很弱，我们的声音还很小。

南方报业传媒集团是以广东省委机关报《南方日报》为旗舰组建的传媒集团，近年来积极利用广东毗邻港澳的地缘优势以及海外乡亲众多的人缘优势，认真实施“走出去”战略工程，并在机制上为打造全方位的对外传播新格局提供保障。2010年，南方报业传媒集团以接办《今日广东》为契机，专门成立了加快实施“走出去”战略工作委员会，由我本人任主任，集团多名领导担任委员，努力探索广东侨务公共外交工作。

南方报业的“走出去”，既有自身秉承“高度决定影响力”的办报理念、向海外拓展的需要，也肩负着推介广东、推介中国的使命。在当前公共外交理念方兴未艾之际，如何利用广东数量众多的“侨”资源，推动侨务公共外交？如何遵循现代传播的特点和规律，科学定位，推动中国和广东的形象营销？如何让海外乡亲对中国和广东当下的宏观、中观和微观的社会改革、经济变革、文化鼎新等有一个清晰的认识，让他们能够对中国和广东产生息息相关、休戚与共的情怀？如何加大侨务引智引资力度，从而推动中国和广东的转型升级、科学发展？这些都是拓展侨务公共外交亟须解决的课题，也是当下南方报业乃至整个中国传媒业在“走出去”的时代潮流下面临的课题。为此，我们愿意做开创性的探索。

我们的第一个探索，是利用接办《今日广东》的契机，不断开拓，扩大《今日广东》的落地率和转载率。

《今日广东》是广东省著名外宣窗口。2010 年 4 月 1 日，广东省委宣传部、外宣办将其承办权交给南方报业传媒集团。在两年多的时间内，《今日广东》的出版工作已经取得长足进展，目前在美国《侨报》、加拿大《加拿大商报》、法国《欧洲时报》、巴西《南美侨报》和泰国《星暹日报》等海外主流华文报纸同步刊出，覆盖北美、南美、欧洲三大洲和东南亚地区。

此外，我们和美南报业电视传媒集团与巴拿马《拉美侨声》已经达成合作协议。美南报系旗下加盟中文报章有 12 家，包括《美南新闻》《奥斯汀/圣安东尼新闻》《亚特兰大新闻》《波士顿新闻》《芝加哥新闻》《达拉斯时报》《波特兰新闻》《西雅图新闻》《圣路易新闻》《华盛顿新闻》《伊利侨报》《美南周刊》，覆盖美国 10 多个城市。目前，与美国美南新闻集团的合作正在有序推进，将在今年推出。与美南集团的合作，将使《今日广东》在美国落地的城市大幅增加，并深入到当地的华人社区。

我们的第二个探索，是与《星岛日报·海外版》联合编制《南粤侨情》。

《星岛日报》是全球最具规模的跨国华文媒体，各地的《星岛日报·海外版》均成为当地的主流媒体和华文媒体市场的领导者，被誉为“有华人的地方，就有《星岛日报》”。

2010 年 10 月 16 日，《南方日报·海外版》和《星岛日报·海外版》联合编制的《南粤侨情》新闻版面世，该版为海外华侨华人量身定做，随《星岛日报》全球网发行，密集覆盖全球各大洲主要城市的华人社区，影响力巨大，堪称“有华人的地方，就有《南粤侨情》，就有南方的声音”，成为广东“走出去”又一个重要的舆论阵地。

我们的第三个探索，是开设“今日广东·南方报业海外频道”，搭建全介质大外宣网络传播平台，实现全球播报。

南方报业传媒集团加速推进向全媒体转型，也有力地推动了对外传播向全媒体转型。2010 年，南方报网已在俄罗斯注册一级域名，在俄罗斯开设网站镜像，俄罗斯的华人可以稳定搜看南方报网和集团各大网站。这种模式可复制，有力提高对外传播效果。最近，集团以南方网为龙头主网，开设了“今日广东·南方报业海外频道”。南方视野放眼全球，目标直指以网络为代表的新媒体。通过网络，全世界华人将看到一个生机盎然的广东。

我们的第四个探索，是参与主办一系列华人论坛，通过线下活动在“走出去”的同时“引进来”，“让广东拥抱世界，让世界了解广东”。

2011 年 4 月 29 日，南方报业传媒集团和星岛新闻集团联合主办“首届华人网络论坛”，吸引了全球华文媒体的高度关注，包括凤凰卫视、《星岛日报》、星岛环球网、美国《侨报》、《加拿大商报》、《欧洲时报》等在内的多家华媒。多介质、多时段对论坛进行报道。《人民日报》5 月 24 日发表长篇通讯，从“首届华人网络论坛”切入，介绍广东社会管理创新的“用网”模式，深入解剖惠州市这个典型样本。

2011 年 10 月 16—21 日，《南方日报·海外版》全程参与省委外宣办主办的 2011 年“海外华文媒体看广东”系列活动及“广东转型升级实践与前瞻”高端研讨会，将广东转型升级的理念和实践传递到海外。

2011 年 11 月 15—16 日，察哈尔公共外交年会在广州召开，南方报业传媒集团与察哈尔学会就共同主办“察哈尔公共外交年会”重大事项达成战略合作协议，双方共同成为“察哈尔公共外交年会”主办单位。同时，双方共同组成“察哈尔公共外交年会”组织委员会，为年会决策机构。全国政协外事委员会副主任、察哈尔学会主席韩方明与本人为联席主席。这些探索实践，对于推进广东的公共外交事业大有裨益，也为广东公共外交协会的建立增添了光彩。

目前，南方报业已经形成以《今日广东》新闻版为核心，以《南粤侨情》《侨乡观察》《中医养生》等系列专版为骨干，覆盖全球五大洲的海外版体系。同时，通过开设海外频道，构建起多介质、全方位、多层次、多渠道、全媒体的侨务公共外交新格局。

除了努力开拓、创设机制和搭建平台外，对外传播的关键还是要看效果。为了打破传统外宣“传而不通”“通而不受”的困境，《南方日报·海外版》确立了明确的采编理念：用世界的语言讲广东的故事。也就是说到什么山上唱什么歌，全力配合海外合作媒体的需求，尤其是受众的需求。从角色到思维、从内容到形式进行全方位转换，为海外目标读者量身定做及时贴心的“资讯大餐”。

《今日广东》从开始接办就体现出“三浓一淡”的特色：浓的是“外味”“侨味”“粤味”，淡的是“宣传味”。《南粤侨情》则以“三性一味”

（专题性、可读性、实用性和侨味）为特点。因此，《南方日报·海外版》受到了合作华媒和海外读者的欢迎，影响力日益扩大。2010 年 11 月，《中国新闻出版报》在头版头条介绍《南方日报·海外版》的办报经验。2011 年，广东省委常委、宣传部部长林雄欣然为《今日广东》题写版头。同时，《今日广东》还被评为“2010—2011 年度广东省文化出口重点项目”。《南方日报·海外版》采写的报道《广东“洋留守”的地球村生活》先后获得广东新闻奖一等奖和中国新闻奖三等奖。

经过两年多的探索，在加强对外传播，推动广东侨务公共外交中，南方报业传媒集团脚踏实地推进工作，初步积累了一些成果和经验。摆在读者面前的《发现侨乡：广东侨乡文化调查》一书，是《南方日报·海外版》的同志们用“世界语言讲述广东故事”的心血结晶，是南方报业传媒集团“走出去”成果的一次集中呈现。在这里，我们可以感受到浓浓的“侨情”，其中既有“绿叶对根的情意”，也有“根对绿叶的祝福”；在这里，我们还可以重新认识广东侨乡，一个习以为常、细看却不大一样的广东侨乡。

中共中央政治局委员、广东省委书记汪洋指出，要用世界眼光谋划广东发展。南方报业将继续扎根侨乡、放眼全球，密切联系广东海外侨胞，为广东的改革开放、科学发展鼓与呼，为拓展侨务公共外交、构建国际舆论引导新格局，做出自己应有的贡献。

是为序。

（原文为广东人民出版社 2013 年出版的《发现侨乡：广东侨乡文化调查》一书的序）

党报评论写作的开先河之举

尽管汗牛充栋的新闻作品集已让读者出现审美疲劳，但龙建刚的评论集仍令人眼前一亮。

我是在《南方日报》21 世纪全新改版时认识龙建刚的。2002 年 8 月 6 日，当时担任《南方日报》总编辑的我，与同事们一起发动了《南方日报》历史上最大规模的全新改版，提出了“高度决定影响力”的办报理念，此后坚持一年一改。全新改版先后推出了不少开创性的举措，这里仅提及与本书相关的两点：一是成立评论委员会和理论评论部，每天开辟一个评论版，高扬评论这面旗帜，发挥评论在舆论引导方面的重要作用；二是实施“梯次发展战略”，先后在深圳、佛山、东莞、广州等地开办地方观察，让党报在珠三角这片改革开放的热土深深扎根，为各级主政者提供大大小小的“隆中对”。当时筹办《佛山观察》的负责人，把他的骨干团队带到广州与我见面，其中就有被聘为佛山观察首席顾问的龙建刚。“观察佛山是《佛山观察》的主业。为佛山发展营造良好舆论环境是《佛山观察》的使命。”他们有这样的共识，让我对即将开办的《佛山观察》心中更加有底。此后一年一度的珠三角新闻中心年会，龙建刚都以《佛山观察》主要骨干的身份参加，彼此间也逐渐熟悉起来。而他给我留下深刻印象的，却是他以特约评论员和特约记者身份在《佛山观察》上发表的那些观察佛山的文章。

那么，体现龙建刚观察佛山成果的《话龙点睛：转型中国的佛山观察》一书，价值何在呢？我们无妨从如下 3 个维度去观察。

从佛山人的角度看，它可以帮你读懂佛山。多观察、多经历、多研究，是人们开展学习的三大要诀，也是龙建刚佛山生涯的真实写照。龙建刚大学毕业后当了 12 年记者，1997 年从贵州南下广东，在佛山大学任教。10 多年来，他以学者、记者、公民的三重身份观察佛山、经历佛山、研

究佛山。学者的素养、记者的敏感、公民的情怀，构成了他观察佛山独特的优势，使得他对佛山的发展之路把握更准、理解更深，那就是：所有的改革指向都是为了催生和壮大市场的力量。在我的记忆中，新闻界写评论的高手不少，但像龙建刚这样 10 多年持之以恒观察一地发展、评点成败利弊的，并不多见。佛山这些年来走过的路子，从城市定位、资源整合、环境优化，到经营城市、城市升级、创新驱动，在龙建刚的评论作品中都有深刻的剖析、精到的点评，其中有评价，有诤言，有质疑，有建议，更有深切的期盼。这些评论既高屋建瓴，又对接地气，把庙堂与江湖巧妙地结合起来，具有很强的引导力、影响力、穿透力，不仅有效地引导了舆论，而且为佛山的主政者提供了一个又一个推动佛山发展的“隆中对”。对佛山人来说，这本书就是读懂佛山的最佳读物。

从外地人的角度看，它可以帮你透过佛山读懂中国。佛山虽然级别不高、地方不大，既不是省会城市、计划单列市，也不是经济特区，但它是改革开放的前沿阵地，是转型发展的先行者，是市场化、城市化发展探索过程中的排头兵。佛山是以实体经济、制造业、民营经济为主的城市，在一定程度上被视为中国实体经济、制造业、民营经济发展的风向标和晴雨表。中国学界一直有“佛山模式”的讨论，有人说佛山有“中国最完整的民营经济发展史”，有人说佛山是中国市场经济的最佳“道场”。佛山在转型发展中所碰到的问题，也是各地已经或正在碰到的问题。因此，观察佛山的意义不仅限于佛山，它对于观察转型中国、探讨转型发展之路不无裨益。实际上，龙建刚这些年来几乎是一半时间在佛山，一半时间在外地，他多次以《南方日报》特约记者的身份随同企业家、政府考察团到国内外考察交流、求经问道，跳出佛山看佛山，用中国乃至世界的视野来观察佛山。正如他的一篇评论的标题所说：“用全球视野，为佛山问道。”在龙建刚的评论作品中，对佛山转型发展之路的观察，既有纵向的挖掘，又有横向的比较，既有历史的观照，又有现实的指向，为读者读懂转型中国提供了一个丰富生动的佛山样本。

从媒体人的角度看，它可以为你带来应对媒体转型难题的启迪。龙建刚的评论作品，在选题上直面热点，问题导向；在评论上有理有据，观点犀利；在文笔上气势磅礴，文采飞扬；在风格上直言不讳，生动活泼。难能可贵的是，他敢于指名道姓地评点主政者的功过得失，这在党报评论写作上应该是开先河之举。试想，如果没有成熟的智慧、过人的胆魄、无私的胸襟，是不敢如此秉笔直书的。当然，佛山这座城市的宽容也为这些评论得以发表提供了条件。这些年来，龙建刚和《佛山观察》可谓是相得益彰，他借助《佛山观察》这个平台发表了数十万字的评论，赢得了口碑、聚够了“粉丝”，而《佛山观察》依靠龙建刚的高品质评论也扩大了影响、提升了高度。除了撰写评论之外，龙建刚还与佛山观察骨干团队共同策划了“佛山大同”“风·雅·颂”等一系列大型深度报道，生动而深刻地展现了该市改革发展的成果，一时风靡佛山，洛阳纸贵。为此，6任市委书记都重视、关心和支持《佛山观察》，《佛山观察》的社会效益和经济效益也一直在《南方日报》地方观察名列前茅。龙建刚和《佛山观察》的实践告诉媒体人：不论媒体形态如何演变、传播手段如何更新，新闻的本质意义并没有改变，精致的新闻产品永远不会过时，高品质评论仍然是主流媒体应对媒体转型和市场竞争的有力武器。

有人说，转型时代易出思想，这话不假。正在经历经济转型，社会转型、媒体转型三重激荡的中国，如今是思潮汹涌，众声喧哗。在这样的大背景下，多一个观察问题的角度，就多一份理性思考的价值。《话龙点睛：转型中国的佛山观察》为我们提供了解读佛山转型发展之路的独特视角，因此它是很有价值的。

这本书出版之时，龙建刚已经辞去大学工作，成为自由职业者了。好在他人还在佛山，并将继续观察佛山。可以预期，龙建刚今后经历佛山的方式会更加多样，观察佛山的视野会更加开阔，研究佛山的视角会更加多元，他一定会给读者带来更多观察佛山、研究佛山的成果。

（原文为南方日报出版社2016年出版的《话龙点睛：转型中国的佛山观察》一书的序）

“内容为王”的地位无法改变

在庆祝《阳江日报》创刊35周年之际，阳江日报社将该报历年获得各类新闻奖的新闻作品汇集成书，是颇有价值的。在我看来，《见证阳江》一书的推出，既是《阳江日报》献给该报35周年社庆的最佳礼品，也是《阳江日报》对获奖作者的特别致敬，更是《阳江日报》重视内容建设的有力举措。

新闻是历史的草稿。翻开《见证阳江》一书，犹如打开一扇回望阳江30多年发展历史的窗口。书中的获奖作品，为我们展现了阳江经济社会发展的生动图景：《时下，农民渴求科技不亚于刘备三顾茅庐专访诸葛亮，可是在阳西县，种养大户陈广富创下了一个“破天荒”之举——农民建起科技园聘请教授当高参》《海底沉睡八百余载今朝出水将迁新居　宋代沉船“南海Ⅰ号”整体打捞成功》《统一标准提高产品质量　阳东刀剪业生产标准接轨欧盟》《中央电视台联合国家统计局推出的“2010经济生活大调查”结果公布　阳江入列十大最具幸福感城市》《历经20年周密筹备6载精心施工终圆梦想　阳江核电1号机组投入商业运行　机组装机容量108万千瓦、单机年发电量80亿千瓦时，6台机组计划2019年全部建成投产》……人们品读这些新闻，其实就是品读一段阳江的历史。从这些烙上时代印记的获奖作品中，你能触摸到“南海Ⅰ号”、阳江核电、五金刀剪这些独特的阳江标签，你会感受到漠阳大地在改革开放中发生的可喜变化。该书取名《见证阳江》，名副其实，恰如其分。

新闻人是时代的记录者、新闻的传播者，更是历史的推动者。在《见证阳江》中，阳江报人以他们的优秀作品唱响了主旋律，弘扬了正能量。创刊当年的获奖作品《柯杰朴光荣牺牲　雷暴雨中护战友》开了一个好头，此后一发而不可收；《陈明邦“舍小家为大家”　放水抗旱彰显共产党员本色》《左胸中枪仍拼死擒盗车贼　漠江水厂员工冯宏国见义勇为》

《洪流中托举起三个生命——双活镇旱田村支书苏昭俊勇救村民的故事》《“外卖哥”冒雨复位沙井盖并立警示牌提醒路人　随手善举成阳西暴雨中的暖流》……人们读着这些满满正能量的作品，心中对采编这些新闻的记者、编辑也充满了敬意。是的，文以载道，书以焕采，记者记录历史，往往又会被历史所记录。应该说，阳江报人以自己的新闻实践，体现了新闻人的价值。《见证阳江》一书，既记录了阳江改革开放的一段历史，也记录了阳江报人的业绩，是对他们30多年办报成果的一次检阅。一代又一代阳江报人不忘初心、牢记使命，追求真理，守正创新，写出了很多有温度、有感情、有思想的作品，他们用真情感染人，用活事例说服人，用正能量鼓舞人，有效地引导了舆论，引领了文明，推动了社会的进步。

回顾历史是为了着眼未来。在网络时代，在媒体深度融合发展时期，《阳江日报》将报社历年获奖的作品结集出版，表明了他们对内容建设的高度重视，以此激励阳江报人写出更多更好的优秀新闻作品。近几年，《阳江日报》以提升内容质量为目标，对采编队伍进行优化，对报纸进行全面改版，办起了“漠阳传媒大讲堂”，今夏又开展了“百日大练兵”，除了报社领导、中层骨干带头交流业务经验，还邀请传媒学者、业界名家到报社传经送宝。其实，抓住了内容建设这个根本，就抓住了媒体融合发展的“牛鼻子”。无论未来媒介技术如何发展，媒介形式如何变化，传播手段如何革新，在媒介载体之上的信息内容永远是受众关注的焦点，“内容为王”的地位是无法改变的。互联网、移动互联网的出现使新闻的发现、生产、传播全过程极大地丰富起来，但新闻的本质意义并没有改变，新闻人仍然可以大有作为。当然，内容建设是个系统工程，不可能一蹴而就，只能脚踏实地，久久为功。它在品质上追求专业权威，在传播上注重快捷精简，在服务上强调分众化、互动化，在展示上实现多媒体化。其中既要注意内容的原创性，又要推进内容的产品化，更要倾力于内容的运营。在重视内容建设的同时，注意发挥先进技术的支撑作用和创新管理的保障作用，传统主流媒体转型发展之路就会越走越宽广。

太阳每天都是新的。随着传播技术的发展，传播的社交化、网络化变革应时而生，信息传播出现了移动化、社交化、智能化的特征，人们越来越多地通过新兴媒体来接收信息、阅读新闻，这就使传统主流媒体的传播方式和运营模式受到了猛烈的冲击。令人欣喜的是，《阳江日报》顺应形势，与时俱进，近几年加大了推进媒体融合发展的力度，实现了从“纸媒”向“全媒”的转变，形成了报、网、端、微、屏的全媒体传播矩阵，并正在向一体化迈进，初步走出了一条适合自身实际的融合发展之路，增强了传播力、引导力、影响力、凝聚力。人们有理由相信，在《阳江日报》下一本获奖作品集中，会刊载更多更好的精品力作，不光有纸质媒介的“镇纸之作”，而且有用声色光影打造的“刷屏产品”。

2020 年 8 月

（原文为南方日报出版社 2021 年出版的《见证阳江》的序）

“卓越清官”的启示

陈瑸，是清朝声名显赫的清官、朝野共知的循吏，受到康熙、雍正、乾隆三代皇帝的盛赞，以清廉第一闻天下，被康熙称为“国家之祥瑞”，并被誉为历史长河中的“卓越清官”。《陈瑸全集》的出版，让我们从他留给世人的书中，了解到他的精神世界、价值追求和文化品质，从而得到诸多人生启迪。

一、欲做好官，心中要树楷模

陈瑸生长在中国大陆最南端的雷州半岛，这里先有百越先民刀耕火种，后有莆田迁民筚路蓝缕，形成了独具特色的雷州文化。寇准、苏轼、秦观、李纲等“宋代十贤”流寓雷州，传播中原文化，造就了半岛族群“敬贤如师、疾恶如仇”的人文特质，为陈瑸的成长营造了丰沃的文化土壤。在雷州半岛私塾名师的悉心教诲下，他志向高拔，视明代著名清官海瑞为毕生楷模。他在《重刻海忠介公〈备忘集〉叙》中说：“吾乡海刚峰先生，琼人也，琼去雷阳隔一水耳。余垂髫时耳先生仕明，以直节著，心慕之。”他对海瑞“一言一行必规仿圣贤，不为苟且，不为迁就”的人生态度深为叹服，由此奠定了他一生清廉的人生观基础。他从幼年起就“矢志不在温饱”，而“志于道”“志于仁”，完全按照《礼记·大学》里的三纲八目修行自身。去古田上任的路上，他写诗明志，“平生赋性不犹人，料想居官依旧贫”。以清官为楷模，自己又身体力行，甘于贫穷，做到“操守极清”，由此也成了一代清官。清代颇有政声文名的吴川人林联桂，从甘于贫穷、尽职尽责、为民请命等6个方面加以对比分析，认为历史上大多数清官良吏不及陈瑸。

二、欲做好官，心里要有百姓

陈瑸之所以成为“卓越清官”，是因为他心里装着百姓，坚持民本思想，充满爱民情怀。他曾说：“瘦在己而肥在民。”无论是在古田、台湾任知县，还是在四川任学政，在台厦道任道台，乃至在湖南、福建任巡抚，每到一地，他首先深入了解民情民意，然后有针对性地提出便民举措，为百姓减负担、谋福祉，有时甚至上书为民请命。在古田，他写了《古田县咨访利弊示》；在台湾，他贴出《台邑问民疾苦示》；在台厦道，他拟了《台厦道咨访利弊示》；在湖南，他写了《抚楚咨访利弊示》。在广泛了解民间疾苦的基础上，他对症下药，兴利除弊，为民解忧，受到百姓衷心拥戴。在整个官宦生涯中，他宦迹所至，均有口皆碑。调离古田时，百姓挽留不成，只好绣像建祠，以寄崇敬之情；调离台湾时，民众推举数位老者拄杖渡海到省城福州上书，恳请陈瑸留任；调离四川时，学士称其为“化雨春风”，深情挽留；赴台厦道任，台湾百姓“扶老携幼，欢呼载道，如望岁焉”。3 年任满时台湾士绅又派人四处奔走，恳求留任。正如吴川才子林联桂所说，陈瑸这样的好官是“离闽闽怀，去蜀蜀思”。

三、欲做好官，心头要有担当

陈瑸作为“卓越清官”，不满足于自己操守清廉，不贪不占，而是为官一任，勇于担当，尽职尽责。他在家书中说：“既以身许国，有土有民，皆当尽心竭力。”在古田，他提出《古田县条陈八事》，要求清丁田、摘比积欠、实行保甲、均徭役、除蠹书蠹役、兴义学等；在台湾，他在《条陈台湾县事宜》中提出：“文庙之宜改建，以重根本也；宜与各坊里社学之制，以广教化也；宜定季考之规，以励实学也；宜举乡饮之礼，以厚风俗也；台仓积粟之宜以时敛散也；澎湖孤悬海岛，宜通商贩粟以济军民也；水丁名色之宜永远革除，以苏民困也；每岁修仓之宜永禁派累，以惜民财也；在坊小夫之宜革，以安商旅也；每岁二丁派买猪羊之宜禁，以除陋规也；兵民杂处之宜分别，以清保甲也；宜逐游手之徒，以靖地方也。”此外，在四川学政任上，他拟了《学政条约》《全川六要》；在台厦道，他提出《条陈经理海疆北路事宜》《台厦条陈利弊四事》；在湖南，他提出《抚梦通饬吏治示》《抚楚严禁重耗示》；在福建，他写了《抚闽晓谕》《海防条陈疏》等。每一个任上，他都大有作为，“政绩昭彰，功在社稷，泽在生民”。这就难怪他从县令做起，仅用了15年时间，就升至封疆大吏，成为国家重臣，逝世后还被朝廷追赠礼部尚书，赐谥“清端”。

四、欲做好官，心底要存敬畏

作为一个从偏僻海角走出来的农家子弟，陈瑸在近20年的官宦生涯中能成为“一代之完人”“千秋之茂典”，还有一个重要的原因，是他心存敬畏，谦卑自牧，克己慎行。子曰：“君子有三畏：畏天命，畏大人，畏圣人之言。”从《陈瑸全集》中我们看到：陈瑸畏天命。他写的家书，叮嘱家人最多的，是敬祖宗、敬神明。他要求儿子每夕点灯焚香于帝君前，和祖宗前，目的就是教育儿子要心存敬畏，行事有约束。他撰写《求雨文》代民求雨，求雨成功后还不忘撰写《谢雨文》。陈瑸畏大人。他叩谒座师徐浩轩，觉得自己“惜仓卒间未有以对”，回来之后“终夜不寝”，“以为言及之而不言，非侍于大人君子之侧所宜”，便连夜写了《上徐浩轩座师书》，“冒昧详悉搜沥投进，惟赐览观”。陈瑸畏圣人之言。朱子云：“财色两关打不破，都无话可说也。”他在家书中连称这是“格言”，让家人谨记：“财为不祥之物，坏名召祸，皆根于是”，“自己爱惜精神，勿或昏迷酒色，此即身体发肤不敢毁伤之道，慎之念之”。

五、欲做好官，心上要有正气

陈瑸之所以成为“卓越清官”，还有一个原因，那就是他的身上正气凛然，贤良方正。他在台厦道任上写的《名宦祠祭范忠贞公文》中，对拒不附逆、坚守臣节的范承谟赞扬有加，称范承谟“义胆忠肝”，“从容就义，以死报国”，他“仰公之英风亮节”，决定“心慕手追”。他赞赏范承谟，自己身上也有一股浩然正气。他刚任古田县令时，该县积弊重重导致积欠甚多，“素称难治”。但他认为，“己若端正，人不难于治”，要求自己“坚咬牙根，硬挺脊梁”，于是手书“正心诚意”匾悬于衙堂，表明心迹。仅用1个月，他就采取对症下药的霹雳手段，博观而约取，厚积而薄发，对那些四处骚扰、搬弄是非的胥吏“摘发如神，始震慑丧魄”。不到1年，古田积弊迎刃而解，面貌大变，百姓欢声载道。他的威严，他的正气，来自“以天下为己任”的公心。

（原文载于广东人民出版社2021年出版的《穿越时空说清官：陈瑸及其著作评论选》）

解码“振兴中医的广东样板”

在南粤大地、在全国中医界，广东省中医院都是一个传奇。

建于1933年、被誉为“南粤杏林第一家”的广东省中医院，从改革开放初期的500多人守着300张床位、差点发不出工资，经过40多年的改革创新，发展成为在全国中医院中规模最大、全国医院中门诊量第一，在医疗改革、抗击疫情、医德医风等诸多领域走在前沿，堪称中医药国粹在广东改革开放热土上绽放的硕果。

如何解码这个“振兴中医的广东样板”，为中医药事业发展、现代医院管理提供可复制推广的经验，是一个很有时代意义的“课题”。作为广东主流媒体，《南方日报》一直为中医药强省建设鼓与呼。2012年金秋时节，在南方日报社与广东省中医院联合举办的“振兴中医药的广东路径”高峰论坛上，笔者就和吕玉波院长商议：医媒携手来“答题”。

十年磨一剑，由《南方日报》记者和广东省中医院研究团队合力编写的《致中和——读懂广东省中医院的第一本书》，最近终于问世，在南国书香节上亮相，并获得多任国家中医药管理局领导的推荐和肯定，在全国中医界产生了积极反响，值得祝贺！

作为第一部系统总结广东省中医院改革发展经验的图书，该书将一家中医院的发展，置于5000年文明、100年沉浮特别是40年改革开放的历史格局中去观察，与中国梦、中医梦联系在一起，解剖麻雀，以小见大，充分展现中医药事业传承发展、文化自信不断坚定的历程。

其最鲜明的特色，是提炼概括了富有中华文化特色的管理智慧，具有较强的原创性和思辨性。为了总结中医改革发展“范式”，主创团队苦苦思索多方研讨，找到了“辩证法”这把钥匙。中医药学讲“阴阳”，“阴阳”就是“矛盾”，这种辩证思维就是马克思主义哲学与中华优秀传统文化的奇妙交融。他们梳理总结出“公与私”“内与外”“质与量”“承与启”“中与西”“软与硬”“上与下”“大与小”这八大既对立又统一的矛盾关系，并以《中庸》提出的“致中和”理念来统摄，构建了全书的逻辑框架，体现中国文化精神和现代管理科学的有机结合。这八大矛盾关系，以及其中蕴含的遵循规律、尊重常识、理解人性等价值取向，在社会上有着广泛的共性，对众多机构、企业也富有借鉴价值。

媒体人的天职就是“发现”，不仅要看“热闹”，更要看“门道”。如何用媒体人的视角去观察广东省中医院？

首先看格局、看情怀。省中医院的成功，最关键的因素是以吕玉波为代表的领导班子，拥有“振兴中医”、实现“中医梦”的理想和情怀。从他们邀请全国名老中医来广东带徒、持续多年举办“杏林寻宝”、打造中医界的“香山论坛”、在诺贝尔生理学或医学奖评奖单位建立中医药研究基地等大手笔，可见一斑。也正因为如此，才有了他们殚精竭虑处理八大矛盾关系的成功实践。

其次看细节、看琐事。细节决定成败，微小之处见精神。书中运用200多个真实鲜活的案例故事，进行情景嵌入式叙述，用事实说话，很有感染力。比如，为了方便患者，医院在电梯口贴上标语“把电梯让给病人，职工请步行上下楼”；把患者的投诉当作给医院的礼物，病人投诉病房手推车的轮子“太响”，医院便将手推车的轮子改成塑胶的；实施“退肉留皮”等婉拒红包的办法，让患者安心暖心。这些有温度、有智慧的做法，可亲可感，令人信服。

抚卷细读，令人深切地感受到，中医药事业犹如大江大河，之所以能百折千回、滔滔不绝，就在于有坚如磐石的文化河床、奔涌澎湃的创新源流，更有一代代奋楫逐浪、不负时代的弄潮英雄。此书诠释了广东省中医院传奇发展的密码，展示了中医人传承中华优秀传统文化的风采，树立了现代医院管理的样板，确实值得一读！

（原文载于《南方日报》2022年8月28日）

以哲学审视时代命题之佳作

广东省政府文史研究馆馆员田丰同志的《哲学、文化与时代》一书，收录了30篇文章，分为“哲学与时代”“文化与时代”“广东改革开放与文化思考”3个部分，其实自始至终贯穿着一条主线，那就是运用马克思主义哲学的历史观、辩证法、认识论和价值观思想，观照和审视时代的命题，可以说理性思维无处不在，具有很强的思想穿透力，是一本以哲学思想审视时代命题的佳作集。

以哲学思想审视时代命题，作者是从社会发展的问题切入的。问题是时代的口号，是反映时代最实际的呼声，是马克思主义创新发展的基本出发点。他以强烈的“问题意识”，努力捕捉我们所处时代的元问题，用马克思主义哲学的世界观和方法论去开展科学的分析研究，力图透过现象看本质，深刻回答时代之问、世界之问、中国之问。作为一个思想者，他一直与时代同行。他在这本书里的文章选题，具有很强的时代性、前瞻性、针对性，得出的研究成果也具有创新性，文章的价值不言而喻。这30篇文章，均曾刊载于核心期刊，在哲学社会科学界、在社会上，曾产生良好的影响，其中多篇文章被《新华文摘》《中国社会科学文摘》转载，更为难能可贵。

作者是哲学博士出身，他以哲学思想观照审视时代命题，有3个显著的特点：

一是以马克思主义哲学观照审视我们所处的时代。全球化是当代世界发展的最显著的特征，用作者的话来说，任何一个民族，如果它不想偏离人类文明发展的大道，就必然以这样或那样的方式参与全球化进程。唯其如此，作者抓住全球化这个命题，运用马克思主义哲学的世界观和方法论开展研究，写出了《全球化趋势与马克思的方法论》《全球化与文明整合》等文章，深入探讨全球化与时代的关系等重大理论问题，努力揭示全球化的本质特征，给人们展示了辩证的思考，给社会留下了时代的符号。在当前面对全球化呈现各种截然不同声浪的背景下，这些文章至今读来仍令人深受启迪与教益。

二是以马克思主义观照审视文化命题。马克思主义高度重视文化在社会发展和人的发展中的历史地位，充分肯定文化对经济、政治的巨大能动作用。恩格斯指出："文化上的每一个进步，都是迈向自由的一步。"现代化发展的一般规律，是从资本竞争力、管理竞争力、科技竞争力为主导发展到以文化竞争为主导。现代化进程越是深入，文化的因素就越显重要。然而，对文化的沉思离不开哲学的视野，作者运用马克思主义文化观、历史观，对全球化进程中文化进步的问题开展深入研究，先后写出了《文化进步论纲》《论文化竞争力》《论文化生产力》等宏论，深入探讨了全球化与文化的关系，探讨了全球化进程中文化发展的动力、过程、机制和规律，等等。这些研究成果，对于帮助读者正确认识文化在中国走向现代化以及人类解放历史进程中的历史使命、创建开放兼容的中国特色社会主义新文化，无疑具有很强的实践意义。

三是以马克思主义哲学观照审视广东现实。作者并不是关在书斋里开展研究，他在接受中山大学哲学系晚辈访谈时谈到学哲学之道：既要埋头读书，更要跟社会发展结合起来。他在研究文化哲学命题时，与广东实际紧密结合，写出《实现文化自觉全面提升岭南文化竞争力》《广东提升文化竞争力的战略与对策》，既有理论的高度，又有很强的操作性。对于广东的改革开放，他通过《论任仲夷的价值观》等文章展开文化思考，这是对广东改革开放最深沉的理性思考之一。

哲学是理论思维的最高形式，是时代的精华。有人说，哲学可以赋予我们智慧，学哲学可以让人养成清晰的思想、理性的思维、怀疑的精神、容忍的态度，并能扩大人的眼界、放大人的格局。读了田丰同志的《哲学、文化与时代》一书，我也有类似的心得和体会。我觉得，这本书不仅有阅读、欣赏的价值，而且有推广、收藏的价值。

（原文载于《南方日报》2023 年 1 月 22 日）

临风极目——新闻行思四十年

L

LINFENGJIMU——XINWEN XINGSI SISHI NIAN

附录

新闻“情结”难割舍

——记《南方日报》副总编辑杨兴锋

王更辉

1995 年 8 月，中共广东省委机关报——《南方日报》又掀开了历史性的一页，实行社长领导下的总编辑总经理负责制。在这一“转制”时刻，杨兴锋被宣布提任为副总编辑。

刚过不惑之年便坐上如此高位，社外的人或许还会惊疑，但社内的编辑、记者们大多已心中了然：不论才华还是魄力，杨兴锋当之无愧。

无心插柳柳成荫

广东新闻界的一些老行尊曾称赞说：“杨兴锋是一个不可多得的新闻人才。”如果回首他所走过的 23 年的新闻历程，就可看出，这一评价并非虚妄之语。说起来，杨兴锋步入新闻之途纯属偶然。“文革”中期，初中毕业后的杨兴锋便到了广州部队生产建设兵团二师五团（海南万宁的东兴农场）。1971 年，他所在的部队生产打了个翻身仗，团部要在该连开现场会，便要求他们出个墙报，介绍经验。当时，连队别说高中生，连大学生也有。但大家觉得杨兴锋平时肯用功，文字也不错，于是便将任务交给他。墙报出来后，获得一致好评。顺理成章地，杨兴锋自此便与文字结缘，成了一名业余通讯员。

就像是一位刚刚学会游泳的人渴望到大海里一试身手一样，杨兴锋沉迷于神奇的文字之中。白天，他跟别人一样出工；晚上，别人打牌“放松”去了，他则不知疲惫似的，或灯下苦读，“贪婪”地吸取书本中的知识；或摊开稿纸，真实地记录战友们的苦乐；或掩卷沉思，反复地咀嚼妙文佳句……随着一篇篇稿子在兵团报刊上和广播中的出现，那个宽额头、高鼻梁、敦敦实实的小伙子也日渐引人注目。他一步一个脚印地，由连队到营报道组，再到团报道组，1973 年又调到师报道组。至此，算是“无心插柳柳成荫”，由羊肠小道步入了康庄坦途。

但再直的路也有转弯的时候。1974 年 10 月，杨兴锋刚到师报道组 1 年多，中央便决定解散兵团，恢复农垦局。何去何从，各人有各人的算盘。当时，师政治部的领导有意要推荐他到广州读中专，但杨兴锋婉言谢绝了。在他的心中，已有了永远割舍不了的新闻“情结”，他要朝着这条跌宕起伏的路走下去，为共和国的新闻事业添上一笔！于是，他心甘情愿转到恢复后的农垦局报道组，继续品啜其中的甜酸苦辣。几年时间，杨兴锋渐渐成了通讯员中的佼佼者，以至于多家新闻单位，包括南方日报社，都想把他“挖”走，但终因种种原因而未能如愿。

一晃就是 4 个春秋。1978 年，暨南大学复办，新闻系招生。杨兴锋喜出望外，一考而中，终于圆了多年的大学梦。

暨南园里成“正果”

如果说，在师和农垦局报道组只是摸到了新闻门道的话，那么，杨兴锋修成“正果”，则是在美丽的暨南园里。

广州东郊，有一个“高校群落”，暨南大学便坐落在这个群落的南边。这里绿树成荫，繁花争艳。教学楼中，常常有琅琅书声传出；“蒙古包”里，每每见轻盈舞影旋动。洁净的明湖水啊，映照出多少学子舒心的笑脸……

杨兴锋踏入暨南园，犹如一块干燥的海绵，狠命地吸纳着知识之水。由于有了多年的实践经验，课堂课外该读什么、怎样读，他都心中有数。每个学期，除了系里规定必修的课程外，他自己还多选修两门。学习时，又注意课堂内外的结合，理解与记忆的结合，专与博的结合，所以成绩一直高企。有细心的人统计过，除体育、英语外，其他科目的成绩他都全年级第一，而需考试的科目，平均成绩达 93 分。正因为如此，他的学习经验被印成小册子供全校同学借鉴。在大学 4 年中，一至三年级，他均被评为“三好”学生，最后一年被评为“优秀毕业生”。

大学的深造，使杨兴锋如虎添翼。他的理论水平有了很大提高，在校园中写成的两篇文章均被《新闻战线》采用，而其毕业论文则在《新闻研究》上发表。尤为可喜的是，在理论与实践的相互催化下，他的新闻潜能被进一步挖掘出来，日渐显示出光华。1982 年初，杨兴锋到羊城晚报社实习。当时，全国人大常委会发出《关于严惩严重破坏经济的罪犯的决定》，敦促经济犯罪分子投案自首。杨兴锋时刻关注着《决定》发布后可能出现的情形。为了抢新闻，他没有按照规定回学校去住，而是守在报社办公室。3 月 18 日早上 6 时多，四会新闻秘书江涛打来电话，说当地粮食局的一位副局长和业务员投案自首，并问这类新闻要不要。杨兴锋敏锐地觉察到，这是一条“大活鱼”。因江涛还未成稿，他便立即要江涛将情况说清楚，记下来。一上班，他又向四会有关方面核实。之后，即同政文组负责人向总编辑许实汇报。许实要杨兴锋马上以读者来电的方式把稿写出来，他配评论。这时，杨兴锋又向许实进言，请他派人到四会实地采访。许实赞许地看着眼前这个年轻人说，那就你去吧。杨兴锋将《四会县粮食局两人投案自首》的来电写好后，当即和一位摄影记者驱车前往四会。当天下午，他们就展开采访，既找粮食局领导，也找两位当事人，一直到晚上 11 时多。回到驻地，他奋战到天亮，一口气写出了《还是回头是岸好》一稿。19 日，晚报在头版头条刊发了这篇通讯。杨兴锋在四会采写了快 1 个星期，将这一全国第一宗投案自首案件的全过程详细地披露给读者。他出色的工作，令晚报的领导极为满意，所以，人还未回到报社，晚报的决策层已决定将毕业后的他要过去。

醉心事业自奋蹄

不过，毕业后的杨兴锋并未去羊城晚报社，而是服从分配到了南方日报社。从大学之前《南方日报》的通讯员，到成为正式一员，杨兴锋与《南方日报》的缘分不可谓不深。而到《南方日报》之日，也正是他大展雄才之始。

杨兴锋到报社后，被分到科教部当记者。当时，全党工作的重点向经济工作转移，科教部门相对来说较为冷落，报道也是静态的多。但已练就十八般武艺的杨兴锋并未被这一“萧条”的景况所困。他仔细地将《南方日报》与《羊城晚报》的报道进行比较，取两者之长，改变了机关报记者的写作思维，从宣传价值转向新闻价值，将静态报道转为动态报道，并把触角伸到群众所关心的地方，想尽办法抓“活鱼”。1982 年 12 月，杨兴锋到暨南大学采访时了解到这样一件事：一位 73 岁的菲律宾华侨回暨南大学医学院附属医院治病。此前，她曾在国外四处求医，但均无法确定病症。回来后祖国的医护人员不仅成功地为她治好了病，还前前后后像亲人一样细致地照顾了她两个多月，使她大受感动。杨兴锋立即采访并写成了通讯《一位华侨老太太的赞辞》，通过细微的描写，祖国医生的高明医术和高尚医德，以及老太太的感激之情跃然纸上。这篇感人的通讯被破例安排在12月12日《南方日报》的第一版上。

杨兴锋的“新思维”在机关报的新闻采写过程中得到了充分的验证。至1982年底，进报社仅4个月，他便在报上发表了34篇新闻稿。此后几年，他每年都发稿100多篇，而且很多是在头版头条的位置、配以评论发表的，硬是把科教这一“冷门”变成一条“热线”。其间，他发表了大批令人击节的好作品，如1983年1月13日刊载的他与人合写的《维也纳“拼搏曲”》，被选入花城出版社出版的《当代中国留学生在国外》一书中。其他如《“灭鼠大王”和他的伙伴》《绿色的歌》《许绪恩和他的“试管橡胶树”》《他是摘掉工厂亏损帽子的能手》等等，无不以鲜明的时代特色，丰厚的理论、思想底蕴及贴近生活、贴近群众的可亲性而备受称赞。

由于成绩卓著，他还未到转正时间，报社便让他享受副科级待遇。1984年底，南方日报社设立政科文部，他又被提升为副主任。

也许是领导的赏识与礼遇，杨兴锋宛如一匹被伯乐相中的“千里马”，不用扬鞭自奋蹄！甚至为了醉心的事业，不惜做出最大的牺牲。

1986年，报社海南记者站站长病逝。领导意欲让杨兴锋去撑起那个“小家”，他二话没说就去了。而当时，他的儿子才出生4个月。

其时，海南在报社很多人的心目中是个“新闻沙漠”，加上站里工作落后，杨兴锋更觉担子沉重。面对困难，他决定以报道为突破口，打开工作局面。这一招果然奏效。从1986年10月下站，到第二年9月，他发了17篇头版头条位置的稿子。这极大地振奋了站里其他人的精神。这几个人都是极有个性的。杨兴锋将他们团结起来，拧成一股绳，使报道、发行等工作起了根本性的改变，记者站的精神面貌也为之一新。1987年，海南记者站受到报社编委会的通报表扬，并被评为当年报社精神文明建设先进单位。

运筹帷幄胜无形

1987年秋，第六届全运会在广州举行。作为《南方日报》全运会报道组的副组长，杨兴锋负责指挥采访。最后，《南方日报》的报道被广东省记协、省新闻学会评为当年广东好新闻特别奖，《新闻战线》还介绍了报道组的经验。这一场大战，充分显示了杨兴锋策划、指挥的才能。他也以此为起点，基本结束了5年多的记者生涯，踏进了另一条跑道。

要是将全运会运动场比作杨兴锋策划报道、指挥采访的摇篮，那么社会生活部无疑是他这一才能成长的“暖棚”。社会生活部是南方日报社1988年设立的，专门报道社会新闻及热点问题。担任副主任的杨兴锋负责编辑工作。他抓住为人关心的社会问题，接连策划了10多个诸如自行车被盗、流动人口面面观之类的系列报道，引起了社会的广泛关注，也使社会生活版成了《南方日报》的“招牌版”。在这些报道中，最令杨兴锋自得的要算文零娟事件的报道了。1989年12月12日，编辑部接到一通讯员来稿，其中披露了曲仁矿务局一债主劫持借债人3岁半幼女100多天而无人干预的事情。当时的总编辑张琮掂量出其新闻价值，指示杨兴锋编发并配短评，同时要他负责这一事件的追踪报道。杨兴锋在编发的稿件于14日一版见报后，便及时指挥有关编辑记者四处出击：第一，让地方记者速与当地公安部门联系，采写解救消息，并注视文零娟行踪，随时发稿；第二，约请党政领导和妇联负责人谈话，表明看法，同时请司法人员从法律角度评说这类事件；第三，追踪整个案情的进展；第四，从言论上加以引导；等等。从15日开始，《南方日报》有关文零娟事件的报道就以立体的形式出现：既有解救文零娟的消息，又有逮捕劫持者的新闻；既有幼女百多天的悲惨刻画，又有文家团聚后的喜剧场景；既有党政领导的谆谆告诫，又有检察干部的声声呐喊……全方位的报道一直延续到12月22日方告一段落。在此期间，杨兴锋夜夜回报社值班，除直接指挥各路兵马外，还亲自编发有关的每一篇稿，甚至拟好每一条标题。功夫不负有心人，这一连续报道获得当年广东省好新闻一等奖。

一次次有备之战，积累了一条条成功经验。这些使杨兴锋信心更足。当上编委之后，他便将策划、指挥新闻报道的才能发挥得淋漓尽致。于是，每年年初，全国人大、全国政协在京举行会议期间，《南方日报》对两会的报道就显得有章有法、高屋建瓴。于是，1994年《南方日报》抗洪救灾的6篇系列报道是那么感情充沛、气势恢宏。于是，1995年4月推出的《姚慈贤和她的儿子》才这样形象生动、真切感人……

从1992年当编委到现在，杨兴锋已策划和组织了8个系列报道，最为成功的一组就是“珠三角走笔”。1994年11月，广东省委书记谢非公开发表了《建立珠三角经济区》一文。这是广东20年基本实施现代化的重大战略部署。作为省委机关报，对此该如何动作？编委会决定组织一组系列报道，系统宣传省委提出的这一战略决策，并将任务交给了杨兴锋。这组稿如按照老一套的思维方式和报道方法去经营，必然会苍白无力，令人乏味。杨兴锋几经思考，最后提出在思维视角、写作手法、报道形式等方面寻求突破。他带领采访组几个人按照这一思路，来回奔跑于珠海、东莞、佛山、中山等地，广泛采访了党政、经济、企业、科技等各阶层人士，数易其稿，终于写出了“近年来广东报纸上难以看到的佳作”。这3篇通讯，在思维视角上，变平面的视角为以宏观时空为经纬，站在“面向未来，面向世界，面向现代化”的高度，把省委决策置于国际经济的大格局和改革开放发展的路向中审视，帮助读者理解其重要性、必然性和可行性；在写作手法上，采取虚实结合、夹叙夹议、思辨与论析并重、文采与激情交融的表现手法；在报道形式上，借鉴电视政论片解说词的表现形式，写成政论性通讯。这组报道推出后，在社会上引起强烈反响，好评如潮。其中杨兴锋执笔与人合写的首篇《从“小三角”到“大三角”》，还获得1994年度广东新闻奖一等奖。

1993年，杨兴锋获得国务院颁发的政府特殊津贴。作为一名新闻界的专家、名人，杨兴锋更忙了。平时，他要处理大量的编务和行政事务。尽管如此，他依然习惯于挤出时间去思考、总结阶段工作的得与失，从中不断提高自己。而那些思考、总结或是口头传授给了后来者，或是形成文字，发表于新闻刊物，与同行共享。遨游书海也占去了他不少时间，不过，那是他不可或缺的乐趣。你瞧，省委组织部安排他到省委党校学习4个月，他就带了不少书去呢。他说，要利用这一段时间，好好地充实一下自己。可以想象，“充电”以后，他又会创出另一番天地来。

我们期待着这一天！

（原文载于暨南大学出版社1996年出版的《暨南人》一书）

写在报业实践第一现场的理论

——读杨兴锋新作《高度决定影响力》

喻国明

这是一本写在报纸边上的新闻改革和创新理论。

从这些记录着中国传媒发展脉动的书页中，可以感受到作者对于中国传媒业痴心不改的情愫。

提到理论研究者，人们的脑海中往往会浮现出“皓首穷经”“孤灯苦读”“板凳要坐十年冷”之类的情景，而有成就的著作者也一定是如唐代韩愈所言的那种“口不绝吟于六艺之文，手不停披于百家之编”之士。然而，社会实际常常要比人们的想象更为丰富和独特。当我拿到杨兴锋新作《高度决定影响力》时，我的第一反应是，这算是一部理论性的专著吗？

的确，如果按照传统的观点，这本书确实不符合理论专著的一般“样式”——它的主要内容大多是杨兴锋同志2001年底担任南方日报社总编辑以后实施《南方日报》全新改革过程中断断续续的手记与评报指导意见。但是，正是这来自实践第一现场的关于新闻操作的指导性意见的不矫饰、不做作的原汁原味，对于一份报纸乃至一个报业集团的发展轨迹做出了近乎人类学方法的“原生态”式的勾勒，为任何一位对于中国传媒发展有兴趣的观察者、研究者提供了一个不可多得的个案的全真摹本。我曾经在几年前提出了所谓传媒产业的价值本质是影响力经济的论点，这一理论将传媒的价值本质理解为在多大程度上为实践中的人们的社会判断、社会决策和社会行为打上媒介的“渠道烙印”。而兴锋同志的力作《高度决定影响力》则是对于这一理论在现实条件下如何操作的实践诠释。

在当代中国，或许没有什么比改革更能深刻地影响和改变着我们生活的方方面面——从外在的体制到我们的灵魂。改革与时代遭遇，我们与改革同行。对于我们这一代而言，追随改革、投身改革似乎已经成为一种独特的人生理念和近乎宗教般的人生主题。当面对兴锋同志写在报纸边上的新闻改革和创新理论的时候，我们不难从那些记录着中国传媒发展脉动的书页中感受到作者对于中国传媒业痴心不改的情愫。

亚伯拉罕·林肯曾经说过一句很深刻的话："每个40岁朝外的人，都应该对自己的面孔负责。"他的意思是说，当一个人未成年时，人们更多地看到的是他的生理面孔，这副面孔的美丑主要应由他的父母负责；但是当一个人成年以后，人们更多地看到的是他的社会面孔，而这副面孔的美丑则主要应该由他自己来负责。中国有句俗话叫作"不识其人观其友"，意思是说"物以类聚，人以群分"，通过一个人交什么样的朋友就可以大致判断他的旨趣和为人。如果按照这样一个逻辑，我们不妨说，要认识一个报人、学人的深刻与浅薄、扎实与肤浅、高尚与猥琐等等，也有一个简单直观的办法，就是观读其文。因为对于一个报人、学人而言，自己笔下的文章、文字和报纸就是自己社会面孔的真实展示。

中国传媒业20余年改革发展的实践有一个基本的特点，就是实践先行。可以这样说，凡是具有革命性、创新性的因素总是在实践的第一现场发生的。这种现实状况也就造就了来自实践第一现场的理论思考的弥足珍贵。从兴锋同志的新闻操作和评报札记式的理论研究成果中，我们可以感受和透视到中国传媒业几乎全部的矛盾、纠葛以及传媒人如何超越这些矛盾、纠葛的实践智慧。

理论的真正使命就是使实践成为更多人明白的东西。《高度决定影响力》正是一本具有这种高度和水准的、来自实践第一现场的思想成果。

（原文载于《南方日报》2004年11月19日。作者时任中国人民大学新闻学院副院长、教授、博士生导师，中国人民大学新闻与社会发展研究中心舆论研究所所长）

临风极目

——杨兴锋与党报改革事业

南　文

我将丘吉尔的名言时刻牢记脑中：我没什么可以奉献，有的只是热血、辛劳、眼泪和汗水。不管遇到多大困难，我从不畏缩，从不后悔；不管取得多大的成绩，我从不满足，从不停步。我总在想，如果能够通过《南方日报》的改扩版实践、在激烈的报业竞争和舆论引导工作中牢牢掌握主动权，为我国党委机关报的发展壮大闯出一条新路，困难算得了什么，个人得失又算得了什么？

——杨兴锋

2004年10月23日，伴随着共和国一起成长的《南方日报》将迎来创刊55周年的日子。社庆前夕，总编辑杨兴锋荣获第六届韬奋新闻奖的消息，令《南方日报》喜上添喜。

社庆书画展筹备小组约请杨总写一幅字。他抚纸挥毫：临风极目。

“临风极目”，是《南方日报》办报理念“高度决定影响力”的艺术表达，也是杨兴锋矢志坚持政治家办报原则的生动写照。

用“高度决定影响力”的理念开启党报改革的新天

杨兴锋，“高度决定影响力”的倡导者，中国党报新一轮改革的先锋人物之一。

2002 年 8 月 6 日，发行量连续 16 年雄踞全国省级党报之首的《南方日报》在这天以全新面貌崭露中国报坛，在党报中第一家采用与国际接轨的黄金报型，打造华南地区的权威政经大报，《中国记者》年度分析文章称：这是新中国新闻史上的“第一次”。

“不与一般大众化报纸争娱乐新闻、市井新闻方面的短长，而是把政经主流新闻做好做强，影响主流、高端读者，从而巩固和扩大党的舆论阵地。”发动这一场引起同仁深刻思考的改革的领军人物杨兴锋很自信。

早在 2002 年初，春节一过，杨兴锋就和社长范以锦商议，并负责具体谋划这次改革。

党报过去由于办报体制、观念等方面的原因，一直很难走向市场。多年来，扎根在改革开放热土里的《南方日报》，得社会主义市场经济的风气之先，进行了多次的改革和改版探索，奠定了观念、体制、人才的基础和品牌的影响力。

当总编辑的接力棒落到杨兴锋手上时，责任感、使命感驱使着他传承好这改革和发展之薪火，开辟省委机关报的新天。处在新闻竞争激烈的广东报业市场，杨兴锋对省委机关报面临的机遇和挑战有清醒的认识：“2002 年是中国入世后的第一年，传媒广告、发行方面的保护期只有 5 年，如果不紧紧地抓住契机、提高报纸的市场占有率与影响力，省委机关报就会遇到极大的挑战和困难。”

改革不是一时冲动，而是一场创新求变的运动。

经过反复的市场调研，杨兴锋和同事们把《南方日报》定位为一份“区域性、国际化的权威政经大报”，突出党报特色、广东特色，紧扣主流话题、时代主题，使改版后的《南方日报》更专业、更广东、更市场、更权威。

这张报纸在改版后发生了什么变化？杨兴锋喜欢用这样的例子来说明这种变化：“以前我们很容易简单地把政策法规搬到报纸版面上去，一个普通读者怎么会对它有阅读兴趣呢？”现在，每逢有新的政策法规出台时，《南方日报》都会把与人们生活息息相关的条款拎出来，作详尽的政策法规解读，叫人看来津津有味。

改版以来，《南方日报》的社会影响力和市场竞争力都得到了有效的提升，新老读者普遍表示接受，广告客户也更加认可，发行量稳中有升。

《南方日报》的成功改版，受到中央和省领导的肯定。2003 年 8 月，中共中央政治局常委李长春，在《南方日报》改版一周年的情况总结上亲笔批示，鼓励《南方日报》要“再接再厉，与时俱进”。中共中央政治局委员、省委书记张德江亲临《南方日报》考察，并对《南方日报》做了长篇批示，认为《南方日报》配合省委中心工作“功不可没，应该记一大功”，在新时期新形势下如何办好党报是个大课题，“《南方日报》正在进行积极的探索，并且积累了宝贵的经验”。

这一切，极大地鼓舞着这场影响深远的改革领头人杨兴锋，也进一步促进了《南方日报》的改版。两年之中，三度改版，在一些党报面临发行、广告下滑困难的情况下，《南方日报》逆市飘红。

那么，什么叫作“高度决定影响力”？杨兴锋认为，如果说报纸的发行是出售“注意力”，那么，广告、信息和品牌的经营就要靠“影响力”。“影响力”并不等同于“注意力”。在西方也是一样，发行量最大的报纸不一定是影响力最大的报纸。要把“注意力”有效地转化成“影响力”，就需要我们对“注意力”重新进行界定，重新进行筛选和整合。

——只有在新闻信息的选择、处理上，有自己的高度，有自己的独特见解，发出自己权威的声音，才能对社会舆论产生引导和主导作用，才能产生更大的影响力。

——只有在报业市场专业化细分的态势下，找准自己的优势所在，明确自身的定位，有所为有所不为，才能大有作为。占据高端读者市场，树立权威，建立公信，才能影响有“影响力”的人群，进而影响社会走向、政策走向、经济走向。

——只有在保持相当规模的市场占有量的同时，有意识地抓住管理层、经营者和专业人士这些各阶层、各行业的“意见领袖”，自己才能成为真正的“意见领袖”。

——只有在摒弃低俗内容的同时摒弃低端的广告，才能吸引高端的广告客户，使新闻信息传播的高层次与广告信息的高档化相辅相成、相得益彰。

在国内来说，大众化报纸发展到了今天，已进入了微利时代。真正有发展空间的，应当是以意见、解读和视角取胜的主流报纸。这样的主流报纸，不仅仅是一份新闻纸、信息纸，也是一份观念纸，它的影响力、社会效益和经济效益都是最大的。

这样下去，《南方日报》就能真正地成为舆论市场上的强势媒体，吸引有“影响力”的社会阶层的“注意力”，不断积累、形成和强化自己的“影响力”。

用义无反顾的信念和殚精竭虑的敬业精神感染和打造了一个优秀团队

改革，总是充满着各种矛盾和声音。

引爆这场全新的党报改革，杨兴锋从一开始就充分预计到了其中的困难。

这样的全面改版，比创办一份新的报纸要难得多。旧的办报观念的桎梏、旧的办报体制的影响、旧的运作模式的障碍，都给全面改版带来了种种的困难。

两年多过去了，《南方日报》终于闯过来了。这次全新改版，从新闻的角度看，是从内容到形式的重新包装；从精神内核的角度讲，是对党报办报理念的全新定位；从组织运营的角度讲，是对现代报业制度建设和营销组织的大胆探索。

《南方日报》编辑部从15个处级部门合并成6大中心，版面结构、采编部门对位更准确；成立运营委员会，采编、广告、发行联动更高效；建章立制，采前会、考核机制等11项规定促进整合营销的机制逐步形成。

改革不是一个人的事业，杨兴锋用义无反顾的信念和殚精竭虑的敬业精神感染和打造了一个优秀团队。

从担任总编辑的那一天起，杨兴锋从来没有在晚上12时以前睡过觉。他因为一个重大策划殚精竭虑十几天而闹上了高血压，因为长期伏案落下了腰椎间盘突出，但很多人并不知道。因为每当杨兴锋出现的时候，永远是一副生龙活虎的样子。

过去每天下午开一次编前会，现在改成上午开一次采前会、晚上开一次编前会。只要他在“家”，每天上午都会亲自主持采前会，晚上只要新华社稿件库没关机，他的电脑就会一直开着，每逢重大报道他总是守在夜班室，与同事们一起商量稿件处理和版面安排。2003年2月“非典”期间，他为了策划一篇重大报道，连续奋战19个小时，仅仅休息四五个小时，之后他又带队下乡采访去了。

用《南方日报》的改版实践为中国党报的发展壮大探索经验

中山大学政治与公共事务管理学院院长任剑涛教授对《南方日报》的

改版有一番精辟的见解：改版后的《南方日报》在某种意义上开启了中国报纸现代转型的大门。

从这个视角看，杨兴锋就是推开这扇大门的先行者。

的确，杨兴锋不仅引领着《南方日报》的同事，而且鼓舞着国内党报同行，近两年前来《南方日报》考察的兄弟报社络绎不绝。

2003 年 8 月 1 日，《中华新闻报》头版发表评论员文章阐述《南方日报》改版带来的启示：《南方日报》的经验，特别是以全新思路抓好主流新闻，以权威优势打造政经媒体所取得的成功经验，使党报成了真正的强势媒体。

杨兴锋把自己在采前会上的评报整理成文，加上相关编辑、记者的体会文章和报社的规章制度，结集出版《高度决定影响力》一书，业界给予极高的评价。

杨兴锋说："如果说《南方日报》有一点成功的经验，那绝不是我一个人的，也不是《南方日报》一家的，衷心希望它对促进我国党报发展有所裨益。"

（原文载于《南方日报》2004 年 9 月 23 日、《青年记者》2005 年第 3 期）

后记：探索一直在路上

这本集子，主要收录了我在自己的新闻实践中对新闻理论的探索、媒体转型的思考，以及部分新闻作品、媒体访谈等，无不与新闻传播有关。集子包括媒体转型、新闻探索、通讯作品、调研报告、访谈杂忆、书评序跋6个部分，还有一个附录。有话说，新闻是历史的草稿。从这个角度看，这个集子可以说是我为历史写下的一些草稿、为探索录下的一些思考。

我这一生与新闻结缘，在传媒领域学习、耕耘了40余年。早在海南国营东兴农场当知青时，我就以业余报道员的身份，不顾白天繁重农活的劳累，在煤油灯下给农场广播站写通讯稿。1972年起，我成为海南农垦系统的专职报道员。1978年，我考入暨南大学新闻系读书，毕业后进入南方日报社从事新闻工作，一干就是30年，退休后还继续从事新闻传播研究，可谓为新闻而生、一生为新闻。

我对新闻理论的探索，是从在暨南大学读书时开始的。暨大是我国著名侨校，学习、研究氛围很好。在校读书期间，我和新闻系的同学一起办《新闻学生》报、办《新闻探索》杂志，还在《新闻战线》上发表了两篇文章，毕业论文也发表在《新闻研究》上。

1982年夏，我服从分配来到南方日报社从事新闻采编工作。与共和国同龄的《南方日报》具有深厚的底蕴，创办之初就植下了坚持党性与人民性统一的基因，一直鼓励记者编辑独立思考、勇于创新。在报社领导和老一辈新闻人的指导帮助下，我既埋头拉车，专心致志地做好新闻业务，又时时抬头看路，注重用新闻理论来总结和指导新闻实践。《地方特色与开放性》《入眼入脑，赢得读者》等文章，既是理论总结，又是实践体会。

1992年夏，我成为《南方日报》编委会委员，是当时报社领导班子中最年轻的成员。时任社长刘陶对我很信任，让我承担了不少大型系列报道的策划、组织、指挥工作，其中最难忘的是“珠三角经济区走笔”系列政论通讯，对中共广东省委为了落实邓小平同志关于广东用20年时间赶上“亚洲四小龙”的要求而设立珠三角经济区的决策进行解读。大量的实践使我意识到，在现代新闻大战中，策划的作用愈显重要，一个报道题材如果策划得宜，其新闻效果会事半功倍地得以凸显。于是，我结合新闻实践，写出了《策划：提高新闻宣传艺术的有效途径》，在《新闻战线》发表。

党的十四大确立社会主义市场经济体制之后，我在实践中发现，传统的新闻思维已不能适应新闻传播的现实需要，便利用在广东省委党校中青班学习的机会，阅读了大量新闻专业书籍，联系新闻业界的实践，以理论观照现实，写出了《新闻思维如何适应社会主义市场经济》一文，在《新闻战线》发表，获中国新闻奖新闻论文一等奖。

20世纪90年代后期起，尤其是在中国加入WTO之后，我国传媒市场发生了很大变化，都市类报纸风生水起，网络媒体悄然崛起，境外媒体伺机抢滩，省级党报面临严峻挑战，发行与广告持续下滑，昔日的“龙头老大”日渐边缘化。“社会主义市场经济条件下省级党报的振兴之路在哪”？2002年初我任《南方日报》总编辑之后，决心通过《南方日报》的全新改版，回答这个课题。在时任社长范以锦和报社领导班子的支持下，2002年8月6日，《南方日报》以“高度决定影响力”为办报理念，启动了21世纪以来的第一次全新改版，改版内容几乎涵盖了党报改革涉及的所有问题，因此有人称之为“党报再造工程”。改版1年后，中国记协在北京主办了“坚持三贴近进一步提高党报质量”研讨会，以《南方日报》为例，着重探讨党报在新时期的创新发展之路。中国记协主办的《中华新闻报》以4个版的篇幅刊登了《南方日报》的改版经验及与会者的评价，并在头版发表评论文章，阐述《南方日报》改版带来的启示。此后我们坚持十年九改，交出了一份在社会主义市场经济条件下办好党报的南方答卷。我结合《南方日报》10年来的创新实践，撰写了一系列报纸改革的思考文章，主要有《由〈南方日报〉看党报的新定位》《“十年九改”：办一份具有现代风格的党报》等。我以改版体会为主写成的《高度决定影响力》一书，被誉为“党报改革必读书”。

在党报改革过程中，我根据社会主义市场经济条件下办报的实际，探索了一系列新的行之有效的作法及制度。如开办地方观察，让党报扎根地方深耕基层；开办行业专刊，培育有效的目标市场；实行“三会制度”，用采前会、采编协调会、编前会把新闻采编链条有机串联起来；实行大部制，让采编部门与版面结构的对接更准确，组织指挥更便利，记者的视野更开阔、活动空间更大；实行虚拟团队制度，对采编力量进行科学合理的整合；实行采编、发行、广告、品牌“四轮驱动”制度，形成现代报业的运行模式；等等。这些探索和实践，对党报改革和发展都是颇有意义的。

信息技术的迅猛发展，改变了原有的传媒生态，颠覆了整个传媒格局，传统媒体面临着生存和发展的严峻挑战。2006 年 10 月我担任南方日报社社长之后，一连几年的战略发展研讨会，都以媒体转型、融合发展为主题。经过多次研讨，我们提出“媒体聚合战略”，积极探索传统媒体和新兴媒体融合发展之路，努力向“全媒体生产、全介质传播、全方位运营”的全媒体方向迈进，南方报业在实践中也形成了平面媒体、网络媒体、移动媒体、广电媒体、户外媒体、电子阅报栏等 6 条产品生产线。我根据这些探索和实践，写出了《向全媒体集团转型中的聚合战略》，在《新闻战线》发表，并获中国新闻奖新闻论文二等奖。

当然，无论媒体如何转型，“内容为王”的地位是无法改变的。因此我无论是任总编辑还是当社长，一直与采编团队一起，用很大的精力和功夫抓重大报道、重大活动的策划。在时政报道方面，有小平百年、纪念小平南方谈话发表 20 周年、纪念改革开放 30 周年、广东教育改革等；在经济报道方面，有广东率先实践科学发展观、科学发展通鉴、战略性新兴产业南方大调研等；在文化报道方面，有南海 1 号、广东历史文化行、岭南记忆、世纪广东学人、文化强省建设等；在民生报道方面，有广东江河水、“穷广东”调查、企业注册磨难记等；在突发报道方面，有抗击非典、汶川地震、接力救人等；在热点报道方面，有航天发射、广东国投破产案等；在理论评论方面，有《广东亟需再来一次思想大解放》《论转轨》《再造珠三角的发展春天》等；在地方报道方面，有珠三角竞争力年度报告、粤东西北竞争力年度报告等。除了新闻报道的策划之外，我还与同事们先后策划了南方报业与北京奥运会、上海世博会、广州亚运会、深圳大运会的战略合作，被业界誉为“办盛会，找南方”“盛会有南方”。此外，我还倡设了泛珠媒体合作论坛等。对于这些策划，我也分别撰写了一些思考和体会文章，在《新闻战线》《中国记者》等杂志发表。

2013 年之后，尽管已经从新闻岗位上退下来，但我对新闻传播的探索并没有止步。在暨南大学传播与国家治理研究院，我针对新闻业界的实际，着重研究传播与国家治理的关系，与南方报业合作开展“粤治案例”研究；着重探索媒体融合发展的路径，多次参加媒体融合发展的全国调研，写出了《媒体融合发展路径探析》等文章。我指导的博士、硕士研究生，也分别就广电媒体、平面媒体、新闻网站如何转型，新闻客户端、智库媒体如何建设等开展研究。

新闻对于治国理政、定国安邦的重要性自不待言，作为文化的一部分，它对于文化的传承与发展也有着重要的作用，因此具有持久探索的价值。在新闻人的眼中，太阳每天都是新的。新闻传播无论是在学界还是在业界，每天都会发生新的变化，需要我们矢志不渝地探索和追求。法国作家左拉说，生活的全部意义在于无穷地探索尚未知道的东西，在于不断地增加更多的知识。我认同这个看法，希望自己也能做到只要生命不息，就要学习不止、探索不歇。

这个集子的出版，得到了广东省人民政府参事室（文史研究馆）的大力支持。室馆党组对本书的出版高度重视，多次召开专题会议讨论研究，听取工作人员汇报。张春新主任（馆长）多次过问本书编印出版进度，要求工作人员严格挑选高水平的出版社，沟通协调好相关工作，保证按时按质完成出版任务。文史业务处谭劲、符文申、赵桂珍、温洁芳、涂云平等同志为本书的立项、统筹、编印出版，频频内通外联、上下协作，付出了艰辛的努力。广东人民出版社的陈其伟先生、唐金英女士作为本书的责任编辑，一丝不苟，精益求精，为提高本书的编排审校质量倾心尽力。著名学者林如鹏先生、范以锦先生欣然为本书撰写了序言。我带的博士研究生钟之静为书稿的资料收集、整理、修订、排版等方面投入了很多时间和精力，做了大量卓有成效的工作。我和申启武教授共带的博士研究生张建敏推荐硕士研究生杨媛清作为钟之静的得力助手，也发挥了重要作用。南方报业的老同事王垂林、陈广腾、姜晖、陈枫、阮清玉等，为此书的编辑出版提供了充满智慧的建议，王巍、林燕萍、陈士军等还多方帮我搜集资料。我的夫人叶能文对我的多年探索努力，儿子杨昌泓、儿媳肖小舟对于本书的出版，都给予了有力的关爱和支持。对此，一并表示诚挚的感谢！